法译新观

权睿学 著

广西师范大学出版社
·桂林·

FA YI XIN GUAN
法译新观

图书在版编目（CIP）数据

法译新观 / 权睿学著 . —桂林：广西师范大学出版社，2021.12
　　ISBN 978-7-5598-4362-3

　　Ⅰ . ①法… Ⅱ . ①权… Ⅲ . ①法律－翻译－研究
Ⅳ . ①D90-055

　　中国版本图书馆 CIP 数据核字（2021）第 210613 号

广　西　师　范　大　学　出　版　社　出　版　发　行
（广西桂林市五里店路 9 号　邮政编码：541004）
（网址：http://www.bbtpress.com）
出版人：黄轩庄
全国新华书店经销
桂林金山文化发展有限责任公司印刷
（广西桂林市中华路 22 号　邮政编码：541001）
开本：880 mm × 1 240 mm　1/32
印张：16.625　　　　　字数：415 千字
2021 年 12 月第 1 版　　2021 年 12 月第 1 次印刷
定价：95.00 元

如发现印装质量问题，影响阅读，请与出版社发行部门联系调换。

目 录

前 言　　　　　　　　　　　　　　　　　　　　　　001

第一篇　法律翻译观

第一章　翻译观概论　　　　　　　　　　　　　　　003
第二章　认识"翻译"　　　　　　　　　　　　　　005
第三章　认识"法律翻译"　　　　　　　　　　　　009
　第一节　法律翻译的对象　　　　　　　　　　　　009
　　一、从表达工具的角度看法律翻译的对象：法律语言　009
　　二、从内容的角度看法律翻译的对象：法律信息和法律作品　　　　　　　　　　　　　　　　　　023
　　三、从涵体的角度看法律翻译的对象：法律文化　024
　　四、法律翻译对象的类别　　　　　　　　　　　026
　第二节　法律翻译的定义　　　　　　　　　　　　041
第四章　法律翻译观　　　　　　　　　　　　　　　045
　第一节　法律翻译观的第一层次认知　　　　　　　045
　　一、语言之间的关系　　　　　　　　　　　　　046
　　二、作品之间的关系　　　　　　　　　　　　　047
　　三、文化之间的关系　　　　　　　　　　　　　049
　　四、人之间的关系　　　　　　　　　　　　　　050

五、法律之间的关系　　052
第二节　法律翻译观的第二层次认知　　054
　　一、法律翻译的语言观　　055
　　二、法律翻译的文化观　　059
　　三、法律翻译的历史观　　073
　　四、法律翻译的忠实观　　081
　　五、法律翻译的译者观　　090
　　六、法律翻译的伦理观　　097
　　七、法律翻译的读者观　　112
　　八、法律翻译的可译观　　115
　　九、法律翻译的标准观　　133

第二篇　法律翻译方法论

第一章　简议方法论——从方法走向方法论　　143
　第一节　何谓方法论？　　145
　第二节　法律翻译方法论　　148
　第三节　本书对于法律翻译方法论的研究思路　　152
第二章　中国翻译方法理论与实践的简要历史考察　　154
　第一节　微观视角——"译名"理论与实践　　154
　　一、通用译名理论　　155
　　二、法律译名考察　　160
　第二节　宏观视角——"译文"理论与实践　　189
　　一、中国通用译文方法的简要历史考察　　190
　　二、中国法律译文理论与实践的历史考察　　214
第三章　西方通用翻译方法论的简要考察　　282

第四章　西方法律翻译方法论的简要考察　　291
第五章　中国法律翻译方法论的建构原则和思路　　301
第六章　法律译名方法论　　304
　第一节　原词保留法　　307
　第二节　音译法　　311
　　一、符合国际标准的原则　　312
　　二、符合国家标准的原则　　313
　　三、符合行业标准的原则　　314
　　四、符合"名从主人、译音循本"的原则　　314
　　五、符合音同意合的原则　　316
　　六、符合"约定俗成、定名不咎"的原则　　318
　　七、符合同名同译的原则　　319
　第三节　义译法　　322
　第四节　法律译名方法的综合应用　　329
　第五节　法律译名规则　　330
　　一、法律译名应严谨准确，避免歧义　　330
　　二、确定译名时，应将法律术语置于具体语境和特定的词语组合之中　　331
　　三、法律译名应保持专业性、专有性和含义的唯一性　　332
　　四、译名应严格遵循法律术语在源法域中的制度内涵　　333
　　五、法律译名应符合译入法域法律制度和法律规范的要求　　334
　　六、法律译名必须适应不同法系之间的差异　　335
　　七、法律译名要防止在"译名回转"中发生错误　　336
　　八、译名应尊重和遵循自定义体系　　337
　　九、法律译名应符合译语的语言规范要求　　337

十、法律译名应符合译语的文化习惯和审美标准　338

十一、译名应体现法域特征、语域特征，并符合国别要求　339

十二、法律译名应符合历史特点和时代背景　340

十三、法律译名应避免望文生义、望文生译　341

十四、法律译名应善用归化译法，克服文化障碍　342

十五、法律译名应尊重传统和语言使用习惯　344

十六、法律译名应秉持客观中立的翻译立场，合理应对意识形态的影响　344

十七、法律译名应审慎运用修辞　345

十八、法律译名应充分发挥语用补偿功能，弥补词义缺失　345

十九、法律译名中应注重发挥译者的修正功能　347

二十、注重法律译名的统一　347

二十一、法律译名应注重参考专业工具书，但不应迷信既有译名　348

二十二、辩证、灵活、均衡、协调地把握译名规则　349

第七章　法律译文方法论　351

第一节　概述　351

第二节　法律译文方法论的构建原则与思路　353

第三节　法律译文方法论体系　354

一、规范性法律语言翻译法（又称"立法翻译法"）　354

二、深度译法　389

三、达旨译法　400

四、归化译法与异化译法　403

五、语用充实译法　429

六、注释译法　　439
　　七、修正译法　　445
　　八、维持原状译法　　451
　　九、还原译法　　453
　　十、摘译法　　460
第四节　各种翻译方法的性质及相互之间的关系　　467
第五节　影响翻译方法运用的主要因素　　468
　　一、翻译的基本单位　　469
　　二、翻译对象　　469
　　三、译文的读者　　470
　　四、翻译目的和译文用途　　472
　　五、法律文化　　473
　　六、语境与翻译生态环境　　474

第八章　法律翻译方法论在翻译实践中的具体应用——实例分析　　476
第一节　例文　　477
第二节　对参考译文的分析和评价　　487
　　一、决定翻译方法的因素　　487
　　二、法律术语的译名　　488
　　三、立法翻译　　496
　　四、译语规则　　500
　　五、修订译文　　502

结　语　　517
后　记　　518

前　言

这本书断断续续写了几年，终于付梓，算是了却了我的一桩心事、一个夙愿。

我对法律翻译的关注和研究较早，若从当初发表第一篇相关论文算起，前后已有二十多年。这次将多年来积累的思考、心得和体会结集成书，大致有三个目的和期冀。

第一，探索一门学科体系的建设。我曾经读到老翻译家陈殿兴20世纪90年代写的一篇文章，抒发其四十年翻译生涯的感悟。当中谈到，国内的翻译理论一直没有形成公认的严密完整的科学体系，理论和实践结合得也不好。搞实践的人写的东西多偏重于经验，搞理论的人写的东西则往往脱离实际，把简单的问题弄得很玄——很多搞了一辈子翻译、成就卓著的翻译家都说看不懂这些理论。这些话虽然并非针对法律翻译而言，但对于中国法律翻译的现状仍可谓一语中的，一针见血，触发了我很大的共鸣。当前国内法律翻译的现状正是如此：没有自己成熟系统的理论体系，即使有一些研究者，也大多是从理论到理论，借用一堆西方的语言学和翻译理论术语,既缺乏汉语环境的适用基础和应用价值,也缺乏广泛系统的实践经验总结。至于那些杂乱无章的翻译实践,则大多数处于缺乏理论自觉的随感式、经验式、直觉性的原始自发状态。写作本书就是希望针对这种现状,为法律翻译建构一个实用的理论框架,使法律翻译成为一个具有理论准备、学科价值、专业地位、方法论基础和实践理性的独立学科,借以倡导和呼吁法律翻译走向体系化、专业化、标准化和规范化。很多学养深厚的文学翻译家都是带着一套在实践中形成的自觉意识开展翻译创作的,希望这样的理论自觉也能尽快在法律翻译实践中形成。

第二,这些年来,我遇到很多人出于学习、工作、研究和写作的目的涉足法律翻译,却不知应如何入手,总不得其法,翻译效果难尽人意。这并不奇怪,因为法律翻译本来就是基于经验的实践科学,是一个需要长期慢慢磨炼的精细行当,断非任何人浅尝初试就能胜任的。我常拿体育运动与法律翻译作类比。跑、跳、游泳等运动看似人人皆会,但大多只是身体的自发活动,谈不上运动技巧,而竞技体育是需要专业训练的——一名专业的运动员每一个身体动作都要讲究科学方法,需要长期系统的专业训练,并且遵循科学理论的指导。翻译又何尝不是如此?而且作为交叉学科,法律翻译需要综合各方面的专业技能,要求每个实践者都能同时具备跨法域的法律专业知识、精当的语言能力和扎实的翻译功底。这显然并非易事。正因如此,从事法律翻译的人更需要理念上和方法上的指导。我希望这本书能给那些尚不得法的翻译者提供一些思路和助益。

第三,这些年来身处法律翻译实践之中,我目睹了大量不规范的、生涩别扭甚至拙劣的翻译作品,有些误译或死硬之译荒诞、离谱到令人错愕,却仍堂而皇之地充斥业界,实在深感忧虑。更令人忧恐的是,很多错误翻译居然直接被国内的学者、司法者,甚至立法者不加(或难以)

辨别地援用，已成以讹传讹之势，殃及法学研究和法律实践。长此以往，这些误译还会演变成中国法律语言中的新一代顽疾，难以清除。形成于法译历史早期的诸如"大律师"、"普通法"、"陪审团"等不恰切的译名，现在虽广受非议却已根深蒂固得难以改变就是显证。如果说早期的翻译错误源于当时的译者对外界法律体系认知有限，汉语库存可以提供给译者的法律表达有限，不同法律制度体系之间的时空隔阂造成译入法域的语境空白等时代局限，对其苛求精准恰当显得不近人情，那么今天若仍有人制造失范、失当的译名和译文，祸患当代、遗患未来，他们就难辞其咎了。这种错误往往不是个例，不是一词一句的歧误，而是具有系统性和普遍性的，亟须从根源上寻找解决方案。每念及此，我总觉得，与其坐而忧之，不如起而言之，发一家之言，尽一己之力。本书谈翻译观、讲方法论就是希望寻求治本之策。

与一众显学相比，本书的主题似显冷门，我只期望得遇同道中人时能激发出一份共鸣，让他们手抚书页叹一句："言我欲言之事，道我未道之理。"有此足矣。

第一篇

法律翻译观

一个人的翻译,其实就是他自己翻译理念不落言诠的实践。

——余光中

研究法律翻译，离不开一个认知基础。这事关我们如何从思想意识上认识法律翻译的本质和要求，从而确立其基本原则和根本观念，进而从方法论的高度制定翻译策略、选择翻译方法。

这个认知基础就是法律翻译观。它是构建法律翻译基本理论的基石，是对法律翻译根本观念的抽象总结，决定着我们对于一系列基本问题的认知：什么是法律翻译，法律翻译的对象及其特征是什么，法律翻译中主体和客体之间的关系和地位是怎样的，如何看待译者的功能、地位、立场和伦理，以及法律翻译的评价标准是怎样的，等等。这些基本认知又将直接影响和决定下一步"如何翻译"的问题，也就是法律翻译的方法论。对于这些问题的观念和态度不同，采用的翻译方法和对于翻译的评价也必然是不同的。翻译观对翻译理论和实践的影响是根本性的，正确的翻译观对科学的翻译方法论具有直接和决定性的作用。因此，我们研究法律翻译必须先确立翻译观。

第一章
翻译观概论

翻译观是人们对翻译活动本质的认识，是对翻译的根本看法和观点。它决定了人们如何认识翻译，如何认识和评价翻译作品，如何认识译者，如何关注读者，在翻译活动中应该采取什么样的立场、观点和态度，以及应该采取怎样的翻译策略和方法等等。只要参与翻译活动，译者就离不开翻译观的指导，不论是有意识的还是无意识的，主动的还是被动的。它是译者（甚至也包括译作的读者）思维中的一种存在，既不可能脱离译者所处的历史环境和所受的时代影响，也不可能脱离其身处的社会环境与文化氛围。归根结底，翻译观是由译者所在环境和所处时代的社会存在和社会意识决定的。

有学者曾以文学翻译为研究对象，探讨过中国近代以来翻译观念发生的几次重大变化，提出了包括宣教启蒙的翻译观、传统翻译观、语言分析翻译观和对话理论翻译观等在内的理论观点，其中每一种翻译观都受到不同的时代背景和社会环境的影响，并且伴随着相应的方法论。比如，清末指导翻译活动的主导思想是宣教启蒙，也就是知识界的先知向国内译介西方先进思想，因此当时的译者并不偏执于翻译的忠实性，而是着眼于翻译的宣教作用，采取了大量译述、达旨、评介、归化等翻译方法——"有利于宣教则译之，无益者则损之"。这就容易理解当时普遍存在的译者在翻译中对原文内容增删变造的现象了。到了20世纪一二十年代，"以宣教启蒙为目的的翻译基本宣告结束，而以文学传播为目的的翻译开始兴起"，但当时"'中优西劣'的思想仍占据统治地位，因此这时的翻译还是以改造同化型翻译为主，不太注意吸收新的表现方法"。而到了20世纪二三十年代，以鲁迅等人为代表的译者又开始"由中国文化中心论转到西方文化中心论"，当时出现的广遭诟病的硬译方法正是这种"真心模仿翻译观"之下的产物。[1] 法律翻译也是如此，当近代中国对翻译西方法律的认识和目的从最初的"交涉便利"向"治国规模"转变后，[2] 法律翻译的内生动力明显增强。这些史实揭示了翻译观念对翻译实践的决定性影响，也说明如果不从翻译观的高度和深度透析翻译的本质，那么任何对翻译方法和技术的讨论都只能是肤浅和流于形式的。

---

[1] 本段参见吕俊、侯向群《谈翻译观念的嬗变与对话意识的建立——兼谈新时期的翻译观》，《外语研究》1999年第1期，第41—42页。
[2] 参见陈颐《清末民国时期法典翻译序说》，《法学》2013年第8卷，第69页。所谓"交涉便利"是指清末中国最初对西方法律的译介仅仅以学习西洋国家间的交往规则为限。到了1900年前后，国人才认识到国家对社会的治理以及社会自身的治理亦为法律所统驭，才认识到立宪的意义，明白法典后面是"治国规模"（梁启超语），从而通过"习得"的过程全面继受西方近代法典体系建立自身的法典体系，而后借由法典来塑造、训练一个近代国家。

第二章
认识"翻译"

翻译观以认识论为基础。建立翻译观应先从正确认识"翻译"入手。"翻译是人类思想文化交流最悠久的实践活动,对于翻译活动本身,人们也从来没有停止思考。"[1]人们对翻译的理解角度不一、重点各异、语出多门、莫衷一是,而在笔者看来,对翻译的认识必须是历史的、辩证的、系统全面的和立体多维的。

从形式上看,翻译是在不同的语种语言之间进行的一种转换行为;从目的角度看,翻译是通过语种语言的转换实现在不同的语言使用者之间的思想传播、信息传递;从效果来看,翻译要实现的是不同语言使用者之间的交流和交际(当然也不排除信息的单向传递过程);从文化本质上看,翻译是异质文化之间传播、交流、移植、竞争,甚至在有些人看来是侵略和同化的手段;从发展规律来看,翻译必须被置于特定的历

---

[1] 许钧:《思考应该是自由、闪光、多彩的——〈翻译思考录〉代前言》,《中国翻译》1999年第2期,第51页。

史环境和时代背景下审视，不存在超越历史的翻译。如果要上升到哲学思考，"翻译乃是译者（interpreter）与原本（text）之间的一种交流活动（communication），其中包含理解、解读、领会、移译等诸多环节，其客观化的结果即为译文（translation），它是译者与原本之间交往活动的凝结和完成。而译文与原本的关系，亦即言与意、文与道之间的关系"[1]。

从这几个不同的角度，我们可以建立起对于翻译的初步认知，即翻译是在特定的历史环境中，通过语言转换的手段在不同文明体之间实现信息的语际传递，达到文化交流效果的一种人类活动。为了深化这种初步认知，我们还有必要对其中一些关键概念作出进一步的识别和界定。

语言。语言是人类传递信息的工具，是一种表意系统，由各类符号组合而成，在广义上既包括有声语言符号（即自然语言的口头语言），又包括无声语言符号（如文字符号和图像符号）；既包括有声非语言符号（即传播过程中所谓的有声而不分音节的"类语言"符号，如语音语调的变化、笑声和掌声等），也包括无声非语言符号（即各种人体语言符号，表现为人的动作、表情、服饰等）。语言符号通过组合构成了"信息"，人类通过信息的传递完成了表达。在本书的理论框架中，作为在翻译行为中传递信息工具的"语言"，仅指有声语言（即口头语言）和无声语言中的书面语言，包括文字、符号等，特定情况下可以辅以一些类语言和非语言符号，但它们不能独立成为翻译对象。需要指出的是，作为一个表意系统，语言并非一系列声音和图形符号的孤立存在，而是通过一整套符号的组合和组合方式完成意义的表达。也就是说，这些声音和图形符号通过遵循特定规则和方式（即语法和语言规则、规范、习惯等）的组合构成了表达，并产生了意义。

---

[1] 语出哲学家贺麟对翻译的哲学思考，转引自许钧《思考应该是自由、闪光、多彩的——〈翻译思考录〉代前言》，《中国翻译》1999年第2期，第52页。

语种语言。这里所说的语种语言是指按照语言学的基本分类方法（当然，语言学也有各种不同的理论），通过语系、语族、语支的划分来确定的语言种类。我们提出"语种语言"或许并不符合语言学的理论界定，但其旨在与下面将要讨论和定义的"法律语言"相区别。我们所说的"信息语际传递"就是在不同的语种语言之间传递信息。每一种语种语言都由独特的声音和符号作为组成元素，同时都具备这些符号的组合方式和规则（即语法规则），它们共同构成一个语种语言的表意系统。

信息。通常所说的"信息"的范围很广泛，但作为通过翻译手段传递的"信息"应该是一种人类"表达"的结果。它应以"语言"为表达工具，具有具体的表达内容和意义，并以特定的思想文化为涵体。

基于以上界定，我们就可以从翻译对象的角度来深化对翻译的认识：首先可以认为翻译的对象是语言，因为语言是信息表达的工具和载体，翻译在形式上就是语种语言之间的转换行为；也可以说翻译的对象是信息，因为信息是表达的内容，信息的集合构成作品，它们是翻译行为的具象客体；还可以说翻译的对象是思想文化，因为每一种语种语言都承载着特定的思想文化信息并以其作为赋义系统，而且任何具体信息都离不开抽象的思想文化的涵养。

再从过程的角度看，翻译这个语言符号转换和文化信息传递的过程涵盖了"分析"（analysis）、"转换"（transfer）和"重建"（restructuring）三个阶段，或可将其表述为"理解"、"转换"、"表达"三个环节：首先分析和理解源语言构成的信息，对其进行"解码"，然后使用目标语言并按照目标语言的规则对该信息进行重新"编码"，重建成由目标语言表达的信息，从而完成这一转换。由于通过翻译传递的信息不仅是单纯意义上的语言符号信息，也是语言所承载的文化信息，因此翻译中的解码和重新编码过程不仅涉及"语言换码"，也涉及"文化换码"。据此而言，所谓"翻译"，就是首先按照一种语种语言符号（"源语"）的组合方式和规则去理解由一系列源语语言符号组合所形成的含义,然后使用另一种语种语言符号("译语"),按照译语语言的组合方式和规则,去表达与源语语言符号组合"相同"(理想状态)的含义。

最后,从行为主体的角度看,翻译是一种人类的主动行为。它通过翻译主体("译者")理解、转换和表达的过程,将一种语种语言符号表达的信息转换成另一种语种语言符号,借以实现交流,达到译者的一种主动的和有意识的行为目的。从这个角度来讲,本书暂将通过人工智能方式进行的机器翻译置于讨论范围之外,但这并不意味着笔者否认机器翻译已经成为且将不断发展成为一种有效的翻译手段和工具——它应该是人类翻译行为的延伸和间接表现。

第三章
认识"法律翻译"

当法律元素出现在翻译行为中,当翻译这一工具和手段被运用于法律信息的语际转换和域际传递时,法律翻译这个主题就被引出了。所有上面讨论过的翻译的核心要素在法律翻译中都同样存在,这是其共性的表现,但法律翻译又具有鲜明的个性特征,尤其体现在其特有的翻译对象上。法律翻译的对象决定了法律翻译的专业属性和技术要求,其特殊性也决定了翻译理念、方法、手段和评价标准的特殊性。因此,从法律翻译的对象入手来认识法律翻译是一个有效的切入点。

第一节 法律翻译的对象

一、从表达工具的角度看法律翻译的对象:法律语言

依循上面的逻辑,法律翻译的对象首先表现为语言,因为语言是一切表达的工具。在形式上,它首先是一种口头或书面的语种语言。作为

法律翻译的对象，它同时又具有鲜明的法律属性，并由其所在的法律文化和制度体系赋予特殊的意义（一种有别于语言日常意义的法律意义）和功能。因此，我们将之称为"法律语言"——当人类的语言符号被赋予了法律属性和意义，它就成为"法律语言"。

从语言学角度来说，语言是一种符号表意系统。法律语言则是法律领域的符号表意系统。它的组成元素（声音和文字符号）与其所在的语种语言是相同的，但它的符号组合方式（表达）和赋义体系（表意）却是特殊的，可能与同一语种语言的日常表达或其他专业领域的表达方式和含义都不相同。例如，一个"要"字，一个"约"字都是汉语中常用的文字语符，日常表达中并不专门将二者结合使用，但在法律语言中却将这两个文字语符组合起来作为一个固定词语使用，成为合同法上的专业术语"要约"，具有法定的含义和效力。

进而言之，法律语言是一种具有法律文化意义的专业语言表意系统。它不仅受到特定语域的语种语言体系和特定法域的法律体系的双重赋义影响，而且自身有一套特定的表达方式和表现形式，还要达到特定的法律目的，产生特定的法律效力和效果。譬如，合同是日常生活中最常见的一种法律文件，而合同语言就是一套特定的表意系统，是由民法（特别是合同法）及其他相关法律赋义、定性、规范和约束的表意系统。要成为具有法律约束力的合同语言，就必须符合这一表意系统特有的形式和实质要件——什么样的语言和表达方式构成"要约"，什么样的语言和表达方式只是"要约邀请"，什么样的语言和表达方式构成"承诺"，什么样的语言和表达方式构成"合意"，诸如此类，都有明确的法律规定和要求，而且这种法律规定和要求在不同的法律体系和制度中可能还是不同的。正因为如此，符合法律要件和要求的合同语言会产生法律效力和法律后果。一旦一种表达构成了有效的合同语言，作出表达的一方就要受其约束，违反合同就要向相对方承担法律责任。

根据这些特点，我们可以进一步来总结法律语言的本质属性和特征：

（一）法律语言是一种复合的语言形式

法律语言包括口头语言、书面语言和非语言符号等用以传递法律讯息的各种语言和非语言形式。它们都可能呈现法律内容并具有法律含义。比如在口头语言中，除了话语内容本身以外，说话者的语音、语调和语气都可能会反映其主观意识和意图。在书面语言中，除了文字本身以外，一些特定的符号也同样具有法律意义，比如在名字部分画圈以示圈阅（表示知悉文本内容）、在签字部分画十字代替签名（表示确认文本内容）等。此外，人们的身体语言（如点头或摇头）以及其他被语言学家定义的"非语言"[1]也同样可能具有法律意义[2]，因此都应该被纳入法律语言的广义

---

[1] 非语言包括除使用语言和文字以外的一切传递信息的方式，如身体动作、面部表情、空间利用、触摸行为、声音暗示、穿着打扮以及其他装饰等，甚至没有表情的表情，没有动作的动作，都是非语言交际的有效途径。非语言行为可以强调要阐述的某个信息，也可以补充语言信息；可以是对语言信息的重复，也可以用来替代语言行为。语言与非语言是互为依存、互为作用、互为影响的。既然语言和非语言都是人们交流思想的重要媒介与工具，甚至有人认为在特定情境中更多的信息是由非语言传递的，那么翻译时就不可忽视和忽略对于这种"非语言"的翻译。正如著名语言学家赵元任指出，"有好些语言跟非语言之间的边缘现象，比方嗓音的不同，语调的抑扬顿挫，脸上跟手上的姿势或动作，于翻译都是有关系的"。参见杨全良《非言语交际简述》，《外语研究》1990年第2卷，第18—22页。

[2] 随着法律理论和现代科技的发展，在法律实践中，人们对于法律语言的这些不同表现形式的认识和定义也出现了某种程度上的"混同化"趋势。比如，在联合国国际贸易法委员会颁布的《国际商事仲裁示范法》中，曾一度坚持的仲裁协议必须以"书面形式"（in writing）存在才有效的规定，已经在其2006年的修正案中被扩展修订为可以被以"书面形式有效地证实存在"（evidenced in writing），也就是说当事人之间不论通过语言、行动，还是其他形式达成的仲裁协议，只要被有效地记录下来就是有效成立的。这就意味着，这里所要求的书面形式已经不仅是指书面和文字形式，也可能包括通过录音、录像等多媒体的方式记录当事人的身体语言和口头语言，使之达到具有与书面语言相同的法律效力。比如一方当事人通过点头的方式回应另一方当事人提出的仲裁要求，虽然不存在书面证据，但如果通过多媒体的方式清晰地记录了当事人的行为，从而明确反映出其意愿和意思表示，此时，这种身体语言就达到与书面语言相同的效力。

范畴。

但需要指出的是,作为法律翻译对象的法律语言仅应以口头语言和书面语言为主,非语言(如身体语言)只能是一种辅助和例外形式,一般不作为独立的翻译对象,而且在翻译时必须采取特殊的处理方式。比如,法庭询问证人对一项事实存在与否的表态,证人以点头或摇头回应。翻译当然不能以同样的身体语言"翻译",只能以口头语言或书面语言来描述证人的身体语言。但按照笔者的观点(对此下面还要详细论述),翻译应将其客观描述为"点头"或"摇头",而不应对这种身体语言表达的含义作出任何主观评价(对此作出判断的权力在审判者,而非翻译者)。同样,说话者的语音、语调和语气通常只能用以辅助译者对话语的理解,而不能成为独立的翻译对象。也就是说,翻译通常不转换单纯的非语言信息。当然,任何原则都不能排除例外,我们在翻译实践中还要具体情形具体分析。

(二)法律语言是一种语用性(pragmatic)语言

对于法律语言的表达,借用有关学者的观点,不应被视为"语法语句"(相当于英文中的 sentence),而应被视为"语用语句"(相当于英文中的 utterance),也就是特定主体在特定语境中用以表达特定意图的语言,[1]并应在语用意义上加以理解,从中体会学者们从不同角度提出的语言的表征意义、表达意义、社交意义、祈使意义、联想意义、比喻意义、风格意义、主题意义、突显意义和时代意义等。[2]此时,语境(context)对于人们准确理解、分析、判断和翻译法律语言发挥着重要影响。可以说,在法律实践中,法律语言都是在特定法律情景和环境中的话语,

---

[1] 参见何自然、冉永平《语用学概论》,湖南教育出版社,2006年。
[2] 参见曾文雄《中国语用翻译研究》,《解放军外国语学院学报》2005年第28卷第2期,第63页。观点分别出自柯平、陈宏薇、申连云等学者。

它的意义必须在不同的语境中理解和界定。这种语境首先是"法律文化语境",也就是我们后面还将专门讨论的涵养法律语言的法律文化环境;其次是"法律历史语境",也就是法律语言所处的时代背景和历史环境;最后则是"现实语境",也就是语言发生的现实环境、特定情境和语言伴生的复合形式(包括说话者的语音、语调、语气,及神情、神态、动作、姿势等身体语言)以及语言的上下文意思和修辞方法等因素。比如,刑事案件的被告人或证人在法庭上被诘问时,他们的回答是果断确定的,还是犹疑含混的,或是怯懦心虚的,虽然在笔录字面上可能没有区别,但表达的含义、法律效力和效果,以及听众对其真实性的判断却可能是完全不同的。

(三)法律语言具有特殊的表达方式

在表达和表现方式上,法律语言往往通过特有的法律术语、专业词汇、语言结构、思维逻辑和表达方式来呈现。当法律语言被用作规范性法律文件的表达工具或者用于特定的法律场合、程序和仪式时,就必须符合规范性、标准化、程式化,甚至"仪式化"的表达要求。这在法律语言的各种应用中都有体现,比如法律术语的"凝合性、单义性、不可替代性"[1],再如各国对于立法语言都有一套明确的表达规范,所有的立法用语和条文都必须遵循。又如,在英美法系法院庭审中,证人的宣誓词和对法官的称呼等都必须严格遵循标准的格式和仪式,而不能改用其他同义表达,这些特征既是法律专业表意系统中的形式要件,也是法律语言作为一门专业性语言区别于通俗语言或其他专业语言的体现。在法治传统悠久深厚的国家和地区,符合专业形式要求的口头和书面语言表达能力,已经成为法律职业教育中一套须经专门训练的技能。使用法律

---

[1] 王榕:《论法律术语的特征》,《安徽文学(下半月)》2008年第11期,第398页。

语言之所以必须遵循特定的表达方式，不仅是出于"仪式化"的要求，也不仅是法律语言内在属性的要求，更为重要的是，这种特殊的表现方式本身就具有法律属性、法律效力和效果。比如，一项法律条文遵循"假定条件、行为模式、法律后果"的表达模式和逻辑结构，有助于体现立法目的，规范法律适用。

（四）法律语言具有自身的定义和赋义系统

语言是一种符号表意系统。法律语言是法律领域的表意系统，具有与日常语言和其他专业语言不同的定义和赋义体系。就以组成语言的基本元素——字词的定义和赋义来看，日常语言中字词的含义是在长期语言实践中形成的，发展到一定阶段后被语言学家抽象总结在字典和辞书中，成为通用定义。而很多应用在法律语言中的字词，除了具有通用义项，其内涵和外延还必须经过法律界定，有些字词甚至在法律语言中不再具有通用义项而被赋予专门义项。这种界定和赋义往往是通过立法或法学理论完成和实现的。譬如"户"字，其日常含义可见于《现代汉语词典》或《新华字典》中的释义，包含门、住户（人家）、账户、门第、姓等五个名词义项，但这五个概括的义项都不具有严格的法律内涵。"户"作为法律语言使用时，必须被置于法律赋义系统之中，根据特定的法律语境确定其法律含义。比如在刑法关于"入户抢劫"的规定中，"户"的法律定义是"公民的私人住宅"。最高人民法院《关于审理抢劫案件具体应用法律若干问题的解释》[1]则将"入户抢劫"中的"户"定义为"人生活的与外界相对隔离的住所，包括封闭的院落、牧民的帐篷、渔民作为家庭生活场所的渔船、为生活租用的房屋等"。赋予其这些内涵的是法律而不是字典。这样的法律义项通常不会被收入普通辞书，往往也不

---

[1] 法释〔2000〕35号，自2000年11月28日起施行。

会在日常生活中使用，只作为专门的法律语言应用在法律实践中。[1]

（五）法律语言具有法律属性并具有特殊的法律效力或效果

法律语言具有法律属性。这种法律属性既有原初固有的，也有人为赋予的。前者表现在一些特定的语词、语汇或其表达方式在被创造出来的时候就是为了表达专门的法律概念，比如"诉权"、"物权"、"债权"、"诉讼时效"、"表见代理"、"既判力"等等。它们往往只被应用在法律场合和法律语境之中，不进入到日常生活领域，可谓专词专用。后者则可能源自日常通用语言，或与通用语言共用相同的语汇，或是法律语境临时从通用语言中借用的语汇，在特定情况或特定语境下被人们赋予了法律属性，用以表达特定的法律概念，或达到特定的法律目的，或实现特定的法律功能，并须受特定的法律规制。比如"告诉"一词，既可在法律上使用（意为控告起诉），也可在日常生活中使用（意为告知）。又如上面提到的"户"字，它在法律语境与在其他语境下具有不同的含义、属性、效力和效果。再如一个简单的"借"字，在日常语言中既有"暂时使用从外界获取的事物"（如"借用"、"借阅"）的含义，亦有"假托"（如"借口"、"借题发挥"）、"依靠"（如"凭借"、"借势"）等含义，但如果作为法律语言在借款合同中使用，一个"借"字就有可能形成法律上的债权债务关系，并将受到相关立法的规制，而不能像"借道"、"借过"、"借东风"那样可以有借不还。这种情况比较复杂，翻译时需要译者有意识地对其属性作出判断，并根据判断结果确定相应的翻译方法。我们后面还会具体谈到这个问题。

正因为法律语言具有法律属性，遵循特有的表达方式，并且符合特

---

[1] 参见刘愫贞《词义演变中的法律文化——以"礼"、"刑、法、律"为例》，《平顶山学院学报》2013年第28卷第1期，第86—87页。

定的形式要求，因此一旦经过法定程序（比如立法机关批准或当事方签署）就会产生特定的法律效力或效果。比如，应用在立法中的法律语言具有普遍约束力，应用在契约中的法律语言对于缔约方具有约束力，应用在司法裁判中的法律语言对于裁判对象及相对方具有约束力、既判力和执行力等。相反，不具有法律属性、不遵循特有的表达方式和形式要求、不经过法定程序确认的日常语言，则往往不具有法律效力或效果。举例来说，"杀人偿命，欠债还钱"这样的日常语言由于缺乏法定要件，比如"杀人"的主体要件（行为人是否具有行为能力）、主观要件（行为人的动机、目的，以及是否属于故意或过失的不同情形）、客体要件（被害人的情况），以及手段、结果、危害性等，因而并不具有法律上的约束力。这样的语言不具有法律属性，不属于法律语言，也不会产生法律效力和效果。

法律属性是法律语言作为一种专业性语言和表达方式的鲜明特征，使其能够被用来承载法律内容，传递法律信息，彰显法律文化，同时将其与非法律语言明显区别开来。与之相应，法律语言在进行语际转换时也须遵循与非法律语言不同的规则和要求。也就是说，当我们翻译法律语言时，就应该按照其特征和要求，应用法律翻译的规则，遵循法律翻译的标准，使用法律语言翻译法律语言。

（六）法律语言的使用需要运用法律思维和逻辑

作为在法律领域使用并承担相应职能的专业语言，法律语言在使用时必须体现出法律思维的运用，符合其特有的严谨性、逻辑性、专业性及思辨方法。比如我们日常语言中说到"工作日"，人们头脑中自然形成的概念无非是劳动者正常工作的日子，但在法律语言中使用时，就必须运用法律思维将其准确、严谨地界定和理解为在特定的法域甚至特定的地点（比如中国北京市），特定的机构（比如政府机构、司法机关或银行）对特定对象（如对私人业务或对单位业务）正常运营、服务或工作的日期，而且必须精确到具体的时段（比如上午 8 时至下午 6 时），因为在法律文件中定义的日期对于法律行为的发生、商业交易的完成、权利的行使和义务的履行等诸多事项具有特殊的意义，需要用专业的思维和逻辑来表达和理解。这种表达方式对日常用语而言或被视为赘述，但对法律语言却是必然的要求。

（七）法律语言具有明显的法律文化特征和法域属性

英国人类学家马林诺夫斯基指出，人类的语言与其产生的环境甚至整个文化背景都密不可分。法律语言也是在特定的法律体系、制度、文化和历史传统（统称为"法律环境"）中孕育、产生、成长和发展起来的，必然依托和根植于这种特定的法律环境。法律语言的组成元素，比如字词语汇、术语、称谓、表达方式等都是在特定的法律环境中形成和被定义的，往往在其中具有特定的和特有的含义和作用。这种法律环境也被有些学者称为"语义参考系统"。这就导致法律语言本身带有深刻的法域文化特征，在不同法律环境中产生和发展起来的法律语言具有明显区别，各有鲜明特征。正如克罗地亚里耶卡大学（University of Rijeka）著名语言学教授苏珊·沙尔切维奇（Susan Šarčević）所说的，每个国家都有其独有的法律语言用以呈现其特有的法律秩序背后的社会现实。[1]学者魏斯弗洛格（Weisflog）也曾经对法律语言作出过一个精辟的评价：法律语言是一门技术性语言，但与纯自然科学语言不同的是，它并不是

---

[1] Susan Šarčević, "Translation of cultural-bound terms in laws", *Multilingua*, 1985, 4(3), p. 127，转引自 Deborah Cao, "Legal Translation", *The Encyclopedia of Applied Linguistics*, edited by Carol A. Chapelle, Blackwell Publishing Ltd., 2013, pp. 3–4。

一门国际通用的技术语言，而是与各国法律体系密切相关的。[1] 正因为法律语言存在这样的特性，我们才将其视为一个根植于特定法律文化和法律制度体系的专业表意系统，其含义的产生和功能的实现都不能脱离这个系统。我们可以将这个特点称为法律语言的法域属性，其中的"法域"是指一个法律制度体系有效实施和管辖的疆域，是其法律效力和管辖权所及的范围。这个范围不仅是地域意义上的，它既可能是空间范围，又可能是成员范围，还可能是时间范围。[2]

（八）法律语言与语种语言不存在简单的对应关系

法律语言以语种语言为依托，但其内涵、属性和效力却源于特定法域的法律制度、传统和文化。一种语种语言并非单一对应一种法律语言，有时同一语种语言对应着多种法律语言。以英语为例，虽然官方使用英语的国家众多，如英国、美国、加拿大、澳大利亚、新西兰、新加坡、南非、印度、巴基斯坦、巴布亚新几内亚等，但由于这些国家各自的历史传统、发展阶段、国情民意、社会现实、地缘和宗教等各不相同，它们的法律体系和制度之间，即使有一定的传承关系或相互影响和借鉴，仍存在着巨大的差异。即便在美国、加拿大这样的单一主权国家的内部，由于历史原因及其联邦体制，各个州、省的法律传统和制度也不相同，造成了不同法域尽管语种语言相同，但法律语言却差异明显的现象。这种情况在因历史原因受到四种不同法律传统和法律文化影响，由"两岸四地"组成的当代中国同样存在。在中国主权范围内的这四个目前实行

---

[1] W. E. Weisflog, "Problems of legal translation", *Proceedings of the XIIth International Congress of Comparative Law*, Schulthess, 1987, p. 203, 转引自 Deborah Cao, "Legal Translation", *The Encyclopedia of Applied Linguistics*, edited by Carol A. Chapelle, Blackwell Publishing Ltd., 2013, p. 2。

[2] 参见邹瑜《法学大辞典》，中国政法大学出版社，1991年。

不同法律制度的法域中，官方的语种语言（至少其中之一）虽同为中文（汉语），但在法律语言的使用上却存在着明显差异。比如，同样将英文 intellectual property right 一词译成中文，按照中国大陆的法律制度应该译为"知识产权"，而台湾地区的标准翻译则是"智慧财产权"。

反之，同一法律语言也可能在同等效力上在多个不同的语种语言中被使用。这种情况很常见，比如同样沿用罗马法传统的国家可能继承一些相同的法律制度和规范，但它们却使用不同的语种语言来表达这些法律概念。以中国法律中的"抵押"一词为例，它是源于大陆法系传统的法律术语，其对应的概念在法国民法中以法语 hypothèque 表示，在德国民法中以德语 hypothek 表示，衍生到英语则成为 hypothecate。它们虽然语种语言不同，但因继受相同的法律理论而在各自法域中表达相同的法律概念和法律制度。又如，欧盟一体化以后，欧盟立法在所有欧盟成员国中适用，但这些国家却使用着多种民族语言——同一欧盟立法在不同的欧盟国家被以不同的语种语言等效使用着。再如，加拿大、新加坡这样的多官方语言国家使用不同的语种语言制定和实施同一部法律，亦属同一法律语言与多语种语言对应的情形。

复杂的人类历史发展进程使得各地域、各族群的语言文化与法律制度处于双轨发展的局面，虽有相互影响，却既不同步，也不重合。这种现象我们称之为语种语言和法律语言的二元化，也是法律语言法域化特征的典型体现。由同一语种语言在不同法域中形成的法律语言之间的差异，就如同其在不同地域存在的语音差异（不同地域的方言）或称谓差异（对同一事物的不同称谓）一样明显。只不过，按照我们的理解，前者是语言法律属性的体现，后者则是语言的自然属性和社会属性的体现。正因为如此，在法律语言的翻译中，我们不能单纯以语种语言的语符转换作为研究对象，而必须结合法域属性来探讨语言在语际和域际的双重转换。

（九）法律语言是一种历史语言

法律语言属于历史范畴，是一种历史现象。从某种意义上讲，语言是时代的产物，生活语言如此，法律语言亦如是。任何法律语言都不仅具有语言特征、文化特征、法律特征，也具有时代特征和历史特征。脱离时代的法律语言没有语义根基，缺乏历史坐标的法律语言也无法找到效力准星。任何法律语言都必须被置于特定的历史环境中才能产生确切的法律意义。例如，古代中国的最高审判机关自北齐始被定称为"大理寺"，隋唐皆沿用这一名称，此时大理寺所断之案须报刑部审批，亦即大理寺审判，刑部复核。而到了明清时期，中央司法机构的职能与隋唐时期正好相反，刑部负责审判，大理寺负责复核。显然，不将"大理寺"这一法律语言置于特定的历史时代之下是无法对其准确定义和翻译的——如将其功能释译为 Supreme Court，针对隋唐文献或许是正确的，但针对明清文献则是错误的。因此，法律语言必须被置于特定的历史语境下审视和定义，任何历史语境的错位都可能导致语义的迷失。这意味着，法律语言的翻译不仅存在语际和域际的双重转换，还要考虑时际和代际因素。

（十）法律语言始终处于动态发展之中

法律语言是有生命的，始终处于动态发展、不断演变和逐渐成熟的过程之中。在任何一种法律体系中，法律语言都经历着一个既自我新陈代谢、变革兴替，又不断通过与外界的交流而共生互补的过程。这个过程非常复杂，其中既有法律语言的消亡或新生，也有语义和属性的发展和变化，还有语言表现形式（语法、句式、文体，甚至标点符号）的发展与变革，更有对外来元素的吸收、消化与移植，无不体现出法律语言的生命活力。在语义变化方面，可举"权利"一词为例。据法律史学者李贵连教授考证，该词最早出于《荀子》和《史记》，但原意已与现代法律意义大异其趣。"权利"一词作为中国现代法律术语，源自美国传教士丁韪良（William Alexander Parsons Martin）在清朝同治年间翻译的近代国际法学著作《万国公法》（1864年刊版）。在这部译作中，丁韪良给古代的"权利"一词赋予了新的法律含义，自此沿用至今。[1] 在语言属性变化方面亦有许多例证。比如"十恶不赦"一词，原本是在《北齐律》的基础上由隋朝《开皇律》正式确立并被唐朝沿袭的一种刑罚制度，意指直接危及君主专制统治秩序以及严重破坏封建伦常关系的十种重大犯罪行为"为常赦所不原"（不能被赦免），实属中国帝制时代具有明确立法依据的不折不扣的法律语言。但随着时代的演进和社会的发展，由于其立法依据已经丧失，这个词语如今已经不再具有法律意义，演化成为日常语言中的一个通俗成语。语言表现形式方面的变化则更为显著：中国古代社会盛行文言文体，到清末民初时期变为半文言文体，到了现当代则普遍使用白话文体，中文书面语言的语法、规则、范式皆发生了显著的变化。此外，法律语言还会随着一个法域与外界的交流得到不断的丰富和补充。比如crowd funding是近年来西方才出现的一个法律概念，如今也随着这一法律概念进入中国而被汉译为"众筹"，成为中文法律语言中新的元素。

（十一）法律语言显示出趋同化趋势

现代社会经济全球化的趋势促进了法律的统一化进程，比如各种国际公约、国际惯例、国际规则和示范法的出现，而其中使用的法律语言也自然出现了在各法域趋同化的倾向。很多新的法律概念都是在参与国之间同步产生、发展和应用的，其外延和内涵在各种语言中的定义和认知是一致的，这极大地降低了法律翻译的难度。即便各国对于某项法律

---

[1] 参见李贵连《话说"权利"》，《北大法律评论》1998年第1期，第115—129页。

表达发生争议，也存在着有效的争议解决途径。

（十二）法律语言既具有很强的科学理性和技术性，也有极高的艺术性

法律语言是人们在长期法律研究和实践中锻造、凝练和沉淀出的一门专业性语言，广泛应用于立法、司法、行政、法学研究、法律实务等专业领域。它不仅具有法律科学的理性和很强的专业技术性，同时也具有极高的艺术性。法律是一门严谨的科学，承载法律表达职能的法律语言既须符合立法、司法、法学研究和法律职业中严苛的技术性要求，又不应被视为冰冷、枯燥、机械和没有感情色彩及生命活力的纯技术语言，它同样可以具有很高的美学和艺术性标准。德国当代法哲学家弗里特约夫·哈夫特（Fritjof Haft）就说过："最好的法律文本是出色的文学作品，它们用精确合适的语词模塑出一种世界经验，并帮助我们通过同样精确得富有美学意义的语言模式，把人类的共同生活调控到有秩序的轨道上。"[1]

法律语言被众多天才的使用者应用在题材和体裁各异、内容和风格多彩的法律作品之中，使得语言本身具有了高度的文学和艺术价值。德国著名法学家古斯塔夫·拉德布鲁赫（Gustav Radbruch）在其《法哲学》（*Rechtsphilosophie*，1932年）一书中就主张通过文学创作和艺术作品来认识法律的本质，并要求建立一门法美学（Ästhetik des Rechts）。学者布伦达·达内（Brenda Danet）则看出了法律语言的韵律特征，认为"仪式性"（ritual）和"戏剧性"（play）是法律语言的重要特征。[2]

---

[1] 转引自刘爱龙《立法语言的表述伦理》，《现代法学》2006年第28卷第2期，第57页。
[2] 同上。

总之，法律语言的一系列特殊属性已经将法律翻译的专业性、复杂性呈现在我们面前，也使得法律翻译明显区别于其他翻译领域而成为一个独立的翻译学科体系。认知和体会法律语言的独特属性，也为我们建构法律翻译的基本观念和方法论提供了视角和契机。

二、从内容的角度看法律翻译的对象：法律信息和法律作品

法律语言是一种表达工具，用以在交流交际中汇集和传递广义上的"法律信息"，并构成"法律作品"。法律作品是法律信息的集合形式，以法律信息为内容。法律语言与法律作品之间是工具与载体的关系，二者都是法律思想、文化和信息形成、存在与传播不可或缺的条件，而法律作品与法律信息之间则是形式与内容的关系。法律作品既可以是有形存在（比如通过纸面和其他电子媒介和载体呈现），也可能是无形存在，比如通过口头形式及各种语音方式呈现。从这个意义上讲，法律翻译的对象就是所有以法律语言为工具表达和传递的法律信息，以及集合、承载、呈现法律信息的法律作品。使用源语呈现源法域法律信息的作品，就是法律翻译中的原作，通过语际转换和法律文化转码，以译语的形式将源法域的法律信息传递给译入法域的读者，所形成的作品就是法律翻译中的译作。当然，也有的法律翻译是纯粹的语际转换，而不涉及（法）域际转换，比如多官方语种国家将同一部法律在不同语种之间翻译转换，仍在本法域实施。

从具体内容来看，人们对于法律翻译对象范围的认识并不统一，甚至存在很大的分歧。有人认为法律翻译的对象，仅限于那些由具有立法权力和职能的机关制定的具有普遍约束力的社会行为规范，即严格意义上的"法律"；有人认为还应包括其他具有法律效力的文件，比如契约、合同等；也有观点认为，除此以外还应该包括法律语境之下的各种交流

(communications)。[1]

在笔者看来，如果将法律翻译的对象狭义地理解为规范性或其他约束性法律文件的话，也就是将"法律翻译"的功能仅限于"翻译法律"，将过度限制这一领域研究的广度、深度和多样性，也必然限制其理念和方法的形成与拓展，不利于学科的发展，因此不宜采用这种狭义的界定，而应寻求更广义的解读，应将"法律翻译"理解为对于所有法律信息的翻译，而法律信息就是所有以语言（辅以特定的非语言）为载体和表达工具的具有法律含义和属性、包含法律思想、承担法律功能、承载法律文化或者意在实现法律目的的讯息。换言之，作为法律翻译对象的法律信息必须是一项语言表达内容。一件物体，比如法袍、法槌，具有特定的法律意义，也可能在传递一些法律讯息，但除非用各种形式的语言对其进行表达，否则不构成表达内容，也就不是法律翻译的对象。正因为采取的是广义的理解，所以笔者也不将中国学界很多人提出的"法学翻译"（或"法学著作翻译"）作为与法律翻译平行或分立的一门独立翻译类别，而是将其作为法律翻译的子项或细分类别来对待，并将在下文详细讨论各细分类别适合采取的翻译策略和方法。

三、从涵体的角度看法律翻译的对象：法律文化

任何语言都不是抽象、孤立的存在，而必须存活于特定的文化体之中，才能保持其生命活力和意义，如同水里的鱼、土中的草一样。每一个语言符号也都只能在特定的文化体里才会有产生、存在、衍生、发展、

---

[1] 澳大利亚格里菲斯大学（Griffith University）的曹菡艾（Deborah Cao）教授持此观点，见 Deborah Cao, "Legal Translation", *The Encyclopedia of Applied Linguistics*, edited by Carol A. Chapelle, Blackwell Publishing Ltd., 2013, p. 1。("In short, legal translation is used as a general term to cover both the translation of law and other communications in legal settings.")

变化和消亡的生命历程，也才能具有意义，否则它们就是一些没有生命力也没有意义的图形、符号或声音，就如同一些已经消亡的文化所使用过的文字或者有声语言一样，已经无法存活。法律语言也是如此，每一种法律语言所形成的表意系统都根植和依托于涵养它的法律文化，我们因此将法律文化视为法律语言的"涵体"。

法律文化是一个广义的概念，它包括孕育法律语言并滋养其产生、成长和发展的整个法律环境和社会环境。从意识形态到审美观念，从法律体系、制度到宗教、历史、民俗和传统等等，都是这个文化体系中的组成部分。它构成了法律语言的"语义参考系统"，使得法律语言的一切组成元素，从词汇、术语、称谓到表达方式和使用场景得以形成和定义，使得法律信息获得了归属和依托。法律文化具有法域特征，正是法律文化的法域特征决定了法律语言的法域属性。

笔者之所以将法律文化这个广泛而抽象的概念作为法律翻译的对象，是因为特定法域法律文化的因子在法律翻译中发挥着至关重要的影响和作用，是包括法律语言和法律信息的法律翻译显象对象背后的隐形对象，起到对法律语言和法律信息进行定性和赋义并提供语境的作用。法律翻译不仅要将每一种法律语言、每一项法律信息置于特定的法律文化和制度体系中界定和理解，而且要将法律信息背后的隐形法律文化因子"显象化"，从而揭示出法律信息的真实意旨和准确含义。这既是法律翻译中译者功能的体现，也是达到翻译目的、实现翻译效果的必然要求。例如，当 president 一词作为国家元首使用时，究竟应该被译为"总统"还是"主席"仅从词的表象上是无法确定的，必须依托这个词语源生的法律制度环境来理解。这种制度环境就是语言背后的隐形法律文化因子。要做到准确翻译，就必须将语言背后的文化元素揭示出来。将法律文化作为法律翻译的对象来理解和认知，可以让我们更深刻地理解到，法律语言语际转换的困难更多的不是来自各种语种语言表面的差异，而是源于不同法律文化和制度的差别，这也是我们法律翻译文化观的基础。

四、法律翻译对象的类别

我们已经从不同的角度分析了法律翻译的对象，不妨再尝试对其做一分类。分类的目的在于对法律翻译的对象进行类型化总结，抽取每一类型的共性特质，再有针对性地研究适于其特质的翻译方法，为我们的翻译方法论提供思路。欲做分类，首先涉及分类的标准。在学术上，不同的研究者曾依据不同的标准对于法律翻译进行过各种不同的分类。按照沙尔切维奇的归纳，有人根据源语文本的内容（subject matter）将法律翻译的对象分为国内法律和国际条约、私法文件、学术著作及判例法；有人根据源语文本的地位和效力，将法律翻译的对象分为有约束效力的法律法规和无约束力的法律文本（如法学理论著作）；还有人根据源语文本的功能和性质来划分，将法律翻译的对象分为规范性（prescriptive）法律文件（如法律法规、合同、条约、公约等）和非规范性或称纯描述性（descriptive）法律文本（如法学著作、论文、法律意见等），当然还有性质介于二者之间的法律文本（比如司法判决）。[1] 我们还可以从体裁上将法律翻译的对象分为陈述性（描述性）、说明性、论说性、辩论性等文体的法律内容，或者从性质上将其分为学理性、立法性、司法性、行政性、文学性、实用性法律作品，甚至再细分为思想文化类、学术教育类、法律规范类、司法裁判类、法律实务类法律内容等。

但经过分析和比较，笔者认为，从对翻译方法有针对性研究的角度来看，依法律语言的分类来界定法律翻译对象的类别，相对而言更为直接，更具可操作性，也更具有实际意义。这是因为对于法律翻译的对象来说，法律文化过于抽象和广泛，法律信息和作品又是集合性的体现，

---

[1] 参见 Susan Šarčević, *New Approach to Legal Translation*, Kluwer, 1997, p. 11。

无论是立法文本、司法文件、法学著作、法律实务文件或是法律文学作品，都可能是由多种类别和性质的法律信息组合而成，具有复合型的风格和特征。比如，判例法国家很多由资深大法官起草的个案判决，除了其司法裁判的内容属性和效力特征以外，本身也具有立法属性和学理性、论辩性甚至文学性特质。在此情形下，究竟将之定性为立法或司法文件，还是学术论文甚或法律文学作品是很困难的，因此也难于适用某一种翻译方法予以应对。而作为法律信息表达工具的法律语言，则在每一项法律内容中的应用都是明确、具体和可细分的。按法律语言分类，便于我们对各种法律语言的语言特性和特征进行总结和抽象，并据此研究和提炼对应的翻译方法，确定最佳的翻译策略，从而构成我们研究法律翻译方法论的基础。基于这种思路，我们试将法律语言做一简要分类如下：

（一）规范性法律语言（或称"立法性语言"）

这类法律语言主要应用于规范性法律文件（即广义上的立法性文件）之中，比如各种法典、法律法规、规章条例、公约条约、立法或司法解释。它们是法律作品中最重要的文本形式。

法律是由特定国家机关或由法律授权的组织制定，向社会输入的具有国家强制力的规范。法律的制定（即立法活动）以规范性法律语言文字为载体，法律的实施以规范性法律语言（立法语言）的表述为依据，法律就是通过规范性法律语言的表述产生和存在的。规范性法律语言与描述性语言不同，其"规范性"表现在它既不是对已然的描述，也不是对将然的预测，而是一种指令性的语言，这是其语言性质上的突出特点。它们尽管有时也会采取类似事实陈述的句式，但从根本上讲主要是一种建立在"应当"模型之上的指令语言，在表现形式上往往通过诸如"应当"、"必须"、"不得"、"可以"（体现在英文中则是 shall、must、shall not、may）等语词来反映立法目的，突出体现了其立法属性。[1] 这一本质特征在各国的立法性文件中随处可见，从中国几部主要的现行法律中随意抽取出几个条款即可显见：

《民法典》第六条　民事主体从事民事活动，应当遵循公平原则，合理确定各方的权利和义务。

《民法典》第八条　民事主体从事民事活动，不得违反法律，不得违背公序良俗。

《民法典》第十条　处理民事纠纷，应当依照法律；法律没有规定的，可以适用习惯，但是不得违背公序良俗。

《行政处罚法》第四条（第三款）　对违法行为给予行政处罚的规定必须公布；未经公布的，不得作为行政处罚的依据。

《刑法》第四条　对任何人犯罪，在适用法律上一律平等。不允许任何人有超越法律的特权。

再看美国宪法的几个条款亦如是：

Section 1-

All legislative Powers herein granted *shall* be vested in a Congress of the United States, which *shall* consist of a Senate and House of Representatives.

---

[1] 参见周赟《立法语言的特点：从描述到分析及证立》，北大法律信息网法学在线，2014 年 7 月 17 日，http://article.chinalawinfo.com/ArticleFullText.aspx?ArticleId=84799。

Section 2-

The House of Representatives *shall* be composed of Members chosen every second Year by the People of the several States, and the Electors in each State *shall* have the Qualifications requisite for Electors of the most numerous Branch of the State Legislature.

No Person shall be a Representative who *shall not* have attained to the Age of twenty five Years, and been seven Years a Citizen of the United States, and who *shall not*, when elected, be an Inhabitant of that State in which he *shall* be chosen.

从词义上看，规范性法律语言每一个词语的内涵和外延都应当是确定的，使用时特别强调一词一义，不同的概念应用不同的词语来表达，不使用隐语或双关语，尽量使每一个公众对每一用语能产生同样的理解。即便所使用的词汇具有数个含义，在立法中也必须指明该词汇的具体含义。[1] 在语言使用上，立法语言格外注重语法，语句成分不可随意省略，也不可轻易打乱语序，避免产生语法错误，从而引发误解。在用词用语上，规范性法律语言更是追求清晰准确、简洁通俗、浅显平直、言简意赅，不仅要摒弃晦涩难懂，也要避免冗长累赘，目的就是便于普通民众理解，正如唐太宗李世民所说："国家法令，惟须简约。"[2] 法国启蒙思想家孟德斯鸠对现代立法技术也曾呼吁："法律不要精微玄奥，它是为具有一般理解力的人们制定的"[3]。另一方面，规范性法律语言的通俗性并不影响其严谨性、严肃性、书面化和专业性，其严格的语言使用规范——文字、

---

[1] 参见张建军《刑法应使用什么风格的语言》，《检察日报》2014年3月11日。
[2] 转引自李高协《浅议立法语言的特点和表述问题》，《人大研究》2015年第1期，第36页。
[3] 转引自刘爱龙《立法语言的表述伦理》，《现代法学》2006年第28卷第2期，第57页。

句式、结构、修辞、语气，就连标点符号的使用都有专门的规范——使其明显区别于日常语言和口头语言，而且这类语言因其集体使用属性还应刻意淡化个性化特征。为了确保体现这些特点，很多国家都通过立法本身来规范立法语言、文字的标准，比如美国的《统一和标准法案起草规则》("Drafting Rules for Uniform or Model Acts")对立法语言文字提出了明确的要求：一部好的法律的起草要素是用语准确、简洁、清楚和通俗。法案中的词语应能清楚地表明该法的作用和目的。立法者应注意选用简单、常用的字词，尽可能使每一个具有基本理解能力的读者都能作出符合原意的理解。[1]《关于起草欧共体法律质量的共同准则的机构间协议》("Interinstitutional Agreement of 22 December 1998 on Common Guidelines for the Quality of Drafting of Community Legislation")提出："欧盟法律应清晰、简洁、准确地起草。"[2] 当然，由于各国及同一国家在不同时代的立法哲学、宗旨、技术、指导原则等各不相同，立法语言在不同法域和不同时代也都具有明显的差异化特征。总之，法律的语言应当如德国著名法律思想家古斯塔夫·拉德布鲁赫（Gustav Radbruch）所指出的："绝不可能等同于报纸的语言、书本的语言和交际的语言。它是一种简洁的语言，从不说过多的废话；它是一种刚硬的语言，只发命令而不作证立；它是一种冷静的语言，从不动用情绪。法的所有这些语言特点，就像其他任何风格形式一样有其存在的道理。"[3]

通过采用这样的法律语言所形成的法律作品（主要是各种效力级别的立法性文件）也表现出显著的特征，具有原则性、概括性、规范性、普适性、书面化和标准化等主要特点，既规范严谨，又清晰明了，还通

---

[1] 参见周旺生《立法质量与质量立法——欧美台立法质量立法研究（下）》，http://www.aisixiang.com/data/34182.html，访问日期：2020 年 5 月 21 日。
[2] 朱涛：《民法典编纂中的立法语言规范化》，《中国法学》，2017 年第 1 期，第 235 页。
[3] 转引自张建军《刑法应使用什么风格的语言》，《检察日报》2014 年 3 月 11 日。

俗易懂（通过合理处理专业术语和日常用语的关系，在准确表达立法意图和法律内容的前提下，尽量采用通俗易懂的日常用语），以求尽可能降低歧义并达到对社会公众的宣示效果，保证立法文件的普遍约束力和效力权威性。英国法理学家边沁（Jeremy Bentham）对立法语言也有过中肯的评论："如果说法典的风格与其他著作的风格有什么不同的话，那就是它应该具有更大的清晰性、更大的精确性、更大的常见性。"[1] 这些特点已经普遍地反映在现代各国的立法实践中，比如现代民法典的开山之作《法国民法典》（初始又称《拿破仑法典》）就是其中的杰出代表。亲力完成其中文译本（商务印书馆，1979年）的李浩培先生评价该法典"文字简单明了，逻辑谨严，体系完整"[2]。

中国当代的立法语言也贯彻了这样的原则。举例来说，中国《民法典》第十条规定："处理民事纠纷，应当依照法律；法律没有规定的，可以适用习惯，但是不得违背公序良俗。"短短一句话只有35个字，言简意赅而且都是通俗易懂的语言，但其内涵丰富，逻辑层次清晰——前半句提供了原则性、概括性的规定，后半句则对于例外情形作出补充规定，并通过转折句式确定了适用条件，整句话构成一个严谨的逻辑闭环，达到了法律的规范性效果和普适性效力。还有研究者曾经专门从词汇、句式和篇章三个层面，详细而具体地分析了刑法规范的语言特征，很有代表性，可以作为立法语言特征的又一佐证——

在词汇方面的特征：1. 频繁使用专业术语、古体词和正式词汇，使刑法语篇在风格上更为严肃庄重；2. 避免使用第一和第二人称代词，在第三人称代词的使用上亦与其他文体有所不同，使得刑法规范更加客观中立；3. 情态动词的使用很规范；4. 大量使用介词＋名词＋介词构成的

---

[1] 转引自刘爱龙《立法语言的表述伦理》，《现代法学》2006年第28卷第2期，第57页。
[2] 李浩培：《拿破仑法典》，商务印书馆，1979年，《译者序》。

复合介词短语；5. 使用很多赘词，如同义词重复，使刑法规范概括性更强，表达的含义更加全面，也更加准确严肃。

在句法层面的特征：1. 多使用被动语态，弱化法律主体，增强法律的概括性，同时使刑法规范更加客观和中性；2. 频繁使用名词化结构，提高刑法规范的简明性和准确性，增加语言表达的信息量；3. 因为刑法规范主要是禁止性规定，所以频繁使用否定表达；4. 由于刑法规范的概括性和精确性极强，需要表达非常复杂的概念，因此刑法规范的结构一般比较复杂，频繁使用长句和复句，并使用很多从句和修饰成分来附载大量信息、表达复杂关系；5. 由于刑法需要对各种不同的犯罪行为及其处罚进行列举式规定和描述，因此频繁使用并列结构；6. 由于承担刑事责任有明确的前提条件，因此刑法规范中大量使用条件句。

在篇章层面的特征：刑法规范具有高度的程式化特征——刑事立法条文在结构上包括案情、条件、主题和行为等四个成分，具有明确的条文格式，而且通过照应（人称照应、指示照应和比较照应）、替代（名词性替代、动词性替代和小句替代）、省略、连接（添加、转折、因果和时间）及词汇衔接（词汇复现和词汇搭配）等各种手段确保结构严谨。[1]

（二）契约型法律语言

这类语言主要应用于各类合同、协议、契据，涵盖范围也包括具有单方或双方义务性的许可证、保函、保证书、承诺书等法律文件。由于契约本身也是在创设权利、义务，而且必须以立法作为依据，甚至本身就是立法语言的引述或复述，因此契约型法律语言也具有很强的规范性和格式化特征，并依循长期形成的语言模式和惯例（比如格式合同、标

---

[1] 参见王文霞《平行文本对比视角下的中国刑法规范英译》，《安顺学院学报》2015年第4期，第113页。

准合同文本中的语言）——这是它与规范性法律语言的共性特征。但从另一方面来看，契约型法律语言毕竟属于私法性法律语言，因不同的主体、缔约事项、交易类别和适用法律而呈现比较明显的语言个性化和多样性特征，因此契约型法律语言在原则性、概括性和普遍适用性方面又与规范性法律语言不同，具有较强的具体针对性。除了规范性，由于契约条款多是基于缔约方的合意形成的结论性表述，因此这类语言的描述性、说明性特征明显，基本不存在论述性、辩论性或学理性的语言特征。

（三）学术性、学理性法律语言

这类语言常见于对法律思想、理论、学说、观点的阐述，以及诠释和论证等场合，应用在诸如法学著作、法学理论研究文章、法学教材以及法律意见书、专家证词等书面文献。其语言的主要特征和风格是学理性强，具有鲜明的论述、论证、论辩性，凸显专业化和学术化。与规范性、契约型法律语言不同，学术性法律语言往往个性化色彩突出，没有固定的范式和条框。同样一个内容，在不同的作者笔下表述方式可能迥然不同。不仅如此，由于理论学说的内在属性和目标读者都与立法和契约存在显著差异，这类法律语言并不具有规范性和契约型法律语言那种通俗、浅显、直白的特点，而是往往包含大量的修辞和语境信息，使其成为法律翻译的特殊分支——法学翻译的研究对象。这些特点，我们可以从被很多人视为"美国宪法之父"的美国第四任总统詹姆斯·麦迪逊（James Madison）在《联邦党人文集》(*The Federalist Papers*)[1]中使用的如下语言里稍加领略：

"[t]he legislative department is everywhere extending the sphere

---

[1] 尹宣先生将之译为《联邦论》。

of its activity, and drawing all power into its impetuous vortex," and that as a result, "[i]t is against the enterprising ambition of this department that the people ought to indulge all their jealousy and exhaust all their precautions." [1]

参考译文（如无特别说明，皆为笔者提供）：

"立法部门正在到处扩充其势力范围，把所有权力都拖入它猛烈的旋涡之中"，因此"人民应该极力戒备和竭力提防的，正是这个部门激进的野心"。

（四）论辩性法律语言

这类法律语言主要应用在利益冲突和对抗性法律事务中，比如使用在诉讼和仲裁程序里各方当事人及其代理人用以主张己方观点和反驳对方立场的法律文件之中。这类语言的对抗性、个性化、差异化特征明显，缺乏统一程式而又具有明显的针对性，语言的逻辑性和论辩力度受到格外重视，有时甚至是尖锐的和情绪化的。为了达到这种语言力度和诉争攻防效果，论辩性法律语言的形式和句式往往丰富多变，在语言风格上的自由度远远大于规范性和契约型法律语言，但又坦率直接、通俗直白，没有学术性法律语言的深奥和委婉。对这些特点，我们可以从华为公司 [2] 在 2019 年 3 月 6 日起诉美国政府（美国联邦政府及七个政府部门负责人）的诉状 [3] 用语中管窥一二。

---

[1] The Federalist No. 48.
[2] 该案原告的全称为 Huawei Technologies USA, Inc., and Huawei Technologies Co., Ltd.（华为技术美国公司和华为技术有限公司）。
[3] 正文第 5 条。

In so doing, section 889 violates at least three constitutional provisions: It violates the Bill of Attainder Clause by singling out Huawei for punishment—blacklisting it, impugning both its general reputation and its specific commitment to honoring the laws of the United States, and denying it any procedure through which it can clear its name and escape sanction. Section 889 also violates the Due Process Clause by selectively depriving Huawei of its liberty—severely curtailing its freedom to do business, stigmatizing it by effectively branding it a tool of the Chinese government and a risk to U.S. security, and denying it any pre-deprivation legal process to confront the congressional charges against it. And section 889 violates the Vesting Clauses and the resulting separation of powers by legislatively adjudicating Huawei to be "guilty" of an alleged connection to the Chinese government, and by implication a threat to U.S. security, rather than leaving it to the Executive and the courts to make and adjudicate any such charges.

参考译文：

如此一来，第889节至少违反了三项宪法条款：单独挑出华为进行处罚——将其列入黑名单，损害其声誉，质疑其遵守美国法律的具体承诺，并剥夺其借以洗刷名誉和避免制裁的任何程序权利，从而违反了褫夺公权条款。第889节还因其选择性地剥夺华为的自由而违反了正当程序条款——（该等规定）严重妨碍了华为的商业自由，刻意污蔑华为是中国政府的工具和美国安全的风险,并拒绝给予华为任何反驳这些国会指控的事前法律程序。第889节还违反了分权条款。它通过立法认定华为涉嫌与中国政府有联系,并暗示其对美国安全构成威胁,而不是将此类指控交给行政部门和法院作出裁决。这违反了三权分立原则。

(五)司法性(及准司法性)法律语言

这类语言常见于法院的裁判文书、仲裁机构的裁决、行政机关的行政决定和复议决定等,推而广之还包括各类具有相似功能和属性的法律文件,大都以"词语的专业化、句式的精确化、文本的程式化、逻辑结构的明晰化"[1]为主要特征。这类文本往往包含多种类型的法律语言,既有对规范性法律语言的引用,又有对契约型法律语言的依据,还有对学理性语言的参考,更有对辩论性法律语言的评价,但为了方便总结,我们将其中具有典型司法性的法律语言归纳在一起,提炼出共性。这些共性主要体现在其裁断性、命令性、评价性、宣誓性、公告性和约束性。

需要说明的是,由于法律文化和传统的不同,司法性法律语言在不同法域的表现形式是很不相同的。在成文法系国家,法官多为职业性"法吏",他们使用司法性语言时往往跳脱不出公文性语言的圈囿,显得刻板和单调;而在判例法国家,法官的成长和培训体系明显不同,脱胎于律师(尤其是诉讼律师)和法学家的法官众多,其职业语言习惯的养成模式有别于法吏,因此语言的风格和特点也很不相同,较少僵化刻板的模式和"套路",学术性、论说性甚至文学性法律语言常见于司法判决之中。不过,以中国的司法性法律语言为例,随着法律职业化发展的不

---

[1] 焦宝乾:《司法中的法律修辞:国内研究述评》,《法治研究》2012年第1期,第103页。

断深化,中国法院的裁判文书的质量和司法语言的表述风格也在不断改善和变化,逐步摆脱过去给人的那种刻板单调的印象。2018年6月,中华人民共和国最高人民法院还专门颁布了《关于加强和规范裁判文书释法说理的指导意见》,对于裁判文书的用语提出了清晰而明确的要求:"裁判文书行文应当规范、准确、清楚、朴实、庄重、凝炼,一般不得使用方言、俚语、土语、生僻词语、古旧词语、外语……。裁判文书释法说理应当避免使用主观臆断的表达方式、不恰当的修辞方法和学术化的写作风格,不得使用……具有强烈感情色彩……的用语……。"这对司法性法律语言的典型特征给出了充分的注解。

(六)公文性法律语言

这类语言具有一定的约束力和规范效力,当然也属于广义的法律语言,常见于各国行政机关制作和颁布的,以及在行政管理过程中形成的具有法定效力和规范体式的文书[1],包括各类决议、决定、命令(令)、公报、公告、通告、意见、通知、通报、报告、请示、批复、议案、函、纪要等等。[2]这类文件使用的语言及语言范式都有一整套严格的规范,国家往往通过专门的规定予以明确。以中国为例,政府就曾专门颁布过《国家行政机关公文处理办法》等指导性文件对于公文性语言予以明确规范,其中要求这类语言观点明确,表述准确,结构严谨,条理清楚,直述不曲,字词规范,标点正确等。翻译这类法律语言时要特别注重遵循和保持这些特点,包括在行文范式,甚至在引文方式(先引标题、后引发文字号、引用外文应当注明中文含义)、日期格式(写明具体的年、

---

[1] 参见国务院2000年8月24日印发的《国家行政机关公文处理办法》(国发〔2000〕23号)(已停止执行)第二条。
[2] 参见中共中央办公厅、国务院办公厅2012年4月16日颁布的《党政机关公文处理工作条例》(中办发〔2012〕14号)。

月、日)、结构层次、序数格式、计量单位、数字、非规范化简称的使用方法上都要体现出这类语言的特征。

(七)职业性法律语言

这主要是指法律职业工作者在执业过程中使用的专业的口头或书面语言,包括在法律从业者的书信、备忘录、法律意见书、尽职调查报告等各类法律文件中使用的法律语言。这类法律语言形式多样,不拘一格,因案、因人、因事的不同而具有明显的差异性,也具有很大的灵活性。但由于其职业化用语的特点,也都普遍具有严谨规范、简洁明了、通俗理性、逻辑性强、重说理论述、少感性抒情等明显的专业性特征和实用性要求。同时,因法律专业领域和法域传统的不同,职业化法律语言也具有多样性。

(八)文学性法律语言

这类语言主要应用于包含法律元素的文学作品或者具有文学色彩的法律作品,当然也会穿插在其他各种类型法律作品之中,作为增强作品的语言感染力,提升作品修辞力度的手段。这类语言兼具法律语言的严谨性和文学语言的艺术性,注重修辞和喻义,在文辞、句式的使用上丰富多元,较少格式化、形式化、程式化语言,充分体现出语言表达风格和表现手法上的多样性和独特性。文学性法律语言既没有立法语言的庄严规范,也没有学术语言的复杂深奥或司法语言的程式限制,更没有公文语言的刻板拘谨,往往具有较强的艺术美感,体现出作者兼具的法律和文学双重修养。人类法律文明史上形成的大量法律谚语与格言都是经典的法律文学语言,比如"天网恢恢,疏而不漏"、"律者,所以定分止争也"等。它们虽然不能直接作为现代法律适用的依据,但其中包含的智慧、哲思、精神、寓意、文化都被吸纳入了法律的理论、制订和实施之中，因此都是法律语言重要的表现形式。我们还可以再举一段英语社会中具有文学表现力的法律文字：

The period from 1820 to 1860 has a special appeal for Americans. It stands as a golden age—a halcyon era of sturdy yeomanry, simple virtue, a universally acceptable morality, and confidence in a future of expanding prosperity. In a far more complex world, caught in the no-man's land between rejected older values and new ones yet unformed, many Americans have turned to this era in search of inspiration or comfort, and not surprisingly, have found it.

Despite an international reputation as a burly young giant best characterized by its lawless West, the country chose to entrust the guidance of its affairs to the sanity of law, unlike other societies undergoing similar stresses of political change or economic expansion.[1]

参考译文：

1820 至 1860 年这段时期对美国人具有特别的吸引力。它代表着一个黄金时代——那是一个保有稳固的风俗、淳朴的美德、普遍接受的道德观念以及对未来繁荣发展充满信心的太平时代。在一个更加复杂的世界中，处于旧价值观已被抛弃而新价值观尚未形成的空窗期，许多美国人转向这个时代寻求灵感或舒适感，而且并不意外地找到了它。

---

[1] Charles M. Haar, *The Golden Age of American Law*, George Braziller, Inc., 1965, Preface viii.

尽管以一个年轻而魁梧的巨人形象著称于世，并以其荒蛮的西部闻名，但这个国家仍然选择在其各项事务中严格遵循法律的规则，这与其他那些遭受政治变革或经济扩张压力的社会明显不同。

从严格意义上讲，上面的分类其实也难免粗疏、不尽科学。这是因为：

首先，很多法律语言具有模糊的属性，在不同语境之下，出于不同的表达、交际目的，它们的属性都是不同的，并不具有清晰的界限。这在本书下文中还多有讨论。

其次，从不同角度审视时，上面划分的各类法律语言在属性上经常会发生竞合，或者同一法律语言兼具不同的属性。比如，功能上属于辩论性的法律语言，从使用者的角度看也可以归入职业性法律语言，而立法语言被司法裁决援用时就兼具司法性了。同一法律语言出现在不同的作品之中、语境之下，或由不同的译者、读者评价时都可能会具有不同的属性，并适用不同的翻译方法。这与我们下面将要讨论到的翻译影响因素息息相关。

既然这种分类不尽科学，我们为什么还要人为地作出这样的划分呢？这是因为我们试图从法律语言的分类入手，通过分析不同法律语言的基本特征及其塑造作品的共性特点，来对法律翻译及其方法进行类型化梳理和总结，进而在方法论上抽象和提炼出翻译不同类型法律语言的有效方法和规则。鉴于法律翻译这一广义概念本身难以形成统一、具体的翻译规则，而法律作品又往往是多种类型法律语言的集合体，因此从法律语言类型化入手去讨论翻译的准则和方法，既可以避免陷入笼统讨论法律翻译的空泛局面，又可以防止依法律作品类型分类导致的宽泛。所以，法律语言的分类或许不尽完美，毕竟为我们提供了一条有效的研究进路和解决问题的思路。

第二节　法律翻译的定义

如果从对象决定论的角度来定义法律翻译，那么，凡是对于由法律语言表达，依托法律文化涵养，并通过法律作品承载和传播的法律信息进行的语际、域际转换，就是法律翻译。但是，即便确定了法律翻译的对象及其范围，我们仍有必要从不同的角度来进一步界定法律翻译的内涵，以期获得对其更完整的理解。笔者认为，法律翻译同样可做广义和狭义两种理解。

广义的法律翻译，应该是指通过变换一种语言的表述方式来让受众理解具有法律性质和意义的信息（即法律信息）的过程。这种变换语言表述方式的行为和过程，如果按照罗曼·雅各布森（Roman Jakobson）提出的语内翻译和语际翻译的划分[1]，既可以在异种语言之间进行，也可以在同种语言中进行，比如将英国法律中特有的概念翻译给同样使用英语的美国人听，或者将中国古代法律典籍中使用的文言文翻译成现代汉语白话文，它甚至可以包括法律专家使用通俗易懂的语言将一个法律概念解释给非专业人士。从这个意义上讲，通过"翻译"的过程，让"虽识其字而不知其意"与"因不识其字而不知其意"的人了解法律内容的效果是一样的。同时，广义的法律翻译既可以是以明确、具体的法律语言文字作为翻译和解释的对象，也可以是对法律知识、文化和理念的广义传播。从这个角度看，广义的法律翻译不仅是指通过变换语言文字的种类和形式来传递法律信息，也包括对于法律信息的阐释和解读。其核心目的是通过变换一种语言的表达方式，让受众"理解"在原来的表述方式下不能理解的内容。在广义的法律翻译中，"译者"的功能和作用

---

[1] 参见黄勤《蔡元培翻译观的认识论诠释》，《安徽大学学报（哲学社会科学版）》2006年第1期，第44页。

不仅在于进行单纯的(同种或异种)语言转换,也在于对法律信息的解读、法律理念的阐释和法律文化的传播。

相对而言,狭义的法律翻译,则仅指将使用源语表达的一项特定、具体的法律信息,通过口头或书面的语言方式,对应转换成译语的语际转换过程。同时,我们还要意识到,这种语言转换背后所存在的历史和文化意义上的"转码"过程。本书所说的"法律翻译"正是以这种狭义说为基础,因应翻译目的、读者需求等多方面因素,综合界定的法律领域的语言转换和文化转码过程。对于法律翻译是否也适用于以非语言方式(动作、表情、语气等)表达的法律信息,争议较大。笔者认为,非语言方式是语言方式(书面和口头语言)的辅助,有助于语言表达的效果和人们对语言表达真实含义的理解,但不能成为独立的翻译对象。

在这一逻辑前提下,我们可以将"法律翻译"定义为:对于特定和具体的法律信息在不同语种语言和异种法律文化之间,以书面或口头形式进行的一种创造性的对应转换过程,并达到法律信息语际和域际有效传递的目的。这个定义至少应该包含这样几层含义:

一、法律翻译的对象是法律信息及其集合而成的法律作品。这些信息和作品的内容是通过法律语言来表达和呈现的。

二、作为翻译对象的法律信息和法律作品的内容必须是具体和特定的。即便是关乎宏旨的法律文化和理念,也必须落实到具体的语言或文字形式上才能成为一项可以被翻译的"法律信息"。

三、法律语言包括书面和口头的语言文字形式,在特定情况下辅以其他非语言形式,比如语音语调变化、表情、动作等。相应地,法律翻译也包括书面和口头翻译两种主要和基本的形式。

四、法律翻译首先涉及不同语种的语言、文字之间的转换,即"语际转换"。这个转换过程包括了对源语信息的解码和在译语中的重新编码,意在实现信息语际传递的目的。

五、法律翻译还同时涉及不同法律文化和制度之间的信息传递。法律文化（尤其是其中的法律制度）的划分通常以法域为标志，一个法域的法律文化信息通过语言转换过程进入另一个法域，还必须同时经历法律文化的解码和重新编码，才能实现信息的"域际传递"。法律信息的语际转换与域际传递往往是同时进行但又并不总是重合的（如前文所述，有些域际传递并不涉及语际转换，反之亦然），而且二者在法律翻译中的相遇恰是"变"与"不变"的辩证统一体——语种语言符号的改变与法律信息内容的不变——共同体现出法律翻译的功能。

六、这种信息的语际转换和域际传递应该是"有效的"，也就是应该让译文读者有效获得原文旨在表达的信息，达到译文读者从译文中接收到的信息，基本"相当于"具有可比性的原文读者从原文中接收到的信息。

七、这种语际转换和域际传递的过程和形式不是机械、僵化和刻板的，而是具有适应性和创造性。这种适应性和创造性不仅体现在语言文字上，而且体现在历史维度和文化思维上。它是由法律内容的特殊属性决定的，以有效实现法律文化信息的语际和域际传递、交流及传播为根本目的。

八、法律翻译有不同的方式方法，可以因应实际需要采取多种策略和手段。但从本质上讲，法律翻译仍然是一种"对应转换"，即译文仍应客观地忠实和对应于原作，尤其是原作的内容和意旨，也包括其表达方式和修辞风格。在这里，方式方法上的创造性和语言转换上的适应性，与信息内容上的实质对应性之间是一个辩证统一的过程——创造性只是手段和方法上的创造性，是在合理限度内的创造性，适应性是语言规则、习惯和文化接受上的适应性，它们都不能改变翻译的本质功能和根本属性。同时，忠实性和对应性也不是僵化教条的，而是灵活对应和功能对应，重在实现翻译的目的，达到交流交际的效果，切实满足译文读者的期待和需要。这一定义的多层内涵有些上面已经讨论过，有些将在下面论述的法律翻译观和方法论中进一步阐释。本书正是基于这一理论基础，遵循这一逻辑体系循序展开论述的。

需要说明的是，本书虽然以法律翻译的狭义定义为基础，但其广义定义中的很多合理内核也给我们提供了有益参考。比如，翻译的核心目的是通过变换一种语言的表达方式让受众"理解"源语表述的内容和含义，否则翻译就失去了意义和效果。从这个角度讲，法律翻译如果只是达到了语言变换的形式目的，却没有达到让译文读者理解异域法律信息和法律文化的客观效果的话，这样的翻译仍然是徒劳无功的。这也呼应了笔者在翻译观中提出的整体思路和观点。同时，翻译虽然以客观忠实的"对应转换"为原则，但并不排斥译者为了有效实现翻译目的和效果而灵活采取一些广义的翻译手段和方法，比如辅以译者对于原文意旨的解读和阐释。这些创造性的翻译方法，在不同的历史时期，在不同的翻译观的指导下，为了达到不同的目的，适应不同的法域文化和翻译对象，以及满足不同读者的需求方面，都具有积极的现实意义。对此，我们都将在后面的翻译观和方法论中深入讨论。

在提出了法律翻译的定义之后，为了本书论述的严谨性、有效性和针对性，还有必要再进一步限定本书讨论对象的逻辑外延。那就是站在中文（汉语）语言背景下，探讨其与国际法律实践的通用语言——英语之间的互译，也就是置于中国（内地）与外法域交往背景之下的中文和英文法律语言的语际转换，不涉及其他语种。此外，虽然翻译的形式包括口头和书面翻译，但考虑到二者之间在翻译方法和技能特征上仍存在较为明显的区别，属于法律翻译中不同的细分领域，比如法庭翻译（同声传译）就是一个非常特殊的法律翻译类别，具有一系列专门的方法、技能和技巧，因此本书仅将研讨重点放在书面法律翻译上。尽管如此，笔者相信，本书提出的翻译观和方法论对于其他语种之间的互译以及口头翻译都有借鉴和参考意义。

第四章
法律翻译观

　　法律翻译观是对法律翻译的基本观点、理念和态度的抽象总结，涉及法律翻译的基础性、原则性和根本性问题，是指导法律翻译实践最重要的理念基础和理论依据，也是建立法律翻译方法论的基础和前提。正确的法律翻译观，对于建立科学的法律翻译方法论具有根本性的指导意义，也为引导和规范法律翻译实践提供着根本性的理论基础和指导原则。

第一节　法律翻译观的第一层次认知

　　法律翻译观的确定，取决于如何认知和处理法律翻译中最具根本性的深层次问题。我们可以将之高度概括为对于法律翻译中存在于两个层次上的几对关系的认知。第一个层次中存在五对基础关系，分别是语言之间的关系，即源语与译语之间的关系；作品之间的关系，即原作与译作之间的关系；文化之间的关系，即源语文化与译语文化之间的关系（也被研究者称为"文化间性");人之间的关系,即原作者、译者和读者之间的关系(最直接的基本关系),以及拓展出去的译者与"中间人"(翻译委托人、赞助人、出版人、评论人等与翻译行为有各种关系的群体)之间的关系(也被统称为"主体间性");以及法律之间的关系。这里所说的"法律"是一个广义概念,可以理解为产生原作和输入译作的两种不同的法律体系和法律文化之间的关系,前一种法律体系可以称为"源法系",后一种法律体系可称为"译入法系"。在这五对基础关系中,前四对关系是一切翻译所面临的共同问题,体现了法律翻译与其他领域翻译的共性,第五对关系则是法律翻译所特有的,体现了法律翻译作为一门独立的、专业的翻译学科的特征和个性。在每一对关系中,翻译界都存在诸多争论,代表着不同的翻译理念和思路,指导着不同的翻译实践。我们不妨在此管窥,逐一简析如下:

一、语言之间的关系

从形式上看,翻译是一个从源语到译语的语际转换过程,因此必然涉及两种或以上的语言。如何认识和处理源语与译语在翻译中各自的地位和权利,以及在翻译过程中如何平衡二者之间的关系,是翻译观的一个关键问题。在这一对关系中,我们可以首先把这里所说的"语言"作为一种语种语言独有的语言规则、文字(及其组合)、(特有的)表达和表达方式,以及语言习惯的抽象概括。在处理这一对关系的问题上,最核心的理念冲突体现在翻译究竟应以源语为依归和圭臬,还是应该以译语为导向和归宿。若为前者,则译文须在使用译语时保留、模仿甚至照搬源语的语言规则和表达方式;若为后者,则译文可以在遵循文义不变的前提下,按照译语的规则和习惯组织译文语言,而无须受制于源语形式和规则的窠臼。这背后的根本理念差异在于,翻译是否应该尊重译语与源语的语言平等权利。两种不同的理念体现在翻译方法上也必然会呈现出明显的差异。源语优先论者往往认为，倘若允许译文按照译语规则进行表达恐会损及原文的内容和风格，因此会将源语规则硬性植入译语，按源语的语言结构和表达方式组织译文而忽视译语规范。译语同权论者则强调使用译语时必须尊重其自身的语法规则和语言规律，在译文表达上必须遵循译语的习惯。从翻译效果上看，由于不同语言之间的天然差异，倘若在译文中固守源语模式，则制作出的译文必然违背译语自身的规则和习惯，导致译文的表达生硬、拗口、语病丛生，而且源语与译语之间的语言"亲缘性"越远，译文的"违和感"越强烈。反之，如果尊重译语与源语同等的语言权利，在保持原文内容主旨不变的基础上，按照译语规则组织译文语言，则译文将更通顺、规范，也更符合译语读者的阅读习惯。持此观念的人认为，如果翻译以破坏译语规则的代价来重现源语特征，那么这种翻译就是对译语权利的"侵犯"。

二、作品之间的关系

上面讨论的语言关系主要关注的是各种语言本身的规则和规范，但从翻译对象的角度来说，我们需要关注的不仅是抽象的"语言"工具，更是语言所承载的特定族群的文化和思想，以及特定的作者通过语言表达其思想和情感所形成的作品。原作者通过源语创作的原创作品为"原作"，译者通过翻译行为创作的以译语形式呈现的原作是"译作"。与第一对关系相比，作品比语言更加具体，它不仅运用语言工具，给语言赋予了思想和情感，也承载和传播着文化信息。通常而言，原作承载和根植于源语文化，而译作除了承担传播源语文化的功能之外，必然会带有译语文化的印记。当然，源语并不见得一定是原作者的母语，原作也不见得必然传播源语的文化信息，而可能传播第三方的文化信息，比如中国作者使用英语创作介绍法国法律文化的作品，这里的源语是英语，而作品的文化基因则是法国法律文化。这种情况下，语言、文化、作者、作品之间的关系将更为复杂，翻译中所需处理、适应和转换的元素也更多，但这并不影响我们的逻辑主轴。

在原作与译作的关系问题上，翻译观的核心争论点在于，译作是否必须在内容上完全忠实于原作，并在文体形式、语言风格、文化元素，及至语言结构和表达方式上均完全"复现"原作，抑或应该因应译语规则和语言习惯，并根据译语社会的意识形态和译文读者的思维方式、文化背景和接受能力等多种因素对原作进行适应性的"本土化改造"，以消除其进入译语社会的障碍。前者有人称为"原作至上论"，后者则不妨称为"译作导向论"。

"原作至上论"的观点认为，翻译的最高境界就是在译语中"复现"原作，其目的不仅在于复述原作内容，也在于展现原作的一切风貌，还要引介源语文化，让译文读者真切体会和感知原作所包含的外域风情和文化讯息。这就要求译者尽力向原作靠拢，将译文读者"拉近"原作，在翻译中保留源语特点和原作的表达方式，这样才能在内容、形式、风格和文化上全面、完整、真实地再现原作。在这种观念之下，原作被置于本位，而翻译必须寻本溯源，通过保留原作的语言及文化特质把译文读者带入外域的情景。假如允许译者脱离本位，对原作进行"改造"，就达不到这样的效果和目的。这就如同向西方人介绍中餐时就要尽可能使用原产地食材和中式烹饪方式，这才能保证原汁原味地呈现出中餐的味道。如果随意使用外国食材、调料和烹饪手法，做出来的菜肴就会不伦不类，很难让外国食客品尝到真正的中餐。极端的观点甚至认为，翻译必须以原作为本位，缺乏译语对应时，不惜采取音译、硬译也要尽量减少原作信息在翻译过程中的损失和变形，力求减少译语文化对原作的"污染"。这就好像在修复文物时，不论其原物是否符合当代的审美标准，也必须修旧如旧。但对此的质疑在于，原作和译作毕竟是分别由不同的人，按照不同的语言规则、思维逻辑和表达习惯形成的，产生于不同的社会、历史、文化背景之中,并且面对具有不同语言习惯、文化背景和接受能力的读者群体,译作对于原作的完全复现究竟是否可行、有效及有益?

与此相反,"译作导向论"的观点主张,翻译不是机械地翻版原作,其本身也是一种创作。翻译的过程必然经过译者对原作的消化和吸收,经过解码、转码和重新编码的过程,制作出能为译文读者认知和接受的作品。这样的话,就必须把原作带入译语文化,要适应译文读者所处的文化环境和接受习惯,在翻译的过程中也必须以译语文化为取向和归宿,将原作无法复现或者译文读者难以接受的元素过滤掉或加以变通,这才能达到原作通过译作的形式走向译语读者的效果,真正实现翻译的目的。如果片面强调原汁原味,而无视译文读者的接受能力,甚至硬造出一堆莫名其妙的译语,这样的译作是没有价值的。套用上面的例子,在向外国人介绍中餐时虽然应该争取原汁原味,但如果不因应环境加以适应性调整,给嗜甜的民族照搬麻辣口味,恐怕难为当地民众接受。而不能被接受的"原汁原味"又有何意义?因此,译作必须有自身的价值取向和创作规则,不应成为原作的附庸。

三、文化之间的关系

比作品更深入一层的是作品背后无形但又无处不在的文化信息。源语与译语、原作与译作都分别蕴含着各自根植和承载的文化,这种文化也熏陶和哺育着原作者和译者各自的思维和意识。翻译本就是一种跨文化的交流、交际行为,必然关涉到两种(甚至多种)文化之间的关系。文化关系的争论在翻译活动中的表现主要集中在不同文化之间如何进行平等健康的交流,译者在翻译中应该采取什么样的文化策略,究竟应该侧重对异域文化的忠实再现,还是更应注重异域文化的本土适应,也就是文化翻译中的异化和归化问题。异化支持者主张翻译应刻意保有原作的外域（外族）语言和文化异质成分，拒绝使用本土元素作为替代，着力表现源语的表达风格和范式，以期帮助译语读者认知原作风貌，体会源语文化的特性；而归化论者则主张，由于译者必须使用积淀着译语文化的译语来重构原作，并且必须使用符合本土语言规则和习惯的表达方式，因此将不可避免地在译作中增加原作没有的本土元素，以实现对异域文本的"改造"达致对本土文化的适应（包括对译语社会的意识形态、读者普遍的接受能力和主流审美标准的适应），消除译语读者对原作内容的理解障碍或阅读不适，以及不同文化之间的冲突，这样才能实现译作在本土的传播。

四、人之间的关系

第四对关系是对翻译行为构建起的人际关系的认知。翻译是一个通过译者的"翻译工作"，将原作者的思想和表达传递给译作读者的过程。在这一过程中，原作者、译者和译作读者是翻译构建的人际关系中三个必备的组成要素，缺一即不成就翻译过程，亦无法实现翻译逻辑的闭环。这一过程起于原作者，终于译作读者，以译者为二者的桥梁和媒介。对这三者之间关系的认知也是翻译界一系列重要理论争论的根源，包括如何认识译者的功能和作用、如何看待译作读者的期待和需求等等。近年来，国内外研究者又纷纷将对翻译所涉"人"的关注视野拓展到了"中间人"。国内比较有代表性的是胡庚申教授提出的生态翻译学理论，其中包括"翻译群落"的理念，也就是翻译活动中涉及的"人"，其范围不仅包括译者、读者、原作者，也涵盖资助者、出版者、评论者等，并主张将以译者为总代表的翻译群落作为整体加以关注。这体现出该理论重视译者、重视人的因素的生态理性。[1]

---

[1] 参见胡庚申《生态翻译学的研究焦点与理论视角》，《中国翻译》2011年第2期。

有观点认为，翻译的根本目的在于忠实再现原作，让译文读者尽可能完整、全面地看到原作的原貌，这就要求译者既不能掺杂自己对原作内容的理解和阐释，也不能改变原作的写作风格和表达方式。译者必须淡化其自身的功能和作用，将其"隐身"于原作者的身后，其功能仅应局限于两种文字之间的转换工具，而非原作者思想的代言人和阐释者。

相反的观点则认为，原作是原作者使用源语表达的思想结晶，译作是译者使用译语面对译作读者转述原作的结晶，翻译就是从前一项结晶转化成后一项结晶的过程。这个转化过程不是物理过程，而是化学过程——不是简单的物理形态的转换，而是分子结构的重组。这种"分子结构"就是作品的语言结构和文化格局。译者不是转换物理形态的机械工具，而是化学过程的催化剂。经过这种催化作用，前后两种结晶已经是不同的物质了。它们虽然内涵相同或相似，却分别适应不同的对象，就如同给牛奶添加有益菌，经过发酵转换成酸奶，虽然原料仍是牛奶，但口味发生了变化并且适应了不同需求的群体。在翻译过程中，译者扮演的就是这种"有益菌"的角色，他们是翻译行为的主体，因此翻译行为必然应以译者为核心。任何企图抹杀译者的作用或抑制译者创造性的观念都是错误的。这同时也意味着，如果使用不同的"菌种"和"催化剂"，译作的"品质"和"口味"一定会存在差异。从这些对立的观点可见，如何认知这一语言转换过程，如何看待译者的功能、地位和作用，是翻译观必须解决的重要问题，也是区别不同翻译观的核心标准之一。

再从翻译人际关系链条的另一个重要环节——读者的角度来看，翻译过程中应该如何看待读者的地位、期待和需求又是这组人际关系中另一个关键的翻译观问题：译者究竟应该仅对原作和原作者负责，还是应该更多地关注译作读者，或是应该合理地平衡二者之间的关系。对译文读者负责究竟应该表现为客观反映异域民族特征和语言风格特色，更多地为译文读者保留异国情调，还是应该尊重本民族文化的涵纳能力，尽量采用本土化的适应性翻译手段,这些都是翻译观必须回答的问题。片面强调对原作和原作者的忠实,就可能会忽视译作读者的需求和感受;而过分倚重本土化策略,又不利于译作读者体会和认知原作的风格和特点。如何协调和平衡这对矛盾,直接决定着翻译方法的选择和翻译行为的结果和效果。

五、法律之间的关系

第五对关系是法律翻译所特有的,是将翻译这种语际转换手段应用在不同法律体系和文化的域际交流之中,也是将法律元素引入翻译的前几对关系之中,使得翻译必须面对的语言文字差异与法律制度差异、文化差异相叠加,进一步增添了翻译的难度和复杂性。法律及法律文化当然也属于宏观文化的组成部分,但它属于专业领域特有的制度文化,因此我们将其独立出来作为一对基础关系讨论。

对于这一对关系,突出的争论焦点在于:产生于一种法律体系中的法律语言能否跨法域被准确译为另一种法律体系中的法律语言。换言之,源法系中的法律信息能否被"等价"地传递到译入法系。有人提出,法律语言的产生和发展基于其根植的法律环境,包括法律制度体系、社会政经体制、历史、宗教、文化传统和习俗等,不同法律环境孕育和形成的法律语言由于包含着特有的法律文化基因,往往只能存在于特定的环境之中难以移译,否则或致谬误迭出,或为南橘北枳。在这种思维定式之下论及法律翻译必然得出的结论是:产生于一种法律体系中的法律语言,对其理解和应用都需要这种法律制度和文化背景提供支撑(可以理解为一种"认知语境")。译入法系由于缺乏源生法律环境的支撑,因而无法提供符合源生制度内涵的对应概念,译语也无法提供对应的语言符号和语义参考系统,译语读者也无法获得与源语读者相同的认知语境。对于这样的法律语言,一旦脱离源生法律环境进行跨法系(域)语言转换,单纯的语言翻译手段便会失效，因为它难以在语言文字层面实现法律信息的等值或等价转换。这也就是很多人主张的法律语言跨法系（域）时不具有可译性。这种主张在追求所谓"等效性"的立法文本翻译中尤为常见。

应该说，翻译观和翻译实践本来就是相互影响、相互作用、相互决定的。法律语言不具可译性的观念也是由法律翻译实践面临的大量翻译障碍和困难所造成的。这种障碍和困难之所以在法律翻译领域显得尤为突出，一是因为法律语言与日常语言不同，其概念所描述的对象大多不是"自然物"而是"人为物"，没有具象的现实物体，而是人为确定的抽象概念，例如物权、典权、地役权、表见代理、违约、时效、侵权等。很多这样的抽象概念有极强的法域特征，受其所属法域法律制度的决定和影响，一旦跨法域则或不存在或不适用。这使得既不同法域又不同语言之间"存在概念和词汇缺项，以及翻译过程中出现词义的冗余失衡和亏损等情况"[1]。二是因为法律语言与自然科学语言也不同，没有人类通用的公式、分子式，也少有普世的公理和定律。可以想见，当异域的抽象法律概念最初被引入本域时，由于历史和文化的局限性，在缺乏参照系、缺乏对应物、缺乏准确阐释和理解的情况下，产生"不可译"的窘迫并不奇怪，硬性翻译造成的错误也无可避免。这种例证在中西法律互译史上不胜枚举。

然而，如果因此就否定法律语言的可译性，不仅抹杀了翻译者自身的能动性、主动性和创造性，也忽视了法律翻译作为一种动态发展过程的自我修正能力，为法律翻译下了一个过于消极的结论。从法律翻译发展的历史来看，很多翻译障碍和困难都已经随着时代的发展、异域法律

---

[1] 宋雷：《从"翻译法律"到"法律翻译"——法律翻译主体"适格"论》，《四川外语学院学报》2007 年第 23 卷第 5 期，第 109 页。

文化的交流、全球化的趋势逐渐地淡化和被克服，很多错误的译法也都随着时代的进步或被摒弃或被修正。即便有些障碍仍然顽固地存在着，那也是由不同法律体系下法律制度文化的天然差异所致。既然不同语言的天然差异导致的翻译障碍可以通过翻译理念、方法的进步和革新予以消除，由不同法律之间的差异性产生的翻译困难为何就不能通过翻译观念和方法的逐步成熟、完善和变革加以解决呢？固守所谓法律语言跨法系（域）不可译的僵化观念显然不利于法律翻译自身的发展和进步。

第二节 法律翻译观的第二层次认知

可以说，对上面五组关系的讨论让我们初步认清了法律翻译的复杂性，构成了建立法律翻译观第一个层次的认知基础。当我们将第五组关系中的特性元素（法律元素）引入前四组关系的共性矛盾之中，就会使得异种语言之间的关系与异域法律文化之间的关系相互发生作用。不同法域之间的语种语言差异与法律语言差异相互叠加形成的复合关系进一步增加了法律翻译的复杂性和特殊性。同时，这种复合关系本身也不是静态的，在不同时代、不同的语言和文化背景之间、不同的作者和作品之上、面对不同的读者期待和需求，都会表现出不同的复杂程度和矛盾冲突。这就要求我们必须将对于法律翻译观的构建推进到第二个认知层次，更有针对性地因应法律翻译的特点，对于第一层次中的诸多理念争议进一步厘清和梳理，从根本上构建起法律翻译观，以便有效指导法律翻译方法论的建立。

为此，通过聚合与抽象，笔者提炼出九项核心观念来奠定法律翻译观的基石。它们分别是法律翻译的语言观、文化观、历史观、忠实观、译者观、伦理观、读者观、可译观和标准观。笔者将在下面逐一论述。

一、法律翻译的语言观

法律翻译的语言观所要解决的问题是在认知法律语言特殊属性的基础上，如何正确认识和处理源语与译语的地位和关系。

世界上的各种语言（包括语种语言和法律语言）不仅相互之间存在差异，而且往往处于不同的发展和成熟阶段，这也是人类文化发展程度不均衡的体现。这种不均衡性却给了一些人以借口，在主观上将各种语言分出主次、优劣、先进与落后，进而在语际转换时采取"优势语言"对"劣势语言"的硬性嫁接和"侵略性"移易。此时，翻译者会将"优势语言"的规则和表达方式凌驾于"劣势语言"之上，完全忽视后者自身的语言规律和规则。这本是一种错误的翻译观念，却在古今中外的翻译史上并不鲜见。

所谓语言的"优劣"之分有时固然是因语言和文化的发展程度所致，一个例子是，最早作为罗马共和国官方语言的拉丁语，随着罗马进入帝国时代后军事和政治势力的扩张，也作为行政语言传播和广泛流传于帝国疆域之内，成为当时帝国核心地区使用的语言。在整个中世纪，发展成熟的拉丁语相对于当时欧洲大陆上那些尚不发达的民族语言而言处于明显的优势地位，使其在欧洲的法律语言中占据着统治性地位，以致当时的法律文件多由拉丁语写成。但当时很多欧洲国家（大多不是真正意义上独立的民族国家）的立法者和法官并非都通晓拉丁文，这就需要在立法和司法程序中进行语言翻译。当时的翻译往往遵从拉丁语的优势地位，以其语言规则为范式，按照字比句次的方法将拉丁语文件翻版成其他民族文字，完全不顾及其他语言自身的规则和习惯，导致译出的法律文件晦涩难懂。[1]

这种语言发展程度的不均衡有时也与文化转型有关。比如在中国

---

[1] 参见 Susam Šarčević, *New Approach to Legal Translation*, Kluwer, 1997。

20世纪初的新文化运动时期，由于当时的汉语白话文在语法和表达方式上尚不成熟，使用白话文翻译西方语言就存在着诸多障碍。当时的很多译者坚持在汉语译文中完全照搬西方语言的表达方式和语法习惯，甚至逐字逐词对应堆砌译文。他们原本企图为当时的白话文引入新的表达形式，却因此造就了一批"硬译"、"死译"的作品，由此引发的激烈争论一时几成中国译界公案。随着中文现代语言的不断成熟和完善，这样的争论才逐渐平息，中国译界在翻译方法上也逐渐形成理性的共识。

这种语言地位的对比有时与语言本身的发展程度并没有关系，而是受到诸如政治、军事等其他因素的影响。在欧洲，拉丁语在中世纪形成了在法律语言中的统治地位，但到了17世纪，随着法国国王路易十四在军事上取得了胜利，法国的文学、艺术影响力越来越大，法语获得了日益重要的地位并开始挑战拉丁语的统治，致使法语不仅被欧洲的法庭采用，而且开始被广泛使用在国际会议和国际条约之中。[1] 在这些复杂因素的相互作用下，不同语言有时甚至会被违背语言发展规律和常识地硬性置于不平等的地位，被人为划定主次优劣。在中国元代中早期，官方的诏书公文被从蒙古语原文翻译成汉语时，既不顾汉语的用语习惯，也不用汉语的正常术语，而是夹杂大量音译的蒙古词语，以致译文"词语奇特、句法乖戾"[2]，让汉语读者很难读懂。发生这种现象就是因为当时官方诏令的翻译主要由蒙古族译员承担，他们出于战争征服而形成的民族优越感，在翻译时为保持蒙古语的权威性，完全不顾汉语固有的语法规律，生硬机械地把蒙古原文移译为汉语。[3] 在这一特定的历史时期，发达程度远低于汉语的蒙古语凭借统治阶级的政治优势，竟然在翻译中

---

[1] 参见 Susam Šarčević, *New Approach to Legal Translation*, Kluwer, 1997。
[2] 金玲:《权力对元代译者翻译策略选择的操控》,《丝绸之路》2013年第8期, 第123页。
[3] 参见乌云格日勒、宝玉柱《元代的翻译制度浅析》,《西部蒙古论坛》2010年第4期, 第65页。

占据了语言的主导地位。翻译者歧视性地将汉语和蒙语置于不平等地位的主观意识导致了恶劣的翻译后果。这种现象直到元代中后期才有所改善，而这种改善也并非源于两种语言的发展程度对比发生了多大的变化，而是因为翻译观念发生了本质改变。

当然，除了主观方面的因素以外，译者掌握不同语言的能力差异也在客观上造成了翻译中语言的优劣地位之差。通常而言，译者对母语的掌握当然优于对外语的掌握，这势必导致其无奈或无意识地在翻译中将母语规则凌驾于译语之上。比如，鸦片战争前，林则徐曾邀请美国传教士伯驾（Peter Parker）等人翻译瑞士国际法学家瓦特尔的《国际法》片段。对此，据意大利学者马西尼（Federico Masini）考证，伯驾的翻译就采取了西方式语法并遵循英语法律用语的特征，[1]想必即属这种情形。

无论出于何种情形，如果在翻译观上将源语和译语置于不平等的地位，使之形成优劣之分，或者忽视和漠视一种语言自身的规律和规则而将另一种语言模式人为凌驾于其上，则必然会导致错误的翻译方法，进而产生恶劣的翻译后果，更无益于翻译这一专业行为自身的发展。因此，笔者主张在法律翻译中必须坚持维护不同语言之间的平等地位和权利。

树立语言平等权利翻译观的意义是多方面的。它不仅要求译者在主观意识中同等尊重源语和译语，也要平等尊重源语和译语所承载的两种文化，拒绝在不同语言和文化之间人为划分主次优劣。一个最为典型的例子就是19世纪末以前中国长期奉行的文化中心主义不仅严重抑制了翻译在"沟通蛮夷文化"中发挥的作用，也使译者的地位低下。[2]这既是我们接下来要谈的翻译文化观的思想内核，也将为法律翻译方法论奠

---

[1] 参见尹延安《传教士法学翻译的历史文化语境及其变迁》，《理论月刊》2008年第9期，第88页。
[2] 参见夏登山、邵有学《中国翻译史上的"李约瑟之谜"》，《中国外语》2013年第3期，第96—101页。

定根本的理念基础。一旦形成了语言平等权利的翻译观，译者就无须再纠结于是否为了奉行"源语优先"，而在译语中模仿、套用甚至照搬源语的语言规则和范式，因硬译或死译而减损翻译效果，也不会只是为了追求符合译语习惯而过分依赖归化译法，以致放弃对于源语精华的吸收和借鉴。正确的观念应该是客观、平等地对待不同的语言，根据语言特征、文本特征、翻译要求、读者期待、翻译目的等多种因素制定正确的翻译策略和方法，在借鉴源语与尊重译语之间寻求动态平衡，真正让法律翻译在不同法律文化的相互借鉴和交流中起到桥梁和媒介的作用。

其实，语言平等权利的翻译观在早期中西法律文化交流中，尤其是在中西法律信息互通极其有限的情况下，曾经为推动和促进中西法律语言互译起到过积极的历史作用。早期来华的传教士为了向中国读者翻译介绍西方读物，都潜心研读中国的语言（包括汉语、满语等）和文化，并且与他们的中国合作者一同在中国传统文化和语汇中发掘西方法律文化概念的中文译名。如前所述，今天在法律中最为常见的"权利"一词就是美国传教士丁韪良在翻译《万国公法》时从《荀子》和《史记》中"发掘"出来并赋予新意的，中国由此开启了近代"权利"之源。在此后由他翻译的《公法便览》一书中，他更是对"权利"一词作出了法律上的解释和界定。这种译者在翻译过程中对译语和译语文化的挖掘和借鉴，尽管在客观上或许是在"不得已"的情况下才古为今用，以述"汉文所难达之意"，但在主观上也体现出西方译者对中国文化和汉语的尊崇和倚重。这无疑为中西法律翻译开辟了一条重要的道路，而这对于与源语更具亲缘性的译者而言则更显难能可贵。很多西方法律概念的中文译名由此滥觞，并经此后沿用，都被现当代的中国法律制度继受，成为现代中国法律语言的组成部分。

在现代，语言平等权利的翻译观有了更多的表现形式和更新的发展趋势。一些西方翻译理论家主张在翻译中用"抵抗"的策略来抵御发达国家对不发达国家的文化霸权，从而保存各国的语言文化差异。这种提倡"存异"的翻译思想，本身就是倡导在跨文化交往中平等对待各种语言文化的观念。此外，目前世界上很多双语或多语立法区（比如欧盟、加拿大以及中国的香港）已经开始的平行立法趋势也是这种翻译观念的体现。在这种新的立法模式下，过去长期沿用的先制定一部源语立法文本，再将其译为另一种官方语言等效本的方式已经被改变。立法机构从立法之初就按照相同的立法意图和立法目的，用不同的语言按其各自的语言习惯和规则同步进行立法起草，并经过同样的立法程序，形成具有完全同等效力并平等实施的双语或多语立法版本。于此而言，各语种文本之间已经不再存在源语和译语的区别。这实际上已经改变了法律翻译的形态，解决了法律翻译界长期争论不休的立法翻译如何实现等效的问题，保证了同一法域中各语种语言在立法领域的平等地位，并且保障了同一法域中不同语言使用者使用符合其各自语言习惯的法律文本的平等权利。当然，从另一个角度来看，这种多语平行立法也已经脱离了严格意义上法律翻译的范畴。

二、法律翻译的文化观

（一）文化观的认知基础——翻译是在译文化，而非译语言[1]

自 20 世纪 90 年代西方翻译理论研究发生"文化转向"（cultural turn）后，理论界已经"把翻译研究的着眼点从语言学派最为关心的语言结构及语言形式对应问题，转向目标文本与源文本在各自文化系统中的意义和功能"，开始借用文化理论对翻译进行研究和新的阐述，"从文化层面上对翻译进行整体性的思考"，也使得翻译"突破了传统的美学

---

[1] 郭建中：《翻译中的文化因素：异化与归化》，《外国语（上海外国语大学学报）》1998年第 2 期，第 13—20 页。

或语言学的模式而上升为一种文化的反思"。[1] 作为翻译研究文化转向的主要倡导者和重要代表之一，原籍比利时的美国著名比较文学和翻译理论学者安德烈·勒菲弗尔（André Lefevere）明确提出翻译研究的目标"远远不止于探究两种文本在语言形式对不对等或怎么对等的问题，而是要同时研究与翻译活动直接或间接相关的种种文化问题。即使是对具体翻译技巧和策略问题、翻译中的对等问题的研究，也需要从社会文化的范围去考虑"[2]。发端于上世纪 50 年代西方世界的描写（性）翻译理论（Descriptive Translation）也主张从宏观的角度研究翻译，把翻译放在时代之中、置于文化的大背景之下去研究，将之语境化，并视为在特定的社会文化背景下的交流过程，关注与翻译活动直接相关的文化问题，关心译文在译语文化中起到的作用。[3] 这些观点也早已得到中国翻译理论界的响应，辜正坤教授甚至认为这种所谓的"文化转向"其实是文化回归。[4] 可以说，文化概念的引入"突破了传统的翻译观念，为翻译研究开辟了一个崭新的视野，使得翻译研究走向一个更为宽阔的领域"[5]。它让人们认识到，文化因素可以通过在语言系统中的积淀反映出一个民族的社会、历史、文化、心理等特征，比如思维方式、价值观念、社会习俗、宗教信仰、心理状态、文化背景等。语言作为文化的重要组成部分和载体既是文化的表现形式，也是特殊的文化现象，不可避免地受到文化的影响和制约。[6] 无疑，把翻译放到一个宏大的文化语境中去审视

---

[1] 郭宇：《翻译理论家勒菲弗尔及其主要理论简论》，《读与写（教育教学刊）》2008 年第 5 卷第 7 期，第 39—40 页。
[2] 同上。
[3] 参见林克难《翻译研究：从规范走向描写》，《中国翻译》2001 年第 6 期，第 43 页。
[4] 参见彭萍《翻译伦理学》，中央编译出版社，2013 年，《第一章　导言》。
[5] 李淑敏：《翻译的历史观——〈独立宣言〉中译本的历时共时比较实证研究》，上海外国语大学博士论文，2010 年，第 9 页。
[6] 同上。

是当代翻译研究最大的突破。[1]

同样，越来越多的人也认同法律翻译在语言文字转换的同时，更是一种法律文化的传递。法律翻译既是在不同法律文化之间进行语种语言文字的转换，也是在不同语言文字之间进行法律文化的传递。在形式上是两种语言符号之间的转换，在实质上则是两种法律文化之间的互通与交流。这是我们法律翻译文化观的第一层视角，是我们讨论和研究法律翻译文化观的基础，也是我们将文化观作为翻译观中一个重要专题的意义所在。

（二）文化观在翻译中的作用和表现

在以上认知的基础上，我们再来研究文化观在翻译中的决定性作用。既然翻译首先是在"译"文化，而不同文化之间必然存在差异，这些差异有时会形成沟通的隔阂，也会成为翻译的障碍，那么译者在根本观念上如何看待两种文化就不仅影响着翻译方法和策略的选择与应用，而且直接影响着翻译在文化传播上的意义和效果。因此，翻译文化观首先突出地体现在译者对待源语文化和译语文化的态度和立场上，笔者称之为"文化立场"。无论是从本土文化的角度看待异域文化，或是从第三方的角度看待源语文化和译语文化，译者都会主动或被动、有意识或无意识地对这两种文化作出内心评价。这种内心评价或是客观地意识到两种文化之间的差异和沟通的必要，由此产生翻译的动机；或是在主观上采取或推崇、赞赏，或抵触、蔑视，或批判甚至仇恨的文化态度和观念，并人为地将不同文化分出高低贵贱、优劣强弱、先进与落后，继而将这种

---

[1] 谢天振：《当代西方翻译研究的三大突破和两大转向》，《四川外语学院学报》2003年第5期，第114页。

主观认知表现到翻译方法和译文的内容中。在笔者看来，译者的这种文化立场将直接决定和影响他们的翻译行为。这里所说的"文化立场"当然是在泛指对一个文化体的整体态度和认知，不仅涉及其思想观念、文化传统和民族意识，也涵盖政经体制、法律制度、宗教、人文、民俗等诸方面。

译者的文化立场，结合其他多种因素（如翻译的动机和目的）的复杂影响，首先直接影响到的是其对翻译素材和翻译策略的选择。如果翻译对象是可以选择的，那么译者（或翻译组织）本着什么样的文化立场，以及基于什么样的文化观念去看待、选择及评价翻译素材和翻译对象就是其翻译文化观的体现。其次，基于不同的文化立场，译者会相应地确定翻译策略，采取最易于表达和彰显其文化立场的翻译方法。具体来说，一旦译者持有一种文化立场，他（她）在面对一个具体的翻译对象时，就会相应采取特定的翻译方法和表现方式来表达这一文化立场，以实现其翻译目的。我们知道，翻译的重要功能就是构建异域文化的本土再现，但究竟如何"再现"很大程度上就是由译者的文化立场决定的。译者主观上对待翻译对象及其根植的异域文化所持有的文化态度，必然会有意或无意地在其翻译中体现出来，并且传递给译语读者，对读者产生直接或间接的影响。可以说，译者的文化立场会对异域文化在译语本土的身份塑造上产生实质性的影响。这也是我们须将翻译观的研究置于方法论的探讨之前的原因所在。

我们以清末对于中国引进西方文化具有重要影响的翻译家——英国传教士傅兰雅（John Fryer），与中国合作者应祖锡合译并于1885年出版的《佐治刍言》[1]为例加以说明。该书原作第 13 章第 144 节有一段将法国第一次资产阶级革命描写为：

It was a set of ignorant, reckless men, with nothing to gain by good government, who executed the horrible cruelties of the first French Revolution.

按照我们今天的理解，这段话应该译为："第一次法国革命的恐怖血腥是由一群无知且胆大妄为的人制造的，良治政府一无所获。"但当时的中译本居然将其改写为：

法国第一次作乱时，此种顽民居然把持政柄，其性情之凶暴，行事之背逆，有非言语所能形容者。至一千八百七十一

---

[1] 关于这本译作的英文原本，国内各种网络资源和学术论文给出的解释并不一致，比如维基百科提供的信息为："原本为英国钱伯斯出版公司（William and Robert Chambers）的教育丛书 Political Economy for Use in Schools, and for Private Instruction，作者为 John Hill Burton。"原书于 19 世纪中叶首次出版。而马飞发表于《安阳工学院学报》2013 年 1 月第 12 卷第 1 期第 100—103 页上的《傅兰雅翻译策略探析——以〈佐治刍言〉为例》一文尾注 6 显示该书作者未知，由钱伯斯出版社于 1852 年 3 月 1 日出版（Anonymous, *Political Economy for Use in Schools, and for Private Instruction*, Edinburgh: Published by William and Robert Chambers, March, 1852），而该文尾注 3 引用的上海书店出版社 2002 年版近代文献丛刊《佐治刍言》中叶斌的《点校说明》则指出，该书的英文底本是英国人钱伯斯兄弟编辑的教育丛书中的一种。然而，王林在其《〈佐治刍言〉与西方自由资本主义思想的传入》(《甘肃社会科学》2008 年第 6 期，第 193—196 页）一文中却认为《佐治刍言》的原著书名为 "Homely Words to Aid Governance"，且此说被其他文章引用，如张燕的《从交际翻译理论视角看〈佐治刍言〉》(《长春工程学院学报（社会科学版）》2012 年第 13 卷第 3 期，第 69—71 页）及张天飞、何志鹏的《中国法律翻译的研究进展》(《河北法学》2012 年第 2 期，第 152—157 页）等文，不知是否属于以讹传讹。经查阅网络电子版的原书，确认该书的英文原本出自由钱伯斯兄弟编辑的初级教育丛书 *Political Economy for Use in Schools, and for Private Instruction*，并由钱伯斯出版社于 1852 年 3 月 1 日在爱丁堡出版。原书可见：https://books.google.com/books?id=RpMBAAAAQAAJ&printsec=frontcover&source=gbs_ge_summary_r&cad=0#v=onepage&q&f=false。

年之乱，亦仍由此种顽民起事也。[1]

很明显，当时的中文译者对于"the first French Revolution"（应指1789年法国资产阶级大革命）持有明显的敌视和偏见。这或许也并非出于傅兰雅本意，而是为了迎合当时中国统治者的好恶。在这种文化立场之下，原文中的法国资产阶级革命者在中国的本土形象也自然被塑造成"把持政柄、性情凶暴、行事背逆的顽民"。与此同时，译者还不满足于这样的批判力度，竟在译文中擅自添加了原文中根本不存在的"一千八百七十一年之乱"（应指1871年巴黎公社运动），一并予以负面评价。可想而知，这样的译文会将法国资产阶级革命以什么样的形象传递给当时的中国读者。

翻译的文化立场必然将外化到翻译的方法和策略上，由此引发译界的诸多表象争论，比如译者究竟应该侧重对异域文化的忠实再现，还是更应注重异域文化的本土适应，也即翻译中的异化和归化问题，对此笔者将在翻译方法论一篇中专门讨论。简单来说，由于译者必须使用积淀着译语文化的译语来重构原作，因此将不可避免地在译作中增加原作中没有的本土元素，以实现对异域文本的"改造"，达致其对本土文化的适应。在这个意义上，无论译者对于源语文化持何种文化立场，翻译都必然与本土语境相关，是一种归化行为。译者如果对异域文化持推崇、赞美、借鉴和吸收的立场，必然愿意采取更多的异化手法，尽可能保留原作的滋味，以供本土读者欣赏和汲取。反之，若其对源语文化采敌视或蔑视态度，则除非旨在批判，否则自然会采取更多归化的手法，以摒弃译者意识中源语文化的糟粕。

---

[1] 转引自马飞《傅兰雅翻译策略探析——以〈佐治刍言〉为例》，《安阳工学院学报》2013年第1期，第101页。

当然，异化和归化的手法倒不尽然在于文化评价（即推崇或贬抑源语文化），也在于利用对译语文化的适应推动原作在译语社会中的传播，这又是译者文化立场现实性的一面。晚清来华的美国传教士林乐知（Young John Allen）在其中文译著中，从署名、译名、语言、语气、增删规避等方面都表现出明显的本土化取向，究其根源，就在于他明白欲使其西学著译在当时的社会现实下被中国读者接受并广泛流传，唯有适应中国本土文化，采取本土化的引介策略，并对原作内容进行有意识地"调整"。这样才能达到他广泛传播西学，改变中国人旧的思想体系，输入西方的思想理念、意识形态、宗教信仰的目的。这些主导西学翻译的西方传教士久居中国，深刻体察中国社会的文化价值取向和需求，重视译文在中国文化中的功效，也重视中国读者的文化认知语境，懂得如何尽量使译文符合当时中国文化系统中的主流规范和读者的期望值。这其实与一千多年前中国文化中第一次大规模的翻译活动——佛经翻译极其相似。任继愈先生评论道，佛教在中国早期传播中，佛经汉译时已译进了不少中国儒教思想。儒家的很多伦理观、价值观通过译文写进了汉译佛经，成了佛的教导。[1] 这也揭示了我们翻译文化观的又一层核心理念——翻译得以成功以及译作在译语文化中顺利被接纳和传播，都离不开源语文化对译语文化的谦逊与融合。

（三）文化观的决定因素——意识形态、审美观及其他

以译者的文化立场为突出表现形式的翻译文化观是如何形成的呢？理论界对此有很多讨论，在笔者看来，这主要是受到意识形态和审美观的影响，当然还有很多其他因素的作用。

意识形态的作用应该是首要的。按被广泛接受的说法来看，意识形

---

[1] 任继愈：《汉唐佛教思想论集》，人民出版社，第303—304页。

态属哲学范畴，是人在一定的经济基础上形成的、对于世界和社会的系统的看法或见解，是观念、观点、思想、价值观等要素的总和，是上层建筑的组成部分。人的意识形态不是头脑中固有的，而是源于社会存在，受人的思维能力、所处环境、获取的信息以及价值取向等多种因素影响。人在不同的意识形态指导下对同一事物的理解、认知也不同。[1] 也有人认为意识形态是一组相互联系着的价值判断，用以指导人的各种行动。对于人类的翻译活动而言，意识形态也同样发挥着多方面的重要影响。意识形态作为人认知世界和事物的思想观念与价值观的总和，必然会塑造并决定人（无论是作者、译者，还是读者，抑或是抽象的人）的文化立场，而一旦文化立场被应用于翻译活动，意识形态的作用也就传导到译者的翻译行为之中，就如同其作用于原作者的创作行为一样。在本书的翻译观逻辑中，意识形态塑造译者的文化观，决定译者的文化立场，进而影响翻译行为（翻译策略和方法）。换言之，意识形态通过塑造翻译观影响翻译行为。很多翻译研究者则直接关注意识形态对翻译实践所形成的压力，比如法国翻译家安托瓦纳·贝尔曼（Antoine Berman）在20世纪80年代指出，"翻译策略是在意识形态的驱动下作出的"[2]。美国翻译学家勒菲弗尔在20世纪90年代题为《翻译、改写以及对文学名声的操纵》（*Translation, Rewriting, and the Manipulation of Literary Fame*）的专著中，将意识形态作为操控翻译过程的两大因素之一，而那些不以意识形态这个术语为名，但关注和讨论意识形态对翻译影响的翻译家和翻译理论家就更多、更早了。

在意识形态对翻译文化观（进而体现在对翻译实践）的影响和作用这一点上，笔者主张如下的认识逻辑：

---

[1] 参考《汉语大词典》等对"意识形态"的解释。
[2] 转引自王东风《一只看不见的手——论意识形态对翻译实践的操纵》，《中国翻译》2003年第5期，第17页。

从本质上讲,"翻译从来就是一种有目的的行为"。按照我们的文化观,翻译的目的是通过语言文字的转换手段在本质上实现文化的交流。由于不同的文化包含着不同的意识形态,因此有人主张不同文化之间的交流往往首先是意识形态的交流;而从根本上讲,翻译所承载的文化交流方式就是将一种文化的意识形态输入另一种文化的意识形态。[1] 这揭示了翻译的本质。

从交流的发展过程上看,不同文化及其意识形态的交流的复杂过程往往是从对抗开始的,然后经历输入、渗透、破坏、颠覆,及至反抗、改造、融合。如果这一过程最终通过妥协走向融洽交往、借鉴和吸纳,那么这种交流就是成功的,将促进文明之间的共同繁荣,典型者如中国历史上佛教的传入和晚清时的西法东渐。反之,如果这种交流始终伴随着对立、敌视和冲突,抱守本土的文化价值体系,防范外来的文化渗透,抵御外来意识形态对本土文化的破坏和颠覆,那么这种交流就很难成功。有人认为伊斯兰教和基督教文明之间的冲突就是这样的例证。当这种交流必须通过翻译这种行为来进行时,译者在其中就将承受压力,并面临着困难而复杂的翻译策略选择——在两种文化价值和意识形态之间"要么逆反,要么顺从,要么逆中求顺,要么顺中求逆。于是,我们在表层的翻译方法中便看到了'文'译与'质'译、'直译'与'意译'、'归化'与'异化',以及力求不偏不倚的'厥中'之道"。具体到特定时代的译者上,在从事特定对象的翻译活动时,他们的翻译目的也往往带有强烈的意识形态倾向。王东风教授表示,在历史上的翻译活动中,出自一个社会中的精英分子的翻译行为,不论伪译、创译、伪作,都是一定的意识形态

---

[1] 王东风:《一只看不见的手——论意识形态对翻译实践的操纵》,《中国翻译》2003年第5期,第17页。

使然,绝非偶然。他也因此提出了意识形态对翻译的"操纵"这一主张,[1]足见意识形态对翻译活动影响之大。这种认知不仅破解了那种在浅层及单纯的语言文字层面讨论翻译方法的误区,也再次说明在翻译中是不能就方法论方法的。

进一步而言,一种文化的意识形态借由翻译向另一种文化的输出、渗透,以及反向的抵抗都是翻译文化观必须关注的问题。当代一些西方翻译理论强调翻译具有文化"殖民化"和"非殖民化"的双重功能,认为强势文化总是试图把他们的文化价值观念和美学原则通过翻译强加给弱势文化。这也说明,翻译往往会被作为文化和价值观输出和输入的工具来使用。一旦这种工具被文化立场偏激的译者利用甚至滥用,那么翻译的目的就不再单纯,翻译应有的效能也将受到侵蚀,翻译在传播异域文化的同时可能又在歪曲异域文化。这当然不是正确的翻译文化立场。

在法律翻译中,这一问题同样受到关注。贺卫方教授在其《1949年后中国的法律翻译》[2]一文中曾提出思索:在现时的中国,翻译是不是已经成为加剧我们对西方学术话语依赖的很重要的因素,在不断地对于西学真意及其合理的汉语表达的争论中,我们是否逐渐受到我们研究或翻译对象的控制?另外,近年来大规模翻译引入的西方国家作品与中国现实制度之间的巨大落差是否会带来制度建设中的某种紧张?以及,不同语言的西方法学作品在中国的传播过程中是否会损害中国法律制度和法律解释的统一?这些都是从事法律翻译的译者在实践中应对和处理异域法律文化的意识形态影响,以及将之与本土法律文化意识形态相协调的现实之问和应有之思。

虽然意识形态对于译者的文化立场及其翻译行为的影响无法避免,

---

[1] 王东风:《一只看不见的手——论意识形态对翻译实践的操纵》,《中国翻译》2003年第5期。
[2] 贺卫方:《1949年以来中国的法律翻译》,《中国政法大学学报》2007年第1期。

但如果任由其无限膨胀，特别是如果形成意识形态对翻译行为有组织、系统性地干扰，将极不利于翻译理论和实践的进步，进而严重制约和影响域际文化的良性互动和交流。与科技翻译、商务翻译、文学翻译相比，更具意识形态色彩的法律翻译尤为如此，这在历史上（甚至直到当前）的教训并不鲜见。1949年以后的很长一段时间里，由于意识形态的分歧，中国只引进苏联的法学信息，很少译介西方法学著作，严重拘狭了中国人的法学思想和视野，这时的中国甚至不如清末变法时对西方法律思想开放包容。这就是最典型的意识形态左右翻译文化观念、操纵翻译选择的例证。俞荣根教授曾提到，商务印书馆1959年（第一版第一次印刷）曾出版过钱克新翻译的法国著名法学家、社会连带主义法学派首创人莱翁·狄骥（Léon Duguit）所著的《宪法论》(Traité de droit constitutionnel)。该书本是人类法律思想史上非常重要的著作，但商务印书馆当时却一定要在正文前面附一段出版说明，其中最后一段说："狄骥的法学思想已经成为现代资产阶级法学中的一种极为反动的思潮，在中国的资产阶级法学家当中也发生过一定的影响。为了肃清这种反动思想的影响，马克思列宁主义的法学家有必要对狄骥的反动著作进行彻底的批判，以利于巩固我们的工人阶级专政。本馆出版这一本书，就是供我国学术界进行批判用的。"[1] 显然，这种出版说明所包含的意识形态立场带有鲜明的时代特色。

除了意识形态之外，译语社会的审美观同样是影响翻译文化观的重要因素。审美观是审美主体对美的总的看法，是世界观的组成部分。特定时代、特定群体、特定文化都有特定的集体性的审美取向和标准。不同时代、不同文化、不同群体之间的集体性审美观念和标准往往不同，

---

[1] ［法］莱翁·狄骥：《宪法论：第一卷 法律规则和国家问题》，钱克新译，商务印书馆，1959年，第3页。见俞荣根《法社会学在中国社会变革中的兴起与发展》，《中外法学》1996年第8卷第1期，第9页。

有些甚至差距巨大，而个体差异就更加明显了。在翻译中如何既能展现源语域的审美情趣，又能适应和满足译语域的审美要求，是译者必须面对和解决的问题。与译语域主流审美观念相违的译文恐怕很难在译语读者中得到广泛传播，甚至可能受到抵制。严复早年使用当时中国精英社会的语言（文言文）并重视利用中国传统义理打通西方学术，甚至频繁地将中国传统典籍中的语言嵌入其西方经典译著，就是为了满足其译著的目标读者群体——当时的士大夫阶层——的审美需求和价值观念，为其在当时的中国社会传播西方思想创造条件。如果说其中的价值观念属于意识形态范畴，那么语言的表现方式和风格就属于审美观范畴了。

影响翻译文化观的其他因素还有很多，比如勒菲弗尔提到的翻译活动的"赞助人"（patronage）。在法律翻译实践中，这种"赞助人"往往体现为翻译活动的组织者、委托人等，这就将译者个人的文化观与社会的、群体的或其他个人的文化观牵连在一起了。"赞助人"往往通过对译者意识形态和审美观念的影响实现对于译者翻译文化观的影响，但这种影响往往是暂时的、局部的和个别的。

需要指出的是，我们不仅要认识到译语社会的主流意识形态和审美观念对于译者和译作的影响，也应该意识到翻译活动对意识形态和审美观念的反作用。翻译史清晰地表明，译语社会通过翻译活动不断引入外来的信息，促进了社会存在的改变，进而带来社会意识的转变，这是符合唯物历史观的。社会意识的不断改变又催生了新的主流意识形态和审美观念，而人类社会正是在这种循环互动中不断前进发展的。

（四）总结

在上面论述的基础上，我们不妨归纳一下本书所主张的法律翻译文化观。首先，法律翻译不仅是在翻译法律语言和法律信息，也是在翻译语言和信息所承载和根植的法律文化，二者是表里关系。既然是在翻译法律文化，译者就必然持有对待不同法律文化（包括源语和译语的文化）的立场和态度。这种对待法律文化的立场和态度，就是法律翻译的文化观，它是译者法律翻译行为的文化意识基础和翻译目的基础。

其次，在一定的文化语境和文化空间中，译者必然会形成一定的文化立场，这具有主客观的必然性。而一个译者面对不同文化和不同作品时所持有的不同态度和立场，又必然会反映到其翻译策略和方法上。作为逻辑的必然，采取不同的翻译策略和方法，产生的翻译效果和达到的翻译目的也是不同的。

再次，译者的法律翻译文化观将受到其意识形态、审美观及其他因素的决定性影响，而译者作为社会参与者，其个人的文化意识和文化观念往往又是受其所处社会、群体或其他个人的意识形态和文化观念影响乃至决定的。译者在翻译中持有的文化立场总会受制于译语群体和社会的意识形态和审美标准。毕竟，译作是提供给译语读者和译语社会的，而非为译者所私享的。

最后，正确的法律翻译文化观对于法律翻译实践具有重要的影响。正确的法律翻译文化观是建立在正确的文化立场之上的，这又涉及对意识形态影响的合理控制、对审美标准的适应性处理以及对其他因素的合理把握上。

在文化立场方面，译者在翻译中应尽可能保持客观、理性、中立，这对于最大限度发挥翻译的文化传播和交流功能至关重要。这要求译者不仅应同等对待、平等尊重源语文化和译语文化，而且尽可能不掺杂主观评价和受功利驱使，这样才能使译作经受住历史的考验。对于意识形态的影响，在承认其不可避免性的同时，必须将法律翻译与法律研究、法律实践及学术评价明确区分开。在法律研究和学术评价上，研究者可以基于其个人、组织或阶级的意识形态，基于学术研究和法律实践的目的，对外来文化和其他外来对象进行分析与评价，而且这种评价既可以是积极、肯定的,也可以是消极、否定的,这是学术自由,也是文明发展的需要。但是,法律翻译实践应该尽可能避免意识形态的过度干扰,应该将忠实、准确、理性、全面地揭示原作内容作为翻译的基本原则和翻译文化观的真谛。这既是本书倡导的法律翻译文化观,也是法律翻译忠实观的体现。每谈及此,笔者总是会想起商务印书馆1959年出版的狄骥的《宪法论》,尤其是对这本译著的"内容提要"印象深刻:

> 本书是法国资产阶级法学者莱翁·狄骥关于他的国家和法的整套理论的第一部书,在书中提出了他所倡导的全部学说的纲领和基础。第一卷共分六章,前四章作者阐明如何打破传统的法学观念,如何以客观的规范主义学说来代替主观权利观念,并为资产阶级整个法律体系订出改造的计划,以适合垄断阶段的资本主义发展。他千方百计证明社会联带关系是整个法的基础,进而否认国家主权,为帝国主义侵略政策服务。后二章是作者关于国家学说的引论,讨论了国家起源问题、主权问题和国家的现实主义观念。他在这一部分的"理论"中,竭力歪曲国家的阶级本质,企图以此麻痹工人阶级的斗争意识。这本书受到帝国主义国家的资产阶级学者所宣扬和推崇,其原因正是在这里。把它翻译出来,是为了帮助我国读者认清资本主义制度辩护士的真面目,彻底批判资产阶级的法学思想。[1]

这份"内容提要"如果出现在对于原著的学术评论甚或学术批判中都不会令人感到意外,但非要将其作为"翻译目的"的宣言就违背了法

---

[1] [法]莱翁·狄骥:《宪法论:第一卷 法律规则和国家问题》,钱克新译,商务印书馆,1959年,《内容提要》。

律翻译的根本宗旨。在当时这种偏激的意识形态之下很难形成正常的法律翻译文化观，而据此来讨论科学的翻译方法也不现实，评价翻译的忠实性则更显奢侈。如此一来，谁又能真正相信翻译内容的准确性呢？

三、法律翻译的历史观

翻译活动，与所有其他人类活动一样，必然符合人类社会发展的固有规律。按照唯物史观，人类的活动始终取决和受制于其所处的物质生活条件，人类物质生活的生产方式又决定和制约着其社会生活和精神生活。换言之，社会存在（物质生活）决定着社会意识（精神生活），社会意识是社会存在的反映并能动地反作用于社会存在——先进的、科学的社会意识对社会存在的发展产生促进作用，而落后的、不科学的社会意识则对社会存在的发展起阻碍作用。对于社会存在和社会意识之间关系的阐释回答了历史观的基本问题。这与生产力和生产关系、经济基础和上层建筑之间的辩证关系原理是一致的，共同揭示了人类社会发展的一般规律，[1]也构成了我们对于翻译活动的认识论基础——翻译是人类社会意识活动和精神生活的组成部分，不能脱离社会物质条件的限制，同时能动地反作用于社会物质基础。与此同时，翻译活动不是孤立和静止的，而是与社会意识的整体相关联，随着社会存在的发展而变化，并受到其所处历史环境的塑造。将翻译活动不仅与特定社会的社会存在和社会意识联系起来，而且与特定的历史时期和历史环境联系起来，将翻译行为和翻译结果（译作）均置于其对应的时代背景下作为"活生生的有机体加以研究"[2]，就形成唯物史观指导下的"翻译历史观"，它为我们提供了正确认识翻译及其发展规律的又一基本思路。

---

[1] 参见罗明《唯物史观基本原理的表述层次》，《历史教学（上半月刊）》2018年第4期。
[2] 胡真：《安娜·利洛娃的翻译历史观》，《中国翻译》1990年第3期，第52页。

进一步说，翻译的历史观就是从社会存在和社会意识的关系中，认识翻译活动的决定性因素和发展规律，并将其置于历史的维度中加以审视，采用历史的眼光看待翻译行为，用历史分析的方法研究翻译理论中的种种问题。正如将历史观和历史分析法引入翻译的保加利亚翻译理论家安娜·利洛娃（Anna Lilova）所指出的，翻译是历史的产物，翻译本身就是一种具体的历史现象、具体的历史过程。[1] 这决定了我们对于翻译中的种种问题（包括翻译理论和实践）都必须进行历史分析，必须从历史的视角看待翻译的发展规律。同样，我们的法律翻译历史观也是建立在唯物史观之上，但相对而言更加具体化。在法律翻译中树立历史观的意义在于，用历史的思维与眼光去破解法律翻译领域的谜题，将翻译观的其他各项内涵统一到历史的维度中加以验证和再认识。这意味着，我们不仅要将法律翻译置于人际、语际和域际交流中加以认识，还要向其中注入时际和代际因素，才能使得我们对法律翻译的认知更加立体和充实。作为法律翻译历史观的具体体现，我们将从如下几个角度来充实它的内涵。

（一）在历史观之下认识翻译

人们认识自然和社会离不开物质条件和思想意识条件，这是人们认识事物的基础。人们使用语言和创作作品也都不可能跳脱出其所处时代的物质条件和意识条件的约束和限制，所以人们既不可能使用其所处时代不存在的语言和语言形式，也很难描述、理解和想象自己的现实世界与精神生活之外的事物。原创作品如此，翻译作品亦如此。这是翻译行为的根本决定因素，我们在前面讨论的意识形态、文化立场、审美标准、

---

[1] 李淑敏：《翻译的历史观——〈独立宣言〉中译本的历时共时比较实证研究》，上海外国语大学博士论文，2010年，《摘要》。

伦理道德观念等都是意识条件，皆以此为根源。

在历史观之下，原作的创作和译作的创作从本质上都是一种历史行为，都必然受到所处时代物质条件和意识条件的决定和影响，从来不存在超越时代和历史局限性的创作行为和作品。所不同的是，对于一部特定的原作而言，一旦创作完成，原作者的表达就固定了，作品的历史属性和特征也确定和固化了下来，体现了原作者创作时特定的社会存在和社会意识。但对于翻译而言，特定原作的创作完成才是对其翻译的起点，而且脱离单一译作而言，这一过程是没有终点的——既可以在同一时空范围内平行发生，也可以在同一时间范围内的不同空间中分别发生，还可以在不同时空中连续和重复发生，而且每一部译作都被其特定时代的物质条件和意识基础所塑造。正因如此，在一种历史性条件下产生的译作不一定能满足另一种历史性条件下的翻译目的及读者的期待和需求，也不一定符合另一种历史条件下的意识形态、审美观念、文化接受度和语言表达形式。这就不难理解为什么对于同一部原作，即便在同一个译语社会，在不同的时代也总会有不同的译作涌现，而且产生于不同时代的译作往往面目迥异。这看似是特定译者的个人因素所致，其实译者背后的社会因素和历史因素才是决定性的力量。这使得我们对任何翻译行为和作品的理解和评价，都无法脱离行为发生及译作产生的社会环境和历史条件，而应将其放在历史和现实的双坐标系中去看待和理解。这是我们翻译历史观最核心的观点。

如果说在其他专题中我们关注的是原作在跨语域、跨文化，以及法律作品跨法域后的本土再现和适应问题，那么在历史观中则要关注翻译在时间轴上的演变发展以及译作对原作的历史再现和时代适应问题。这是我们对于翻译进行全方位立体考察的另一个重要维度。在这个维度上，大量实证研究，尤其是对同一部原作在不同时代的译本进行的对比考察，不断揭示出在不同时代的社会和历史条件下，翻译在理念、目的、策略、方法、技术、评价标准等各方面呈现出的明显差异，并一再证明了翻译的基本发展规律——翻译永远都是在特定的历史条件下，受诸多因素共同影响和作用下进行的创作，任何译作都不可避免地具有其时代特征和历史局限性，但其历史局限性并不会湮没其历史价值，因为价值本身就是历史性的，只能在特定的时代中被定义和评价。

（二）在历史观之下认识译作

译作是原作的异语（译语）再现。原作是唯一的，译作却不尽然。同一部原作首先可能存在多种不同译语的译作。在同一译语域中，同一个时代里可能有多部译作出现，也可能在不同时代分别有译作问世。当译作与原作创作于同一时代时，研究的关注点更多在于，翻译应该如何有效处理原作与译作在语言与文化上的差异（当然，即便在同一时代，不同的语言和文化之间仍然可能存在发展阶段上的代际差异），而如果译作与原作分别创作于不同的年代，这种时代差异更将放大原作与译作之间的语言和文化差异。事实上，时代差异与语言、文化差异本就不是相互独立的，后两者的差异都是在时代的坐标上展现出来的。三者如同一枚三棱镜的三个侧面，任何翻译困难和障碍都会在三者之间往复折射，而时代差异又是不同时代所有影响翻译行为的因子集合作用产生的结果。因此，从时代流变中考察翻译的发展与变化是翻译研究的重要思路。很多研究者已经开始从共时和历时两个视角考察译作的多样性和可变性。从历时的观点看，产生于不同时代的译作往往会被其时代塑造成不同的模样，特定时代所有的影响因子都会同时对翻译行为产生作用，为每部译作贴上鲜明的时代标签。看清了这一点，我们在认识和评价任何译作时，就不会再脱离其时代环境和历史条件，不会再将翻译视为一种一成不变的操作范式，而是会将翻译的理念、策略、方法和手段始终置于时代背景和历史需求之中去理解和体认。相应地，在通过译作认知原作时，也就会有更加清醒的判断和更加客观的把握，不会再为任何原作徒劳地寻觅唯一的译本，而是会将所有的翻译都视为一种在原作意义的开放结构中不断解构、重构原作本意和风貌的过程。可以说，对于一部译作而言，有了历史的观点，我们就会有更强的理解力和包容力；有了历史的观点，我们就会有更加客观理性的评价标准；有了历史的观点，我们就跳脱出了静止、孤立的狭隘翻译观。

在此认知之下，我们不妨借用李淑敏博士对1837—2006年一百七十年间各个时期数个美国《独立宣言》的中译本进行的历时性比较研究为本节做一实例注脚。最早由美国第一位来华的新教传教士裨治文（Elijah Coleman Bridgman）在1838年翻译出版的《独立宣言》只是一份节选本，仅摘译了原文中一些在政治思想上比较容易被当时清政府君主专制统治下的中国社会接受的部分，过滤了不符合统治阶级意识形态的部分，而且译文没有完全忠实于原作，甚至在开篇就重新撰写和演绎了美国人自立新政，与英王分割疆土的史实，避免公然违逆当时清政府视一切反抗朝廷统治的行为为叛逆的意识形态。在语言方面，裨治文有不少漏译，对于许多当时无法用译语阐释的词语，或索性删除，或大量采用归化译法（实为比附译法），出现了诸如"官额"、"弁兵"、"满朝文武"、"按察院"、"（律）例"等带有浓厚中国帝制色彩的用语。这其实也反映了当时汉语言的发展水平，译者无法从有限的汉语词库中调用更合适的语汇，向中国人描述大洋彼岸发生的历史事件。在风格体例上，译文遵循当时汉语书面语的规范使用文言文翻译，体现了对彼时汉语习惯的归附。

到了辛亥革命后，中国人在政治理念上已经摒弃了帝制，创建民主共和政体成为这一时期政治民主化进程的主轴。因此，这一时期出现的《独立宣言》的翻译开始重新审视其中浓缩的美国民主政治思想。诸如1911年11月发表在《民国报》上的《美利坚民主国独立文》等一批重译本，就是适应了民主思想启蒙的诉求而出现的。像是"革命"、"民主"、

"议会"等大量汉语中前所未有的政治新词，也集中出现在这段历史时期的译本中，体现了当时社会的政治诉求。

1955年郭圣铭翻译的《独立宣言》中译本，是在中华人民共和国成立初期，举国探索民主政治建设和依法治国民主政治之路新起点的时代背景下出现的第一个白话文版本，从语言到内容都具有明显的时代标志——其中不仅增加了对《独立宣言》阶级属性的说明，还将一些不符合当时主流政治思想的词汇加上了双引号，用以彰显译文的阶级立场。例如，译者认为第一段里的"自然神明"（Nature's God）、"自然法则"（Laws of Nature）等用语与唯物主义思想相背，遂增加双引号表示译者并不认同这种提法。不仅如此，在这版译文中还出现了"资产阶级"、"殖民地"、"种植场主"、"造物主"、"神明"、"刽子手"等诸多政治和意识形态色彩强烈的名词，与当时浓厚的政治气氛相呼应。

到了20世纪70年代末的改革开放初期，巨大的社会变革引起了各种文化思潮、价值观念在社会各个层次的碰撞，对民主的讨论又一次成为中国社会的焦点。此时出现了赵一凡翻译的《独立宣言》中译本。该译本对郭版译文中使用的词汇进行了符合新时代特征的更改，删除了那些体现阶级立场和阶级概念的词语，也不再对政治敏感词汇加引号提示，"对原文的忠实被提高到了前所未有的高度"[1]。

以管窥豹，见微知著。一部原作在中国百多年间多部译作的演变向我们展示了一幅生动的图景，见证了时代的风云变迁对翻译活动的深刻影响。每一部译作都浓缩了其所在时代的复杂的历史因素，从语言发展到意识形态、审美标准、价值观念，无一不带有人类社会的历史发展和时代变革的印记。在历史的沧桑巨变中，各部译作之间没有必然的对与

---

[1] 李淑敏：《翻译的历史观——〈独立宣言〉中译本的历时共时比较实证研究》，上海外国语大学博士论文，2010年，第45页。

错,没有绝对的好与坏,没有一成不变的翻译方法,没有普世适用的评价标准。时代的兴替,不断塑造着同一部外语原著在本土前世今生的不同形象,仿佛一个人在不同的人生阶段留下的影像,虚实间每一张面孔都难脱历史的修饰,每一份妆容都折射出当下时代特有的色彩,唯愿历尽浮华之后,其面目逐渐趋向本真。

(三)在历史观之下看待译者

译者是翻译行为的主体,是译作的创作者。翻译的历史性、译作的时代特征和历史局限性,都是通过译者的主观意识和翻译行为体现出来的。

译者的历史局限性首先是由译者认知能力的历史性决定的。这种认知能力,本身就是社会存在对社会意识决定作用的体现。在任何时代、任何社会都不会有完全超越其同时代物质基础的社会意识,译者的主观意识及其对于自然和社会的认知能力当然也受制于整体的社会意识水平,这无疑符合人类社会的发展规律。这意味着,译者对于原作的阐释和译语的表达力,只能拘于其身处时代的物质基础和社会意识所决定的认知水平。比如,1880年法国人毕利干(Anatole Billequin)翻译《法国民法典》时,将开篇第一卷的"persons"译为"论举国生众并论有可得例应系法人分中可获者"这样在今日读来诘屈聱牙、不知所云的译名。这样的翻译,其实就是受制于当时历史条件下中国社会对于民法中民事主体的认知水平,也是当时中国语言所能够提供的表达方式。随着中国的译者和整个社会对于西方现代法律体系认知水平的提高,到了20世纪70年代末,李浩培先生的译本已经将该译名进化为现代民法意义上的"人"了。

译者的历史局限性还体现在其理解能力上。一方面,译者毕竟不是原作者,只是原作的一个读者,对于原作的理解能力和视角自然因人而异,是所谓"一百个人眼中有一百个哈姆雷特"。加之原作本身就是一个意义开放系统,理论上存在着被无限解读的空间,对其意旨和本意的理解原本也没有一个标准答案,这是译者理解能力上的客观局限性。另一方面,译者的理解能力还存在主观局限性,受其翻译目的和主观立场的左右。这种主观立场不仅受到译者所处时代的主流意识形态和价值观念等多种因素的共同塑造,也受到译者希望译作如何作用于译语读者的目的性选择,以及如何适应译语社会本土文化的策略性驱使。表面上看,每部译作都带有译者个性的烙印,但从历史角度出发,译作展现的,仍然是译者所属民族及所处时代的主流价值观。

承认译者的历史局限性,并非否认译者的创造性价值,亦非将其视为一种消极的角色被动地适应历史条件的约束。恰恰相反,对于译者历史局限性的认识,更让人们重视译者的历史创造性和主观能动性。通过译者的历史性去透视译者的主观能动性更能发现译者的价值。

首先,我们不仅要看到社会存在对社会意识的决定作用,也要看到社会意识对社会存在能动的反作用。对于一个特定的社会体而言,通过翻译活动,有目的地选择和吸收先进文化和意识形态,对本土社会意识进行启蒙和改造,往往能够实现通过上层建筑的变革推动经济基础的进步,这已经被人类历史中的大量事实所印证。

其次,在特定的历史环境和社会空间中,译者对于原作有针对性的阐释和适应性的改造,本身就是一种创造性的发挥和体现。任何原作的意义都必须经历与译者的相互作用才能在译作中得以存在和展现,而译者对于原作进行符合时代需求的理解和阐释,虽然不可能达到纯粹的客观,但往往能创造性地为原作进入译语社会找到正确的进路,成为打通特定时代的译语读者心灵的钥匙。译者对原作时代特征的领悟及对译语社会时代需求的把握,与译者为克服原作进入译语社会的语言和文化障碍所做的努力一样,都是译者价值的充分体现。在面对翻译这一场跨越人际和时空的对话中，译者在处理横跨语族和文明的交流互动以及纵跨历史的交互对接时，既要呈现原作的历史属性，展现原作创作时代的历史真实，将译文读者带入原作的历史语境，又要考虑现代视角与历史视角的差异，贴合现代社会的认知和价值理念；既要对原作者负责，还原历史真相，又要对现代读者负责，穿越历史年轮，弥合时代距离；既要维持原作的历史价值，又要追求原作的现实意义；既要化解语言差异和文化差异，又要消除读者阅读原作的历史障碍。形象一点说，译者必须创造性地将莎士比亚笔下创造的哈姆雷特，与译者为译语社会塑造的哈姆雷特，还有译作创作时代的读者心目中理解和期待的哈姆雷特，三种形象融为一体展现出来，其间的困难和挑战，以及译者为此发挥的创造性和主观能动性作用可想而知。这在翻译存在明显时代差异的作品时体现得尤为突出。对于译者在弥合历史距离中的创造性和主观能动性的认识同样是我们翻译历史观的重要内涵。

总之，翻译历史观不仅让我们深刻认识到翻译的发展规律，将其与人类社会发展的普遍规律联系在一起，而且揭示出影响翻译活动的深层次因素，在作用与反作用中认识翻译的价值，在历史条件下评价翻译的成败，在历史局限性中认识翻译的创造与突破。

四、法律翻译的忠实观

确立了法律翻译的语言观、文化观和历史观之后，讨论法律翻译的忠实观就有了基础，因为我们已经可以将对翻译的研究视野置于语言文字层面之上，跳脱出机械的文字对应甚至简单的文义对应，来看待翻译的忠实性了。

译文对于原文的忠实似乎是翻译理论关注的一项永恒主题，但究竟如何理解这个"忠实"却观点各异，争论不绝。正如辜正坤所说，所谓忠实标准几乎是翻译界的口头禅，中国人这么说，外国人也这么说，似乎译作可以忠实于原作是理所当然的事情,然而这种说法空洞荒唐,"忠实"对许多提倡忠实标准的人来说就是个模糊概念,如捞井中之月、摘镜中之花,根本就办不到。[1]

在法律翻译领域又有别样的一番风景,需要我们针对法律翻译的特殊性予以理性分析。如果不能从根本观念上理解法律翻译忠实性的本质,那么在翻译实践中就会迷失方向,误入歧途。为此,我们不妨从语言文字层面、作品层面和文化层面,逐次深入地分析法律翻译中的忠实性问题,通过探究忠实性背后的思想根源,构建我们在法律翻译中应该恪守的忠实观。

(一)语言文字层面的忠实观

语言文字层面指的是语言规则和微观的语词文字层面。我们已经认识到,每一种语种语言都是特殊的,不同语言属于不同的语言系统,各种语言之间不论如何相似都是不同的。这种语言文字的天然差异就决定了一味机械地追求两种语言之间的形式对应,以此保证翻译的忠实性是愚蠢的和不现实的。这已经成为当代翻译理论界的共识,法律翻译也不例外。在语言文字层面树立正确忠实观的关键在于两点:一是正确认识源语与译语这两种语言的关系问题,坚持源语与译语之间的平等地位和权利——只有破除"源语优先"的执念,才能彻底打破那种译语必须遵循(甚至照搬)源语规则和范式才能实现忠实翻译的迷咒。我们的语言观已经为此奠定了基础,成为摒弃法律翻译僵化忠实观的第一层保障。二是要明确翻译的视角不能局限在文字表面,而是要透视其背后的文化因子,这是我们在文化观里已经澄清的认知。一旦这两点翻译观念得以确立,再去看待中外翻译史上长期存在的翻译方法之争,不论是中国译

---

[1] 参见辜正坤《翻译标准多元互补论》,《中国翻译》1989年第1期,第18页。

论中的直、意之争，还是西方翻译史上的 literal 和 idiomatic（或 free）译法之争时，就不会感到迷茫和困惑了。

（二）作品层面的忠实观

译界早已认识到，翻译是在译文而非译字，因此仅仅在文字、语词层面讨论忠实性是不行的。作品是语言文字的载体和集成表现形式，并通过语言文字的集合形成思想、传播文化。作品的这种功能是单纯的语言和孤立的文字所不具备的，因此我们必须在基于但高于语言文字的作品层面讨论翻译的忠实性。作品翻译的忠实性虽然是文字翻译忠实性的延伸和递进，但视野提高了一个层次。

作品层面的忠实观重点要解决的问题是对于"原著地位至高无上，译文要忠实于原文"这一传统翻译观念的再认识。20 世纪 70 年代初，以目的论为核心的功能派翻译理论在德国兴起，对传统翻译观念提出了有力的挑战。该理论强调翻译的交际目的，不再把翻译看作一个静态的语言学现象，而是看作一种有目的性的跨文化交际行为。翻译研究也从"原作导向"（source-oriented）转向了"译作导向"（target-oriented）。这种翻译理念无疑给翻译忠实性的观念提供了新的指导思路。不过，鉴于法律翻译对象（法律作品）的特殊性，以及在法律翻译史上各派观点的激烈冲突和尖锐对立，我们在作品层面讨论法律翻译的忠实性显得尤为必要。

长期以来，人们对法律翻译采取狭义理解，将其等同于立法翻译。如此一来，其翻译对象就主要是具有约束性效力的立法性文件，而"原作者"则是享有法定立法权的官方机构，对译作也往往有"等效性"的要求，即要求译文须与原文具有同等法律约束力。这种显著的特殊性为在法律翻译领域如何处理原作和译作的关系提出了与众不同的要求，在中西法律翻译史上关于这个问题的争论也异常激烈和持久。早在公元 6

世纪，东罗马帝国的查士丁尼一世皇帝就曾为其下令编纂的《国法大全》（*Corpus Juris Civilis*，或称《民法大全》）颁布过翻译训令（directive），明确规定使用拉丁语编纂的法典条文只能按照"字对字"（word for word）的方式翻译成希腊语，以维护其字面意旨，防止这部伟大的法典遭到"曲解"。[1] 可见，对原作权威性的机械认知直接影响和限制了翻译方法的选择。按照沙尔切维奇的说法，在这种字对字的翻译中，源文件的语词应被按字面对应的方式翻译成目标语言，就连其语法形式和字词的排列顺序都必须保留。[2] 这种对翻译方法的硬性要求就是典型的在立法翻译领域坚持原作本位，源语相对译语具有绝对优势的翻译观的现实体现。如果探究其背后更深层次的哲学观，就会发现这其实是在政教密切相关的时代仿效教会的做法——既然君权神授，那么皇帝的谕旨当然也是神圣不可侵犯的。皇帝颁布的立法也应该如同《圣经》中上帝的话语一样被严格按字面意旨阐述，以防受到异端的曲解。

直到近代，欧洲仍然有人主张翻译立法文件时必须按字面意思翻译，不允许演绎和阐释，译文也不得对原文有任何删减。这种观点甚至主张，除非迫不得已，否则翻译时连原文的语法结构都必须遵守，并且认为法律翻译的头等要务就是忠实于原文，而不是追求文字优美。这种偏执的理念源于他们认为立法中的每一个字词都是神圣不可篡改的，哪怕是无关宏旨的字句也绝不能删改。译者在翻译过程中对于立法文本的任何阐释都是在僭越其职权，因为只有法官才有权释法。这无疑是对"原作至上论"在立法翻译领域的极端演绎。

这种僵化的法律翻译观曾在欧洲长期盛行，但也不断遭到反抗。法国 1804 年颁布了由拿破仑主持制定的影响深远的《法国民法典》后，

---

[1] 参见 Susan Šarčević, *New Approach to Legal Translation*, Kluwer, 1997, p. 24。
[2] Ibid., p. 25。

该法典就开始在法国征服区中适用。这就需要将其译成其他的语种语言，包括在被征服的德语区译为在当地具有约束力的德文版。这期间，两个在不同德语区分别独立制作、施行的德译本都在尊重法语原文内容的前提下，遵循了德语的语法结构和规则，并没有采用字搬句挪的僵化硬译。[1]这种实践无疑更理性地对待了原作的权威性，合理地平衡了译作对原作的忠实和对译语的尊重，从而将立法翻译的翻译观和方法论推向了一个更加科学和理性的境界。接下来在20世纪初期，瑞士欲将其德语版的《民法典》翻译成法语和意大利语两个具有同等法律效力的版本。经过长期准备，三种语言文本于1907年12月颁行。由于三个语种的版本具有同等效力，因此翻译时要求译者尽可能忠实准确地表达原文的内容。当时维护刻板译法的人坚称，为了实现这种忠实性，必须按字面对译的方式翻译法语版本和意大利语版本。然而，作为此次翻译工作主持者之一的维吉尔·罗塞尔（Virgile Rossel）教授却坚持认为，瑞士法语区的民众有权按照法语的语言习惯阅读法语版的《民法典》，而不是德语的机械翻版。[2] 他以此为翻译理念主导制作的具有革命性的法语译文，彻底打破了字面对译的固有传统，为科学的立法翻译观提供了生动的实践注脚。

诚然，在同一司法管辖区域，同一立法的不同语言文本之间，如果存在差异或歧义，很可能会在法律的实施过程中对不同语言的使用者造成影响，甚至导致实质性的不公平。因此，强调立法译本对于立法原本的高度忠实性是必要的，但这种忠实性绝非依赖字对字的翻译方法来实现，而是首先通过提高翻译者对于原文内容和意旨的理解与领会能力，以及不同语言之间的语际转换能力实现的，其次则是通过立法协调机制

---

[1] 参见 Susan Šarčević, *New Approach to Legal Translation*, Kluwer, 1997, p. 32。
[2] Ibid., pp. 36–40。

予以保障的。换言之，追求刻板的形式对应的机械翻译方法并非立法原意不被翻译曲解的保障。相反，由于僵化硬译给译文读者造成的阅读和理解障碍，以及可能由此引发的歧义和谬误风险，远比"纵容"译者按照符合译语规则和习惯制作译本可能造成的悖离风险要大得多。事实上，很多实施双语或多语法律的国家、地区或国际组织（如中国香港特别行政区、加拿大、欧盟、联合国等）已经成功积累了很多规避硬译的经验，它们现在推行的平行立法，更是一种彻底解决原作和译作地位差异的现实努力。

在立法翻译领域如此，在其他法律翻译领域更是如此。中国近代法律翻译的先驱和开拓者严复提出和践行的"达旨翻译"就是对机械的"原作中心论"的精辟修正。一如他在《名学浅说》序言里提出的主张："中间义旨，则承用原书，而所引喻设譬，则多用己意更易。盖吾之为书，取足喻人而已，谨合原文与否，所不论也。"他在翻译西方社会科学理论著作时大胆尝试和创新，不拘泥于原作的文字对应和字句顺序，而是在融会贯通之后，通过译者自身对原著精髓的理解和掌握，采用灵活的翻译方法揭示原作的精神实质，呈现原作的意旨和意蕴，从而达到易于读者，尤其是普通读者理解和接受的效果。为了达到这一目的和效果，译者可以通过在译文中增加注释、诠释、按语等方法，为译文读者领会原作思想和意旨提供便利。这种方法看似不忠实于原作的形式，改变了字句结构和顺序，甚至增减了内容，却有效达到了翻译的目的，提升了翻译的境界和层次。当然，今天的法律翻译是否还要采取这种达旨之法是需要辩证分析的，但它毕竟为摒弃硬译和死译的翻译方法作出了开创性的表率。

现代西方翻译理论界提出的互文性理论更是改变了对源文本先决性的认识。强调原作和译作之间具有互文关系的相互指涉，不但译语文本要通过对源语文本的参照和指涉产生意义，在译作产生之后，源语文本的意义也必须通过译语文本才能全部彰显出来。这些理论都从不同角度颠覆着以源语文本为绝对依归，单向地要求译语文本无条件地对应源语文本这种看似天经地义的文本关系理念，[1]进而改变了人们对于翻译忠实性的认识。

（三）文化层面的忠实观

翻译中对语言文字忠实性和对作品忠实性的正确认识已经帮助我们在技术层面上摒弃了"源语优先"、"原作至上"等错误观念，打破了通过机械追求语言文字之间的形式对应保证翻译忠实性的谬论，将我们的翻译忠实观建立在以准确揭示原作意旨为本质要求的文意忠实性和信息忠实性，而非简单的形式忠实性之上。但若仅止于此，我们恐怕还是无法解释法律翻译史上存在的很多虽然明显悖离忠实性，但却使译作得以存在和流传并广受赞誉的现象。这就说明，仅仅摒弃了语言和作品层面的僵化忠实观念，尚不能达到我们对于翻译忠实性的完整理解。我们还需要从更深的层面认识翻译的忠实性问题，也就是必须超越语言和作品的表层来看待翻译的忠实性，从客观忠实性视角向主观忠实性视角过渡，从翻译目的和功能的角度重新审视翻译忠实性的内涵，同时探讨影响翻译忠实性更深层次的因素。我们将这一视角归为在文化层面上对翻译忠实性的思考。

在文化层面上研究翻译的忠实性，远比在语言和作品层面上要来得复杂。其中很重要的一点是，它牵涉到前面讨论过的意识形态和根本文化观念对翻译的影响——这就将翻译的忠实性问题从客观的"现实性"和"可能性"讨论，引向主观的翻译目的取向和人为的翻译策略选择上，

---

[1] 参见王洪涛《互文性理论之于翻译学研究：认识论价值与方法论意义》，《上海翻译》2010年第3期，第7页。

也就将我们对翻译忠实性的判断和要求上升到文化（包括其中的意识形态）的价值取向和道德评价上，进而也深化我们对于翻译功能的再认识。

我们在文化观中已经讨论了意识形态等因素对翻译的影响，在看待翻译的忠实性时同样要透过现象看本质。在勒菲弗尔的理论中，意识形态、诗学观（poetics，这更多适用在文学翻译讨论中，包括文学手段、样式、主题、人物原型等文学要素和文学观念[1]）和赞助人对翻译产生着关键影响。这些因素也都影响着翻译的"忠实性"。在他看来，翻译是对原文的"改写"（rewriting），不可能真实地反映原作的面貌，因为它始终都要受到这三个因素的操纵。这就意味着所谓的"忠实"不过是一种理想而已。他尤其强调意识形态对翻译的制约作用，曾提出"在翻译过程的各个层次中，如果语言学的考虑与意识形态的考虑发生冲突时，总是意识形态胜出"[2]。

此处顺带一谈勒菲弗尔提出的翻译中的"操纵"（manipulate）概念。按照他的观点，"翻译是对原文的改写，改写即操纵"[3]。这意味着译者在翻译（处理源语文本以及制作译语文本）的过程中，为了达到一定的目的，会根据需要对文本进行"改写"[4]，而"改写就是对文本的操纵……改写就是使文本按操纵者所选择的方式在特定的社会文化里产生影响和作用"[5]。一切改写不论其意图如何都反映着某种思想意识。在不同的历史条件下，这种被视为改写的翻译受译语文化的意识形态（政治、经济、

---

[1] 参见高晋芳《从勒弗维尔的影响翻译的三原则评析林语堂在中国两大重要时期的不同影响》，《美中外语》2005年第10期，第22页。

[2] 王东风：《一只看不见的手——论意识形态对翻译实践的操纵》，《中国翻译》2003年第5期，第21页。

[3] 张鸿凡、曾薇薇：《安德烈·勒菲弗尔翻译思想述评》，《海外英语》2011年第10期，第234页。

[4] 改写，泛指对原作进行的翻译、改写、编选、批评和编辑等各种加工和调整过程。

[5] 郭宇：《翻译理论家勒菲弗尔及其主要理论简介》，《读与写（教育教学刊）》2008年第5卷第7期，第39页。

社会、文化传统等诸多方面）的制约和引导，而意识形态也对翻译功能的实现和翻译策略的选择产生着重要影响。改写者往往会对原作进行一定程度上的改变，使其符合改写者所处时代占统治地位的意识形态和主流审美观念，以达到使译作（也就是这种被改写过的原作）被尽可能多的译语读者接受的目的。勒菲弗尔将意识形态纳入翻译研究的视野，使我们认识到翻译并不是"单纯"的语符转换，而是具有重要的社会功能，跟人的意识形态有着极其密切的关系。这对于我们从文化层面上思考翻译的忠实性具有重要意义。

正因为如此，在不同的文化体系下或者在时代和社会环境（包括主流意识形态）发生变化后，不同译者对于同一作品的处理会有所不同。译作都是力图切合其时代特有的思想意识和文化环境，从而被当时的读者接受并得以流传。这也让我们认识到，译本的进步，除了语言本身的不断变化、不同文化体系之间相互认知程度的不断增加、翻译方法的发展进步等浅层次的影响因素以外，在更深层次上，译者所处环境的意识形态、审美观念和价值取向的变化以及翻译目的的变化，同样会影响到翻译策略的选择和翻译方法的迭代更替。而按照历史观，这一切又是由社会存在（经济基础和物质条件）的发展变化所决定的。从这个角度讲，译者本身也是一种"被操纵者"。

由于译者必然会受到上述各种因素的作用和制约，因此在勒氏看来，译者作为一种"操纵者"，采取这种改写"在本质上应该被视作一种文化上的必然"[1]。这就使我们不能仅从语言能力、理解能力上去评价翻译的忠实与否，也不能单从道德的角度去评判这种不忠实的"操纵"。毕竟，我们都曾见证过这种"伪逆"的翻译在特定历史阶段的作用和影响。就

---

[1] 郭宇：《翻译理论家勒菲弗尔及其主要理论简论》，《读与写（教育教学刊）》2008 年第 5 卷第 7 期，第 39 页。

以清末的西方法律思想在中国的翻译引入为例，当时那种"动辄'偷梁换柱'的东渐方式，顶戴西文原著的权威光环，悄无声息地灌输着译者本人沟通社会多元异质因素的思维逻辑。通过操纵翻译对象而影响目标读者对西方政法制度的理解与领悟，深入干预晚清精英群体的意识形态发展"[1]。

当我们能够从语言文字、作品和文化的多重视角看待并认识法律翻译的忠实性时，我们的法律翻译忠实观就丰满和立体起来了。

五、法律翻译的译者观

译者观所要解决的，是在法律翻译中如何看待译者的作用、地位和功能的问题。在法律翻译这一行为之中，上面提到的语言和作品都是行为的客体（翻译对象），而行为的主体则是译者。因此，译者才是翻译行为的主导者：我们讨论翻译的文化观，最终是落实在其对翻译主体意识的影响上；我们讨论翻译的历史观，是透过历史局限性看待译者的创造性和能动性；我们讨论翻译的忠实性，不论是语言层面、作品层面还是文化层面，也都是通过译者的主动行为来实施和体现的。客观而论，只要不是通过机器完成的翻译，那么任何翻译都离不开译者有意识的工作。这项工作是由两个相互衔接的过程组成的：前一过程是译者对原作的理解、消化和领会，后一过程则是译者使用译语将其对原作的理解表述出来传递给译作读者。由此，基于前面所讲的"关系论"，对于译者的地位和作用应置于源语和译语、原作和译作，以及原作者、译者和译作读者这三对关系中来认知。在这些关系中，译者身兼多重身份——之前有作者，之后有读者，是原作的读者，是译作的作者；并承担多项功

---

[1] 孔飞燕、滕超、崔爽畅：《晚清西法东渐中的权力博弈——从〈佐治刍言〉看洋务运动时期的宪政翻译》，《科技信息》2014年第12期，第23页。

能——接收源语，输出译语，认知原作，创造译作。正是通过译者这一桥梁和媒介，源语、译语、原作、译作、原作者和译作读者，及其各自所处的时代和根植的文化之间才得以关联和互通。从这些角度看，在翻译活动中，译者无疑是第一主角，位处翻译的中心枢纽地位，发挥着最重要、最主动、最积极的作用。现代研究者对于译者的地位和作用已经取得共识，并从不同角度予以论述，其中最引笔者欣赏和关注的是胡庚申教授倡导的生态翻译学的基础理论——"翻译适应选择论"。在该理论中，翻译被定义为"译者适应翻译生态环境的选择活动"[1]，而其中无论是"适应"还是"选择"都是由译者完成的："适应"是译者的选择性适应，"选择"是译者的适应性选择，译者的职责则集适应与选择于一身。对译者价值的这种认知就是我们的译者观。

然而，在历史上，中西译界却长期对此认知不一、争论不休，形成翻译观上的诸多分歧，比如译者与原作者孰为"主仆"、译者对原作的翻译应采取"忠实"抑或"操纵"的态度、译者有多大的"叛逆自由度"等等，以至于"译界喋喋不休地议论翻译策略方法，诸如直译与意译、归化与异化、对等与不对等等，却都表现出二律背反，致使译者总是处于两难境地，摇摆不定，莫衷一是"[2]。就这样，译者们"永远脚踏两只船"，在原作与译作各自归属的语言与文化之间犹豫徘徊，在忠实原文与迎合译文读者之间艰难选择，在"将原文本拉近读者"和将"读者拉近原文本"之间不断摇摆，在"过"与"不及"之间反复纠结，"进行着见仁见智的语言文化交流"[3]。

近年来，有人从解构主义翻译观的视角来评价译者的主体性与创造性，认为在翻译实践中从文本选择，到理解，再到表达，整个过程都

---

[1] 参见胡庚申《生态翻译学的研究焦点与理论视角》，《中国翻译》2011年第2期，第8页。
[2] 张敏：《译学方法论探微》，《东北亚外语研究》2014年第1期，第77页。
[3] 同上。

依赖译者的主观能动性，借以打破传统翻译理论的忠实观，打破结构主义中的原著至上论、原著中心论的圭臬，否定原作者与译者、原作与译作之间的对立关系，赋予译者创造空间，让他们"从后台走到了前台"。生态翻译学理论更是认为"译者是翻译过程中一切矛盾的总和。'译者为中心'的翻译理念把活生生的、感性的、富有创造性的译者推向译论的前台，使翻译理论建立在真实的、具体的译者基础之上"，同时，这对于"译者的自重、自律以及自身素质的提高也有促进作用"[1]。

其实译者的主体性"早在古希腊时期就有了思想的萌芽，而作为哲学概念则是在17世纪提出的"[2]。到了20世纪70年代，西方翻译理论研究发生的文化转向不仅开始从文化层面对翻译进行整体性思考，而且将译者主体性的概念引入了翻译研究领域。阐释学（或称"诠释学"）的观点认为，阅读、理解的过程是译者的视域和原文本的视域不断融合的过程。为了达到这种"视界融合"，译者就必须发挥其主观能动性，积极走出自身的视域。这种"视界融合"的理论把译者的主观能动性和创造性提高到了前所未有的高度，使译者的地位得到重视。[3]

承认和强调译者的主体地位还体现在其对于译作表现的决定性影响上。原作是从诞生之日就确定的，但译作却是由不同译者的文化背景、民族属性、意识形态、审美标准、价值观念以及语言风格和语汇含量决定的，可能会随着译者所处时代和文化环境不断地发生变化。这也许就是有人所说的"世界上有不朽的原文，但没有不朽的译文"[4]的原因。交往行为理论认为，译者在翻译的过程中要同时权衡各方面因素，包括原

---

[1] 胡庚申：《生态翻译学的研究焦点与理论视角》，《中国翻译》2011年第2期，第8页。

[2] 李养龙、莫佳旋：《20世纪初译名论战的现代解读》，《外语教学》2011年第32卷第3期，第107页。

[3] 同上。

[4] 周丽敏、王文霞：《译者主体性的意义：哲学阐释学视角》，《河北经贸大学学报（综合版）》2015年第15卷第1期，第32页。

作者的社会背景、文化风俗、世界观、意识形态倾向、艺术审美观点和文风，以及译文读者的文化传统、审美期待等，这样才能实现来自不同文化背景和社会生活的主体之间的交往。语用学理论主张，在日常语言交际活动中普遍存在语义的不充分性，原文的字面意义往往无法充分显示原作者期望表达的意旨，这就需要译者诉诸其认知推理，对原作进行语用充实，通过语用调适或填补隐含内容揭示真实意旨。[1]

这些理论都为我们科学地认知译者的主体性，认知其主体意识和主观能动性，认知其价值、地位和作用，提供了有益的思想基础和理论基础。在此基础上，我们可以对译者在法律翻译实践中的地位、作用和价值作出评价，而这种评价必须采用辩证思维，并与我们整体的翻译观和谐统一。具体而言：

第一，法律翻译中的译者与原作者都是法律作品创作的主体。翻译不是一种简单机械的语言转换过程，而是译者对原作进行的一种语言和文化上的再创作过程。译者与原作者在原创性上具有平等的主体地位，原作者对原作的创意、内容和意旨具有原创性，而译者则对翻译的手段、方法和策略具有原创性。译者的翻译工作看似是基于原作的创意，但如何理解原作和如何翻译，则是译者的创造性思想和劳动。同一原作经不同译者的理解和翻译达到的效果是不同的，这就是译者各自创造性劳动的体现。这也是为什么在著作权法上，原作者对于原作和译者对于译作各自享有独立的著作权。有人提出，在立法翻译中，立法源本的"作者"是具有法定立法权的立法机关，而翻译者则不具备这样的身份和地位，因此二者的身份和地位是不平等的。事实上，立法源本的作者是立法专家，立法译本的作者是译法专家，他们的主体地位是平等且不可相互替

---

[1] 参见郭淑婉《关联理论视角下法律翻译情态意义的语用充实》，《天津外国语大学学报》2015年第22卷第2期，第37页。

代的。立法源本具有法律约束力是因为经过了立法机关的赋权。经过同样的赋权,立法的不同语言文本也可以具有同等的法律效力。我们只有首先从翻译观的高度承认译者与原作者平等的主体地位,以及他们对于文化创造、交流和传播上的同等贡献,才能真正尊重译者的劳动,承认译者的主体性、价值和作用。

第二,译者与原作者有各自不同的体验、理解和创作对象。原作者基于其主观思想、意识、情感及对于客观世界、事物、现象的认知和理解创作原作,而译者则凭借自身对于世界的认知和阅历去认识和理解原作者的思想、情感及原作的内容与风格,并据此创造译作。二者认知和理解的对象不同。译者的价值不是体现在与原作者竞争其思想的原创性,而是以积极主动的心态和创造性的思维去理解原作者的原创思想,并将其对此理解传递给译文读者。译者不能替代原作者创作原作,但原作者(不论情愿与否)也不能替代译者去决定如何向译语读者"转述"其原作。

第三,译者在对原作的认知和理解上具有主动性、主观性和主导性。必须指出的是,译者对原作的选择、认知和理解是以其自身的主观倾向为意识基础的。接受美学理论[1]提出过"期待视野"的概念,认为译者首先是读者,而且是原作的第一读者。由于有着不同的思维方式、生活阅历和知识结构,译者在阅读原作之前已经具备了特定的期待视野,使得其对原作的解读带有自身的主观倾向,也影响其翻译策略。[2] 这就揭

---

[1] 接受美学是汉斯·罗伯特·姚斯(Hans Robert Jauss)于1967年创立的,又称为接受理论,是20世纪60年代末、70年代初在联邦德国出现的文学美学思潮。虽然说接受美学的理论源头较广,但诠释学无疑是它最为重要的源头之一。以往的文学和美学研究、创作,都是以作者—艺术家为中心,姚斯则主张根本性地、颠覆地转向以读者/接受者为中心,因此称作"接受美学"。

[2] 参见李养龙、莫佳旋《20世纪初译名论战的现代解读》,《外语教学》2011年第32卷第3期,第107页。

示出译者在认知原作上的主观性和主导性，也再次凸显了其主体性和对原作在译语社会传播的影响力。同时，译者对原作的关联期待和认知推理，对揭示原作寓意和隐义，也发挥着至关重要的作用。

第四，译者在文化的语际、域际传播上发挥着不可替代的作用。翻译的重要功能就是通过对原作进行文化解码，以及在译语社会的本土重建实现文化信息的跨域传播。离开了翻译这项必不可少的媒介和工具，原作负载的源文化讯息很难进入另一种文化环境。在这些方面，译者发挥的作用和影响是具有决定性的。

第五，近年来，学者们还从翻译美学理论的视角研究翻译中的审美再现问题，关注译者作为审美主体在翻译的审美、赏美、造美过程中的主导性——译者的审美活动不仅会直接决定译作的质量，也会直接影响译文读者对译文的美学体验。[1]这就从美学高度进一步肯定了译者在翻译活动中的主体性和创造力，将译者从传统印象中语言文字的转换工具，提升到具备审美意识和美学鉴赏力的创造者。这是一个质的飞跃，使译者从语言文字的转换者、文化的传播者又走向了美的传递者——他们凭借成熟的审美能力"将原文中的审美构成通过译文的审美表象要素和非表象要素体现出来"[2]。

第六，我们对于译者的"功能内涵"的理解也应不断丰富。德国功能学派的代表学者尤斯塔·霍尔茨-曼塔里（Justa Holz-Manttari）曾主张用一个含义更广泛的新词"译行为"（translatorial action）代替传统的"翻译"（translation）一词，以表征多元的跨文化交际行为——不仅包括翻译、改编、编译，也把与外来文化有关的编辑、查阅等行为涵纳在内。在这种"行为"里，译者被定位成一个根据委托人要求设计"产品规范"（product

---

[1] 参见徐旭艳、常栾华、杨波《翻译美学视角下法律翻译中译者的审美素养》，《学园》2015年第34期，第65页。

[2] 同上。

specification)的专家,并"生产"符合接受者文化需要的"信息传递物"。[1]这一理论对于我们理解和评价法律翻译译者的功能是有借鉴意义的。

总之,承认了译者的主体性、主观能动性和创造性,才能真正尊重译者在翻译活动中的地位、作用和价值,才能真正将译者作为翻译活动的灵魂。另一方面,作为辩证的翻译观,在坚持译者主体性的同时,又必须根据法律翻译的专业特征和本质要求,对于译者的创造性和能动性的性质、限度和边界作出界定:

首先,译者的主体性并非意味着赋予其超越译者职能边界的权利。这种主体性和职能边界的关系非常复杂,在实践中也很难把握。我们讲过,法律语言是语用性语言,译者在翻译法律语言时必须将其置于特定的语境中,根据语言伴生的复合形式、上下文逻辑、背景知识等因素加以理解,其主观能动性在此间发挥着重要作用,但这种"掺杂"着个人理解的主观性,又必须受到译者职能边界的约束。前面举过法庭翻译的例子:法庭上被告人或证人回答诘问时的表现反映了证人的心理状态,但这种主观判断因素并不应该出现在译者的法庭翻译中,因为对于证人心理状态的理解,每位观众或听众可能都不尽相同,而有权对此作出解读或提出质疑的,应该是控、辩(或原、被告)双方和裁判者(包括法官、英美法系中的决罪团[jury]或中国司法系统中的陪审员),而不是翻译者。译者无权将其个人理解夹杂到译文(译语)中,影响他人的判断。这就是译者的职能边界。

其次,译者在译作中体现出来的创造性和能动性,与其对原作的忠实性并不是相互矛盾,而是辩证统一的。我们所主张的译者创造性,是在翻译理念上的创新、翻译手段和方法上的创造、语言转换和文化适应

---

[1] 本段参见谢天振《当代西方翻译研究的三大突破和两大转向》,《四川外语学院学报》2003年第5期,第115页。

上的创作，但绝不是对原作的意旨和内容进行"创造性"的改变，因为这将违背翻译的本质要求。我们所强调的译者能动性，是在对翻译对象的选择、对源语文化和译语文化的理解、对译文读者需求和期待的满足上的能动性。无论是能动性还是创造力的发挥，其目的都还是忠实、准确地反映原作的意旨和内容，同时达到便于、易于译文读者理解原作的目的和效果，就连形式相对自由的达旨译法，也仍然坚守着原作的主旨。若违背了这种初衷和坚守，同样不会达到翻译的目的。总之，译者的创造性权利与其忠实性义务是辩证统一的，创造性既不在于"别出心裁"，也不在于"文过饰非"，更不在于"信马由缰"，忠实性也不在于"字比句次"、"照本宣科"或"亦步亦趋"。

最后，我们坚持译者的主体性、能动性和创造性，不仅是对译者权利的尊重，也是对译者责任的强调。译者在翻译活动中，既是行为主体，又是权利主体，同时也是责任和义务主体。在尊重其权利和地位的同时，也要对其责任和资质提出要求——不论是缺乏责任主体意识，还是欠缺语言使用能力，抑或对于法律文化缺乏基本认知的译者，都不可能有效发挥法律翻译者的主体性、创造性和能动性。近年来，已有学者从翻译伦理的角度讨论译者的责任问题，将对译者角色的评价，从技术层面的评判上升到了价值判断。这个问题，我们将在接下来的伦理观中讨论。

六、法律翻译的伦理观

"伦理"的学理概念并不统一，有观点认为它是人与人相处的各种道德准则，[1] 也有观点认为它是一系列指导行为的观念，是对道德现象的哲学思考。它不仅包含着对人与人、人与社会和人与自然之间关系处理中的行为规范，而且也深刻地蕴涵着依照一定原则来规范行为的深刻道理。从中可以看出伦理学界的一些普遍观点：首先它是人际社会的准则，

---

[1] 参见《现代汉语词典》的释义。

主要规范人的行为——"只要有人，有了人的活动与生活，有了人与人之间的关系，就有伦理的存在，伦理就会发生作用"[1]；其次，伦理是人们对于是非、善恶、对错的判断标准，与人的道德密切相关。有人总结道：道德是伦理的具体化，伦理是道德的本质，伦理是道德形成和发展的客观依据和基本前提，伦理既是道德的原则又是道德的本质，道德是伦理的表象和必然指归，伦理对道德有指导作用，道德对伦理也产生影响，它们都随人类社会的进步与发展而不断发展变化。[2]虽然学术界对于伦理的内涵以及伦理与道德的关系还有很多讨论，但我们依循广义的认知，认同"伦理"针对的是人和人的行为，是人们心目中普遍认可的社会道德准则和行为规范，并在不同的时代和不同的社会具有不同的表现。

翻译是一种跨文化交际的人类活动，和其他的人类行为一样，都是在人的意识支配下为实现特定的目的和意图而进行的主观能动性活动，[3]从而必然与伦理有着密切的关系，也应该建立在一定的价值观、道德观和伦理观的基础之上。恰如辜正坤所言："古今中外的一切翻译和翻译理论总是势所必然地和道德伦理问题纠缠在一起。"[4]所以，翻译活动应该有伦理观——也就是人们对于在翻译活动中必须遵循的道德准则和行为规范的总的认识。长期研究翻译伦理的彭萍博士在总结了当代理论研究成果后指出，翻译伦理学应该包括翻译理论研究伦理学、翻译活动伦理学、翻译批评伦理学和翻译教学伦理学。翻译理论伦理学涵盖翻译理论中的伦理关注和理论研究本身的伦理规范，而翻译活动伦理学则包括译者伦理、读者伦理和中间人（尤其是出版商）伦理。其中，译者伦理又包括了原文本选择之伦理、对原文忠实之伦理、对读者负责之伦理、

---

[1] 王海明：《伦理学方法》，商务印书馆，2004年。
[2] 参见王仕杰："伦理"与"道德"辨析，《伦理学研究》2007年第6期，第45页。
[3] 参见骆贤凤《中西翻译伦理研究述评》，《中国翻译》2009年第3期，第13页。
[4] 辜正坤：《序》，彭萍《翻译伦理学》，中央编译出版社，2013年。

不同文体的翻译之伦理等，中间人伦理则包含翻译出版和管理之伦理，同时在原文本选择、翻译策略等方面还涉及译者与中间人之间的关系。翻译批评伦理首先包括对译文本身的批评标准和规范，还包括对翻译出版的批评，以及批评人本身的态度和方法。翻译教学伦理则包括翻译教学中教师伦理和学生伦理。[1] 这为中国当代翻译伦理学研究勾勒出了一个比较完整全面的图景，也充分显示出伦理问题与翻译理论、翻译批评、翻译实践的关系都很密切。

在西方，法国当代翻译家及哲学家贝尔曼对"翻译伦理"进行过一系列思考，提出了一些重要的翻译伦理理论。[2] 特别是，他认为翻译行为的"正当伦理目标"是"以异为异"，尊重和突出原作和原作中的语言和文化差异。[3] 后来，美国翻译理论家劳伦斯·韦努蒂（Lawrence Venuti）提出的要在翻译中保存原文中的语言文化差异，采取 foreignizing（"异质化"）的翻译策略，反对"同一化"，反对文化殖民主义的翻译伦理目标，倡导"存异伦理"的主张也是受到贝尔曼的影响。在中国近年来的翻译伦理研究中，也有学者主张翻译伦理学的宗旨是建立跨文化交往活动的行为准则，以承认文化差异性并尊重异文化为基础，以平等对话为交往原则，以建立不同文化间的良性互动关系为目

---

[1] 参见彭萍《翻译学的新兴分支——翻译伦理学刍议》，《学术探索》2012 年第 1 期，第 153 页。
[2] 西方翻译界普遍将"翻译伦理"这一术语的提出归功于法国当代著名翻译家和翻译理论家贝尔曼。有学者甚至认为，正是贝尔曼 1984 年出版的《异的考验——德国浪漫主义时代的文化与翻译》一书继"文化转向"之后直接引发了翻译研究的"伦理转向"。此后，在贝尔曼翻译伦理思想的直接或间接影响下，韦努蒂、斯皮瓦克、戈达尔、谢莉·西蒙、皮姆、诺德、梅肖尼克等学者分别在各自对翻译的不同定位、对翻译之"用"的不同理解中对翻译伦理的概念与目标进行了新的探索。（引自刘云虹《翻译价值观与翻译批评伦理途径的建构——贝尔曼、韦努蒂、皮姆翻译伦理思想辨析》，《中国外语》2013 年第 10 卷第 5 期，第 84 页。）
[3] 参见骆贤凤《中西翻译伦理研究述评》，《中国翻译》2009 年第 3 期，第 13 页。

的。[1] 可见，中西方翻译伦理学研究的一项重要诉求是追求语言和文化的平等与公正，反对文化霸权主义，反对狭隘的各类中心主义，不同文化之间要相互尊重，异中求同，取长补短。[2] 这种从文化间性角度化解文明冲突的伦理目标是"翻译伦理"的重要内涵，也从伦理视角诠释了本书所提出的翻译语言观、文化观、忠实观的主旨。当然，对于任何理论的借鉴都是辩证和理性的，笔者并不认同贝尔曼所强调的翻译中"他者"的"异"不可侵犯，承认并体现"他者"的"异"就是符合伦理的翻译，反之就有违翻译伦理，甚至是"糟糕的翻译"的绝对化观点。[3]

贝尔曼还提出，译者是有创造力的翻译行为主体，译者的权利应该得到尊重。同时，译者一旦开始从事一项翻译活动，就开始承担某种责任和义务。译者作为一个社会的人，在面对原作、面对服务对象时必然要受到道德上的约束。[4] 这一观点得到芬兰学者安德鲁·切斯特曼（Andrew Chesterman）的响应，他从分析翻译行为主体间翻译伦理的角度出发，强调尊重译者独自选材、决策、确定翻译策略的权利，并指出译者的首要任务就在于理解赞助人的意愿、理解原文、理解读者期待，并有责任为读者提供解释，为此他提出了再现伦理、服务伦理、交际伦理、基于规范的伦理、职业承诺伦理等翻译伦理的模式分类，并主张译者应在这五种伦理的基础上"保证互为异己的各方达成最大程度上的跨文化合作"[5]。很明显，他们看待翻译伦理的另一个重要视角就是译者的个人伦理和职业伦理，这不仅与本书的译者观契合，也是本书翻译伦理观的

---

[1] 参见吕俊、侯向群《翻译学——一个建构主义的视角》，上海外语教育出版社，2006年，第272页。
[2] 参见骆贤凤《中西翻译伦理研究述评》，《中国翻译》2009年第3期，第15页。
[3] 参见过婧《伦理视野下的翻译的忠实》，《语言应用研究》2014年第1期，第151页。
[4] 参见骆贤凤《中西翻译伦理研究述评》，《中国翻译》2009年第3期，第13—14页。
[5] 同上，第14页。观点出自切斯特曼《翻译模因论——翻译思想的传播》（1997）及《圣哲罗姆誓约》（"Proposal for a Hieronymic Oath"，2001）等文。

核心，是译者功能和主体性的伦理体现。

译者伦理非常重要，因为译者参与不同文化之间的交往活动时如果不受伦理道德的规制，没有道德理性作为基础，"这种交往活动就会失范，就会被歪曲或被恶意地利用"[1]。译者伦理所包含的内容也非常丰富，包括在文化传播的过程中译者应该作出怎样的内容选择——哪些内容可以翻译，哪些不可以，哪些内容对译语读者和社会有益，哪些是有害的；译者应该采取怎样的翻译策略——何种翻译策略是对原作负责，何种策略是对译语读者负责，忠实于原作的伦理与对译语社会／读者负责的伦理发生冲突时该如何处理等；翻译究竟应该承担什么功能，译者应该承担怎样的社会责任，译者是否及如何对原作进行干预，怎样权衡道德意识和经济利益等等都涉及译者伦理问题，而如何重视翻译质量，防止翻译造假和剽窃行为更是属于译者的伦理道德范畴。可以说，翻译行为的全过程都必须包含译者或翻译行为发起人的价值观和是非对错、善恶美丑的价值判断，这就是伦理视角之下的翻译活动。必须指出的是，这种约束译者的伦理道德标准究竟是什么，在国际间是否存在被普遍接受的伦理标准仍具有广泛的研究和争论空间。必须承认，除了一些普适的价值观以外，各个社会的伦理规范之间本身还是存在着较大差异的。

从上面的简要梳理可见，翻译伦理学的内涵非常丰富，翻译伦理研究的范围非常广泛，都应作为我们在法律翻译伦理观研究中的参考。但在本书确立的翻译伦理观中，我们主要将视线围绕作为翻译行为主体的译者展开，既针对译者的职业道德，也针对其翻译行为规范。换言之，我们在此提出的法律翻译伦理观主要关注和讨论的是译者的法律翻译行

---

[1] 吕俊、侯向群：《翻译学——一个建构主义的视角》，上海外语教育出版社，2006年，第247页。

为应该遵循什么道德准则和行为规范的问题，也就是把翻译伦理具体化到译者伦理这个聚焦点，其中的核心又在于法律翻译的职业伦理。

法律翻译的职业伦理同样是一个具有丰富内涵的概念，其中的很多元素都已经包含在其他翻译观专题的讨论中，比如秉持正确的语言观、文化观、忠实观、义利观本身就是职业伦理的表现；通过正确的译者观认识译者自身的功能和作用、权利和义务，以及树立正确的读者观，尊重读者的期待和需求也是职业伦理的表现，甚至树立法律翻译可译观，打破法律翻译神秘主义的迷咒，为创造性地发挥译者的主观能动性奠定理念基础同样是职业伦理的表现。在此，我们将法律翻译的职业伦理具体化，使之凸显职业操守，使译者作为法律翻译活动的主导者能够在多元的伦理要求中平衡不同伦理观念的冲突，最大程度地体现专业精神和职业规范。具体来说，法律翻译的职业伦理包括：

（一）确立正确的翻译立场和角色定位是法律翻译职业伦理的生命线

欧洲翻译研究协会会长安东尼·皮姆（Anthony Pym）曾对译者作出这样的定位：译者在沟通源语文化和译语文化之间的跨文化交互空间（intercultural space）中具有独立的身份，而不是任何一方的代言人。在这样的观念之下，翻译就成为交往的港口，而不是一方领土的扩张。译者是两种文化和两种语言的协调人，不应屈从于任何一方，其最终目的是促成两种文化的交往，改善源语文化和译语文化之间的关系，增进相互包容，从而达到包括译者在内的多方合作的共赢（mutual benefits）。[1]

---

[1] 参见管兴忠《安东尼·皮姆翻译思想研究》，《解放军外国语学院学报》2012 年第 2 期，第 86 页。

这一观点从文化层面确立了翻译应该秉持的立场和译者的角色定位，不仅与我们的文化观不谋而合，其本身更是一条至高的职业伦理规范。

在法律翻译实践中，我们经常会遇到这样的现实问题——如果译者在存在利益冲突的法律事务中受一方的委托，是否可以或应该在翻译过程中采取有利于委托方的立场，干预甚至操纵译文的内容，并将此作为维护己方委托人利益的职业体现？我们曾看到有人主张法律翻译的译者应该预设翻译立场，在翻译之前确定自己的委托方，这样在碰到原文意义含糊时就可以认清立场，为自己的委托人争取最大的权益或保留最多的余地。[1] 笔者认为，这种观点混淆了法律翻译和代理人（如律师）之间的区别。从职业伦理上讲，代理律师可以甚至应该站在委托人的立场上，以其最大利益为依归，采取一切有利于其委托人的合法手段最大程度地争取和维护其利益，但译者却与此不同——他们虽然也是专业服务的提供者，提供的甚至也是法律服务的一项内容，也可能是受一个利益方的委托，并且也应该忠实地履行对自己委托人的责任，但这绝不意味着他们可以采取偏颇的翻译立场，违背翻译的客观性、中立性和忠实性原则，篡改或操纵译文。事实上，法律翻译必须遵循一些独立的专业准则，其专业操守和职业伦理要求其秉持客观中立的翻译立场，遵循忠实性原则，避免受到个人主观因素和利益方诉求的左右。不论翻译对象的内容是否有利于己方的委托人，他们都应尽可能客观、如实地完成语际转换工作。这不仅是职业操守和翻译伦理的要求，也是对其翻译责任的承担和义务的履行。这就如同审计师虽然也受聘于委托人，但必须受到审计法规定的职责义务和职业操守的约束，不能仅以委托人的利益作为承担审计责任的是非标准，更不能为曲意迎合委托人的不正当要求而

---

[1] 陆文慧：《中译法律文件须注意的地方》，载陆文慧主编《法律翻译——从实践出发》，法律出版社，2004年，第51页。

放弃审计原则和立场。

(二)不掺杂个人的主观倾向是法律翻译的伦理保证

这一伦理规范要求译者不对原作观点和内容作出主观评价,不在翻译中夹杂个人的情感和情绪。我们知道,在各种法律作品(包括各种立法、司法文件、职业性法律文件或者法学论著)中,原作者通常会持有鲜明的立场和观点。这种立场和观点可能带有强烈的意识形态色彩,也可能具有很强的争议性,甚至可能悖离社会的主流价值观。其既可能与译者本人的理念观点相同,也可能相悖。在翻译这样的法律作品时,译者如果将自己对于原作观点所持有或抱有的主观评价、情绪和倾向性带入译文的内容和表现方式,势必直接或间接地影响到原作信息的语际传递效果,也会给读者(尤其是依据译文发挥后续功能的读者)造成影响。因此,即便遇到观点偏激、错误,甚至颠倒黑白、混淆是非,完全不符合译者价值观念的原作,如需翻译,译者也必须保持冷静理性的心态和客观中立的立场,忠实地翻译原作的内容,既不能人为改变原作的内容或其中的观点,也不能在译文中擅自添加译者本人的主观评价,甚至不能通过特殊的表达或表现方式(如修辞方法)在译文中流露其主观好恶。这就是译者的伦理,它与读者和评论者的伦理规范是不一样的。译者在扮演这一角色时必须恪守译者伦理来约束和规范自己的翻译行为,而将对原作观点和内容的评价交给扮演其他身份和功能的人去完成。哪怕译者本人需要参与评价,也必须在另一重身份空间里完成。比如,我们经常看到一些译著的前言、序言或后记中有译者对于原作的评价,这是译者对于原作内容和观点发表主观评价的空间,或褒或贬、或抑或扬皆由译者以评论者的眼光视之,但对于译文本身,译者必须回归伦理本位,忠实呈现原作的本来面貌。对此,人们必须厘清一个基本概念:如实翻译违背主流或译者自身价值观念的原作观点并不代表译者认同该观点,而在翻译中变造其不认同的原作观点却是违背译者职业伦理的表现。

我们之所以反对译者将其主观态度带入翻译行为和译文内容是因为每个人都可能由于不同的认知能力、意识形态、文化背景、身份立场、审美观念、个人好恶而对同一个问题持有和抱有不同的主观看法、态度和情绪，也都不可能不带有倾向性和局限性，而强烈的主观倾向和个人情绪不仅会拘狭人的心胸和视野，也易制造偏见和歧义。如果任由译者将其个人的主观情绪带入译文，或将无可避免地影响原作内容在另一语域中的客观展现，进而误导读者或令读者丧失真实、全面地了解原作内容的机会。这种状况无疑是违背翻译宗旨和伦理的，在法律翻译中尤为不可接受。全美司法口译员与译者协会（National Association of Judiciary Interpreters and Translators）颁布的《专业责任与道德规范》（Code of Ethics and Professional Responsibilities）也为这些伦理要求背书，比如其中要求为法院工作的译者（笔译和口译员）在诉讼程序中履行工作时应保持公正和中立，避免对其工作中的案件发表意见。若其知悉任何真实或潜在的利益冲突，应在知悉之时立即向法院和所有当事人告知。根据这些准则，翻译人员在进行工作时不应在案件中投入自己的感情或情绪，不得就案件发表自己的见解，也不能将自己置于代理人或辩护人的位置。

谈及至此，人们或许会自然联想到前面讨论过的问题——译者应发挥主观能动作用对于原作进行适应性"改写"，借以过滤违背译语社会主流意识形态和价值观念的因素，达到译作适合译语社会接受的目的。这种适应性改写与保持客观中立的翻译立场及客观理性的主观态度之间是否存在冲突和矛盾？事实上，这就是一个忠于原作的伦理与对译语社会和读者负责的伦理之间的平衡问题，其本身也存在伦理判断，要求译者根据实际情况经过权衡利弊之后作出选择。这种"实际情况"涉及多方面的因素，包括翻译对象、翻译目的、译文用途和应用场合、译文读者、文化背景、社会环境等。例如，倘若原作包含种族主义、性别主义、非人道主义等与普适主流价值观念不符的内容，或者包含违背译语社会伦理道德观念的词汇（比如低俗、猥亵、侮辱的字眼）、称谓（比如不敬、蔑称等），译者对于应该如何干预就需要综合各方面因素作出伦理判断：假如译作面向广大公众，如实保留原作内容可能造成严重后果（比如激化人际矛盾、煽动对立情绪、触发社会事件等），就可以考虑在翻译中采取适当的处理方式予以化解，这未必不是一种职业伦理的表现；假如译作面向专业读者群体（如法官），且如实保留原作内容恰是向读者如实呈现原作者的真实思想，供读者裁断和评判，则客观忠实地反映原作内容就成为译者忠诚履行翻译职责的伦理选项。正因为如此，当初西风东渐时的一批译者策略性地改写原作内容以使其适应本土社会的接受能力，也不能被硬性扣上违背译者伦理的帽子。毕竟，除了刻意逢迎之作，我们相信大多数译者在思考和确定翻译策略时都曾经历过伦理的拷问，也是在利弊权衡之后作出的符合时代和社会特征的伦理抉择。这也说明，本书提出的翻译伦理观是历史的和辩证的，并始终处于发展变化之中，不可孤立评价和机械应用。

此外必须指出的是，翻译过程本身就是一个译者对于原作的内容、思想、观点和意旨的主观理解和消化的过程。前面提到的认知能力、意识形态、审美观念等对译者的影响使得任何人的主观认知都不可能不带有一定的倾向性和局限性，译文也无可避免地会带有译者的些许主观色彩和烙印。只要不蓄意制造曲解和误译，我们很难从准确性、正确性的角度去评价译文的质量，而且尊重译者在遣词用语与文风译趣上的自由和个人风格，本身也是尊重译者主体性的表现，但如果这种主观色彩不能被克制和约束在合理的限度内，我们就必须从译者伦理的角度去评价翻译意图和结果，防止过于强烈的主观倾向减损或篡改原文的风格和意旨。这也是各种翻译观念相互配合、相互平衡、相互制约、相互完善，共同指导翻译实践的重要体现。

总之，理性把握和控制翻译过程中出现的主观倾向和情绪色彩是对一个合格的法律翻译者的必然伦理要求。这是从伦理观的角度去支持我们的文化观，呼应我们的译者观，检验我们的忠实观。

（三）将自己放在适当的职能位置上是一种职业道德

这一伦理原则要求译者厘清职责边界，既不缺位，也不越位。法律翻译的译者除了应在宏观上树立正确的身份立场和角色定位以外，还要在具体的工作职能划分中摆正自己的位置，既不越俎代庖，也不尸位素餐，这是又一条重要的翻译职业伦理。恰如前面举过的例子，在法庭翻译中，译者既不能充当使用源语陈述的当事人的辩护人或代言人，也不能替代法官或决议团行使对陈述内容评价和裁断的职能，只能坚守自己的本职，忠实履行信息语际传递的职责，不能"越位"；同时，译者必须将源语内容清晰、完整、准确、及时地传递给译语听众或读者，有效实现语际和域际交流的目的，不能"缺位"，二者是对立统一的伦理要求。我们在前面的译者主体性部分已经强调过坚守译者职能边界的重要性，这里是从伦理观的角度再次论证其意义。

上面所说的职责边界是为译者扮演翻译角色时设定的职能界限。译者有时可能身兼数职，如编辑者、研究者、评论者等，那就必须在不同的身份空间里履行相应的职能，不可混淆、不可混同、不可错位。模糊职能界限不仅会导致译者的立场、心态发生偏移，也可能导致职业共同体的秩序发生混乱，进而影响其他角色的职能发挥，因此务必着力避免。

（四）懂得适当发挥自己的作用是一种职业伦理

通俗地讲，上一条伦理规范要求译者"该做的做，不该做的不做"，但对于"该做的"应该怎么做以及做什么则又是一条翻译伦理规范——

它要求译者懂得在翻译中应该发挥适当的作用，既不消极，也不冒进。我们可以借用皮姆使用过的一个例子来加以说明。[1] 假如译者发现原文中存在错误，译者是否应该以及如何干预？此时，译者可以有如下五种选择：

1. 与原文提供者核实确认，提示修改原文；
2. 在译文中保留错误，但加注说明；
3. 直接更正，不予说明；
4. 不予更正，不予说明，依照错误的原文翻译；
5. 根据情况具体分析。

应该说，各种方法都是可选方案，取决于多种因素，需要个案分析，不可一概而论。这个问题当然可以从方法论的角度去讨论，我们在此则是从翻译伦理观的角度说明译者应该如何发挥干预作用。首先，面对原文（可能存在的）错误，译者采取积极的心态，发挥主动性思维去分析和判断自己应该采取的干预措施本身就是职业精神的一种体现，就是一种职业伦理。不因应具体情形和需要，放弃发挥自身的能动作用则是疏于和怠于履行翻译职能，是违背职业伦理的表现。

其次，在选择干预方式和方法时，译者应该作出价值判断，不仅应根据翻译对象、翻译场合、翻译目的和翻译要求来具体分析译者发挥干预作用的正当性、适当性和必要性，还要注意平衡和协调与其他伦理规范的关系。就以译者发现原文错误为例，一方面，如果机械地援引上面提出的职能边界伦理规范，以译者不能超越职责边界为由把发现错误、修正错误的职责推诿给其他功能主体，怠于发挥任何干预作用，一律将错就错地按原文翻译的话，就抹杀了译者的主观能动性作用和法律翻译

---

[1] 参见管兴忠《安东尼·皮姆翻译思想研究》，《解放军外国语学院学报》2012年第2期，第86页。

的专业服务功能。但另一方面，译者也不能贸然干预，否则很可能会适得其反，好心办了坏事。前面说过，在对抗性、冲突性的法律事务中，原文中的错误可能恰是当事方的破绽和裁断者据以判断是非的依据。此时，译者就应维持原状而不应加以干预，这既是原作者应该自行承担的责任，也是游戏规则。再如，在翻译主观性信息（比如学术观点或辩论意见）时，既然译者不是裁判者和评论者，那就应该秉持客观中立的立场，无论是否认同原作观点都不应加以干预，但在翻译客观性信息（比如客观事实、常识、文字、语法等）时，译者在发现错误（比如明显的事实错误或笔误）后作出提示和主动介入可能就会产生积极的效果。可见，相同的行为可能获得不同的伦理评价，不同的行为也可能获得同样的伦理评价，一切取决于情境和效果。这就如同考试时监考老师不能提示考生答卷中的错误，但在批改日常作业时却必须修正学生的错误一样，前者是考试制度的规则，后者是教育职能的体现，二者都是正确的伦理规范，只是适应的场景和目的的不同而已。总之，译者在翻译行为中懂得根据具体情况理性、适当地发挥自己的作用是一种翻译伦理的体现，既不能推诿懈怠，也不应冲动冒进。

（五）正确处理多方人际关系，守住职业伦理底线

有学者指出，翻译活动就是一种伦理活动，因为其主体间性特征涉及诸多人与人之间的关系。[1] 在法律翻译活动中，这些人与人之间的关系包括译者与原作者、委托人、译语读者、第三方评论者以及公众之间的诸多关系。如何在翻译活动中处理好这些人际关系具有明显的伦理价值和意义。我们在讨论译者的职业伦理时也需要从人际关系角度分别关注译者对不同主体的伦理责任，更要关注针对不同主体的伦理责任发生

---

[1] 参见骆贤凤《中西翻译伦理研究述评》，《中国翻译》2009年第3期，第13页。

冲突时应如何处理的问题。这些不同关系引出的伦理问题其实在上面的各项讨论中都有涉及，只是角度不同，比如对原作者的忠实再现伦理、对委托人的忠诚服务伦理等。在此，我们再专门谈谈译者对社会公众的伦理责任。

如今，资讯发达，很多国际法律事件会很快进入公众视野。在这些法律信息语际、域际传递的过程中，法律翻译对于影响公众获取域外法律信息的真实性、全面性和准确性扮演着关键的角色。在这一过程中，如果译者缺失职业伦理，其制作的译文就很可能会误导公众，这就是译者违背对不特定公众承担的职业伦理责任的表现。我们就以本书写作过程中发生的一宗国际法律事件为例具体说明。2018年9月，一位在美上市的中概股公司的核心人物在出访美国的行程中遭遇指控，并在美国被短期羁押。由于此事涉及公众人物，顿时在国内引起广泛关注。事件发生初期，中国的媒体、企业或个人发布了很多讯息，大多译自美国警察局发布的公告和美国媒体的报道，但由于对相关美国法律概念存在误解，或者出于主观倾向和追求轰动效应等原因，翻译中出现了大量误译和谬解，对中国公众造成了很大的误导。比如，有媒体在翻译当地警察局披露的"案件公开信息简报"（General Offense Public Information Report）时，声称当事人在美"以……的重罪遭逮捕"，"罪名（offense）是……"。[1] 其实，稍有法律常识的人都明白，在法院审理定案之前当事人的行为还只是一种"犯罪嫌疑"，而简报中的"offense"也只是可能被指控的罪名，因此姑且不论最终认定的案件事实究竟如何，此时对警察局公布信息的准确翻译只能是"涉嫌……的犯罪"。按照有关媒体使用的译法，案件似乎已经定性，这很容易引发公众误解。另一方面，也有报道根据当地

---

[1] 参见《刘强东性侵案第一知情者亲述：事发过程是这样的……》，http://www.sohu.com/a/252427519_465569，访问日期：2018年9月12日；http://dy.163.com/v2/article/detail/DR1E4IKQ05482DOM.html，访问日期：2019年8月18日。

警方羁押登记册（Sheriff's Jail Roster）的内容声称当事人已经"获释"（released from custody），并且强调此系"无保（释金）释放"（no bail），似乎意在暗示当事人无辜。这种译法也回避了释放的性质其实只是"取消羁押状态候审"（released pending complaint），而非定案之后的无罪释放。获得此种释放后，案件仍处在侦查阶段，当事人仍须配合警方、检方的调查和法院的审理（如有）。至于是否缴存保释金（及金额大小），则完全取决于法院是否认为当事人有逃匿的风险（及风险程度），与当事人被从羁押状态释放的性质无关。在检方决定不对涉案当事人提出刑事指控之后，双方当事人又进入民事诉讼阶段。据新闻报道，由于社会各界对当事人双方的是非褒贬不一，舆论倾向各异，网上流传着持有不同倾向性的群体所提供的英文案件材料（包括起诉书和各种相关证据）的中文翻译版本，相互之间差异明显，有些材料甚至存在明显的剪辑痕迹。[1] 这起案例清楚地表明，如果不强调法律翻译者对公众的伦理责任，有人就可能利用公众信息不对称或认知能力有限的漏洞，蓄意操纵翻译内容，达到利己目的。这也必然会误导公众的判断，致使公众读者无法从译文中获得真实可靠的信息，严重时甚至可能引发公众事件。这也再一次证明法律翻译职业伦理的重要性。换一个角度看，悖离对公众读者的伦理也必然违背译者对原作和原作者的忠实再现伦理。即便这种操纵来自翻译委托人的指令或为了委托人的利益，亦不能成为悖离伦理规范的借口。译者必须秉持正确的义利观，处理和平衡各种伦理冲突。

总之，正确树立翻译伦理观，可以使我们对法律翻译的研究和实践获得伦理规制，在道德价值上得以升华。

---

[1] 参见姜雯《刘强东的美国"往事"》，《南风窗》2019年7月26日。

七、法律翻译的读者观

读者观要解决的是，在法律翻译中应该如何对待译作读者的期待和需求的问题。尊重和满足译作读者的期待和需求，是笔者倡导的法律翻译观的核心内容，因为读者的认可是译者翻译行为的重要追求。

前面提到过，东罗马的查士丁尼大帝曾颁布指令，要求所有对《国法大全》的翻译均应严格按照字面对应的方式进行，就连源语的语法形式和字词的排列顺序都必须保留。由于翻译完全不尊重译语规则和习惯，以致译语读者难以理解和接受。据学者分析，导致这种硬译方法在当时法律翻译中盛行的原因，是当权者认为立法与《圣经》一样都源于神秘的力量，它们传达的是一种既定真理，普通民众并不需要理解，只需忠实遵守即可。[1]显然，这就是漠视对译语读者的尊重而导致的恶果。

伴随着这种谬误的长期流传，质疑之声也从未间断。早在传统译论仍在鼓吹译文要彻底忠于原作的时候，就已经有学者提出，翻译应该调整形式以适应译语规则，应当注重意义与功能的传达，以满足译文读者的需求和期待。到了 20 世纪 60 年代，读者反应理论（theory of reader's response）产生后，读者因素更是被正式提到译学研究中，受到越来越多研究者的重视。该理论的倡导者美国学者尤金·奈达（Eugene A. Nida）创见性地应用以接收者（即译文读者）为导向的翻译思路阐述其动态对等和功能对等理论，也就是不把翻译的重点放在两种语言的形式对应上，而是把关注点放在译文读者对译文的理解（understand）和领会（appreciate）上，以译文和原文读者各自对译文和原文的反应是否相同，作为判断译文是否成功的标准。他提出，翻译意味着交流，这一过程的效果取决于获得译文的人能够接收到的信息。判断翻译的效果不能停留在比较源语和译语之间对应的词义、语法和修辞手段上，而

---

[1] 参见 Susan Šarčević, *New Approach to Legal Translation*, Kluwer, 1997, p. 25。

应该注重使译文读者能够正确理解和领会译文内容的程度上。毕竟，译文读者才是翻译信息传送的终点，只有源头而没有目标和终点的信息传送是无效的。德国文艺理论家姚斯则提出了"期待视野"的概念，指出读者在接受作品时，受到其自身所具有的某种思维定向和先在结构的影响。这就强调了读者的作用，要求译者应该根据译语读者对译文的期待和反应来采用适当的翻译策略，以创造更好的译本。[1] 这种以读者反应为中心的"交流"翻译法，其优点在于"从理论上把译者从死抠原文形式的枷锁下解放出来，把翻译的重点转移到原文的内容，转换到这些内容在译文中再现的过程和结果上来"[2]。显然，把译文读者作为翻译行为的一个重要因素来考虑，是这些学者对传统译论的一个突破，也是我们在法律翻译观中应该继受的一个重要理论成果。

当然，理论界对读者反应理论也有不同的观点和争论。与奈达同时代的西方翻译理论家，被誉为 20 世纪英语世界翻译理论研究主要奠基人之一的彼得·纽马克（Peter Newmark）教授就不认同以译文和原文读者各自对译文和原文的反应是否相同，作为判断译文是否成功的标准。他认为，一旦脱离了译文读者的时空存在，这种理论往往不具有可操作性。比如，使用现代语言翻译古希腊史诗的译者，无论如何也不可能让现代读者产生与古希腊的读者当初阅读原文时同样的感受。[3] 还有人提出，译作和原作阅读效果的对等是不易验证的，因为除了译者和少数读者，多数人通常不会同时阅读原文和译文，读过原文的人和读过译文的人一般也不会交流各自的感受。更重要的是，读者所接收的信息量和读后的

---

[1] 参见周兰秀《译文读者对翻译行为的影响——以晚清小说的翻译为例》，《南华大学学报（社科版）》2007 年第 1 期，第 110 页。

[2] 李玲:《翻译理论家奈达简论》，《西南民族大学学报（人文社科版）》2010 年增刊第 1 期，第 189 页。

[3] Peter Newmark, *Approaches to Translation* (Language Teaching Methodology Series), Pergamon Press, 1981, p. 69.

感受也是因人而异的。所以，译文是否在效果上和原文达到对等，是无法比较和衡量的。[1] 这些观点从不同角度补充和完善着我们对于读者观的认知，都有其合理性和可取性，值得借鉴和吸收。无论如何，将满足译作读者的需求和期待作为法律翻译追求的目标，总是一条清晰而正确的思路。这是因为：

首先，一旦确立以读者为导向的翻译观，就会将译作读者对译文的理解和领会程度作为判断翻译成败优劣的标准，进而从方法论上研究翻译策略、方法和手段。没有读者的理解和接受，翻译不仅无法达到交际的目的，其价值也无从体现。

其次，如果能够将满足译作读者的需求和期待作为翻译追求的目标，那么译者在接受翻译任务后，就有必要主动确定其服务对象，了解服务对象的需求和期待，并且根据译文读者的文化、宗教、风俗、教育背景、专业领域、法律知识水平、欣赏标准、阅读习惯、对译文的阅读目的和期待等多方面因素，有针对性地制定翻译策略，真正实现"定制化翻译"。这在法律翻译这种专业化翻译中显得尤为重要。

再次，这种思路有助于让译者站在法律服务的角度来对待译作的读者，也有助于提升法律翻译者的服务意识。从法律职业工作者的角度来看，法律翻译在很多情形下也是法律服务的一种形式和一个组成部分，而提供法律服务就必须首先确定服务的对象。对于法律翻译服务来说，翻译的委托人是最直接的服务对象，译作的读者也是服务对象（二者可能是同一的，也可能是不同的），而服务的宗旨就是要有效满足服务对象的合理关注、要求和期待。在通常情况下，译作读者的期待当然是按照自身的阅读习惯从译作中最大限度地完整、准确、全面地获取和理解

---

[1] 参见陈亚丽《超越"直译"、"意译"之争——论奈达的"动态对等"理论在英汉互译中的意义》，《北京第二外国语学院学报》2000年第2期，第48页。

原作的信息。这意味着翻译既要在形式上令读者易于和乐于接受（这就必须使用符合译语规范的语言），又要在效果上满足其对原作信息的获取（包括对原作内容的理解和对其风格的体会）。我们在后面的方法论中提出的诸多译法其实都是为了满足译文读者的多元需求和不同期待，是读者观在翻译实践中的具体体现。可以说,译作读者导向论（甚至"译文读者决定论"）是笔者倡导的读者观的思想基础,是法律翻译必须遵循的基本宗旨和理念,也是法律翻译服务伦理的又一体现,有助于改变目前中国法律翻译实践中普遍存在的缺乏明确翻译目的、宗旨和服务意识的无序状态。

最后，本书提出的读者观也存在着如何与其他翻译观念相协调的问题。不论是读者反应、读者导向、读者中心，还是读者决定论，都要受到文化观、忠实观、伦理观的指引，对读者需求和期待的满足，既不应成为违背客观中立的文化立场和辩证忠实的翻译准则的理由，也不能作为悖离译者职业道德、违背伦理规范的借口。

八、法律翻译的可译观

法律翻译中的可译观旨在解决跨法系（域）翻译法律作品（从其中表达法律制度的术语，到宏观展现的广义法律文化）是否具有可行性的问题。语言和文化的可译性是翻译本体论的重要内容，也是翻译理论长期研究和争论的重要议题之一。在法律翻译中，这个议题被具体化为不同语种的法律语言（及以其呈现的法律作品）在不同的法律制度体系之间是否具有可译性的问题。对于这一涉及法律翻译观和认识论的根本性话题，笔者在此有必要多说几句。

在通用翻译理论中，语言可译性争论的根源有其哲学上的认知基础——世界上的一切事物都具有共性和个性。可译论者抓住了事物的共性，认为人类思想具有同一性，认识和思维方式具有普遍性，每一种语言都是人类认识客观现实的工具——因而在翻译中,译者与原作及原作者之间,依靠人类共同的思维内容和思维规律进行沟通是可行的。不可译论者则强调个性的差异,认为每种语言与文化有着其特有的内涵,其间不可能等量转换,翻译的结果必然是非等量的转变,因此真正意义上的"翻译"是不存在的。

　　这还只是最基本的认识论依据。历史上,众多学者纷纷从各种专业角度对这一问题进行过不同的探索和思考,很多都对不同语言之间的"可译性"持有悲观的论断。英国哲学家培根认为,不同语言之间的"语义域之错配"致使准确的翻译不可能实现;德国语言学家洪堡(Wilhelm von Humboldt)认为,一种语言的独特性无法与另一种语言的独特性相通约;深受洪堡语言观影响的浪漫主义文论也认为,每一种语言都包含着一种独特的"世界观",而不同的"世界观"无法相互转换。这种"世界观"理论又经历了从康德到雅各布森形式主义美学传统的筛滤,在西方进一步形成一种被普遍接受的弱化了的"不可译论",即认为淡化了指涉功能而仅仅突出形式主义审美功能的文本基本上是不可译的。20世纪30—50年代,一批关心文化人类学的北美语言学家提出,世界在语言中被区分和归类,然后形成有关世界的知识,而思想实际是遵循语言划定的路线来解剖自然以获得意义的。所谓的"真实世界"在很大程度上是由语言习惯构建出来的,而不同语言的语义结构相距甚远,它们分别以各自的方式建构出不同的"真实世界"。语言决定思维,使用不同语言的人是以不同的方式来感知、思考和认识世界的。这一理论为不同语言之间的"不可译性"提供了语言学支撑。1962年,美国科学史专家托马斯·库恩(Thomas S. Kuhn)又提出了一个"不同范式之间的不可通约性(inconmmensurability)"的论题。在语言领域内,这种"不可通约"

被具体化为：内容无法比较、语义无法互译、无共同的评估标准等。[1]

尽管如此，应该说，一概而论的绝对的不可译论者仍是少数，更多的研究者不断地从不同的理论角度对于这个命题进行着大量深入、细致的研究和探讨，通过分析语言"不可译"产生的原因，将"不可译"的类型和程度（或者翻译的难度）进行了划分，进而提出了细分层面的不可译论。英国现代语言学家和翻译理论家卡特福德（John C. Catford）提出，翻译始终存在"可译限度"（limits of translatability）的问题，这是由于语言的不可译性（linguistic untranslatability）和文化的不可译性（cultural untranslatability）导致的。语言的不可译性，是指在语言形式方面译语没有与源语文本相对应的形式特征，而文化的不可译性，则因"与源语文本功能相关的语境特征在译语文化中不存在"[2]而产生。中国的研究者则又进一步细分，将语言的可译性限度分为语音现象的可译性限度、字（词）形结构的可译性限度、语法现象的可译性限度和修辞现象的可译性限度[3]；与此同时，将文化的可译性限度分为物质文化的可译性限度、观念文化的可译性限度、习俗文化的可译性限度和地域文化的可译性限度[4]。这些具有代表性的"可译限度"观点，反映出理论研究者们已经比较集中地将"不可译"的原因归结于语言自身和其根植的文化两个方面，也不再一概而论地主张绝对的不可译论，体现了众多的理论和实务工作者更加客观、科学的学术态度。

但对于究竟是语言自身的特征，还是文化上的原因更多地导致了语言之间不可译性的发生，学者们的理解却各不相同。奈达认为，译者在

---

[1] 本段参见王宾《论不可译性——理论反思与个案分析》，《中国翻译》2001年第3期，第84页。
[2] 田庆芳：《语言的不可译性与文化的不可译性比较》，《上海翻译》2007年第2期，第49页。
[3] 参见包惠南、包昂《实用文化翻译学》，上海科技普及出版社，2000年，第354—366页。
[4] 同上，第366—380页。

翻译时，不同文化间的差异会比不同语言结构引发更复杂的状况。此外，鉴于语言和文化密不可分的关系，人们已经普遍地认识到，在一个民族的语言与文化之间是部分与整体的关系，语言是文化的重要组成部分，是文化的载体，又是传播文化的媒介，而文化则是语言的基石，离开文化，语言就失去存在的依据。既然如此，自然有人提出不应该区分语言不可译性和文化不可译性的观点。原因是，归根结底，不可译性都是由文化差异造成的——正是使用不同语言的族群之间，在民族历史、地理环境、生活习惯、习俗传统、价值观念、思维方式、审美情趣等各方面存在的差异，使得一部分文化内容无法被翻译。

在这种"可译限度"理论之下，研究者又进一步提出了绝对不可译性和相对不可译性的区分（也分为三个层次，即完全可译性、部分/相对不可译性和完全不可译性）[1]，以及对可译性程度及其转换的讨论。卡特福德提出，可译性表现为一个渐变体，而不是界限分明的二分体。源语文本或多或少是可译的，而不是绝对的可译，或者绝对的不可译。[2] 不可译性在客观条件具备的情况下是可以转化为可译性的。[3]

还有人从语言功能的角度，将语言的功能分为认知表达功能、美学功能和文化功能，并认为"认知表达功能决定了不同语言之间在总体上是可译的，而语言的美学功能和文化功能又分别与绝对不可译性和相对不可译性有着紧密的联系"[4]——当某个语篇主要利用了语言的认知表达功能时，其可译性程度就高，主要利用了语言的美学功能时，其可译性

---

[1] 参见张源清、王鲜杰《英汉翻译理论与技巧》，成都科技大学出版社，1995年，第41页。
[2] Catford, J. C., *A Linguistic Theory of Translation*, Oxford University Press, 1965, p. 93，转引自田庆芳《语言的不可译性与文化的不可译性比较》，《上海翻译》2007年第2期，第47页。
[3] 田庆芳：《语言的不可译性与文化的不可译性比较》，《上海翻译》2007年第2期，第47页。
[4] 刘传殊：《可译性的语言功能观》，《中国翻译》2000年第1期，第34页。

程度就低；而当某个语篇涉及源语所特有的，尚不为译语所熟悉的文化事物时，就会存在很大的翻译困难。但由于在绝大多数情况下，人们使用语言时，主要是利用其认知表达功能，语言的文化功能和美学功能则是伴随语言的认知表达功能得以实现的，因而总是次要的。因此，绝大多数语篇在总体上是可译的，同时又总是存在着局部的不可译性。[1] 这种观点，其实也呼应了上面提到的西方普遍接受的"弱化的不可译论"。

研究者们之所以认为语言的美学功能造成了绝对的不可译性，是因为语言的美学功能是建立在语言的物质形态，即语言的语音和书写形式特点之上的。人们就是利用语言的形式特点达到修辞或美学效果的。而一种语言特有的形式特征，是不可能移译到另一种语言中去的——其中包括语音特征的不可译、文字特征的不可译性，以及语言单位的组合规则和特点的不可译性。就语音特征而言，以汉语"调位"（即利用音高变化的不同来区别语音符号的音位，亦称"声调"）为例，它不仅决定了汉语的平仄和韵律，而且使几乎每一个汉字（语素）都成为一个同音异义词（homophone），这在印欧语言中是罕见的现象，因此"不可译性在此处几乎是绝对的"[2]，那些汉语中的押韵、对仗、谐音双关等都是不可译的。对文字特征而言，比如英语为表音文字，汉语为表意文字，两者在书写形式上大相径庭，其各自的文字特征也就无法移译。语言单位的组合规则和特点也具有不可译性，比如英语中除谓语动词外，还有不定式、动名词等非谓语动词形式，这是汉语无法表现的；反之，汉语中的四字成语、词语重叠、对联等的结构特点也是英语无法呈现的。这种"汉字之间结合方式的结构问题使汉语产生了一种任何西方语言都没有的特殊的形态学建构力"[3]，决定了汉语与外语之间结构转换的不可能性。这

---

[1] 刘传殊：《可译性的语言功能观》，《中国翻译》2000 年第 1 期，第 34 页。
[2] 王宾：《论不可译性——理论反思与个案分析》，《中国翻译》2001 年第 3 期，第 11 页。
[3] 同上。

也是很多不可译论者都特别强调的,每种语言在各自长期使用过程中形成的独特习语(比如成语、谚语、歇后语和典故等)以及一些文学形式(比如诗歌、韵文等)具有不可译性的原因。朱光潜先生就曾说过,有些文学作品根本不可翻译,尤其是诗,说诗可翻译的人大概不懂得诗。[1]

与上述不同,因语言的文化功能造成的不可译性往往是暂时的,可以随着文化交流的不断深入最终转变为可译性。具体而言,一种语言中的词汇和语法代表了使用该语言的民族千百年来对各种客观事物及其相互间联系的认识,每一种语言都必然拥有大量的其民族特有的文化及事物的词语。当译者最初遇到这种词语时,由于译语中缺少相应的语言符号来指称这种特有的文化事物,就必须首先在译语中创造一种指称符号,但这种指称符号又尚未得到译语读者群体的普遍认可。译语读者往往必须依赖译者提供注释才能理解其文化所指,因此第一次翻译外语异族特有的文化词语时,基本上是属于不可译的。这就造成了"暂时不可译"或"首次不可译"现象。但这种不可译性是暂时性的,随着语际文化交流的加深,以及初始确定的译名在译语文化中不断得到修正和认可并逐渐固定下来,最初不可译的词语慢慢就转变为可译的了。事实上,"任何一种语言中的外来语大都经历过这样一个从不可译到可译的阶段"[2]。

因语言的文化功能造成的这种相对不可译性还可以具体区分为几种不同情况:

第一种是文化词汇空缺,即译语中最初缺乏表达源语特有文化事物的词语,但经过一个消化和接纳的过程,这种词语即可完全融入译语文化,比如"肯德基"、"麦当劳"等,这也被认为是相对不可译性中可译性最高的一类。

---

[1] 参见崔红霞《英汉可译限度成因初探》,《南京师范大学文学院学报》2005年第1期,第179页。
[2] 刘传殊:《可译性的语言功能观》,《中国翻译》2000年第1期,第34页。

第二种是源语中的某些词语本来是用来记录某种特殊文化事物的，但在使用过程中通过联想被赋予了一种新义，使其所指意义发生转义，而译语一时却不能适应这种转义，比如中文的"雷锋"一词，原义不过是个人名，但由于特定的人物和历史事件，已使其在现代中国（大陆）社会的语言使用中被赋予了"乐于助人、无私奉献的人"这样一种联想新义。此时，在用英语翻译"活雷锋"一词时，如果只译出人名，译语读者是无法理解中文中的联想新义的。这一类情况的可译性低于第一类情况，但仍属相对不可译。

第三种是源语中某些词语所指称的事物，在译语文化中本就存在，但二者对其赋予的联想意义不同，比如英语与汉语中都有"神仙"的指称，但各自的联想意义却不同，且各自已建立固定的联系。英语中的"神仙"可能来自希腊神话或圣经文化的联想，而汉语中的"神仙"则可能来自中国神话故事的联想。这种情况也被认为是相对不可译程度最高的。

还有人利用关联理论解决可译性与不可译性的问题，认为翻译毕竟是语言使用的一种方式，是一种言语交际活动，而交际的成功与否，取决于一方的意图能否被另一方识别。翻译中，原作者把文本输入给译者，译者通过关联进行推理，形成图式文本，再把图式文本传递给译文读者，形成译语文本，从而完成交际过程。在此过程中，语码只是传递信息的工具，不同的话语可以表示同样的内容，取得同样的交际效果。也就是说，不论什么样的语码，都有同样的工具功能，而交际者可以能动地选择语码。以此看来，什么都不是不可翻译的。至少可以说，什么都可以在某些方面、某种程度上、以某种方式进行翻译。即便双关、回文这样被视为无法翻译的语言现象也可以被解释，或进行语用调整，或以类比方式翻译。这种理论认为,既然交际本身不完美,人类的一切解读也都不完美,自然也不能要求翻译完美。

总而言之，语言和翻译理论界的长期研究已经在不同语言相互之间是否具有可译性这个议题上树立起了理性、客观的翻译观，也为我们建立法律翻译观提供了有益的理论支撑。基于此，我们认识到，作品的可译性和不可译性都是相对而言的，而不是绝对的，是处于一个对立统一的关系当中的。在一定条件下，不可译的东西变换条件后也是可以向可译转化的。所有可译论或不可译论的坚持者提出各自理论的出发点和侧重点各不相同，而且各自的观点和理论也都建立在一定的理论和逻辑前提之下——认为一切内容在不同语言之间都可以互译的人更多着眼于其总体认知层面上的可译性，而认为完全的翻译不存在可能性的人则往往着眼于局部的不可译性（比如特定性质的语言或者语言的特定功能）。有人坚持的可译性是着眼于人类文化交流长期的动态发展进程，而另一些人提出的不可译性则是局限在特定的静态历史阶段等等。片面夸大翻译的困难性，否认翻译的相对可行性，无疑否定了翻译主体的主观能动性，也否定了人类解决翻译问题的能力，这些倾向都不符合认识论，而否认语言和文化差异对实现完全翻译存在实质性影响的观点也是片面的、不理性和不科学的。在这一点上，纽马克的评价是中肯的："任何事物在一定程度上都是可译的，但是往往伴随许多困难。"[1]

在法律翻译领域，这种"可译性"的讨论具有与文学或其他翻译领域明显的区别。法律翻译除了需要面对语际翻译在语言和广义文化层面遭遇到的各种共同挑战以外，不同语言所处的法律环境（法域制度体系和法律文化体系）都对语言互译存在着重要影响，因此若在法律翻译领域进行翻译可行性的讨论，则必须考虑语言、文化和法律等多重因素对于翻译的叠加影响，其关注点将集中在由不同法律传统和法律文化孕育、滋养，并由不同法律制度定义的不同语种的法律语言之间是否具有互译

---

[1] Peter Newmark, *A Textbook of Translation*, Prentice Hall, 1988, p. 72, 转引自邱懋如《可译性及零翻译》，《中国翻译》2001 年第 1 期，第 25 页。

可行性的问题，也就是在不同法系（域）之间，不同语种的法律语言是否具有域际和语际可译性的问题。

一种法律语言，形式上看是以一种语种语言来表达和呈现的，但却深植于特定法律传统和文化，被特定的法律制度创立和定义，并以特定的法律制度体系作为它的语义参考系统和效力渊源，这就是我们前面所说的法律语言的法系（域）属性。就以法律语言的基本单位法律术语而言，它们都源生于特定法域，有深厚的历史文化根源、语言渊源、发展演化路径、法律制度体系支撑和现实社会的适用性，并受到特定立法的定义和规制，一旦离开其源生法域的制度环境就无法找到语义参考系统，也无法在其他法域中找到"等价"的译语对应物。这种现象表面上看，是因为不同的语言资源之间不对等、无对应，彼此存在等价空缺，但究其实质，还是不同语言各自对应的法律制度体系的差异和不通约性所造成的。这是法律翻译领域很多"不可译论"主张产生的根源。同时，这也导致法律语言与语种语言之间不存在简单的对应关系，即便是同一种语种语言，如果被不同的法律制度、传统和文化所使用和定义，其相同语言元素（如字词、词语、文字组合等）在不同法域中的内涵、属性和效力也可能是不同的，比如中国大陆和台湾地区的官方语言虽然同为中文（汉语），但由于被不同的法律制度所使用和赋义，中文（汉语）在这两个法域分别表达着两种不同（至少是不完全相同）的法律语言。相反，同一法律语言也可能被以不同的语种语言来等效表达。法律语言的这种特征明显增加了法律翻译在语言可译性上的复杂性。

正因为如此，一些具有代表性的观点指出，不同法系的法律语言之间因缺乏完全对等的语义关系，无法找到等价术语而存在互译的巨大困难。比如台湾翻译学学会的理事长李宪荣教授就认为，不同法系之间由于语义参考系统不同，很难在不同法系的法律术语之间建立完全对等的语义关系。他虽然没有直接否定不同法系的法律术语之间的可译性，但指出由于英美法系和中国台湾地区所归属的大陆法系各有不同的法律概念和法律术语,很难找到完全相同的字汇或术语来翻译,这是中英法律翻译中最大的难题。[1]《法律翻译教程》的作者王道庚也认为,能否成功地进行法律翻译,完全取决于能否在不同的语言之间建立起完全对等的语义关系,能否找到"等价术语",即不同语种语言中表示同一概念且内涵和外延完全重合的术语。[2]持这一观点的学者们进一步认为,不同法系之间由于语义参考系统不同,各自的法律术语之间无法建立完全对等的语义关系,因此实质意义上的法律翻译很难实现;而对同一法系内的法律概念进行语言转换时,由于法系未变,语义参考系统未变,准确的翻译就比较容易实现。以他们为代表的此类观点都认为,在不同语言之间进行法律翻译的难易程度主要取决于这些语言所根植的法系之间的亲疏远近关系,而不在于语言之间的亲疏,这当然也是法律翻译独有的特点。此类论调大都强调当译文本身需要具有与原文同等的法律效力时,制作双(多)语立法"等效真确本"所面临的困难和矛盾更加突出。

这种论断当然有一定的道理,特别是指出了不同法系存在不同的语义参考系统这一客观现实,但其结论存在很大的局限性,而且把复杂的问题简单化了。他们将(准确的)法律翻译的最大困难和挑战归结于不同法系(域)之间"等价术语"的空缺不仅失之偏颇,而且存在明显的逻辑漏洞。接下来我们不妨具体分析一下。

首先,笔者并不认同不同法律语言之间存在绝对意义或者实质意义上的"等价术语"。法律术语与具象事物的名称不同——各民族在其语言发展和进化过程中给不同的具象事物赋予了本民族的语言符号,各民族相互之间凭借具象事物的参照使不同语言符号之间建立起等价关系,

---

[1] 参见台湾翻译学学会李宪荣教授于 2009 年 11 月 19 日所做题为《法律翻译的困难》的演讲,http://www.taiwantati.org/?p=421,访问日期:2018 年 1 月 8 日。
[2] 王道庚:《法律翻译——理论与实践》,香港城市大学出版社,2006 年,第 8 页。

比如 sun 与太阳、one 与一、red 与红色等。但法律术语与此不同，它们几乎都是以抽象概念的形式存在，并且由各法域自身的法律制度体系赋予意义和效力，因此除非以不同语种语言表达的法律术语指向同一法律制度并等效实施，否则，由于制度渊源和参照体系的差异，不同法域的不同语言之间不太可能建立起内涵外延完全重合的等价术语关系——即便在传承同一法系传统的不同法域之间也很难存在这种真正的等价术语关系。

其次，对于所谓的"等价术语"原本也应该有多种不同的理解：第一种是狭义的理解，就是王道庚所说的，使用不同语种语言表达的法律术语的内涵（尤其是制度内涵）、外延（尤其是效力外延）完全一致时才属于"等价术语"，但这种"等价术语"存在的空间非常有限，只有当以不同语言形式呈现的法律术语指向完全相同的法律概念和制度时，才会具有同样的内涵和外延。在笔者看来，这种"等价术语"通常只存在于两种情形：一种是源生法律制度在另一个语域得到实施，使得源语法律术语在制度适用和定义体系均相同的前提下被另一种语言符号（译语）标示；另一种则是法律术语在创立之初就以不同的语言形式同时存在，并被学理或立法确认为等同术语。前一种情形或者源于法律制度的传承和继受（比如大陆法系国家对罗马法制度的继受），或者源于法律制度的整体移植（比如宗主国将其法律制度移植到殖民地或占领区施行）。即便在这些情形下，等价关系也分为等效等价和非等效等价：前者是指不同语言的法律术语的内涵、外延完全一致并且具有同等法律效力，后者则是虽然内涵、外延一致但法律效力不同。准确来说，只有具有等效、等价关系的术语才是真正的"等价术语"。而即便如此,这种"等价"也是法律意义上的，而非实质或绝对意义上的（我们后面还要对此具体讨论）。后一种情形往往出现在同一法域以不同的官方语言平行立法（比如中国香港、加拿大等地），或者同一法律制度在不同语域中等效实施（比如欧盟法律在欧盟各成员国中实施、国际公约条约在缔约国中的适用等）。

　　从广义上看，对等价关系的第二种理解是功能对等，也就是使用不同语种语言表达的法律术语的内涵或外延虽然不完全一致，但却在不同法域中具有相同或对等的法律功能。比如美国的"criminal law"和中国的"刑法"在立法思想、哲学、传统、理论，以及犯罪构成、罪名、刑罚、处罚方式等具体内容上都存在明显不同，但它们在宏观功能上都是规定犯罪和刑罚的法律，翻译时当然可以将它们作为等价术语使用。

　　第三种理解则是源语法系（域）中的制度在译语法系（域）中既没有内涵外延相同也没有功能对等的等价物，但却已经有长期形成的固定译语译名，比如美国的 jury 在中国完全没有对等的制度，但经过长期使用已经约定俗成地与中文中的"陪审团"建立起了固定的对应关系（姑且不论这种翻译是否准确），以致每每谈及美国的 jury，"陪审团"就成为中国读者头脑中的对等映像。在这种情况下，二者在翻译中也不失为一种"等价术语"。

　　由此可见，对于"等价术语"的理解、定义和标准不同，它们对实现"准确的"法律翻译的影响，或者说它们对法律翻译可行性的影响，当然也不会相同。这说明这一命题的立论如果过于粗泛，结论本身就不严谨。

　　进而言之，对于在受不同法律传统和制度影响的不同法律语言之间能否实现准确翻译的评价还与翻译目的密切相关。不同语言之间等价法律术语的存在，对于制作法律文件的双（多）语等效真确本而言或许还有意义，但对于其他翻译目的而言其现实意义并不大。对于大多数法律翻译而言，其目的无非是用译语准确揭示和释解源语信息在源法系中的内涵。既然没有等效性的要求，也就没有刻板的形式要求，究竟是以精练的译名还是详细的释义来翻译，是以译语中的一个字词、词组，还是以一个短语甚或一句话、一段话来表达源语信息，皆依实际情况而定。

只要达到让译语读者准确领会源语信息的含义也就达到了翻译目的，谈不上是否不可译的问题。

即便是为了制作等效真确本，也存在着各种复杂的情形，不可一概而论。择要而言，所谓的"等效真确本"通常只存在于两种情形，其一是在同一法域中等效施行不同语言的法律文本，典型者如在中国香港特别行政区同等施行中、英两种语言的法例，以及加拿大等效施行英、法两种语言的联邦立法等；其二是同一法律文本的不同语言版本在不同法域中等效实施，比如欧盟法律在欧盟各成员国中的实施、国际公约条约在缔约国中的适用等。但是，不同语言的法律术语在这些"等效真确本"之间"等价关系"的建立过程并不相同。具体而言：

第一种情形以香港为例。在殖民地时期，英国将其以英语表达的普通法制度全面移植到香港并仍以英语在当地施行。为便于不懂英语的当地居民使用，当地人通过各种方式为其中的英语法律术语找到对应的汉语符号并就此沿用下来，比如按粤语音译或音义合译的方式将 mortgage 译为"按揭"，将 solicitor 和 barrister 分别译成"沙律师"和"巴律师"（或"大律师"）等等。这种翻译其实无所谓对错，只要这些汉语符号对应的制度在香港本地发挥着与它们的源生术语同样的制度性功能就达到了"等价"的条件——因为两种语言的语义参考系统是相同的（都是英国的普通法体系），当地的中国人说"按揭"与英国人说"mortgage"所指向的是完全相同的制度概念，产生同样的法律效果，并受同样的法律制度规制。这在学理上讲，体现了语词的"能指"（用以表示具体事物或抽象概念的语言符号）和"所指"（语言符号所表示的具体事物或抽象概念）之间最初结合时的随意性。经过一个逐渐教化和沉淀的过程，这些汉语符号都逐步转化成了英语术语在当地的同等概念，虽然其中的很多说法在中国内地人看来会觉得莫名其妙，但并不影响它们在香港与英语术语等价使用，这种等价关系的建立是一个潜移默化、约定俗成的过程。

不过从严格意义上讲，这些中文"等价术语"彼时还并非"等效术语"。直到 1987 年，香港制定了《法定语文（修订）条例》，规定所有法律必须以中英文两种法定语文制定，而且原有的英文法律也要翻译成中文，并经立法程序确认后与英语文本等效实施。在这一过程中，很多长期在民间形成的与英语术语等价使用但不具有同等法律效力的中文词语被纳入了英语立法的中文翻译文本，并经过立法确认程序后才与英语法律术语在香港本地建立起等效等价的关系。这就说明，这种"等价关系"的建立源于立法的确认，不能证明术语翻译在技术上的准确性，且只在本法域的特定历史阶段中有效。我们早已指出过，香港的很多英语术语汉译并不准确或无所谓准确与否（比如将 barrister 译为"大律师"），却已被香港立法依尊重传统、约定俗成的原则确认为在香港本域与英语术语等效的中文法律术语。一旦超出适用法域，这种等价关系就不复存在，比如"按揭"一词在香港是 mortgage 的中文等效等价术语，但在内地却根本不是法律认可的法律术语。又如，judge of the High Court 在香港英治早期的中文等价词是"按察司"，现在则早都改为"法官"了。[1] 所以我们前面说过，不同语言的法律术语之间所谓的"等价"只是法律意义上的，而非实质或绝对意义上的，而且以历史的眼光来看，在所谓"等价术语"也都是具有阶段性或地域性的。

  第二种类型以欧盟立法为例。为了保证同一欧盟立法在处于不同语言区的成员国中同等实施，还要应对不同成员国法律传统和制度体系的巨大差异，立法本身就要对其中使用的法律术语进行定义，以确保任何法律概念被不同语言符号标记后在法律内涵、外延和效力上都是一致的。由于各种语言版本的法律术语从创立之初就指向相同、定义相同、效力

---

[1] 参见孙卫忠《略谈"翻译"香港法例所遇到的一些问题》，载陆文慧主编《法律翻译——从实践出发》，法律出版社，2004 年，第 141 页。

效果相同，自然成为等效等价术语。

　　由此看来，这些不同语言法律术语的等价关系都是在被立法程序定义或确认之后才得以建立的，将其作为翻译制作"等效真确本"（至少是那些最初用以确立等价术语的立法真确本）的前提本身就是逻辑上的本末倒置。不仅如此，一些论者仅将翻译制作不同语言的法律"等效真确本"视为实质意义上的"法律翻译"，明显是由于秉承着过于偏狭的法律翻译认识观，这也与我们的翻译观存在本质差异。事实上，现实中翻译制作不同语言的立法"等效真确本"，只是法律翻译中很小的应用领域，绝大多数的法律翻译都不存在"等效"关系的要求，而如果不追求这种译文的"等效性"，那么以不同语言之间存在所谓的"等效等价术语"作为跨法系法律翻译的前提就没有现实意义了。此时，与其将法律翻译的诉求置于在不同语言之间寻找等价术语，不如将关注点放在如何为源语法律术语确定准确、恰当的译语译名，以及在宏观层面上如何有效揭示法律作品的主旨和精髓，这就触及翻译方法的问题了。换言之，对于法律翻译可译性命题的讨论，其实可以转向对于法律翻译方法论的研究。也就是说，能否准确地完成跨法系不同语种法律语言的互译，并非取决于能否在不同语言之间找到既有的、具有完全对等语义关系的语言元素（"等价术语"），而是取决于是否遵循科学的翻译理念，能否采取正确的翻译方法，并依合理的标准加以判断。这一观念既是本书的法律翻译可译观，也是我们构建法律翻译方法论的动因和目的。除了上面的论说，还有如下几点理据可以进一步支撑本书的法律翻译可译观：

　　首先，对法律翻译的内涵界定及对其目的认知的差异，是导致法律翻译可译性理念冲突的根源。否定论者是将"法律翻译"等同于"翻译法律"，并且以追求"等效真确本"为翻译目的和准确翻译的标准。在此前提下，以不同法系语义参考系统不同，致使各自的法律术语之间无法建立对等语义关系（即存在等价术语空缺）为由，得出了跨法系法律语言互译存在实质不可行性的结论。前面的论述已经证明，如果我们秉持更加开放的思路来看待法律翻译，就会突破制约人们对法律翻译可译性认识的瓶颈。

其次，前面说过，除非存在法律制度上的传承、继受和移植关系，否则由于制度渊源和参照体系的差异，使用不同语种语言的不同法域（即便在同一个法系中）之间很难建立起内涵外延完全一致的等价术语关系。即便采取简单粗暴的等价建立方式（比如原词保留、音译或比附），如果不存在相同的制度土壤，如此建立的所谓"等价术语"，或根本无法在译入法域产生效力，或只是一种虚假等价。这就意味着，在实施不同法律制度的法域之间寻求实质等价的术语本身就不现实，亦无意义。但这种"不现实性"阻碍了不同法系（域）之间法律翻译实践的开展了吗？显然没有，这已被人类法律文明交往的历史所证明，而近代中国法制建设史又恰是这一事实的典型缩影——今天中国的法律语言环境就是一个外来语的世界，"外来语构成了中国法学的主要常用术语"[1]。这些经由翻译引进的西方法律术语，从一片空白的根基上构建起现代中国的法律制度体系和汉语法律语库，也为后续的法律翻译提供越来越多的本土术语资源。

第三，对于不同法系（域）之间法律翻译可行性的消极甚或否定观点的完整论断其实是：在使用不同语言的法系（域）之间，由于在译语的既有法律术语库存中缺乏与源语术语对应的资源（即"等价术语"），导致无法直接利用译语中的现有法律术语资源翻译源语信息，进而形成所谓的"不可译性"。这是客观现实，但却是一个静止的事实，体现了一种消极的翻译态度，也忽视了另一基本事实：不同法系（域）之间的

---

[1] 方流芳：《翻译和外来法律术语》，http://www.360doc.com/content/17/0315/10/26319733_637008789.shtml，访问日期：2019 年 10 月 18 日。又见尹延安《传教士法学翻译的历史文化语境及其变迁》，《理论月刊》2008 年第 9 期，第 88 页。

制度交流始终处在进行之中,各自特有的制度术语也在不断经由语言转换进入他方的制度体系和法律语言。从动态发展的历史眼光来看,各方之间的"等价术语"从来就不是自始存在的,而是随着法律文化的交流和法律制度的借鉴与移植,从无到有、逐步建立和拓展的。可以说,只要还有域际法律交流和互通的需要,法律翻译就不会因此中断,所谓的"等价空缺"会不断被充实和填补,而不会成为法律翻译的永久障碍。

第四,就其适用范围而言,"不可译性"观点主要针对具有特定制度内涵的法律术语和概念的翻译,并将难以实现准确翻译的根本症结,置于不同法域、不同语言之间缺乏"等价术语"这一原因上。假如将评价视野从微观的术语翻译层面(也就是后面所说的"译名")提升到语篇和作品翻译的层面(也就是后面所说的"译文"),宏观地看待法律文本整体意旨的语际和域际传递,得出的结论或许就会不同了。

第五,如前文所述,从语言学角度上讲,语际翻译中的"可译限度"永远都是客观存在的,这应该是翻译理论界的基本共识。语言和文化的天然差异对翻译的制约和影响是所有翻译领域的共同困难,并非法律翻译所独有,也不是中文(汉语)与其他语言互译时所面临的独有问题,只是制约的程度和影响的方式有所不同而已。与文学语言(尤其是其中的诗歌、韵文、成语、双关语、回文、歇后语等语言现象)不同,法律语言的认知表达功能和文化功能占据主导地位,其美学功能则居于次要地位。这使得其语际翻译总体上的可译限度远高于文学语言,其文化功能上的翻译困难和障碍大多也是暂时的,是可以随着法律文化交流的不断深入得以消除的。

第六,从翻译态度上讲,与其强调法律翻译的客观困难,不如重视发挥译者的主观能动性,使其放弃抱残守缺的消极不可译观念,发扬"知其不可为而为之"的勇气和精神去探讨科学、有效的翻译方法,尽可能提高法律翻译的可译度。这既是本书的基本理念和可译观的立论基础,也是对译者观的又一次诠释——在很大程度上，翻译的可行性取决于译者的创造性和主观能动性。从历史上看，不论是千年以前的佛经翻译，还是数百年前的科技翻译，及至百年前新文化运动时的文学翻译，无不存在巨大的困难和似乎无法逾越的障碍。北宋初年的高僧赞宁在总结历代翻译佛经的理论和实践经验时，就以"易土而殖，橘化为枳"来形象地比喻不同文化关照下的语言相互翻译时的困难。17世纪意大利的传教士来华传教并汉译西方经典时也曾感叹"文以地殊，言以数限"，认为不仅文字因国家地区不同而相异，而且有关概念用语也因思想体系相异而不同。清末中国开始大规模译介西方法律时，由于法律文化和体制的严重隔阂，遇到的翻译困难是空前的，以致中国近代具有划时代意义的杰出翻译家严复也提出过（译文与原文）"隔尘弥多"、"去真滋远"的观点。但今天回望，他当初开创的法律翻译事业并未因为暂时的困难而停滞不前，也未曾因为这种看似不可为的困难而被阻遏，反而在一代又一代法律翻译实践者的艰苦努力之下斩棘前行。这些实践者不断创造中外法律语言沟通和互译的可行方法，消弭文化的差距，填补"等价术语"的空白，提高可译的"限度"。这种近代以来中外法律文化交流互通的辉煌成就本身就足以说明，过分强调法律语言跨法系不可译性的观点是不足取的——如果从根本观念上就否认了准确进行法律翻译的可行性，那么再讨论翻译方法的意义也就不大了。

第七，现在很多双（多）语法域推行的平行立法，本身就是对法律翻译可行性的良好启示——既然可以采用不同的语种语言按照不同的法律传统和立法习惯同时立法，并在同一法域内等效并行不悖，那就意味着被不同法律传统滋养和定义的不同语言，是可以被用来表达相同的法律概念和制度的。这也说明，以不同语言之间缺乏等价术语为由，否认准确法律翻译的可行性是不科学的。

最后，虽然我们并不认同法律语言跨法系不可译的观点，但跨法系

（域）法律翻译的困难性是明显且毋庸置疑的。这既是各种语言、文化之间的差异性所决定的，也是不同法律制度体系之间的差异性所导致的。正确的可译观一方面体现在客观理性地对待法律翻译中遇到的困难，并致力于发挥译者的主观能动性加以解决；另一方面则体现在注重通过翻译理念和方法的变革，促进法律翻译整体水平的提高，不断突破可译限度的制约。

九、法律翻译的标准观

翻译标准问题是翻译理论的核心问题。[1]法律翻译的标准观，解决的是我们应该采用什么标准，判断和评价法律翻译的成败、优劣的问题。只有在根本观念上明确了翻译的评价标准，才能为翻译实践找到正确的方向。作为法律翻译观的收官专题，标准观其实是对前面各项翻译观念的再次梳理和系统总结。建基在任何错误翻译观之上的翻译行为都不可能制作出符合正确标准的翻译作品。在翻译行为中，无论是缺乏对法律语言本质的正确认知，违背语言平等权利的原则，还是忽视翻译的历史性或否认法律文化的决定性作用；无论是拒绝接受辩证忠实观，还是否定译者的主观能动性；无论是漠视读者需求和期待，还是悖离职业伦理规范，抑或坚持跨法系法律语言不可译的执念，其所产生的翻译结果也都同样不能通过法律翻译标准观的检视。

在标准观上必须克服单向、定势、片面的机械思维方式，自古以来的翻译实践中从来没有过非黑即白、绝对的好与坏的评价标准。对于任何译作而言，在不同的时代，从不同的观察视角，在不同的读者眼中，都可能会有不同的评价和印象。对于任何翻译行为（包括其理念、策略和方法）、译者和译作而言，对他们的评价都必须置于历史的和现实的

---

[1] 辜正坤：《翻译标准多元互补论》，《中国翻译》1989年第1期，第16页。

双重坐标系中，分别从语言和文化、形式和内容、客观和主观、目的和效果的角度，按照动态的而非静止的，可变的而非固定的，相对的而非绝对的，多元的而非单一的评价体系进行多维度、多视角、多领域评价，永远不要"追求一种唯一的、万能的，可以判断一切译作价值并指导翻译实践的终极性实用标准"[1]，同时也要避免翻译标准虚无化的倾向——多维度空间之下的多元标准体系并非没有标准，没有绝对的、静止的、万能的标准并不意味着没有相对的、动态的、有针对性的标准。

在多元翻译标准观之下，我们还要对不同的专业领域分别设定专门的标准体系，对于法律翻译，就是要针对其特殊性，构建异于其他翻译领域的评价标准。法律翻译是在语言、文化和法律制度等几个层面上同时进行的，任何一个层面的欠缺都无法达到翻译的目的和效果，但各个层面的标准各有侧重，既不可相互替代又相互关联交织。因此，对于法律翻译结果的评价，也必须同时在这几个层面上作出，这种"同时"也并不是简单的相加，而是综合、辩证、系统地评价。举例而言，对于 burden of proof 这个法律术语，从语言层面上讲，将其译作"证明的责任"或"提供证据的责任"都没有发生语法或词义的错误，但从法律层面上讲，翻译必须符合术语规范，因此只能译为具有立法依据的法律术语"举证责任"，任何其他译法不论是否文意相同，都因不满足规范性要求而不符合法律翻译的标准。

又如，曾有香港官方译文将"It is an unavoidable feature of mass disorder that each individual act, whatever might be its character taken on its own, inflames and encourages others to behave similarly, and that the harm done to the public stems from the combined effect of what is done en masse."这段司法判词译为："集体扰乱秩序定必有一个特点，就是每个个人的行为，

---

[1] 辜正坤：《翻译标准多元互补论》，《中国翻译》1989 年第 1 期，第 17 页。

无论本身特性为何，都会感染及鼓励其他人做出类似行为，正就是群体行动造成的整体效果，令公众受害。"虽然译文被认为与原文具有相同的法律效力，但其在语言表达上却明显不符合中文逻辑，存在严重的语法错误，[1]这样的译文同样不符合法律翻译的标准。可见，在判断和评价法律翻译的成果时，必须同时应用多重标准，既要符合语言规则和逻辑，又须遵循法律规范和标准。

在专业标准之外，法律翻译同样遵循着翻译界的很多通用标准。在这方面，吸收和借鉴中外翻译理论界的研究成果并加以丰富和发展，是完善法律翻译标准观的一条重要途径。可以说，近现代中外翻译理论的几乎所有重要进展都可以从标准观的视角汲取营养，这在本书的很多章节中都有所体现，但考虑到中国的译论传统，我们在此只以点及面，择一而论。众所周知，近代以来中国的翻译理论和实务界最常援用的翻译标准就是由严复在总结历史经验的基础上在其《天演论》的译例言中提出的"信、达、雅"之说，一直被奉为译界圭臬。尽管现代翻译理论早已趋于多元，而且这一高度精练的"三字真经"也一直是"众释之的"，[2]甚至受到批评，[3]但不可否认，这一标准在中国翻译界最为深入人心，影响最为广泛，也被很多法律翻译著作视为翻译标准的重要参考。[4]为此，笔者还是决定将其置于法律翻译领域做一释析，有所甄别地在我们的翻

---

[1] 符合中文语言规则的译文应该是：群体骚乱必然具备的一个典型特征是，每个个体的行为，无论其性质如何，都会刺激和驱使其他人做出类似行为，而且给公众造成的伤害源于群体行为造成的叠加效果。

[2] 参见冯世则《解读严复、鲁迅、钱钟书三家言："信、达、雅"》，《清华大学学报（哲学社会科学版）》2001年第2期，第95页。

[3] 如美学家常谢枫就认为"信、达、雅"是提法上混乱、实践上有害的原则，这一原则本身的缺陷及人们对它的热心推崇已经给中国的文学翻译事业带来明显的危害。参见常谢枫《是"信"，还是"信、达、雅"？》，《外语教学与研究》1981年第4期，第68—70页。

[4] 比如王道庚《法律翻译——理论与实践》，香港城市大学出版社，2006年。

译标准观中加以借鉴。

就"信"而言，人们普遍认为其旨在强调翻译的忠实性，因此往往将其理解为英文中的 faithfulness 或 fidelity。若如此，那就首先应该与笔者倡导的忠实观结合起来理解和认识，在辩证理解"忠实"的概念，反对僵化忠实的前提下，从语言文字、作品、法律文化、立法宗旨、法律精神等不同的层面综合评价"信"的标准：在语言文字上要追求语句顺畅、语义准确而不拘于机械的形式对应；在作品上，"一则传达义旨，二则复现风格"[1]，不仅要在文意、文旨上，而且要在文体、文风、文采上，追求对原文的忠实度，使得译文读者尽可能见识到原文的整体风貌；在文化层面上更要追求对外域法律作品的精神实质的准确释解和对本土法律文化的有效适应。唯如此，方可于形、义、体、味、神、传等诸项之上求"信"。针对严复自身践行的变译方法——达旨术，黄忠廉教授认为"严氏之'信'并非全信于原著，而是取信于读者"[2]，这倒是对"信"的又一新解，也契合于本书的读者观。

就"达"而言，也是众说纷纭。伦敦大学学院比较文学教授，描写翻译研究的代表人物西奥·赫曼斯（Theo Hermans）曾在《作为深度翻译的跨文化翻译研究》[3]一文中列举出 20 世纪 70—90 年代十几位中外学者对"信、达、雅"三字的英文翻译。其中，众人对于"达"的解释分歧最甚，分别提出了英语中的 comprehensibility、communicability、expressiveness、intelligibility、readability、fluency、clarity 等多个概念与之对应。在笔者看来，"达"首先在于表达，也即 expressiveness。据信，

---

[1] 冯世则：《解读严复、鲁迅、钱钟书三家言："信、达、雅"》，《清华大学学报（哲学社会科学版）》2001 年第 2 期，第 99 页。

[2] 黄忠廉：《翻译思想≠翻译理论——以傅雷、严复为例》，《解放军外国语学院学报》2010 年第 5 期，第 79 页。

[3] Theo Hermans, "Cross-cultural Translation Studies as Thick Translation", *Bulletin of the School of Oriental & African Studies University of London*, 2003, 66 (3), pp. 380–389.

这是严复针对翻译中如何处理西方句法与汉语句法之间巨大差异而提出的评价标准,并强调"译文务须合乎汉语语法及表达习惯"[1]。这与近代西方译论中针对 literal translation 的缺陷而提出的 idiomatic translation 的理念是一致的。既然是表达,当然应该符合译语的语法和表达习惯,易于译文读者阅读和理解,这已经成为现代翻译最基本的要求和评判标准。"达"、"顺"与"信"之间的冲突和对立早已不应该再存在。表达都不通顺的译文又如何能够实现对原文的忠实呢?

但仅仅追求表达上的通顺、畅达恐怕还不能尽"达"之意,还应该在传达原文义旨和精神上追求严复所说的"达旨"。有人认为严氏的所谓"达旨"实为意译,甚至是编纂,与"信"相悖,而严氏自己也承认:"题曰达旨,不云笔译,取便发挥,实非正法"[2]。但笔者认为,"达旨"意在让译文读者深刻领会原作的思想和义旨,这不是在语言文字层面而是在作品和文化层面上求"信",旨在实现翻译的终极目的和效果。如果这样理解,"达"就不仅与"信"形成相辅相成的关系,而且也提升了翻译的境界和层次。要做到这样的"达",译者不仅要翻译出原文字面的含义,还要传达出原作蕴含在字里行间的意旨和意韵。为了做到"达旨",译者不仅应致力做到严复所主张的"将全文神理融会于心"而"不斤斤于字比句次",而且可以采用灵活的翻译方法,甚至可在译文本身之外提供注释、诠释、按语,目的都是便于译文读者领会原文作者的思想和义旨——"凡此经营,皆以为达,为达即所以为信也"[3]。这种理念对构建于专门的学科体系之中,大量涉及专业术语和深奥理论的法律翻译而言尤显重要。只有这样理解,才能真正触及"达"的本意,也才能揭示

---

[1] 冯世则:《忠实于何?——百年来翻译理论论战若干问题的再思考》,《国际社会科学杂志》1994 年第 1 期,第 104 页。
[2] 语出严复《天演论译例言》。
[3] 同上。

和理顺"达"与"信"之间的辩证关系，可谓"达以尽信"，译文"未有不达而能信者"（钱锺书语）。"达"与"信"既不相互冲突，也不存在"信"涵盖"达"而使之处于附属地位的问题，而是相辅相成，各有侧重，从不同的角度共同诠释翻译标准的真谛。

在这三项标准中，关于"雅"的争议最大。大多数人总是从翻译美学的角度去理解"雅"，将之解读为优雅、典雅，并将之译为英文中的 elegance 或 gracefulness。严复当初提出"雅"的本意或许也的确如此，体现其鄙薄口语，注重译文语言的文辞、文采，主张译文"古雅"、"渊雅"，甚至主张"用汉以前字法句法"而不用"近世利俗文字"[1]，以符合当时士大夫阶层的审美标准。但问题在于，翻译不同于原文的创作，译文的雅俗与否应该取决于原文的文笔和风格，而译文又须致力于再现原文的风格，否则就违背了"信"的要求，以致欲雅而不信。如果原文的语言通俗、平庸、浅白，却非要译文满足古雅、文雅、典雅的美学要求，这本身就是悖论。因此，我们必须对"雅"予以现代阐释，至少不应仅从美学的角度去谈论和评价"雅"的标准。钱锺书先生曾明确指出"雅非为饰达"，也就是说"雅"并不是有些人误会的润饰美化的意思。[2]

那么，在法律翻译中究竟应该如何理解这个"雅"的标准呢？笔者认为，一方面，"雅"最基本的要求应该是译文的通顺、畅达，应该符合译语的语法规则和表达习惯。也就是说，除非原文刻意晦涩或寻求特殊的效果，并且译文刻意追求对此特殊效果的展示，否则译文只有使用译语自然、流畅地表达出原文的内容才能符合"雅"的要求。这与"达"的要求是一致的，是"雅"对"达"的阐释和丰富。另一方面，在法律翻译中追求"雅"，就是要确保译文遵循法律语言表达的特定范式和风格，

---

[1] 参见马祖毅《翻译家严复》，《中国翻译》1981年第3期，第27页。
[2] 参见陈福康《中国译学史》，上海外语教育出版社，2011年，第342页。

比如法律法规特有的逻辑结构和表述方式，以及立法语言的严谨精准但又不失通俗简明等特点。这是"雅"对"信"的坚守和皈依。如此，"雅"也就与"信"和"达"实现了辩证统一，那些所谓的"求信求达而弃雅"、"宁顺而不信"或"宁信而不顺"等争论在法律翻译范畴皆可休矣。

以上的分析说明，"信、达、雅"作为中国译论中最具标志性意义的翻译评价标准已经成为一种抽象的存在，是一个开放的评价和释义系统，其内涵应随时代发展与时俱进地丰富，也应在专业的翻译领域中深化和扬弃。我们既无须因循严复当初的原旨去做训诂，又必须与法律翻译实践的显著特点相结合，因文制宜，方能使我们的法律翻译标准观既具有现实意义，又贴合专业特点。

最后，即便在法律翻译领域，面对纷繁复杂的翻译实践，我们的法律翻译标准观也不是一套僵化静止的教条，不能用一根标杆、一把量尺去评判所有的对象。我们的法律翻译标准观同样是一套多元复合、动态发展、综合应用、辩证施法的评价体系。在不同的时空环境中，随着翻译对象、翻译目的、译作读者等多方面因素和要求的变化，这一评价标准体系始终处于动态调整之中。比如，对于规范性法律语言和法律文学语言的翻译评价标准一定是不同的，既不能用前者的严谨、规范、通俗和简洁去要求后者，也不能用后者的修辞和美学感染力去评价前者。据说，东罗马帝国时代的《民法大全》在历史上曾多次被译成法语版本。其中，里夏尔·达内博（Richard d'Annebaut）曾在 1280 年使用韵文（verse translation）方式翻译了其中的《法学阶梯》（译文由大约 24000 行韵诗体文字构成）。[1] 这种翻译如果作为法律文学作品来欣赏一定是极其优美的，但如果作为规范性法律文件来评价却恐怕不合格了。又如，翻译

---

[1] Claire-Hélène Lavigne, *Literalness and Legal Translation: Myth and False Premises, Charting the Future of Translation History*, edited by Georges L. Bastin and Paul F. Bandia, University of Ottawa Press, 2006, p. 149.

是否有效实现翻译目的和译作功能是评价翻译成败和优劣的重要标准之一，对于等效立法译本在形式和内容上贴近原作的要求必然要高于一份仅具参考功能的译本。判断和评价的视角不同，标准当然不一，得出的结论自然也不一样。再如，不同的读者在评价一份法律作品的翻译时，其标准必然也是不同的——译文读者各有不同的文化背景、知识背景、专业背景、语言背景，具有多样的意识形态、审美观念、价值取向，以及对异域法律内容不同的接受程度和理解能力，他们对译文的要求和期待必然是多元的。此时，译文能否体现出译者对读者的关怀，是否满足了不同读者的需求和期待，是否体现出法律翻译的服务性等因素，都将被纳入这个更加复杂的评价标准体系。

总之，法律翻译标准观是建立在一套完整、多元、系统、协调、灵活、辩证，有专业适用性和实务针对性的综合评价体系之上的标准观。它既为我们整个法律翻译观的逻辑框架画上了一个阶段性的句号，也为我们下面构建法律翻译方法论提供了视角和指向。

法律翻译观的完整建立为法律翻译的理论框架奠定了重要的理念基础，划定了逻辑界限，指明了研究进路，也展现了我们对当代中国法律翻译学科建设的整体思考。正是以此为前提和基础，我们将进入学科体系建设的下一环节——法律翻译方法论的构建。

第二篇

法律翻译方法论

实践提升为理论必经方法论的抽象，理论躬亲于实践，必以方法论为先导。

——黄忠廉

在世界范围内，有据可查的法律翻译活动已经进行了几千年，但人们对法律翻译方法的探索也从未间断。而且，由于翻译观念的变化，人们对翻译方法的认识也在不断地发展变化。在中国，近代以来涉及法律内容的翻译也已有百余年的历史，但法律翻译至今仍然缺乏科学、系统的方法论，以致法律翻译实践活动始终处于自发、随意、个体化的状态，无章可循，无据可依，整体水平和质量远不尽如人意。在此情形下，为中国的法律翻译理论与实践建构一套科学系统的方法论体系势在必行。这不仅有助于确立法律翻译作为一门独立学科的专业地位，加快其学科体系建设，又可以切实发挥科学的理论对实践的指导作用，实现中国法律翻译理论的突破和整体实践水平的提升。同时，这也符合翻译理论和实践发展的基本规律——"纵观中西方翻译发展史，翻译研究的每一次重大飞跃，每一次质的突破都是从翻译方法论的变革开始的"[1]。

---

[1] 王立欣：《中西翻译方法论的历时对比研究》，《哈尔滨工业大学学报（社会科学版）》2002年第4卷第2期，第103页。

第一章
简议方法论——从方法走向方法论

    任何翻译活动都必然涉及翻译手段和方法的运用,但人们对翻译方法的运用却是在不同层次上进行的。在初级阶段,翻译活动大都依靠译者的语言感觉和直觉认知,属于自发性活动,缺乏自觉的思考和成熟的理论,所使用的方法也基本停留在个体实践和体悟,缺乏系统性和规范化,而且在影响翻译的诸多因素改变之后,也难以做到在翻译方法上的有效适应和灵活调整。这种翻译实践就停留在"方法阶段",其整体水平在很大程度上受制于"方法"本身的局限——方法往往囿于个体经验,仅适用于特定对象,存在片面性,缺乏规范性、规律性和普遍适用性,难以有效应对各种复杂的翻译实践需求。同时,个体应用的方法之间缺乏共性发掘和个性抽象,缺乏协调和互补,缺乏提炼和总结,缺乏深层次的理论思考和理念支撑,也缺乏集体经验的互通与共识。正如有学者指出的,每一种特定的方法都存在"有限解释能力",而且"方法的适用本身不能体现出关于方法适用的规则与要求"[1]。也就是说,面对某一特定的翻译对象,应该如何选择恰当的翻译方法、使用一种方法的前提是什么、应该在何种情形下使用何种方法、影响方法有效应用的因素是什么、使用各种方法应该遵循何种规范,等等,这些问题都是方法本身无法回答的。正因为如此,"对于方法问题的思考必须站在方法论的层面上进行"[2]。

从翻译的发展规律来看,一个译者自发地从事翻译活动时,他实际上也在自觉或不自觉地运用方法,而且翻译活动从本质上讲是一项个体化工作,其异质化特征明显,每个译者在翻译过程中都在实践其个性化的翻译方法,"但当他尚未从这些具体活动中把这种方法提炼为一种普遍方法时,则并不具有一般方法论意义,他也不能算是一位自觉的方法论者"[3]。这种分散的、非自觉的翻译活动,尽管已有相当的历史、数量和规模,但整体的质量和水平却始终无法提升。

目前国内法律翻译的现状也是如此——尚未形成成熟的专门独立学科,也缺少稳定、专业的法律翻译工作者群体。大多数实践者都是兼职翻译、业余翻译,缺乏专业化的理论意识和复合的学科储备,基本上处在一种自发性状态,尚位于感性认识阶段,也就是凭兴趣翻译、凭感觉办事,以致译文质量参差不齐,翻译效果存在很大的不确定性。即便是专业的翻译家,大多也以翻译实践为主,"很少有人去思索翻译理论或翻译原则,因而翻译中往往跟着自己的感觉走,而缺乏先进的翻译思想作指导"[4]。我们常见不同译者对同一个法律文本制作的译文相去甚远。

---

[1] 参见张旭、单勇《从方法到方法论——以刑事科学为场域的反思》,《法制与社会发展》2007年第1期,第56页。
[2] 同上,第58页。
[3] 张楚廷:《方法论》,《湖南文理学院学报(社会科学版)》2009年第5期,第11页。
[4] 刘洋:《21世纪中国的文学翻译:异化与深度翻译》,《北方文学》2017年第21期,第220页。

这种差别除了天然的个体差异和译者自身的局限性以外，大都源于不同译者翻译时缺乏基本的方法意识和统一的规范，更缺乏明确的标准和规则，以致各行其是。正因大多数译者都缺乏对翻译方法的理性思考和系统性总结，反过来也无法使用理论抽象指导和指引翻译实践，导致国内整体的法律翻译水平难以提升，更无法形成专业的法律翻译学科体系。要改变这种状况，就必须从专业学科建设入手，而其中很重要的一环就是要结合法律翻译对象的特点，对各种翻译方法进行理论上的总结、提炼、抽象和升华，从翻译现象入手发掘规律，构建符合学科特点的规范和普遍适用的规则，从而实现从自发到自觉，从个体化的翻译方法阶段，上升到科学系统的方法论层面的过程，为专业化的法律翻译活动提供理论支撑和实践指引。应该说，从方法到方法论，是法律翻译理论和实践发展的必经阶段，也是真正建立法律翻译学科的必然途径。从方法走向方法论也标志着法律翻译走向理性与成熟。这也是我们不单纯地讨论法律翻译的方法，而是着眼于研究和构建方法论的目的和意义所在。

第一节 何谓方法论？

狭义的方法论是哲学方法论，是人们认识世界和改造世界根本方法的理论，其与世界观紧密联系[1]，起着基础性和决定性的作用，比如由抽象的知性、辩证法和思辨这三个环节共同构成的黑格尔的方法论[2]。但从广义上讲，方法论还包括一般科学方法论[3]和具体科学方法论。我们研

---

[1] 参见刘惊海《法学的方法论与方法》，《当代法学》1987年第1期，第8页。
[2] 参见俞吾金《马克思对黑格尔方法论的改造及其启示》，《复旦学报（社会科学版）》，2011年第53卷第1期，第3页。
[3] 也有人认为包括"学科间的方法论"，参见王利明《法学方法论》，中国人民大学出版社，2012年，第56页。

究的法律翻译方法论应属具体科学方法论，它针对的是在一个具体专业领域中的研究和实践方法以及由此形成的理论抽象。就法律翻译方法论而言，法学理论、语言理论中的方法论和通用翻译方法论的思维体系和理论建构对其都有影响。

在每一个专业领域，方法论都是认识和改造该领域实践的根本理论，都有至关重要的价值和意义，但对其认识本身也一直存在着争论。有人认为方法论是一种关于方法的理论，是对方法的总结、概括和抽象，有人则认为方法论是方法的前提和依据，是在没有形成方法的理论之前，在已经进行着的实践中做事的依据、态度，以及在其中倾注的情感和愿望等[1]。在法学理论中，关于方法论的讨论也是学界的热门话题，"但究竟何谓方法论，其具体内容是什么，却并无定论"[2]。在通用翻译理论中，有观点指出，"方法论是翻译及其研究方式方法的总和，是对翻译方法科学系统的认识"[3]。

基于种种观点和理论，我们对于方法论提出一些基本认知：

首先，方法论是"关于方法的理论与学说"[4]，是关于方法的一整套系统理论，其本身是以方法为研究对象的一门学问，但又绝不是"对各种具体方法的简单罗列和描绘，而应是侧重解释如何合理有效地使用各种具体认识方法的方法"[5]。方法论以方法为实践基础，但其本身又超越了方法本身，是通过理论抽象而获得的关于方法的知识体系和规则，"是对方法的形成、运用等规律的总结"[6]。这种以方法为对象的研究不是个

---

[1] 参见许秀丽《方法论浅析——实践哲学方法论》，《科技创新导报》2010年第34期，第256页。
[2] 冯亚东：《法学方法论之方法》，《法学家茶座》2005年第2期，第34页。
[3] 黄忠廉：《翻译方法论》，中国社会科学出版社，2009年，第2页。
[4] 同上。
[5] 欧阳康：《社会认识方法论》，武汉大学出版社，1998年，第11页。
[6] 王利明：《法学方法论》，中国人民大学出版社，2012年，第7页。

体的、孤立的、片面的,而是整体的、系统的、全面的、抽象的、辩证的、批判的。简言之,方法论是"方法的方法",是"对方法原理上的说明","是一种概括性的知识,是普遍意义上的研究方法"[1],"是在一定的理论框架下形成的系统学科知识"[2]。而且,方法论不仅注重于概括方法的应用,也着眼于修正方法的谬误,更是要在一定程度上推动方法的创新和升级。

其次,科学的方法论既研究从各种具体方法归纳出一般方法的过程,又研究从一般方法演绎出各种具体方法的过程[3]。方法论是一个从具体抽象到一般,再从一般指导具体实践的不断循环往复的动态建构过程。方法论是一个辩证的过程,是一个动态的过程,是探索理性与规律的科学。

再次,方法论本身是一种理论,但其研究对象和应用对象却都是实践,践行着"从实践中来,到实践中去"的准则,"具有强烈的实践品格"。[4]方法论贯穿于理论与实践,贯穿于现象、规律和原理的研究,"既有理论思辨的成分,又具有经验的色彩"。"实践提升为理论必经方法论的抽象,理论躬亲于实践,必以方法论为先导"。[5]

第四,方法论有两个基本用途:向上构建理论体系,向下解决具体问题。前者最终与认识论、本体论汇合,后者则与方法汇合,成为提高实践效率的工具。[6]

第五,方法论是一种思维方法和思维方式。从方法到方法论的跃升

---

[1] 黄忠廉:《翻译方法论》,中国社会科学出版社,2009年,第2页。
[2] 王利明:《法学方法论》,中国人民大学出版社,2012年,第6页。
[3] 参见黄忠廉《翻译方法论》,中国社会科学出版社,2009年,第2页。
[4] 王利明:《法学方法论》,中国人民大学出版社,2012年,第54页。
[5] 黄忠廉:《翻译方法论》,中国社会科学出版社,2009年,第2页。
[6] 见王德福的发言,参见根元、夏中华《关于语言学研究方法和方法论——第二轮"语言哲学对话"选载之一》,《渤海大学学报(哲学社会科学版)》2002年第24卷第3期,第39页。

标志着人们对于事物的认识从简单到复杂、从片面到全面、从部分到整体、从线性到非线性、从实践到理论，再从理论到实践不断深化的发展过程。方法论不是着眼于具体的方法、手段在技术层面上的运用，而是寻找和发现规律，探索理论依据，回答和解释方法本身无法解决的问题，比如在翻译中"怎么译"是方法问题，"为什么要这么译"则是方法论的问题。方法论帮助和指导实践者提高选择适当方法、运用正确方法的能力和自觉。作为一种思维方式，方法论决定了实践者从什么角度、以什么方式、出于什么理念和观点，或提出什么前提和假设，以及在什么条件下作出什么结论。[1] 从方法过渡到方法论，看似研究视角转移了一小步，实际上却是学科建设向着理性与成熟迈出了一大步。

最后，正如黑格尔将哲学方法论与世界观紧密结合起来（科学的方法论总是建立在正确的世界观之上）一样，具体科学方法论也应该同作为建立方法论逻辑前提的根本观念和理念结合起来。换言之，方法论的构建存在着一个价值判断的问题，这也是我们在研究法律翻译方法论之前先要确立法律翻译观的原因所在。

第二节 法律翻译方法论

具体到法律翻译方法论，我们还可以进一步深化理解如下：

第一，法律翻译方法论以具有专业性和独立性的法律翻译为学科背景，以法律翻译方法为研究对象，以科学的法律翻译观为基础，依据正确的价值判断导向，结合专业特征和历史经验，总结、归纳中外法律翻译史上出现的各种法律翻译方法（也包括通用及其他专业领域中的翻译

---

[1] 参见黄忠廉《翻译方法论》，中国社会科学出版社，2009年。

方法）的一般规律和理念，将这一领域中各种分散的具体方法组织起来，对其产生背景、应用理念和运用效果进行系统的理论梳理、辨析、评价、提炼、综合、抽象、总结和扬弃，形成自身的理论体系，使之成为在理论框架指导下的系统学科知识，并构建出一套具有规律性、指导性、普遍适用性和可操作性，且能为广大法律翻译工作者系统掌握和运用的方法体系和运用规则，这也是我们研究法律翻译为何必须从方法走向方法论的意义所在。

第二，法律翻译方法论是一座连接理论与实务的桥梁，以服务于法律翻译的实际需求为目的，既具有翻译理论属性，也具有强烈的实践属性。这就决定了其具有浓厚的实践理性色彩，是直接沟通法律翻译理论和实践的理论体系，是将法律翻译实践经验提炼为规律、上升为理论，再指导新的法律翻译实践的理论体系。

第三，法律翻译方法论的提出，也为法律翻译方法的创新提供了基础和指导——方法要创新，方法论要先行。方法的提出和运用都必须接受方法论的指导。

第四，法律翻译方法论与翻译观密不可分。确定翻译观是研究方法论的前提和基础，研究方法论则是实践翻译观的手段和途径。之所以中国的法律翻译活动迄今缺乏科学方法论的指导，很重要的一个原因就在于整个理论界和实务界都缺乏科学、系统、明确的法律翻译观。这也是本书将翻译观的讨论置于方法论的研究之前的原因所在——就是旨在为方法论的讨论设置一个基本的理念基础和逻辑前提。试想，诸如如何看待源语和译语的地位、法律信息跨法系（域）是否具有可译性、翻译的最终目的和评价标准是什么、如何认识译者的功能和读者的期待，以及影响法律翻译方法选择的各种因素是什么这些基本的理念都尚未正确树立，又如何讨论方法论的构建？因此，"研究方法论之前，有必要研究翻译观。翻译观是对翻译的根本认识和态度。翻译观研究翻译的本质，方法论研究怎样开展和研究翻译活动。翻译观决定方法论,决定翻译方法的选择"[1]。申言之,之所以目前人们对法律翻译方法存在大量争论,根本原因就在于各种不同翻译观之间的冲突。若法律翻译界无法首先建立起一个共识性的讨论平台,就无法在一个共识的前提下展开具体问题的讨论。

第五,在我们的方法论中,同时存在着价值判断与事实判断。价值判断审视特定的客体对特定的主体有无价值、有什么价值、有多大的价值,[2]或者简单地说,就是人们作出的好坏、善恶、应否的判断。由于这种判断与人们的价值观直接发生关系,所以称之为"价值判断"。原文的内容该不该译,译本好不好,应该采取归化还是异化的方法,是否以及是否应该严格忠实于原作的内容和形式,等等,往往首先是一个价值判断。对于译者而言,这是由其翻译观决定的;对于读者和评论者而言,则是由他们的价值观决定的。总之都要受到当时、当地和当事人的意识形态、审美观念、历史背景、文化传统等多方面因素的影响。方法论要研究对每一种翻译方法的评价,或者对每一种翻译方法应用结果的评价,评价的标准就是一种价值判断,取决于翻译活动主体的价值取向,因而也随主体的不同而呈现差异,具有明显的主观性。价值判断已经成为方法论研究的重要议题,如何进行价值判断就是方法论要解决的问题。[3]

与价值判断这一应然范畴相对应的是事实判断(也称实然判断),即按照既有的语言规则和法律规则判断翻译的正确性和准确性。这种判断结论不由人的主观意志决定,其目的在于达到对原文的客观认识和对译文的客观评价。无论是认识的过程抑或是认识的结果都应当尽可能排

---

[1] 参见黄忠廉《翻译方法论》,中国社会科学出版社,2009年,第2页。
[2] 出自[德]魏德士《法理学》,丁晓春、吴越译,法律出版社,2003年,第54页,转引自王利明《法学方法论》,中国人民大学出版社,2012年,第557页。
[3] 参见王利明《法学方法论》,中国人民大学出版社,2012年,第557—558页。

除情绪、情感、好恶、习惯等主观因素的介入，尽可能做到"情感中立"和"价值中立"，这也是我们在翻译伦理中所强调的。在大多数情况下，法律翻译活动都不应该对特定翻译对象预设价值判断结论，译者也不应过多地带有自己的价值立场去从事翻译工作。我们研究和构建法律翻译方法论必须同时将价值判断和事实判断纳入视野，关注二者的差异，寻求二者的平衡。比如笔者后面提出的修正译法和维持原状译法，就是翻译实践中价值判断和事实判断相互协调、相互制约的体现。

第六，法律翻译方法论针对法律语言和文本的特点，并对其细分和细化，依托最具关联性和适用性的翻译理论，形成复合多元、兼容并蓄的法律翻译思维方式，推动和指引法律翻译活动走向体系化、专业化、规范化、标准化和精细化。

第七，法律翻译方法论是一个严密的逻辑体系。在该体系下构建起来的翻译策略和方法均受到各种参数、常量、变量的作用和影响。这些"参数、常量和变量"包括语种语言、法域、法系、源语与译语及源法系和译入法系之间的关系（是否属于同一语系、是否属于同一法系、是否存在法律文化传承和制度移植等）、翻译对象、翻译目的、读者群体、文化环境、时代背景、传播和交际要求等多种因素。因此，研究法律翻译方法论就必须考察影响翻译行为的所有因素，以及各种因素之间的关系。方法论的指导意义就在于根据业已确立的翻译观和价值判断，辨别、适应和协调各种影响因素，最大限度地满足翻译主体的需求，实现翻译目的。

最后，法律翻译方法论虽然立足于相对独立的专业学科建设，但它不是一个封闭的系统，而是一个开放的体系，是一个不断纳容其他学科方法和知识的系统，[1]尤其是对于法律学科和翻译学科思维体系与方法理论的吸收、借鉴和反哺。

---

[1] 出自 Bartosz Brozek, Jerzy Stelmach, *Metrhods of Legal Reasoning*, Springer, 2006, p. 2, 转引自王利明《法学方法论》，中国人民大学出版社，2012年，第56页。

第三节　本书对于法律翻译方法论的研究思路

在进行系统考察、研究之前，我们还须对本书所研究和构建的法律翻译方法论做几点厘清和界定：

首先，从学术意义上讲，法律翻译方法论可以有多个研究角度，其中包括：翻译实践方法论，主要研究在法律翻译实践中如何建构翻译方法的体系；翻译研究方法论，将如何进行翻译方法的研究作为研究对象，也就是应该采取什么方法和手段来提高法律翻译方法的研究水平；还有翻译批评方法论、翻译教学方法论等等。[1] 本书研究的是法律翻译实践方法论，并从微观的译名方法论和宏观的译文方法论两个层面入手，旨在建立一套可应用在实践之中的法律翻译方法体系。

其次，有研究者将翻译方法论的具体研究对象分为翻译策略、翻译方法和翻译技巧（或技法），分别对应英语中的 strategy、method 和 technique，依次被认为抽象程度越来越低，可操作性越来越强，越来越靠近实践。[2] 其实，翻译策略与翻译方法似乎可以借用中国传统中的"道与术"之间的关系来说明。通过解决认识论的问题，从根本理念上确定翻译的原则和策略（比如选择达旨、归化或异化的基本翻译策略）是在"道"的层面上研究翻译，而从具体方法和技术的角度研究翻译，比如具体的音译、义译方法，强调翻译应该严谨准确、译文应该言简意赅等，则属于"术"的层面。我们研究的法律翻译方法论既要阐明道，又要提供术，二者之间是抽象与具体，宏观与微观的关系。至于翻译技巧或技法，比如语言学层面上的字、词、句法的应用，则是在更为具体、细节

---

[1] 参见尹延安《杨自俭翻译学系统理论探究》，《上海翻译》2010年第4期，第26—29页。

[2] 参见杨自俭《再谈方法论——〈翻译方法论〉序》，《上海翻译》2007年第3期，第3页。

的语言文字层面上的研究课题，除非与翻译理念、策略和方法相关，否则不作为本书方法论讨论的重点。

最后，对法律翻译方法论的理解和运用还有一个"基本技能"要求，包括跨法域的法律知识和制度理解、跨语域的语言理解和使用能力等。这是我们研究、掌握及运用翻译方法论的前提和基础，而不是翻译方法论研究的对象和内容。换言之，翻译方法论是面向具备基础能力的"适当译者"提供的法律翻译理念、原则、策略和规范指引。对于不具备基本语言能力和法律背景常识的人，掌握再多的方法论知识，也无法从事法律翻译工作。

基于上述原则和理念，本着从历史中总结经验，从实践中寻找灵感的思路，本书对中国法律翻译方法论的建构将建立在深入考察中西方法律翻译实践经验的基础上，对历史上存在的各种具有典型性的翻译方法进行评价、总结和抽象，从中汲取精华、发掘规律。为了尽可能全面而系统地考察，本篇将从不同的维度对中国和西方（包括日本）法律翻译方法的演进、发展和变化历程作出简要探究，既关注中西方翻译方法的横向对比，也开展其各自历史维度上的纵向考察，既采用从微观到宏观的视角，也依循从通用理论到专门领域的研究思路，在扬弃、借鉴和发展的基础上，提出和建构适应当前中国法律翻译实践的方法论体系。

第二章
中国翻译方法理论与实践的简要历史考察

第一节 微观视角——"译名"理论与实践

所谓"微观视角",就是将对一些特定名称、术语、语词的翻译作为考察对象。这种研究视角在近代以来中国翻译理论中往往被归集于"译名"理论的讨论。译名对象看似孤立,不足以单独成文,但它们往往内涵丰富,尤其是各个学科中的专业术语更是具有严格的内涵界定和逻辑外延,在现代学科建设中发挥着至关重要的作用。正如费正清所说,"每一领域的现代化进程都是用该学科的术语加以界说的"[1]。因此,为外来术语和语词确定恰当、准确的译名不仅事关特定语篇翻译的成败,也决定着人类思想文化域际交流的最终效果。正因为译名的重要性和特殊性,其在各个专业领域的翻译中历来面临巨大的挑战。这种挑战性尤其体现

---

[1] 费正清、刘广京编《剑桥中国晚清史:1800—1911 年 下卷》,中国社会科学院历史研究所编译室译,中国社会科学出版社,1985 年,《前言》第 6 页。

在最初将异域独有或特有的名称和术语（特别是抽象名称）引入本语域的时候——由于缺乏本土的对应物和参照物，确定它们在本国语言中的初始译名往往存在着巨大的困难。正因为如此，翻译理论历来重视研究译名方法。鉴于目前国内使用的很多专业术语都源于外来术语在近现代的中文译名，因此我们把研究关注点聚焦在中国近现代的译名理论与实践上。

一、通用译名理论

近代以来，在通用翻译理论中曾有很多人对于译名问题提出过见解，也形成过论战，但就笔者所见，其中最具代表性、最具见地、也较有系统地提出译名方法论的主要有三个代表人物或群体：

其一是容挺公。他在1914年11月10日章士钊主编的《甲寅》期刊第4期上发表的《译名》一文中，创造性地完整提出了自己归纳总结的翻译西方术语名称的实用方法：

> 凡欧文具体名辞，其指物为吾有者，则直移其名名之，可毋俟论；其为中土所无者，则从音；无其物而有其属者，则音译而附属名；至若抽象名辞，则以义为主。遇有势难兼收并蓄，则求所谓最大部分之最大涵义；若都不可得，苟原名为义多方，在此为甲义则甲之，在彼为乙义则乙之；仍恐不周，则附原字或音译以备考。非万不获已，必不愿音译。[1]

对于容挺公的这段总结，我们可以理解为：当翻译具象的事物时，只要中国有对应物的，可以直接使用中文中的既有名称，如果中国没有

---

[1] 转引自陈福康《中国译学史》，上海外语教育出版社，2011年，第158页。

对应物，则可以音译，比如将煤气音译为"瓦斯"；若没有直接对应物，但有同类物，可以在音译的同时提供属类物的中文名，这类似于我们后面将提到的功能对等翻译法。对于抽象名词可以采取义译的方式。对于具有多种义项的字词，应取其最常用的含义，不可行时则要根据具体的应用语境来确定其含义和译名。翻译这样的语词时，为了周全起见，还可以同时将外语原词或音译附上作为参考。容挺公提出的这些方法在当时乃至今天的翻译实践中都有着丰富的体现，它们不仅在通用意义上，而且对于翻译西方法律词汇和概念也同样具有指导意义。

其二是具有法科教育背景的胡以鲁。在与容挺公发表《译名》一文的同一年稍早时，他在梁启超于天津主编的《庸言报》上发表了万言长文《论译名》，详尽具体地提出了他的译名方法论。在译名"决以意译为原则"的主张之下，对于"意译"和音译方法分别提出了二十种和十种的具体翻译规则。这些规则非常具有实用性，对今天的翻译实践仍具重要的借鉴价值。比如，他提出"吾国故有之名，虽具体而微，仍以固有者为译名；吾国故有之名，虽概念少变，仍以固有者为译名；吾国故有之名，虽废弃不用，复其故有；但故有之名，新陈代谢即成者，则用新语"。对于当时流行的借鉴日语中的词汇翻译西方名词，他也提出了非常具体的方法，譬如"吾国未尝著其名，日本人曾假汉字以为译，而其义于中文可通者，从之；日人译名，虽于义未尽允洽，而改善为难者，则但求国语之义可通者因就之；日人译名，误用吾故有者，则名实混淆，误会必多，亟宜改作"，等等。[1]

可以想见，容氏和胡氏当时能够提出如此洞见，一定是基于其深刻的思考和大量的实践总结。对于当时翻译理论尚不发达的中国翻译实践而言，无疑具有非常积极的指导意义。遗憾的是，这两人都不是在中国

---

[1] 转引自陈福康《中国译学史》，上海外语教育出版社，2011年，第162—163页。

现代翻译理论中被广泛关注的翻译理论家,理论界也没有给予他们足够的重视。但在笔者看来,他们提出的上述观点和理论都具有译名方法论上的重要价值。

需要指出的是,二人在论述中分别使用了"义译"和"意译"两种不同的译名方法称谓,似为通用和同义,但笔者不以为然。按笔者的理解,"义译"是与"音译"相对而提出的译名方法,指在翻译西方术语时不是按照源语的发音而是按照其含义确定中文译名的方法,其中的"义"是"含义"、"义理"的意思;而"意译"则是在译文层面相对于"直译"提出的翻译方法,其中的"意"不仅指原文的意义,也指原文的意境、意旨、意蕴、意味。可见,二者在适用对象和含义上是有明显区别的,不应混同使用,在译名方法中还是称为"义译"为宜。

其三则是以美国传教士林乐知(Young John Allen)和英国传教士傅兰雅(John Fryer)为代表的清末驻华西方翻译家群体。林乐知及其华人助手范祎于光绪三十年(1904)四月在他们主笔的《万国公报》第184册上登载了《新名词之辨惑》一文,系统地归纳和阐述了其译论。文章虽然只有千字左右,却有着高屋建瓴的气魄。在面对翻译西书时所遇到的汉语名词数量贫乏,无法应付西书中新学科、新思想、新事物的对译问题,该文不仅揭示出深层原因,即中国新名词匮乏的根源在于人心禁锢,新学得不到发展,中国守旧的士大夫们固守经典古训,以闭塞之心阻塞中国语言文字的改革和进步,而且提出了解决办法和方案,呼吁"人心不可不释放,风俗不可不释放,政治不可不释放。即至文字语言,亦不可不释放。释放而有改革,改革而后长进。……新天新地,新人新物,莫不由释放而来。岂惟关系于新名词哉?"他们"由新名词的缺乏论及语言文字的释放,进而呼吁政治、风俗、文化方方面面的改革"。[1] 这样

---

[1] 参见卢明玉《晚清传教士林乐知的翻译与译论》,《北京交通大学学报(社会科学版)》2010年第2期,第126页。

的译论不仅倡导了开放和积极的翻译观，也具有重要的方法论意义。

林乐知在译论中还提出了如何创立中文译名的"造字三法"，即：一以相近之声，模写其音；一以相近之意，仿造其字；一以相近之义，撰合其文。有人认为这三法与今日普遍接受的翻译方法"音译"、"意译"、"释译"相似[1]，但笔者认为更符合"音译"、"借译"、"义译"的特点，其中的"借译"即林乐知主张的借中国古文或借日文译名确定西方语词的中文译名。这既与他借鉴英语吸收外来语的做法相合（即"英文若无其名词者，可借用德文、法文，以成英文之新名词"[2]），也与他主张借用日译词来丰富汉语以及主张在翻译中采取本土化策略的观点一致。

林乐知不仅提出创造新词是解决中西语言对译困难的必然出路，而且提出了具体操作的"三法"，还主张著书者必于每书之末附著一名词表，以释新名词之意。这样逐渐积累起来的名词表就成为各科词典的滥觞。这种新创的名词"亦有初定未必确当而为人改正者，亦有虽不确当而相沿已久，遂不复易者"[3]。这些论述，揭示了由当时译者新创的中文语词所经历的发展、演变和固化过程，在本书相关章节的论述中也都有所印证和体现。

与林乐知同一时期的英国传教士傅兰雅，被称为当时在华外国人中翻译西方书籍最多的翻译家。在其于1880年出版的《江南制造总局翻译西书事略》一文中，他总结定名词翻译和定名的"三要事"，即"沿用中文已有名词、设立新名（或沿用原有汉字而赋予新义；或按照汉字构字法另创新字；或构造新词）、对新创词要随创随记以便于编撰外汉

---

[1] 参见卢明玉《晚清传教士林乐知的翻译与译论》，《北京交通大学学报（社会科学版）》2010年第2期，第127页。

[2] 转引自卢明玉《晚清传教士林乐知的翻译与译论》，《北京交通大学学报（社会科学版）》2010年第2期，第127页。

[3] 同上。

专科词典"。他还认为"名目"是"译西书第一要事",尤其在"初译格致各书"时,必须"留意于名目,互相同意,则用者初时能稳妥,后亦不必大更改"。[1]傅兰雅还提出了创立新名词时应该注意的其他几个原则,譬如新名词必须简洁明了,用字越少越好,能够保存下来的,将是那些因为简洁或是能够被简化而又被广泛使用的名词;翻译者对第一次使用的新名词必须给予准确而清晰的界定;必须注意同一类名词之间的类推关系,并且在新名词中表达出来;必须注意事物间的联系,在拟定新的名词时不能把它看成孤立存在的个体,而应看成一类中的一个;对整个系统或种类必须进行充分考虑,这样才能认识到各个名词间的联系。[2]这些方法和规则不仅对后来的传教士新名词创制有着导向性的作用,而且在今天看来仍然是当时最具有代表性的译名法则。

值得一提的是,上面谈到的只是近代研究者为西方语词确定中文译名的方法。其实,在清代,官方为满文语词确定汉语译名时同样也综合运用了多种方法。比如在成书于康熙二十二年(1683)的《大清全书》(清代最早刊行的一部大型满汉辞书)中,满文部分是满文词语和由此组成的专有名词、词组以及动词的形态变化,而汉文部分则多是采用对译或对译辅以解释方法为满语确定的汉语译名。对少数汉语中无对应概念的满文词语则采用音译或解释的方法。史料显示,当时已经有了大量指导满汉互译的翻译类著作,如《翻译类编》《翻译指南》《翻译批答》《清官所名称译汉》《清语人名译汉》《满汉成语对待》《满译成语》等,记载着清代满汉互译过程中形成的固定对照词汇,涵盖了清代各类文书典

---

[1] 转引自尹延安《来华传教士翻译史钩沉:〈中国译学大辞典〉的考察——兼论辞典相关条目的完善》,《辞书研究》2012年第4期,第59页。
[2] 孙邦华:《论傅兰雅在西学汉译中的杰出贡献——以西学译名的确立与统一问题为中心》,《南京社会科学》2006年第4期,第137页。

籍的词汇和成语。[1]

二、法律译名考察

（一）概述

在审视了通用译名理论之后，我们再来重点考察一下在近代（特别是清末以来）中西方法律文化交流中，尤其是在中国近代引进和移植西方法律制度的艰辛探索历程中，早期译者（包括来自西方和中国本土的译者以及他们的组合）对西方法律概念、术语和语词的译名实践，从中体察中国法律翻译先驱和早期实践者们在这一过程中自觉或不自觉地创造和积累出的值得借鉴与继承的翻译方法。

法律翻译中的译名逻辑与通用理论有所不同，具有明显的特殊性。按照俞江教授的观点，法学系统的基本单位是"法学语词"，它们按一定的规则和聚合关系建构法学和法律，而且法学意义的单位拆分只能进行到法学语词这一步。[2] 从这个角度看，法律译名的对象应该是法学语词或法律语词。屈文生教授提出了"法律术语"的概念，指其是在法律领域中表示相对单一法律概念的专门用语或表达，具有专门性（或专业性）、相对单义性（或相对精确性）、系统性（术语并非孤立存在，而是彼此联系的）等特征，可以是词、短语，但不限于语法意义上的名词。[3] 还有学者指出，"法律概念是法律思维的最小单位"，而"法律概念翻译也是构成法律翻译最基本的要素"。[4] 法学语词、法律术语和法律概念具

---

[1] 参见赵令志《清代满汉合璧字辞书及其作用探析》，《满语研究》2009 年第 2 期，第 65—70 页。

[2] 俞江：《近代中国法学语词的形成与发展》，载中南财经政法大学法律史研究所编《中西法律传统（第一卷）》，中国法政大学出版社，2001 年，第 24 页。

[3] 参见屈文生《中国法律术语对外翻译面临的问题与成因反思——兼谈近年来我国法律术语译名规范化问题》，《中国翻译》2012 年第 6 期，第 68 页。

[4] 雍琦：《法律逻辑学》，法律出版社，2004 年，第 23 页。

有相通性，但定义的角度不同，都可以作为法律翻译的基本单位，也就是我们微观法律翻译方法论——法律译名方法论的研究对象。

　　研究中国的法律译名方法，首先必须了解其近代肇端的背景，那就是中国法学的语言环境是一个外来语世界，外来语构成了中国法学的主要常用术语。这是因为中国数千年的帝制时代奉行的法律传统和制度与西方法律文化之间存在巨大的差异，加之长期以来的闭关锁国政策，使得中国与西方的法律联系和互动非常有限。近代以来，随着西方势力的崛起和中国被动但无可选择地与西方交往，中国必须系统地引入西方的现代法律制度，这就需要引入一套西方的法律语言系统。然而，这一现代法律语言系统完全有别于当时中国本土的话语体系，以致当时的汉语"语言库存"根本无法提供足够的语汇来对应表达西方的法律概念，这就导致最早承担西方法律信息翻译的译者必须为汉语创造出一套能够承载西方法律概念的新语汇体系，并试图让当时的中国人理解和接受，此间所遭遇的困难可想而知。但正是在这一艰辛历程中，译者们摸索出大量法律译名的可行方法，形成了一个独特而富有创意的现代中文（汉语）法律词汇创制过程。

　　对于这一时期中国为了引入西方法律制度而创制中文法律词汇的过程，有学者曾经做过一段语言学理论上的总结：整个近代法律汉语语词的形成过程，就是用已有的汉语知识，对外语（主要是英语）原生词的意义进行说明或阐释，使原生词的概念有所凸现，继而在词义内化的基础上，择取阐释句的中心词作为新词的能指，并使原生词的概念比附在能指上，成为这些能指的所指，最终形成新的法学语词。[1] 如果剥离其中的理论色彩，这段话其实描述了西方法律语词汉化的一个基本脉络：

---

[1] 参见尹延安《传教士法学翻译的历史文化语境及其变迁》，《理论月刊》2008 年第 9 期，第 88 页。

在西方的法律概念最初被译介到中国时，译者普遍面临的困难是当时中国的既有语言缺乏与之对应并且含义相符的概念和词汇。在此情形下，为了达到译介的目的，就需要创制一个新的中文法律语言体系。创制的方法有多种，其中真正的"新创"，也就是创造出汉语中原本没有的新词，往往是译者首先用汉语描述和阐释其对原词在源法域中含义的理解，然后从阐释中抽取、提炼出一个核心汉语语词与之对应，并通过不断的教化、传播及使用，使二者在汉语使用者的思维中发生含义上的关联，继而形成与原词对应的专有中文法律名词，并最终固定下来。这应该是最初创制西方法律概念汉语译名最主要且最典型的方法和过程。当然，它并未涵盖早期法律译名的全部方法——据有的学者总结：早期外国法律术语进入中国时，"法律翻译者采用的翻译策略大概有描述法、音译法、严格的直译法、直译法、适度的直译法、半意译法、意译法以及转道日语的'移花接木法'等"[1]。但在笔者看来，这种说法是将译名和译文方法混同描述，缺乏应有的划分。

（二）历史经验总结

俞江教授曾经在一篇精彩的论文中将近代以来的中国法学语词的形成与发展分成三个基本阶段：以《华英字典》和《各国律例》为代表文本的感知阶段（1800—1860）；以罗布存德氏的《英华字典》系列为代表文本的整合阶段（1860—1900）；以第一批法学辞典为代表文本的改造和平衡阶段（1900—1911）。[2]

接下来，我们就根据现有史料，总结一下在中西法律交流的这几个

---

[1] 参见屈文生《汉译法律术语的渊源、差异与融合——以大陆及台港澳"四大法域"的立法术语为主要考察对象》，《学术界》2011年第11期，第53页。

[2] 俞江：《近代中国法学语词的形成与发展》，载中南财经政法大学法律史研究所编《中西法律传统（第一卷）》，中国政法大学出版社，2001年，第25页。

阶段，早期从事法律翻译的译者在缺乏本土对应术语的情况下，将外语和外域法律概念、术语引入和译成中文时所采取的主要译名方法：

1. 原词引入

主要是引入日语原词（日语当时被称为"东语"，即东洋之语，以示与西洋之语的区别）。

在西方早期的法律文化交往实践中，尤其是伴随着武力征服和殖民的过程，法律语言和制度文化也发生着强力或非强力的移植。在受体文化尚不存在植入文化的本土对应语言和概念的情况之下，作为应激的植入方式，受体语言往往采取直接保留植入语原词的方式来接收外域法律语言和概念，并通过不断的实施和教化过程，使异域法律术语融入本法域的法律语言，成为其组成部分。严格意义上讲，这或许不是一种法律语言的翻译过程，但却是法律文化的传播、移植和融合方式。11 世纪诺曼征服以后，英国在当时尚不成熟的英语法律语言中植入及保留拉丁语和法语法律术语就属于这种类型，至今其法律语言中仍然留有大量此类遗存，比如 bona fide、action in personem 等，体现了作为普通法基石的英国法自身发展历史中曾经融入的外来法律文化。这就是不同法系和法律文化之间相互移植和借鉴法律制度时在语言上留下的印记。

上面这种情况多发生在使用拉丁字母的语言之间。由于汉语并非表音文字，而是表意文字，如果直接保留拉丁化语言会显得不伦不类，也很难令中文读者发音、理解和接受。更何况，当时广大的中文读者也没有机会经历理解和接受这些外语原词渐进教化的过程。这或许就是清末中国大规模译介甚至移植西方法律时，尽管困难重重，但从未在译文中保留欧洲语言原词的主要原因。事实上，且不说西方文字，就是汉语社会被蒙古族和满族统治期间，这些民族语言也没有被主流汉语吸收。按照胡以鲁的观点，这是因为汉语"数千年来，自成大社会；其言语之特质，又独与外语异其类，有自然阻力若此。此借用语所以至今不发达于吾国也"[1]。

其实日语的情况也与此相似，同样存在着对拉丁语言的拒止，却独对汉语青睐有加。这当然也存在着历史传承的原因——在明治维新之前，中国一直是日本的文化母国，日本主要是通过中译书籍了解西方世界。一个很典型的例子是，据李贵连教授考证，丁韪良翻译的《万国公法》在中国刊版不久即在日本流传。由于其中俯拾皆为"权利"，故日本学者认为，日本借用了《万国公法》中的"权利"一词并应用在日语法律语言中。[2] 这也是日本在最初翻译西方法律文化过程中，为了克服日本语言文字的局限性而采取的"借中文之船出西方之海"的务实方法。到了明治维新，日本开始"脱亚入欧"，加速全面向西方学习，包括学习和借鉴西方的法律制度，并翻译了大量的西方（尤其是欧洲大陆法系的法国和德国）的法学著作和立法。由于当时日语本土词汇的局限性，以及日语和汉语之间在历史上长期形成的"亲缘性"，当时的日本学者借用了大量中文词汇翻译西方的法律概念。不过，他们在使用时大多已经摒弃了中文原有的含义，而是为其创造和赋予了新的含义和用法。从这个意义上讲，他们借用的其实是汉字而非汉语（中文）。据李贵连教授引述，研究中日文化交流的著名专家、日本早稻田大学教授实藤惠秀在考察中日两国文字时也指出，早在明治时代（1868—1911）以前，日本便已从中国学来汉字，但当日本直接从荷、英、法、德等国输入西洋新事物及新思想时，也不使用源语，而是借汉字径造新词汇。[3] 研究者指出，日本当初翻译西方法律时借用汉字创造新词以对应西方法律用语的方法大致可分为三类：一是纯用汉字构成，却又大多并非中国古代法学用词，

---

[1] 转引自李养龙、莫佳旋《20世纪初译名论战的现代解读》，《外语教学》2011年第32卷第3期，第108页。
[2] 参见李贵连《话说"权利"》，《北大法律评论》1998年第1卷第1辑，第122页。
[3] 同上，第122—123页。

而是借用汉字重构的新词，如"主权"、"民权"、"司法"、"宪法"等；二是借用中国古代法学用语，如："略取诱拐"、"诈伪取财"、"骂詈"、"弑亲"、"窃盗"等，被借用后含义基本不变；三是借用中国古代用语，但含义已不相同，如："民主"、"徒刑"等。[1] 据说，1886 年，日本知新社发行的《法日法律字汇》(『仏和法律字彙』) 收词约两千六百条，其中与汉字完全对应的有一千四百余条，如"Assureur"（保险人）、"Assuré"（被保险人）、"Code"（法典）、"Code Civil"（民法）、"Appel"（控诉）、"Abritrage"（仲裁），等等。[2] 这产生了一种特殊的现象，即日本仿照西方国家的法律制定本国法律时"使用了一套新的法律语言"，而这种新的法律语言又"汉字化"。[3]

中日之间这种语言和文化渊源，成为在这一历史时期两国先后引入西方法律体系时相互借助的桥梁。随着日本在明治维新之后的后来居上，日本早前借助汉语形成的现代法律语言资源，转成为中国清末借鉴和移植西方法律的模板和范本。20 世纪初年，晚清开始启动中国法律现代化改革，而日本法此时"成为中国采用西法的主要对象"[4]。诚如沈家本所说："今日法律之名词，其学说之最新者，大抵出于西方而译自东国。"[5] 事实上，"取法日本是沈家本主持晚清法律改革的重要思想之一"[6]。在这一"译

---

[1] 参见李贵连《二十世纪初期的中国法学（续）》，《中外法学》1997 年第 5 期，第 6 页。
[2] 参见陶静《中国近现代法学用语翻译》，《安徽农业大学学报（社会科学版）》2002 年第 2 期，第 122 页。
[3] 同上。
[4] 李贵连：《近代中国法律的变革与日本影响》，《比较法研究》1994 年第 8 卷第 1 期，第 24 页。
[5] 出自《沈寄簃先生遗书·寄簃文存》卷四，转引自屈文生《汉译法律术语的渊源、差异与融合——以大陆及台港澳"四大法域"的立法术语为主要考察对象》，《学术界》2011 年第 11 期，第 51 页。
[6] 李贵连：《近代中国法律的变革与日本影响》，《比较法研究》1994 年第 8 卷第 1 期，第 27 页。

自东国"的过程中，当时的中国译者开始大量借用"同洲同文"的日语中的汉字词汇，"引进"西方法律语言，从而构成日本不久之前"借船出海"的逆向过程，也算是"出口返销"。

显然，日本近代法律语言的汉字化，为当时的中国人借助这套语词体系引入西方法律制度提供了便利。中国最早翻译和研究日本近代法的清朝驻日公使馆参赞黄遵宪就是这种"拿来主义"的第一人。他在翻译日本的《治罪法》和《刑法》（当今日本通称为《旧刑法》）时，对于其中以汉字形式存在的新词，或直接使用，或稍加改造使用。对于那些没有日文假名连接，完全用汉字表述的术语，黄遵宪则采取拿来主义，全部照抄。面对这些直接拿来的新词语，当时的中国法学界虽非都能理解，但毫无疑问都能书写阅读。如日本《治罪法》和《旧刑法》中的"通则"、"高等法院"、"起诉"、"证据"、"公判"、"特赦"、"正犯"、"从犯"、"复权"、"法例"等词语，在黄遵宪的《刑法志》里都是原字照搬，直接使用。[1]

20 世纪初期的中国法学先辈紧步黄遵宪后尘，在较短时间里几乎把日本创制的法律新词全部输入中国。林乐知也是较早提出借用日译词来丰富汉语的人，他论述了汉语借用日译词的优势和益处——"且日本之文原祖中国，其译书则先于中国。彼等已几费酌度而后定此新名词，劳逸之分，亦已悬殊，何乐而不为乎？"[2] 王国维也主张日本译名中但凡可取的应尽量取之。他对"东语"法律术语的立场，也贯彻体现在他翻译出版的日本学者矶谷幸次郎的《法学通论》（商务印书馆，1902 年）之中。[3] 正因如此，有当代学者指出，20 世纪初期在中国的立法和法学

---

[1] 陶静：《中国近现代法学用语翻译》，《安徽农业大学学报（社会科学版）》2002 年第 2 期，第 122 页。

[2] 转引自卢明玉《晚清传教士林乐知的翻译与译论》，《北京交通大学学报（社会科学版）》2010 年第 2 期，第 127 页。

[3] 参见陈颐《清末民国时期法典翻译序说》，《法学》2013 年第 8 期，第 79 页。

教育中，对日本的法律新词根本就不是"译"而是"拿"。当然，有人对此也不认同，他们认为，诸如《刑法志》等译作并不是简单的拿来主义产物，通过译本分析，可以清晰地看出译者就不同的名词、术语、长短句等采用了不同的翻译策略，比如对于术语翻译的取舍，译者就有独到的原则，体现在对音读词[1]多采用原样照搬的方法，而对"立会"、"手续"等训读词则采取了拒绝的态度。此外，相对于有些日语原文，译者还采用了减译甚至不译的策略等。[2]这些争鸣体现出当代研究者对于历史经验的总结和借鉴，具有非常积极的意义。

无论如何，必须指出的是，这一代的译者在确定西方法律术语的译名问题上存在着两种颇显对立的观点和实践，一种是以严复为代表的"不凭依日语译名而喜自铸新词者"，另一种则是王国维等人提出的尽取日本译名而反对"以不适当之古语来表达西洋之新名"的翻译主张，[3]这也是不同的翻译观和方法论在西方法律术语译名上的集中体现和争鸣。从结果上讲，后一种观点占据了上风——当初袭用的日语译名在日后的汉语法学语言中得到普遍继承，很多已成为现代中国法学理论体系中的通行术语，以至当代研究者坦承：不懂得日本法学语词意思的人，不可能看懂1900年至1911年期间的法学文献，[4]而现今的中国人也已经不可能

---

[1] "音读"是接近中国汉字原音的、日本语化的汉字读音，即指在日语汉字读音的系统中，模仿中国古代汉字本来的读音，也称"字音"或"汉字音"。"训读"是指取汉字的字义而按日语的固有读法发音。参见霍国宏《日语汉字的音读与训读》，《内蒙古民族大学学报》2009年第6期，第16页。

[2] 吴苌弘：《翻译与中国近代法学语言变革——以黄遵宪译书为例》，《上海大学学报（社会科学版）》2018年第35卷第194号3期，第121—129页。

[3] 参见陈历幸《王国维与近代中国法学翻译事业的发端》，《中国政法大学学报》2011年第2期，第116页。

[4] 俞江：《近代中国法学语词的形成与发展》，载中南财经政法大学法律史研究所编《中西法律传统（第一卷）》，中国政法大学出版社，2001年，第40页。

不借助日译法律概念思考、讨论或写作法律问题了。[1]虽然严复当年创造的大多数新词，已在与这些日造新词的生存竞争中被淘汰，但他具有创造性的精神和勇气却值得我们钦佩和继承。而且，这种日语原词引入的方法导致当时中国使用的法律术语存在着"东语泛滥"之弊。仅1913年商务译书馆编译出版的《法国六法》与《德国六法》中，"东语"就随处可见。《法国六法》的勘校者邓建鹏教授指出，"受日本法律词汇影响的译法在诸如《法国民法》中比比皆是"[2]，并列举了如"言渡"、"假所有"、"相续人"、"假后见人"、"会社"、"假执行"等日语法律术语。《德国六法》的勘校者冷霞博士也指出："译本中比比皆是的大量用语事实上都是对日文汉字原封不动地照抄照搬，与现代汉语中的法律用语相去甚远。"[3]这些都显示了原词引入的翻译方法的历史局限性。

2. 音译

即根据西方法律术语在源语言中的发音，使用汉语中发音相似的文字，经过组合作为其译名。通常情况下，用于译音的汉字在该特定组合中不再保有其自身的原义。这种方法尤其适用于翻译外国的国名、地名和人名，并在汉语与其他语言的早期互译中很常用，可以说也是最偷懒的办法，是中国近代很多翻译理论家或实践者，在面对西方专有术语的翻译困难时经常采取的一种方式。比如章士钊在"译名"上就强调"音译之利"，主张"名为吾所固有者不论；吾无之，即径取欧文之音而译之"[4]。但是，这种方法存在很大的问题。

一是由于不同的翻译者对外来词语的发音有别，以致他们据以转换

---

[1] 俞江：《"法律"：语词一元化与概念无意义？——以〈法律探源〉中的"法"、"律"分立结构为立场》，《政法论坛》2009年第5期，第5页。
[2] 转引自陈颐《清末民国时期法典翻译序说》，《法学》2013年第8期，第78页。
[3] 同上。
[4] 见于章士钊《译名》一文，转引自陈福康《中国译学史》，上海外语教育出版社，2011年，第156页。

成的本土文字也不相同。

二是对于富有意义的外文术语或词汇，仅靠译音是无法揭示其内涵的。单纯使用音译，不仅无助于释义，有时甚至还会导致误解。比如香港早期曾有人将 barrister（出庭律师）和 solicitor（事务律师）音译成"巴律师"和"沙律师"，让人误以为是两个律师的姓氏。

三是一旦成为翻译困难时的偷巧依赖，便易失于泛滥。比如当年林则徐、魏源等人组织翻译《各国律例》《海国图志》时，由于找不到对应的中文用语，竟一律采用音译处理，将"high court of chancery"（大法官法院）音译为"占色利",将"court of common pleas"（高等民事法院）音译为"甘文布列"，将"court of assize and nisi prius"（巡回审判法院）音译为"阿西士庵尼西布来阿士"，将"court of general quarter session of the peace"（季度法院）音译为"依尼拉尔戈达些孙阿付厘比士"等。[1] 如今看来，难免引人失笑。因此，多数人还是主张翻译外文术语时应以义译为宜，胡以鲁也提出译名时应"决以意译为原则"[2]，反对在译名中过度使用音译的方法。

3. 音译辅以义译，或音译义译并用

由于音译法并不具有普遍适用性，对于一些比较抽象的名词，仅以音译是根本无法让中国读者理解其内涵的，因此也达不到翻译目的。比如，据王健教授考证，17—18 世纪初，罗马教皇就认为来华传教士将天主教教义中的"天地万物之主"的拉丁文 Deus 音译为中文的"陡斯"（或"斗斯"），在汉语里"用不成语"。于是，一些译者在对一些词语进行音译的同时，又在中文里寻找与之所指类似的相关词语加以解释。这实际

---

[1] 参见王健《沟通两个世界的法律意义》，中国政法大学出版社，2001 年，第 120 页。
[2] 转引自陈福康《中国译学史》，上海外语教育出版社，2011 年，第 162 页。

上是一种音译与义译结合的方法——"前者表其称呼,后者达其所指"[1]。据王健介绍,这类表述在《职方外纪》中有很多,如以"落日加"音译拉丁文的 logica,再释其义为"译言辩是非之法",也就是今天所说的逻辑学;以"费西加"音译拉丁文 physica 一词,再释其义为"译言察性理之道",即今天所说的自然科学;又以"默达费西加"音译拉丁文的 metaphysica 一词,释其义为"译言察性理",即今天所说的形而上学。另外,在《西学凡》一书里面,作者艾儒略（Giulio Aleni）又以音译与义译并用的方法来翻译拉丁文里的 leges 一词,将其音译为"勒义斯",义译为"法科",其义与今天所称的法科相同。[2]

4. 纯粹的义译

即根据异域法律概念在其本法域中的含义,选取译入语中最贴切地反映其内涵的文字创制本土译名。这就是我们前面提到的最主要、最典型的现代中文法律语词的创制方法,也是任何国家在最初传播和翻译其他法律体系不同语种的法律语言时必不可少的过程,而这种经义译创造出的译名要被本国法律文化和受众接受也必将经历一个沉淀过程,最终才能达到深入人心或者约定俗成的效果。

据笔者观察和概括,不论近代、现代,还是当代,这种"义译"方法也存在不同的表现形式：

（1）功能对应译名法

译者根据其对于原词在源法域中含义的理解,选取译语既有术语中与之最具相似性,尤其是功能上最具对应性的词语作为其译名。王健曾从构造现代法学概念的语言学角度,归纳过用中文表达西方法律概念的语言实践的几种主要方式,并认为其中"用固有汉字或汉字组合直接对

---

[1] 王健:《明清时期中西法律文化交流初探》,《华东政法大学学报》2001 年第 6 期,第 64 页。

[2] 同上,第 64—65 页。

应英文词汇"是现代中国法学用语产生的一个重要来源。[1] 这也是早期（明清时期）来华传教士为中西法律文化交流作出的艰苦而富有创造性的贡献。当时为了传教而苦习汉语的西方传教士，在向中国读者介绍西方文化时，为了最大限度地便利中国读者的理解，很自然地会试图从中文固有词汇里寻找意义接近或一致的对应词。从第一个来华的新教传教士英国人马礼逊（Robert Morrison）编写的《华英字典》，到德国籍基督教中华传道会传教士罗存德（Wilhelm Lobscheid）编写的《英华字典》，都是建立这样一个对应关系并使之牢固确立的产物。在这些双语字典里面，很多西方法律词汇都找到了中文对应词，例如在马氏《字典》里，"adopt"被译为"立嗣、立继、继嗣"，"code"被译为"律例"，"contract"被译为"立约、定约"，"divorce"被译为"出妻、休妻"，"company"被译为"公司"，"justice"被译为"义、公道"，"legal"被译为"照例的、合法"，"police officer"被译为"衙役"，"lawgiver"被译为"设律者、立法的"，"penal laws"被译为"刑法"，"precedent"被译为"援以为例"，"property"被译为"财、遗业、基业、祖业"，"tribunal"被译为"衙门"等等。[2]

笔者认为，更准确地说，这种译法不是用固有汉字或汉字组合对应英文词汇，而是使用既有的汉语词语或成语或当时的本土概念，根据其功能对应外文术语，因为单独的汉字或汉字组合本身尚不足以构成特定的法律含义。这种法律译名方法的重点还是在于借用已有的中文术语和汉语语汇表达西方的法律概念。例如前面提到的马氏《字典》里出现的"code"、"justice"、"police officer"均系西方法律概念，而作为其各自中文译名的"律例"、"义、公道"、"衙役"则属于中国当时本土文化和

---

[1] 参见王健《晚清法学新词的创制及其与日本的关系》，《南京大学学报（哲学·人文科学·社会科学）》2005 年第 42 卷第 6 期，第 102 页。
[2] 同上。

法律体制之下的既有术语。从当代的视角看，这些译名已经过时或并不准确，有些甚至本身的价值取向就存在错误（如将离婚译为"休妻"），违背了今天法律翻译的价值判断，但在当时，由于这种译法在不同语言和不同法系之间搭建起了一种在功能上的对应性或相似性，使得中国读者能够最大限度地理解完全陌生的外域法律概念，其历史意义仍值得肯定。这也是在不同法律文化交流初期，阶段性地解决法律翻译障碍的有效方法。这种方法与前面提及的利用译语法域原有的词语，但赋予其新的含义或丰富其原有内涵的翻译方法不同，因为它本身就是利用译语中既存术语的现实含义，将其按照最具关联度和相似性的原则与源语术语对应起来。

需要指出的是，这种功能对应也是有时效性的。随着时代的发展，中国本土法律语言也在不断更新，与时俱进。有时即便是原词在源法域中的内涵和功能都未改变，但如果中文对应用语和制度本身发生了改变，原有的译名也会被淘汰。比如在香港，judge 一词曾经被功能对应地翻译为"按察司"，但如今早已被"法官"一词所取代。[1]

（2）比附性译名法

这种比附性译名方法与功能性对应译名方法最大的区别在于，功能性对应适用于翻译对象在目标法域中存在着与源法域中在功能上具有可比性或相似性的概念或事物，比如中国的"律例"与西方的"法典"，但比附性翻译方法则不同，它往往适用于在目标法域中根本就不存在翻译对象在源法域中表达的概念或事物，只能策略性地抽取原词本意中的部分内核，将其比拟成（通常都是不恰当的）目标法域中具有一定程度

---

[1] 官名，是元朝（至元二十八年［1291］后改"肃政廉访司"）、明朝（改称"提刑按察使司"）、清朝（改称"按察使司"）三代设立在省一级的司法机构，主管一省的刑名、诉讼事务，同时也是中央监察机关都察院在地方的分支机构，对地方官员行使监察权。香港英治时期的法官也译为"按察司"。首席按察司相当于现在的首席法官。

近似性或比对性的事物，希图使目标法域的读者获得些许感性认识。比如 1819 年在马六甲出版的，由新教传教士编写的第一部汉文地理学通论《地理便童略传》，便将 jury、juror 译作"有名声的百姓"，或者还有人将其译为"衿耆"[1]、"绅董"等，这些即属典型的比附译法，因为当时的中国法律制度中根本不存在与之对应的机构或人员（现在仍然不存在）。还有，马礼逊将 privilege 一词比附为中国清代的"八议"制度；将西方的 court of justice 比附译为中国当时"六部"所代表的"衙门"[2]。这种比附译名今天看来十分荒谬，但确实易于当时中国的普通百姓对原词获得粗浅认知。事实上，"最早传入中国的第一批西方政法知识正是建立在这一基础上"的，它们"为中国读者有可能理解外国事物打开了一个别无选择的门径"。[3] 但这种貌似实非的比附译法往往存在谬误和失真，例如王健认为，马礼逊把 lawyer 直接比作中国的"书办"或"讼师"明显是错误的，因为据瞿同祖在《法律在中国社会中的作用》一文中考证，讼师在清代不是合法的职业，为官府所严禁，这就与西方世界中 lawyer（律师）这一职业的性质产生了严重的背离。[4]

（3）解释性译名法

正因为比附对应往往不能保证传播概念的准确性，"因而充满着沟通、理解上的危险"[5]。当翻译者意识到这种风险，又苦于无法找到更合适的对应词汇时，便会采取解释性译名法，也可称为"说明性翻译"或

---

[1] 美国传教士裨治文把它译为地方"衿耆"。参见王健《晚清法学新词的创制及其与日本的关系》，《南京大学学报（哲学·人文科学·社会科学）》2005 年第 42 卷第 6 期，第 104 页。
[2] 王健：《晚清法学新词的创制及其与日本的关系》，《南京大学学报（哲学·人文科学·社会科学）》2005 年第 42 卷第 6 期，第 102 页。
[3] 同上。
[4] 同上，第 104—105 页。
[5] 同上，第 102 页。

"描述性翻译",也就是通过对外法域的法律术语和概念给予阐释的方法,或者"借助一段描述提供相关的语境,试图揭示隐含在符号背后的、跟自己的生活经验有着或大或小差异的丰富的文化内涵"[1]。例如《各国律例》和《华英字典》都将 complain 翻译成"告诉委曲"或"心怀怨恨"[2],还有早期的译者根据 jury(决罪团)一词的内涵,结合本土概念将其释译为"论秉公议论词讼之绅",codifier(编纂者)一词被描述性译为"揆之于情、度之于理",而 politics(政治,政治学)也曾被解释性译为"国政之事、衙门之事"等。[3] 解释性翻译与功能性对应及比附性译法最大的区别在于,它不仅提供译名,而且对于中国社会和法律制度中根本不存在的外国事物和概念添加了说明、描述和解释,以便中国读者理解和领会其在源法域中的真实内涵。

(4)组合式译名法

还有一种义译方法是将功能对应、比附性与解释性译名方法按需结合起来使用。例如在马礼逊 1815 至 1823 年间编成并出版的三卷本《华英字典》中,他就对当时中国完全不存在的"jury"、"juror"进行了解释性翻译,既说明其在汉语里缺乏完全对应的概念和语词,又提出中国社会中的"乡绅"(country gentleman)有时候具有与"juror"类似的功能[4],这就是比附性与解释性译法的组合。当然,这种方法也可视为翻译与词典式释义的结合,或已不是严格意义上的译名了。

---

[1] 参见王健《晚清法学新词的创制及其与日本的关系》,《南京大学学报(哲学·人文科学·社会科学)》2005 年第 42 卷第 6 期,第 102 页。

[2] 俞江:《近代中国法学语词的形成与发展》,载中南财经政法大学法律史研究所编《中西法律传统(第一卷)》,中国政法大学出版社,2001 年,第 27 页。

[3] 尹延安:《传教士法学翻译的历史文化语境及其变迁》,《理论月刊》2008 年第 9 期,第 88 页。

[4] 参见王健《晚清法学新词的创制及其与日本的关系》,《南京大学学报(哲学·人文科学·社会科学)》2005 年第 42 卷第 6 期,第 104 页。

（5）新词创造译名法

最后，对于不同语言和不同法律体系之间相互缺乏参照物的事物和抽象概念，如果上述各种方法均无法达到翻译目的，那就只能通过创造本土法律新词的方式来初始构建它们之间的对应关系。应该说，相比于其他的译名方法，这种"新词创造译名法"是最困难、最具挑战性的。正如严复在他的《天演论》译例言中所说的，"一名之立，旬月踟蹰"，更诚如陈寅恪先生所言，"凡解释一字，即是作一部文化史"。但另一方面，这也是最具开创性的译名方法，它持续贯穿于中国法律翻译的整个发展历程中，对于中国人了解、引入和借鉴西方法律思想和文化起到了不可替代的重要作用——"两种语言对应关系的建立，为沟通彼此的意义世界创造了条件"[1]。

事实上，这种译名方法的构建及其难度并非中文的法律翻译所独有，它是任何一种语言在最初引入外法域和外语域的法律文化和制度概念时都必然面临的。据日本大槻文彦所著《箕作麟祥君传》描述，明治初年受日本政府委派翻译法国刑法、民法、商法、宪法等法律的著名学者箕作麟祥，为"径造法律新词"付出了大量苦心——"当时，法学仍然未开，麟祥君仍未通晓这门学问；没有参考书，没有字典，又缺乏指导老师；遇到疑难的词句，麟祥君惟有独自苦心钻研；……他不但苦无可用的译语，即使向那些汉学专家请教，亦毫无用处。……其他法律用语，例如'动产'、'不动产'……都是麟祥君辛苦推敲出来的"[2]。由此可以看出，当时日本的法律翻译先驱者在试图翻译西方法律概念并创造本土法律译名时，同样面临着巨大的困难。

这种新词创造译名法又有不同的表现形式，在笔者看来，主要包括：

---

[1] 王健：《晚清法学新词的创制及其与日本的关系》，《南京大学学报（哲学·人文科学·社会科学）》2005 年第 42 卷第 6 期，第 102 页。

[2] 转引自李贵连《话说"权利"》，《北大法律评论》1998 年第 1 期，第 123 页。

第一，利用本国现有的词语，赋予其新的含义或丰富其原有内涵。比如今天在法律中最为常见的"权利"一词，就是个典型的例证。前面介绍过，"权利"一词最早出于《荀子》和《史记》，但其原意与近代的"权利"之意完全不同。清同治年间，丁韪良受命汉译《万国公法》，将中国古代的"权利"一词赋予新意，使用在这部译作中，开启了近代"权利"之源。他在此后翻译的《公法便览》一书中，更是对"权利"一词作出了法律上的解释和界定。这种创造尽管都是译者在当时"不得已"的情况下借用古代汉字表述"汉文所难达之意"，却为近代中国开辟出一条法律译名之路。虽然曾一度因其含意与古代用法迥然不同，致使当时的读者"初见多不入目"，但经此滥觞及之后的不断使用，清末法律和民国立法都继承了这种用法。[1] 必须指出的是，这种译名方法具有特殊的历史背景，现在已经很少应用。

第二，完全没有既存概念和成例，或者完全摒弃既有译法的新创。这种译名法充分结合了译者对原词在源法域中核心内涵的理解和对译入法域译语的语言理解及词汇选择。这种译名创造也是最具有开创性的。在笔者看来，这种新创的动机源自译者实在无法从译语体系中找到与翻译对象在源语中的真实含义相对应的既有概念和语汇，又不愿意采取比附译法来附会或采用阐释方法来句解冗述。这种译名方法对译者的要求非常高，因为它要求译者必须对译入法域中并不存在的外域法律概念有深刻的理解，熟知其在源法域中的内涵，同时又要熟稔译入法域的法律制度文化，并对译入语的语言文字有充分的掌握。曾任北京同文馆英语教习的傅兰雅在《江南制造总局翻译西书事略》中就曾提出要按照汉字构字法另创新字[2]，以期创造出既恰如其分，又能深刻揭示翻译对象内

---

[1] 参见李贵连《话说"权利"》，《北大法律评论》1998年第1期，第123页。
[2] 参见尹延安《来华传教士翻译史钩沉：〈中国译学大辞典〉的考察——兼论辞典相关条目的完善》，《辞书研究》2012年第4期，第59页。

涵，同时还易于译语读者接受和理解的新创术语。比如将英美法系中的 consideration 一词根据其源生法律含义理解为"构成合约的原因"，进而浓缩译为"约因"[1]一词。

在这种译名新创过程中，译者无法因循既有，又没有先例可鉴，因此其创造性的贡献也是最大的。严复等先驱就曾在早期翻译西方法律作品的过程中进行过大量此类创造，早期的西方传教士们也为此作出过重要贡献。比如，普鲁士传教士郭实腊（Karl Friedrich August Gützlaff）在其编纂出版的《东西洋考每月统记传》1838 年 3 月号上刊出的《自主之理》一文中，在介绍英国 jury 制度时将 jury、juror 译作"副审良民"[2]，即属新创译名。

此外，香港在回归过程中进行的英文立法（主要沿用英国的普通法）"汉化"时，也新创了很多中文法律语言中原先并不存在的译名，比如将 freehold estate 译为"永久产业权"，将 leasehold estate 译为"批租产业权"等，姑且不论其准确性如何，它们对于丰富译语法律语库的确起到了重要的作用。

第三，译者提取外域法律术语在本语域中既有译名的合理内核，经过增补、修正、组合而成新的译名。这种组合修正的译名方法既不是纯粹的新造或为固有语言注入新义，也不照搬既有译法，而是基于译者对外国法律术语在源法系项下含义的自有理解，对既有译名补充修正或分拆组合，达致更贴切而精炼的译名。如果前面的新创译名可以喻为发明创造的话，这种方法则可以喻为实用新型。这种译法针对和适用的往往是那些译入法域中的单个固有术语不足以完全和充分揭示外域术语的全

---

[1] 曹永强：《法律英语解构》，载陆文慧主编《法律翻译——从实践出发》，法律出版社，2004 年，第 69 页。现在实践中更多译为"对价"。

[2] 参见胡兆云《晚清以来 Jury、Juror 汉译考察与辨误》，《外语与外语教学》2009 年第 1 期，第 47 页。

部内涵，只有经过补充、修正、更新或组合后才能作为准确译名的情形。比如笔者曾经在《评析"环境衡平正义"》[1]一文中根据最早出现在美国的 environmental justice 的完整内涵，修正国内此前常用的"环境正义"的译法，将这一术语的中文译名充实、扩展为"环境衡平正义"；又如，香港法例在翻译普通法中的 possession 一词时就组合提炼了"管理和拥有"这两个既有的中文语汇，新造出"管有"这一译名。[2]

第四，参照既有的译名或习惯表述，通过替换其中的某些组成成分而使之成为一个新的术语译名。比如法律术语的通名确定以后，通过替换不同的专名形成新的译名，就是一种替换新创的方法。

尽管历代译者创造和积累了如此多的方法，但法律译名之难仍难尽数，且历尽波折，不啻为近代中国法律现代化荆棘之路的历史缩影。李贵连曾经在《〈法国民法典〉的三个中文译本》[3]一文中对比过《法国民法典》在前后跨越百年时间里的三部中译本，从 1880 年同文馆聚珍版刊行的法国人毕利干翻译的《法国律例·民律》（简称"同文馆译本"），到宣统年间修订法律馆翻译印刷的《法兰西民法正文》（简称"法律馆译本"），再到 1979 年商务印书馆单本印行的由我国著名法学家李浩培等人合译的《法国民法典（拿破仑法典）》（简称"商务馆译本"）。三者"不仅风格不同，文字亦多有歧异"，体现了法律译名技术的艰辛演进。我们仅从一个译例即可见其大略：《法国民法典》开篇第一卷"persons"最初在同文馆译本中被译为"论举国生众并论有可得例应系法人分中可获者"，诘屈聱牙，不知所云；三十年后的法律馆译本将其译名修订为"人

---

[1] 权睿学、范小玲：《评析"环境衡平正义"》，《环境保护》2004 年第 10 期，第 60—63 页。

[2] 参见曹永强《法律英语解构》，载陆文慧主编《法律翻译——从实践出发》，法律出版社，2004 年，第 70 页。

[3] 李贵连：《〈法国民法典〉的三个中文译本》，《比较法研究》1993 年第 7 卷第 1 期，第 86—99 页。

事",已初具现代法律属性;相隔整整一个世纪的商务馆译本才终于将其译名进化为现代民法意义上的"人"。一名之立,历时百年,法律译名之难可见一斑。

在这种艰难的译名过程中,臆造或误译在所难免。与一般语言不同的是,法律概念所描述的对象大多不是"自然物"而是"人为物",往往没有具象的现实物体作为参照,多是人为确定的抽象词语或词组,如"物权"、"违约"、"时效"、"侵权行为"等。这些术语带有很强的法域特征,致使源语和译语中的概念和词汇难以匹配且往往在翻译过程中发生词义的冗余和亏损。当一些外域抽象法律概念最初被引入中文世界时,由于历史和文化的局限性,当时的译者在缺乏准确理解的情况下臆造出一些本身并不科学甚至是错误的译名也就无可避免了。这种错误的译法有些随着时代的进步已被摒弃,比如以"爵房"和"乡绅房"作为英国国会上议院和下议院的译法早已不再使用,但有些译名则约定俗成、将错就错地被保留下来,并已为本土民众所接受,比如香港人最初将 barrister 翻译成"大律师"并沿用至今就是个典型的例证。尽管现在人们已经明白,barrister 相对 solicitor 而言是专司出庭诉务的律师类别,与资质级别高低、经验多寡、能力大小无关,但由于"大律师"这一称谓已在香港长期使用,且被当地民众普遍接受,不至引发误解,遂被官方词典正式采用而得以保留。

正因为历史上形成的很多法律译名由于历史局限性难免存在谬误,今天的法律翻译工作者在使用时务须审慎辨识,不可简单继受。如遇误译,应予纠正并确定更准确的译名,这也是当代译者的历史担当和使命所在。事实上,很多研究者和实践者已经为此作出了卓有成效的努力。比如,厦门大学胡兆云教授曾专门撰文指出,国内长期以来将英文 juror 和 jury 译为"陪审员"和"陪审团"属于误译,因为这些人有"判决"(认定犯罪与否)的权力,绝不是陪衬。同时,这些人并不"审"案,也就是不能在法庭上发问而只能听，然后作出被告人（嫌疑人）是否构成犯罪的集体认定，故而胡教授建议将之分别译为"决认员"和"决认团"。无独有偶，美国北卡罗来纳大学赵心树教授基于 jury 和 juror 在英美等国的司法实践中既不"陪"也不"审"，但可对嫌疑人是否犯罪作出决断的功能将其分别译作"判决团"和"判决员"，后来又修订为"决罪团"和"决罪员"。[1] 这些修正译名更准确地揭示了外国法律概念的真实内涵，而这些努力也正是中国法律翻译不断发展和自我修正的充分体现。

但另一方面，必须承认的是，习惯势力往往难以克服，有些误译业已深入人心，甚至已被官方用语采纳，改之颇难。这应该就是林乐知当年所说的"虽不确当而相沿已久，遂不复易者"。同时，我们也应该意识到，对于一些抽象法律名词而言，在某种程度上，最初的译名其实无所谓对错——它们无非在本法域的语种语言中为外法域的外语法律概念设定了一个对应符号而已。从法律文化传播和移植的角度来看，真正重要的还是通过对外来抽象概念的解读、教化、传播和应用，让本域民众理解符号背后的内涵。就好像专司出庭的讼务律师是否被称为"大律师"其实并不重要，也无所谓对错，那无非只是一个代号而已，重要的是让本土民众知道这种代号背后所代表的此类律师的功用和职责。这样的目的并非仅靠翻译来实现，而是必须通过制度移植后对这些外域概念在本土日常生活中的长期普及。毕竟，翻译只是一种手段，法律翻译的终极目的在于便利和促进不同法律思想、文化之间的传播和交流，以及法律制度间的相互借鉴和移植。故此，对待历史演进过程中形成的法律译名，我们应该采取一种辩证态度，既要仔细辨析和审慎校正，又没有必要过度渲染任何误译或臆造给法律翻译实践造成的障碍，以致为有些人提出

---

[1] 参见胡兆云《晚清以来 Jury、Juror 汉译考察与辨误》，《外语与外语教学》2009 年第 1 期，第 48 页。

跨法系法律概念不可译的主张提供借口。

通过上述梳理可见，正是经过一代代法律翻译先驱和实践者不断的开创性努力，以及现代汉语的不断发展与完善，现代汉语语库中已经积累了大量西方现代法律用语的中文译名（尽管有些并不准确），使得今天的中国法律语言已经能够较为自如地对接西方法律体系和制度，为中国与世界各国交流法律思想和文化、借鉴和移植法律制度提供了初步条件。同时，由于中外法律交流深度和广度的不断拓展，以及新生法律制度和事物的不断涌现，法律译名的历程永远不会终止，反而会随之不断面临新的挑战。今天，法律译名不仅要适应新的时代要求，而且要清欠历史遗留的负债。这为我们总结和构建法律译名方法论，提升现代中国法律翻译的整体水平，无疑提出了新的历史要求和迫切的时代任务。

（三）当代中国法律译名实践的理论思考

在法律译名方面，就笔者研究所见，在近年来具有方法论高度并提供实证分析的研究成果中，比较典型的有北京大学法学院的傅郁林教授撰写的《法律术语的翻译与法律概念的解释》一文（简称"傅文"）[1]。傅文以具体法律学科的比较法研究为视角，关注译名方法给法律概念解释造成的困惑，并讨论了法律术语的翻译对以法律移植为主要立法渊源的现代中国所具有的特别意义，其中提出的几个重要观点非常值得我们在研究法律译名方法论时予以关注。

傅文首先提出，法律概念是法律制度的载体。用译入法系的本土法律术语对译源法系的法律术语，意味着把不完全相同的两种制度牵强地叠合在一起。即使二者所代表的制度内涵有着共同的精魂，细微的差别

---

[1] 傅郁林：《法律术语的翻译与法律概念的解释——以海上货物留置权的翻译和解释为例》，《北大法律评论》1999年第1期，第251—266页。

仍可能影响制度移植的功能。这开宗明义地指出了法律概念翻译的重要性，以及跨法系（域）翻译法律术语时存在的固有难题。

傅文进而指出，法律术语的翻译在法律移植中的意义远非文字技巧问题。它直接决定着法律概念能否作为制度移植的载体，准确、完整地传达立法者移植某项制度时的意图。也就是说，一国的立法者在移植某项外国法律制度时，能否按其立法意图继受外国制度的内涵并充分体现其制度功能，很大程度上取决于该国对外国法律概念的翻译方法。这就将术语翻译（即我们所说的法律术语的译名）的功能和作用提升到事关不同法系之间法律制度移植的高度，因此更需要在翻译观和方法论上予以充分重视。

傅文提出，我国法律专家向来对于将英美法系中的法律术语译成汉语引入隶属大陆法系的中国（内地）十分重视。与此相关的译名方法综合起来大概分为两大"派论"：

第一种观点认为，应将英美法的概念用语纳入中国既有的法律体系，使之与中国现行法律概念用语相契合，即主张统一用译入法系的相应概念来表示功能相同或相近的源法系概念及其所代表的制度。这种观点源于当代大陆法系民商法研究的代表人物，中国台湾的著名民法学家王泽鉴先生。[1] 傅文将这种方法称为"制度功能对译法"或"功能译法"。

第二种观点则认为，仅凭一两个相同之处就把一个法律体系中的术语与另一个法律体系中的术语画上等号，其实是很难把术语在一个体系中的意义带入另一个体系中去的，因而主张，只有当两个概念之间的差异在任何情况下都不具有重要意义时才可以等同使用，否则宁可"生造词语"作为外法系法律概念的本土译名。[2] 持这种观点的代表性人物是

---

[1] 参见王泽鉴《附条件买卖买受人之期待权》，载《民法学说与判例研究 第 1 册》，中国政法大学出版社，1998 年，第 130 页。
[2] 参见何美欢《香港合同法》（上册），北京大学出版社，1995 年，第 3 页。

深具普通法教育背景的香港资深教授何美欢。傅文将这种方法称为"概念内涵直译法"或"文义译法"。

傅文认为，"功能译法"的弊端在于，它把一个体系中的术语的内涵强加于另一个体系的术语内涵之中，或将导致源词概念内涵的遗落，或将导致其内涵的增衍，实际上造成了对所移植制度规范的任意缩小解释或扩大解释。如果按此译法将外来法律概念译为我国已有固定内涵的法律术语，使之顺理成章地被纳入我国现行制度体系，将很有可能改变该制度与母体的渊源关系，以致本国学者进行比较法解释时常常会"陷入异化概念的陷阱找不到出口"。在信息不全的情况下，司法实践也只能牵强附会地套用我国现有的制度概念去解释外来制度，直接影响对特定法律规范内涵的理解及其制度功能的发挥。为了防止出现这种现象，傅文认为"文义译法"更符合法律术语翻译的内在要求，因为能够尽可能客观地表达源法系法律概念所代表的制度内涵。对于我国现行法律体系中没有相应制度的外法系概念，采用"直译生造词语"，反而更容易提供寻找法源的线索。

当然，采用何种方法翻译要视具体情况而定。针对王泽鉴反对将"个别法规定之基本概念皆因循其所继受国家之法律理论"，而是应该"设法使之与（本国）整个体系相配合，融为一体"，使一国法律的有机体内"部分与整体调和，以实现其规范之功能"的主张，[1] 傅文以《中华人民共和国海商法》为例指出，我国海商法移植追求的是海商法制度自成体系，甚至各具体制度自成一体，因而其中的个别概念若要与整个体系配合、融合，应当首先考虑与海商法的相关制度协调，构成完整的功能体系。如果为了与本国既有的民商制度概念一致而牵强地采取概念对译，

---

[1] 参见王泽鉴《附条件买卖买受人之期待权》，载《民法学说与判例研究 第 1 册》，中国政法大学出版社，1998 年，第 130 页。

则破坏了海商法内的部分与整体的调和关系，影响法律规范功能的实现。这种观点脱离了过去孤立的和单一的译名视域，强调了系统性、融合性和对于译入法域法律制度体系整体功能的关注，无疑是现代法律译名方法论的重要进步。

傅文进一步指出，无论如何选择翻译方法，法律概念作为"部分"都难以同时兼顾与本源制度体系"整体"和本土制度体系"整体"的协调关系。因此，讨论法律术语的翻译方法对法律解释和理论研究的意义主要在于：当我们对移植的法律术语及其代表的法律制度进行解释时，切不可忘记这些术语并不一定反映了制度的原貌，术语的内涵有时只是由译者确定的——表面上完全相同的概念所代表的制度可能不完全相同；而表面上毫不相干的概念之间，实际上却可能存在着某种制度联系。所以，即使主张把英美法术语纳入我国概念体系的学者也特别强调要"通过解释途径"翻译，否则会造成望文生义，穿凿附会。换一个角度说，如果在法律适用和理论研究中都意识到这个问题，那么讨论用什么方法来翻译法律术语其实没有意义，因为术语本身不过是一种文字符号而已，它并不等于法律制度本身，制度的内涵是通过解释途径附于这个符号之上的。这与笔者在前面提出的观点不谋而合。基于这种认识，傅文创见性地提出了"概念还原解释法"这种译名方法，期图解决移植过来的制度在概念特征与制度功能之间的种种矛盾。提出这一方法的动因在于：一方面，法律术语的翻译作为法律制度移植的方法具有不可避免的内在缺陷，本土译名所代表的法律制度在移植过程中可能发生增衍或遗漏；但另一方面，法律移植又是我国制定法律的一种主要方式，使得我们对于翻译外来法律概念别无选择。化解这对矛盾、弥补这种缺陷的途径是比较法解释，其目的在于"将外国立法例及判例学说作为一种解释因素，以求正确阐释本国现有法律规范之意义内容"[1]。在此解释的过程中，应当深入分析和认识我国法律制度与所继受的外国立法例之间的渊源关系，把特定概念的内涵及其法律特征还原到所继受的外国法中，以最大限度地寻求对法律概念作出准确、完整、合乎逻辑的比较法解释。当然，其首要步骤将是准确无误地找到法律概念赖以产生的"祖籍"。

应该说，傅文以中国法律制度移植特定的英美法系术语和概念及其代表的法律制度为实证考察基础，不仅揭示了中国法律译名实践中最为核心的矛盾，也对比分析了不同术语翻译思路和方法（即译名方法）的利弊。同时，基于比较法解释的思路，强调探究不同法系在相同的概念标签下隐藏的制度差异，并提出"概念还原解释法"，都是具有高度学术洞见的，对于我们构建当代法律译名方法论具有重要启示。当然，其观点具有特定的适用对象，并且所谓"文义译法"的命名是否妥当，将"概念内涵直译法"等同于"文义译法"是否存在矛盾等还值得商榷。

（四）当代中国法律译名的现状

傅文仅举中国海商法中海上货物留置权制度所涉术语翻译一例，即已证明法律译名的关键性和困难度——"这一制度在适用中产生的种种分歧都可以归咎于术语翻译"[2]——实在不能不引发我们对于当代法律译名现状的强烈关切。推而广之，随着西学东渐，大量外来术语涌进中国，术语翻译已经成为中国当代学术语言建设的关键，"尤其是那些具有重大意义的关键性术语一旦进入中文，常常会产生连锁反应，引起中国学术用语的相应变化"，而"这些术语有的译得比较准确，有的却似是而非，

---

[1] 梁慧星：《民法解释学》，中国政法大学出版社，1995 年，第 234 页。
[2] 傅郁林：《法律术语的翻译与法律概念的解释——以海上货物留置权的翻译和解释为例》，《北大法律评论》1999 年第 1 期，第 251 页。

有的则根本就是错的"。[1] 面对这种泥沙俱下的术语翻译潮流，中国学术界的有识之士早已深感忧虑，不断疾呼术语翻译的至关重要，防止错误翻译的术语破坏本民族语言的规范性，"甚而至于喧宾夺主，迫使汉语的某些术语改变自己的本意而屈从于外来术语强加的内涵与外延"，及至引发学术思想和观念混乱，可见"一名之立，可谓影响深远，绝不容小视"。[2] 具体到法律术语的翻译现状，贵州大学外语系谯绍萍教授曾在《我国英汉词典法学术语译名问题》一文[3]中指出，经通读20世纪70—90年代我国出版的几部颇具影响的英汉词典，他发现，其中收选的法学术语在一千个以上，而译名不确或失误的居然多达四百余处，涉及对应词不当、对原文释义的核心部分认识有误、概念混淆、以偏概全、译名与注释混杂、词义区分不清等诸多问题。此外，被业界称为"指谬专家"的上海大学法学院终身教授陈忠诚，更是在几十年间发表了大量文章指摘当前国内法律翻译中的无数舛误，甚至愤怒地感叹"社科（法学）学报标题英译之质量实在太差了"且英译之积疾仍无根本改变。[4]

不仅如此，目前的法律译名中还存在着译名不统一的问题，在相当程度上导致了学术混乱，已经引发学界重视和忧虑。刘法公在《论实现

---

[1] 辜正坤:《外来术语翻译与中国学术问题》,《中国翻译》1998年第35号第6期,第17页。
[2] 同上。
[3] 谯绍萍:《我国英汉词典法学术语译名问题》,《贵州民族大学学报（哲学社会科学版）》2001年第3期,第49—51页。
[4] 参见陈忠诚《社科（法学）学报标题英译错误举隅》,《时代法学》2009年第01期,121—123页;陈忠诚:《法学社科刊物标题英译违规实录——英译程序违规个案调查,以〈中国司法〉为例》,《时代法学》2008年第01期,第122—123页;陈忠诚:《新世纪法学文章篇目英译之顽症》,《华东政法学院学报》2005年第04期,第102—104页;陈忠诚:《〈新时代汉英大词典〉法律用语英译错误例说》,《上海政法学院学报（法治丛）》2005年第16卷第3期,第93—94页;胡波:《法学学报论文标题英译指谬——基于陈忠诚相关论文的研究》,《湖北文理学院学报》2016年第37期,第81页;等等。

法律法规术语汉英译名统一的四种方法》[1]一文（简称"刘文"）中提出，经研究发现，汉英法律法规翻译中最严重的问题之一就是术语的译名不统一。从实证分析的角度，刘文把《涉外经济法律手册》[2]中的中国法律英译本与其他英译版本相对照，找出不少违反译名统一的实例。刘文认为中文法律术语的英译名"多元化"情况非常普遍，其中仅"涉外民事关系"就存在数种不同的英译名，包括 civil relations with foreigners（《涉外经济法律手册》）、civil relations with foreign elements（《汉英法律词典》[3]）、foreign civil relation（《国际私法》英文版），以及 foreign-related civil relations（《中国涉外民事法律关系法律适用法》万律数据库权威翻译版本）等，而"民事权利"这一最为常见的中文法律术语也存在着 rights、civil right、civil rights、private rights 等多种英译名。[4]同一概念，在四个文件中就有四个不同的译名，以致刘文认为，英语读者见到这些不同的译名后必定会困惑不解，无法确定它们传递的信息是否"完全等值"。这种同一术语多译名的现象不仅严重影响着中国法律汉英翻译的"一致性"，也严重损害了中国法律的严肃性和法律适用的权威性。

近年来，中国法律翻译理论界多次召开学术研讨会热议法律术语译名统一与规范化问题，全国哲学社会科学规划办公室也资助了《法律术语译名统一与规范化研究》的项目。[5]中国社会科学院法学所还专门成立了法学名词审定委员会推进中国内地的法律术语标准化工作，但到本

---

[1] 刘法公：《论实现法律法规术语汉英译名统一的四种方法》，《中国翻译》2013年第6期，第82—86页。
[2] 国务院：《涉外经济法律手册》，法律出版社，1997年。
[3] 杨鸣镝：《汉英法律词典》，外文出版社，1995年。
[4] 参见刘法公《论实现法律法规术语汉英译名统一的四种方法》，《中国翻译》2013年第6期，第83页。
[5] 参见屈文生《汉译法律术语的渊源、差异与融合——以大陆及台港澳"四大法域"的立法术语为主要考察对象》，《学术界》2011年第11期，第60页。

书脱稿时为止该委员会仍未公布经审定的法学名词表。[1]这固然令人遗憾，但也可见这项工作的难度。这充分体现出中国大陆关于法律术语译名统一与规范化的研究成果在总体上仍然不足，相关的法律术语译名表和词典的编纂工作还须获得更多的重视。[2]总之，我国法律领域专业术语译名（包括外国法律术语的中文译名和中国法律术语的外语译名）的规范化工作仍然任重道远，这就是当代中国法律译名的现状。

诚然，从静态的观点看，或许正如贺麟先生在其《译名论集》序中所说的，"译名的统一只能是相对的，而非绝对的。译名的完全统一，这只能是一种理想的观念"[3]。但作为当代法律译者，我们必须以积极主动的态度，为实现法律术语译名的确立、规范和统一作出努力。我们研究法律翻译观和译名方法论，就是旨在于法律科学领域改变法律译名歧误和混乱的局面，为学界和译界树立科学的译名观念、方法体系和指导原则，使法律译名有法可依、有章可循，逐步走向规范和统一。

---

[1] 一些法学术语和名词散见于其他科学技术领域的名词表中，比如 option contract 被译为"期权合同"，出现在审定公布的《电力名词（第二版）》中，相关信息可参见全国科学技术名词审定委员会官方网站（http://www.cnctst.cn）。当然，术语标准化工作并不仅仅涉及外语术语的翻译，也是在更广泛的领域统一中文术语的含义和表达。

[2] 参见屈文生《汉译法律术语的渊源、差异与融合——以大陆及台港澳"四大法域"的立法术语为主要考察对象》，《学术界》2011 年第 11 期，第 60 页。

[3] 引自李养龙、莫佳旋《20 世纪初译名论战的现代解读》，《外语教学》2011 年第 32 卷第 3 期，第 109 页。

第二节 宏观视角——"译文"理论与实践

上面我们从微观层面回顾和总结了中国近代以来摸索和创造出来的法律译名理论与实践经验，其中很多至今仍然被应用在法律翻译实践中。接下来，我们将审视和关注的视角从法律术语和词汇拓展到以语篇集合形式存在并具有逻辑结构和语境应用的法律作品，使我们对法律翻译方法的研究从微观转向宏观，从译字、译词、译术语、译概念层面上升到译文、译书、译语境、译义理的层面。

我们之所以将译名与译文作为两种不同的方法论研究对象，就是旨在强调二者在方法论上的区别。这种区别首先体现在译名与译文的对象上——它们针对不同的翻译单位，前者以语词、术语为翻译单位，后者则以语句、语段、语篇、著作为翻译单位。当语词、术语被按照一定的逻辑结构并遵循语法和修辞规则组合便构成语句，进而集合成为语段、语篇至于完整的著作，由此构成具体的上下文联系和特定的语境设置，用以承载更加丰富的文化内涵，表达更加完整的主题思想和意旨。与之对应，对于翻译方法的要求，也就从对单一术语的内涵、外延、功能、渊源的揭示，上升到对整体篇章宏观意旨的呈现和对作品功能的实现，并且译文中必然涉及句法组合、语法规则、修辞手法、语境意识和行文逻辑等译名方法无须或较少涉及的因素，二者遵循的是不同的方法论体系。可见，法律译名方法固然重要，但不足以满足译文的需要，对单个法律语词、概念和术语的翻译尚不足以完成法律翻译的全部使命，因此我们必须将对于法律翻译方法论的研究从微观视角拓展到宏观层面。同时，这种方法论体系的划分也体现了我们对历史上曾经存在于单一方法体系下的逐字、逐词硬译，然后机械堆积垒砌成文的僵化译文方法的明确摒弃。当然，二者在方法论构建的基本思路上也存在共性，譬如都注重辩证施策、严谨灵活的思维方法，都关注文化信息、语境信息对翻译对象含义的影响。

接下来，让我们开始考察宏观翻译方法的演进历程（主要关注译文方法，但其中也难免涉及译名方法），还是采取从通用到专业、从中国到西方世界的考察路径。

一、中国通用译文方法的简要历史考察

应该说，翻译方法及其论争是翻译理论与实践与生俱来的根本性问题，是翻译方法论的核心问题，不仅遍及各个语种，而且普遍存在于一切翻译领域，中国传统译论亦不例外。正如有人指出的，"我国翻译界的理论论争，基本上都是围绕两个问题进行的，一是关于翻译的标准，一是关于翻译的方法。前者多围绕严复提出的'信、达、雅'而展开，后者主要是关于直译和意译的争论"[1]。近年来，在翻译策略和理念问题上又增加了归化与异化的争论。当然，这只是一个极其粗略的概括，中国翻译理论界在百年历史上的论争议题远不止于此，还包括由"信达雅"演化而来的"准确、通顺、易懂"三准则的是与非、"和信顺"之争、文化背景问题、风格的翻译问题，等等。[2]

进入 21 世纪，随着国际翻译理论的发展和输入，中国译界更是出现了大量新的理论思潮和讨论，远不再限于对这几个传统议题的论争。但从历史考察的角度，我们还是围绕这几个最具有代表性的问题展开，其中关于翻译标准的问题，我们已经在翻译观一章中深入讨论过，这里只重点谈谈翻译方法上的直译与意译之争，以及翻译策略和理念上的归化与异化之论。

---

[1] 惠宇：《是直译，还是意译？》，《外语教学》1998 年第 1 期，第 46—50 页。
[2] 参见冯世则《忠实于何？——百年来翻译理论论战若干问题的再思考》，《国际社会科学杂志》1994 年第 1 期，第 103 页。

（一）直译和意译

翻译究竟应该采取直译还是意译的方法，是中国翻译界自近代以来针对翻译方法最常讨论甚或争论的一个话题，招惹过无数口水战。按照通说，我国历史上（五四运动以前）曾出现过三次翻译高潮，即东汉至唐宋的佛经翻译、明末清初的科技翻译和鸦片战争以后的西学翻译，而"每次翻译高潮中都伴随着翻译方法之争，说到底就是直译、意译之争"[1]，而且"近代翻译史上，这场论战持续最久"[2]。事实上，翻译中的直、意之争直到今天仍然不绝于耳。

那么，究竟何谓"直译"，何谓"意译"？二者区别在哪，所争为何？陈福康先生在其 2006 年出版的《中国译学理论史稿》及 2011 年修订出版的《中国译学史》中，对此进行了翔实的历史考证。据称，我国的翻译事业始于佛经翻译，但当时并无直译与意译的说法，而是"质"（也称"朴"，即紧扣原文，不增不减，尽量保留原文语言的特点，甚至包括不符合汉语表达方式和写作特点的成分）与"文"（也称"饰"、"巧"，指"辞采"，即修饰译文，使之通达，尽量使译文接近汉语的语言习惯）两派之争。梁启超认为这就是现代所说的直译与意译之分[3]，但也有人认为，质、文不仅可指翻译方法，更多是指翻译风格、文体等，而今天所说的直译、意译则单指翻译方法，因此反对将质、文与直译、意译相等

---

[1] 伦淑新：《直译与意译浅析》，《中国校外教育》2007 年第 11 期，第 70 页。

[2] 冯世则：《忠实于何？——百年来翻译理论论战若干问题的再思考》，《国际社会科学杂志》1994 年第 1 期，第 106 页。

[3] 梁启超在 1921 年 7 月 15 日《改造》第 3 卷第 11 号上登载的《翻译文学与佛典》一文中指出："好文好质，隐表南北气分之殊，虽谓直译、意译两派，自汉代已对峙焉可耳。"梁启超在其《中国佛教史》一文中评价东晋、前秦时期道安的译经方法主张时也提到"乃其论译事，务主质朴。质而言之，则安殆主张直译之人也"。转引自胡晨飞《"直译""意译"之历史溯源与理论界说》，《英语研究》2009 年第 1 期，第 52 页。

同[1]。

至于直译和意译这两个相对相应、相反相成的概念最早是由谁提出来的，我们并没有看到准确的考证。按照冯世则先生的说法，大约是在严复的最后一个译本于1914年问世之后[2]，可见由此展开的理论争鸣应该始于20世纪初，尤其是20年代前后中国进入新文化运动以后，迄今已逾百年。按照周建人的说法："差不多在白话文与文言文发生争论的同时，译文里还有直译与意译的争论。"[3] 当时，为了译介西方（主要是欧洲，也包括间接取自日本）的思想文化作品，一批翻译实践家就此展开过激烈争鸣和理论探讨，最早集中在广义的文学翻译领域，后来则被各种专业翻译领域借用和沿用，并延续至今。按陈福康的观点，目前学界大多认为"直译"这个观点或称"理论纲领"（一开始并未使用这种称谓）是由鲁迅和周作人兄弟在20世纪10年代最早明确提出的，并在20世纪初的白话文运动中坚持应用在他们的翻译实践中。不过，很多人认为，虽然名为"直译"，但鲁迅曾经以"中国文本来的缺点"为由在其翻译实践中坚持采取一种"硬译"法，也就是为了保持原文所谓"精悍的语气"，而"不惜将汉语撕成碎片，强行按入外语的'水槽'，使汉语变得磕磕绊绊，有时难以卒读"[4]，或者按照周作人的说法："当竭力保存原作的风气习惯，语言条理。最好是逐字译，不得已也应逐句译，宁可中不像中，西不像西，不必改头换面。"[5] 这种方法当时就遭到很多

---

[1] 参见胡晨飞《"直译""意译"之历史溯源与理论界说》，《英语研究》2009年第1期，第52页。
[2] 冯世则：《忠实于何？——百年来翻译理论论战若干问题的再思考》，《国际社会科学杂志》1994年第1期，第106页。
[3] 周建人：《关于"直译"》，《外语教学与翻译》1959年第9期，转引自上文。
[4] 张全之：《鲁迅的"硬译"：一个现代思想事件》，《粤海风》2007年第4期，第35页。
[5] 见周作人1918年11月8日答复张寿鹏的《文学改良与孔教》时所做的说明，转引自陈福康《中国译学史》，上海外语教育出版社，2011年，第149页。

质疑，并被批评者指责为"死译"。鲁迅当然不接受这种指责，对此做过大量激烈而尖锐的辩驳，强调硬译与死译有区别，并不是故意的"曲译"。他坚持硬译"'不仅为了不失原来的精悍的语气'，同时也可以'逐渐添加了新句法，经过一段时间，可能同化而成为己有'"[1]。可见，鲁迅倡导和坚持以"直译"为名的硬译，也是在特定的历史和语言环境下采取的应急和应激方法，是从中国近现代语言变革的角度，为了给当时的汉语白话文带来新的生命力和新的表达式。类似的主张，瞿秋白等人也都曾经提出过[2]。不过，今天再来讨论翻译时，由于现代汉语早已不存在当时的那种历史局限性，我们也就再不能鼓励和应用这种致使译文"晦涩难懂"和"匪夷所思"，甚至要求"读者硬着头皮看下去"的"硬译"方法了。

我们注意到，是茅盾首先明确界定了直译概念并极力赞成这种方法的。他系统地阐明了其"直译观"："直译的意义若就浅处说，只是'不要妄改原文的字句'；就深处说，还求'能保留原文的情调与风格'。……除消极的'不妄改'而外，尚含有一个积极的条件——必须顾到全局的处理。"[3]这种观点倒是揭示了直译与硬译的本质区别："硬译"抑或"死译"，是指生硬地照搬原作的语序和表达方式，为保存原作的字词、用语、标点符号和语言组织结构甚至不惜违背译语的语法规则、表述规范和语言习惯。这种僵化的译法丝毫不顾及源语与译语之间的语法差异和各自特有的语言逻辑，几乎就是将原文中使用的字词孤立地一对一转换成目标语言后进行生硬堆砌和机械组装，也就是鲁迅所说的"竭力想保存原

---

[1] 陈福康：《中国译学史》，上海外语教育出版社，2011年，第243页。
[2] 瞿秋白提出"翻译应当帮助创造出新的中国现代言语"的著名论点，参见陈福康《中国译学史》，上海外语教育出版社，2011年，第157页。
[3] 出自1921年4月10日《小说月报》第12卷第4期刊登的茅盾《译文学书方法的讨论》一文，转引自陈福康《中国译学史》，上海外语教育出版社，2011年，第201—203页。

书的口吻,大抵连语句的前后次序也不甚颠倒"[1],而"直译"则是译者把忠实于原作的内容和形式与遵循译语的习惯和规则有机结合,在尽量保持原作的语言风格、表述方式和语句结构的同时,保证译文在译语项下的语法是规范的、文理是通顺的、文意是清晰和可以理解的。虽然直译的翻译方法将忠实于原文的形式放在优先考虑的位置,强调不轻易改变原作的字句结构和表达方式,不轻易增减原作的内容,但又绝不是那种机械的字对字翻译、刻板的字句对应以致连通顺的译文形式也不顾的死译和硬译。总之,尽管译界早期曾多有争论,但现在都已否定了死译和硬译的方法。

至于"意译",很难查清这个概念最早是谁提出的,但译界通常认为严复是近代意译方法的代表人物,并以其早期翻译的《天演论》等译著为意译的代表作品。若如此,那么这个"意译"的概念将非常广泛。根据《中国译学史》提供的史料,邹韬奋早在1920年就论述过直译和意译的问题,并认为"直译和意译各有长短"[2]。20世纪30年代,茅盾等人也指出,意译主要在源语与译语存在巨大文化差异的情况下得以应用,用以应对具有相对独立性的译语文化体系和源语文化体系之间的语言交际和跨文化交流需要。

虽然近代以来,中国译界对翻译方法的直、意之争从未中断,有时几成公案,但在笔者看来,所谓的"直、意之争"在开始时就是一个伪命题,因为在不同的时代、在不同的专业领域、在不同的翻译者和理论家眼中,以及针对不同的翻译对象而言,究竟什么是"直译",什么是

---

[1] 鲁迅:《〈出了象牙之塔〉后记》,《鲁迅全集》第10卷,人民文学出版社,1981年,第245页,转引自张全之《鲁迅的"硬译":一个现代思想事件》,《粤海风》2007年第4期,第35页。

[2] 出自邹韬奋在1920年1月26日《时事新报》通讯栏发表的致张东荪的信,转引自陈福康《中国译学史》,上海外语教育出版社,2011年,第234页。

"意译"，二者的本质区别是什么，这些问题从未有过统一的答案，也从未有过明确的界定。大家各说各话，观点交织、重叠、冲突、矛盾，也没见过什么共识。林语堂和朱光潜等人都曾明确反对过所谓直译与意译的划分。前者认为直译与意译都是不中肯的名称，不但不能表示译法的程序，还容易引人误会；[1] 后者则认为直译与意译的分别根本不应存在。[2] 现代以来，林汉达在 1953 年发表的《翻译的原则》一文中也认为："正确的翻译是直译，也就是意译。……正确的翻译是分不出直译或意译的。"周建人在 1959 年写的《关于"直译"》一文中则提出："直译……要求真正的意译，要求不失原文的语气与文情，确切地翻译过来的译法。换一句话说，当时所谓直译是指真正的意译。"[3] 如此等等，足见中国译界在该问题上的分歧之甚。

一直到了 20 世纪 70 年代末 80 年代初，中国翻译界才逐渐对此形成了一些基本共识。首先，译界对于直译与意译进行了概念上的界定。其中，翻译家许渊冲曾通过总结文学翻译领域的大量实践经验，提出了一个具有代表性的观点：既忠实于原文内容又忠实于原文形式的译文是

---

[1] 见林语堂 1932 年发表的《论翻译》一文，参见陈福康《中国译学史》，上海外语教育出版社，2011 年，第 270 页。

[2] 1944 年 12 月 25 日，朱光潜在重庆出版的《华声》半月刊第 1 卷第 4 期上发表了《谈翻译》一文，就直译和意译的争论提出了自己的看法："依我看，直译和意译的分别根本不应存在。忠实的翻译必定要能尽量表达原文的意思。思想情感与语言是一致的，相随而变的。一个意思只有一个精确的说法，换一个说法，意味就不完全相同。所以想尽量表达原文的意思，必须尽量保存原文的语句组织。因此直译不能不是意译，而意译也不能不是直译。"参见陈福康《中国译学史》，上海外语教育出版社，2011 年，第 288 页。

[3] 周建人在 1959 年为《外语教学与翻译》写的《关于"直译"》中再度强调："直译既不是'字典译法'，也不是死译、硬译，它是要求真正的意译，要求不失原文的语气与文情，确切地翻译过来的译法。换一句话说，当时所谓直译是指真正的意译。"转引自胡晨飞《"直译""意译"之历史溯源与理论界说》，《英语研究》2009 年第 1 期，第 53 页。

"直译"，只忠实于原文内容而不忠实于原文形式的译文是"意译"，只忠实于原文形式而不忠实于原文内容的译文却是"硬译"。[1] 其次，大家都认识到，直译和意译原本就没有什么本质的冲突，"无论直译还是意译，都要把忠实于原文的内容放在第一位，把通顺的译文形式放第二位，把忠实于原文的形式放第三位"[2]。再次，直译和意译都是翻译方法，在翻译实践中不是彼此对立、非此即彼，而是辩证统一的关系，应该灵活运用，共同服务于翻译目的。王佐良于 1979 年在《词义·文体·翻译》一文中，就这方面提出了较有代表性的观点："要根据原作语言的不同情况，来决定其中该直译的就直译。该意译的就意译。一个出色的译者总是能全局在胸而又紧扣局部，既忠实于原作的灵魂，又便利于读者的理解与接受的。一部好的译作总是既有直译又有意译的：凡能直译处坚持直译，必须意译处则放手意译。"[3] 许渊冲也有相近的观点：译文和原文相同的形式能表达和原文相同的内容时，可以直译，不能表达时就意译；原文的表达形式比译文精确、有力时，可以直译，译文和原文相同的形式不能表达和原文相同的内容，或者虽能表达，但是形式生硬牵强，那时就要意译。[4] 总之，需要区分的是正确的翻译和错误的翻译，而不是直译和意译。

这些观点显示，中国当代翻译家和翻译理论家对于翻译方法已经采

---

[1] 许渊冲：《直译与意译（上）》，《外国语（上海外国语大学学报）》1980 年第 6 期，第 29 页。也有人指出，许渊冲 1978 年在《翻译中的几对矛盾》一文中也谈到过这些观点，参见庄绎传《翻译漫谈（十一）直译与意译》，http://www.catti.net.cn/2007-09/06/content_551608.htm，访问日期：2019 年 10 月 18 日。

[2] 许渊冲：《直译与意译（下）》，《外国语（上海外国语大学学报）》1981 年第 2 期，第 32 页。

[3] 转引自庄绎传《翻译漫谈（十一）直译与意译》，http://www.catti.net.cn/2007-09/06/content_75202.htm，访问日期：2019 年 10 月 18 日。

[4] 许渊冲：《直译与意译（下）》，《外国语（上海外国语大学学报）》1981 年第 2 期，第 31 页。

取了灵活辩证、兼容并蓄的态度，也说明他们比 20 世纪二三十年代乃至四五十年代的译者在理论上更加成熟。不过，这些论点仍然只围绕内容与形式两方面展开，离不开传统译论的思维模式。有现代研究者借鉴瑞士语言学家索绪尔（Ferdinand de Saussure）的结构语言学理论指出，语言是一个符号系统，每个符号都要看作由一个"能指"和一个"所指"构成。翻译实际上是一个将源语能指信息背后的所指信息，通过译语的能指信息，最终转换成译语所指信息的过程。在翻译过程中，若译语的能指信息与源语的能指信息近似对等，而保持译语的所指信息与源语的所指信息仍对等即为直译；而若译语的能指信息与源语的能指信息不对等，从而导致译语的所指信息与源语的所指信息不完全对等就是意译。[1]

这些最新的理论探索使得人们对于直、意之别的认知更加清晰和成熟，也体现出中国的翻译理论发展趋于理性和健康。不过，回归到法律翻译方法论的建构中，我们并不主张采用这种简单的二分法，因为这种简单的分类更多局限在语言层面的讨论上，更多关注的是原文与译文在内容和形式上的对应关系，这远不能适应我们旨在构建的复合多维、辩证有机的翻译方法论体系，也无法满足跨语种、跨法域翻译法律信息的要求，不能适应法律翻译的特殊性。更何况，"直、意之争早已被西方译界视为已死之论"，那种"将直译意译视为一连续体的两端，各自在向中庸点靠拢的过程"[2] 也纯属一种意象性的设计，在翻译实践中缺乏具体的操作标准。笔者注意到，近年来，中国通用翻译理论研究者也已经将目光从直、意之争这种孤立议题转向建立系统的翻译方法论研究，比如黑龙江大学的黄忠廉教授组织撰写的《翻译方法论》即对此作出有益探索，也与笔者的思路不谋而合。

---

[1] 参见胡晨飞《"直译""意译"之历史溯源与理论界说》，《英语研究》2009 年第 1 期，第 54 页。
[2] 汤君：《归化异化论反思》，《泰山学院学报》2006 年第 28 卷第 5 期，第 70 页。

（二）异化与归化

在中国译论的百年论战中，在直译与意译的争论之外还有一项二元对立之争——异化与归化。[1] 翻译应该采用异化还是归化的策略和思路并且落实在具体的方法之上，是 20 世纪 90 年代中期以来中国译界争论日趋激烈的一个话题，有人甚至认为当代中国译坛的异化与归化之争，可被视为 20 世纪 20—30 年代那场直译与意译之争的延伸。[2] 但是，与直译和意译之争有着明确的中国译论传统和演进线索不同，近年来的异化与归化之争似乎总带有西方译论的影子，有人甚至认为这对概念是"地道的舶来品"[3]，一些论者言之凿凿地将其归源于 20 世纪末传入我国的美国解构主义翻译理论家韦努蒂在其 1995 年初版的《译者的隐形》（*The Translator's Invisibility*）中首次使用的"foreignizing method"和"domesticating method"这两种翻译方法。这一观点一度颇有市场，以致很多国人言异化与归化必称韦努蒂，而异化与归化也被作为其提出的 foreignizing（foreignization）和 domesticating（domestication）的中文译名在国内译论中对等使用。其实，这种观点是站不住脚的。

正如我们并不认同将中国传统译论中的直译与意译简单等同于西方译论中的 literal translation 与 free translation（或 idiomatic translation）一样，我们也不认为中国语境之下的异化与归化翻译等同于韦努蒂提出的 foreignizing translation 和 domesticating translation。越来越多的研究已经表明，这两对翻译术语是在两个完全不同的理论语境和译论传统中各自独立发展出来的，具有不同的理论渊源、提出背景、理论内涵、目标指向、功能性质及适用环境，只是近年来彼此有所借鉴而已。我们在此不妨梳理、分析一番。

---

[1] 参见李明轩：《漫谈余光中的翻译观》，《短篇小说（原创版）》2012 年第 18 期，第 40 页。
[2] 王东风：《归化与异化：矛与盾的交锋？》，《中国翻译》2002 年第 5 期，第 24 页。
[3] 尹衍桐：《语境制约与国内的归化/异化论》，《外语研究》2005 年第 2 期，第 63 页。

按照韦努蒂在《译者的隐形》一书中的自述，他在书中提出的理论观点受到了近两个世纪前的德国古典语言学家、翻译家施莱尔马赫（Friedrich Schleiermacher）的启发。施氏在 1813 年宣读的一篇题为《论翻译方法》的论文中，提出了翻译无出其二的两种方法——一种是尽量让作者不受影响，促使读者去接近作者，另一种则是尽可能不改变读者，让作者去靠近读者。[1]韦努蒂首次使用了"foreignizing method"和"domesticating method"来命名这两种翻译方法，并对其理论内涵作出了新的阐释：前者是对译语文化价值观施加反我族中心主义（ethnodeviant）的压力，把读者"送入"源语域去体会原作（相对于译语文化）的语言和文化差异；后者则是按照译语文化价值观对原作进行我族中心主义式（ethnocentric）的处理，把作者"带入"译语域。[2]这也被有的中国学者评价为对施氏理论的"创造性误读"[3]。结合其所处的时代背景和长期以来的理论脉络，这一阐述清晰地揭示出韦努蒂在这一时机和情境下提出这对概念的理论动机和意图：这是其旗帜鲜明地反对英美主流文化霸权翻译观的思想基础——他认为 domestication 就是采取民族中心主义的态度，使外语文本符合译语的文化价值观，把原作者带入译语文化，而 foreignization 则是对这些文化价值的一种民族偏离主义的态度，接受外语文本的语言及文化差异，把读者带入外国情境。[4]在他的理论框架下，当代英美文化（Anglo-American culture）代表着主流文化，英语被视为强势语言，新兴的和不发达国家的文化则处于边缘地位，它们的语言相对来说是弱势语言。在将源自边缘文化的弱

---

[1] Lawrence Venuti, *The Translator's Invisibility*, Routledge, 1995, pp. 19–20.
[2] Ibid., p. 20. 将 ethnocentric 译为"我族中心主义的"，将 ethnodeviant 译为"反我族中心主义的"系参考王东风在《韦努蒂与鲁迅异化翻译观比较》一文中的译法。
[3] 王建国:《国内翻译异化论者的缺失》,《宿州教育学院学报》2006 年第 4 期，第 141 页。
[4] 参见马强和《尊重他者——论韦努蒂异化翻译理论的伦理观》,《安阳师范学院学报》2010 年第 3 期，第 87 页。

势语言作品译入主流文化时，韦努蒂认为，长期以来采用 domestication 所形成的"流畅译法"（fluent translating）和"透明话语"（transparent discourse）都是意识形态下的产物，译者通过极力将原文同化，看似使译文变得明白易懂，却刻意抹杀了存在于原文中的语言和文化异质成分（foreignness），代之以主流社会的价值取向和信念。由此产生的译本，不仅不能体现异族文化的"异"之所在，反而会误导强势文化的读者，让他们更加沉湎于文化方面的自我陶醉[1]——"陶醉在转化成为自己文化的异地文化之中"[2]。为此，韦努蒂提倡用 foreignization 的方式翻译弱势语言作品，选取与主流文化不同的作品，并尽量依循源语的用词、句法、结构，尽量在译语中保存和呈现语言和文化间的差异，以此作为对"文化他者"（cultural other）的尊重。

申言之，这对术语是在后殖民的大背景下创造出来的，是以强势文化为预设背景，涉及的翻译是从"弱势"文化语言向"强势"文化语言（就是英美的文化语言）的单向转换[3]，其中 foreignization 的翻译方式就是在其他语言（尤其是非主流的少数族群语言）的作品被译入英语时，译作被刻意凸显出异质性。凸现这种异质性的主要手段是采用异质的译语，这种异质的译语偏偏不是通顺流畅的，而是有悖于译语流行规范的语言[4]。从《译者的隐形》中用以对比和说明的译例来看，韦努蒂力倡翻译中"充满了句法的突变、多义丛生和断裂式的节奏韵律"[5]，这说明他真正关心的就是"译作能否偏离译语常规、挑战译语文化规范，并使翻

---

[1] 参见汤君:《归化异化论反思》，《泰山学院学报》2006 年第 28 卷第 5 期，第 69 页。
[2] 陈德鸿、张南峰:《西方翻译理论精选》，香港城市大学出版社，2000 年，第 235 页，转引自马强和《尊重他者——论韦努蒂异化翻译理论的伦理观》，《安阳师范学院学报》2010 年第 3 期，第 88 页。
[3] 尹衍桐:《语境制约与国内的归化/异化论》，《外语研究》2005 年第 2 期，第 62 页。
[4] 同上。
[5] 王建国:《国内翻译异化论者的缺失》，《宿州教育学院学报》2006 年第 4 期，第 143 页。

译显形"[1],目的就是为了"遏制英美文化中的种族中心主义,提高译者的社会和文化地位"[2]。这一翻译策略的实质"是标举一种差异伦理,以显形的介入姿态声明自我的独特身份,以图挑战主流意识形态"[3],对抗英美主流文化对他族文化的话语压制,并借翻译引起译语文化内部的变革,因此韦努蒂的理论动机不仅是文化性的,也是伦理性的,更是政治性的。依此看来,他所提倡的 foreignizing translation 应被译为"异质化翻译",它不仅指向一种翻译方法,"甚至可以说它根本无关翻译方法,而更多的是在选材和话语构建的层面,要求文学作品的英语译者或挑选一些在源语里处于边沿地位的作品,或以非标准的语言来译,使得读者可以辨认出这是译作而非原作,从而使译者显形"[4]。

与之相对,在韦努蒂的理论语境中,domesticating translation 是带有贬义的,被视为一种文化殖民主义的表现,代表了以民族中心主义和帝国主义文化价值观塑造外国文本的西方翻译传统。[5] 在韦努蒂看来,英美国家的译者长期选择这一翻译策略并不仅是为了方便读者阅读,更重要的是因为强势文化(dominant culture)的排外性与强制性——当弱势文化的语言被翻译成强势文化的语言(英语)时,为了得到强势文化读者的接受与认同,译者就必须选用他们乐于接受的内容与形

---

[1] 刘艳丽、杨自俭:《也谈"归化"与"异化"》,《中国翻译》2002 年第 6 期,第 20—24 页。
[2] 贺显斌:《韦努蒂翻译理论在中国的误读》,《外语教学》2008 年第 3 期,第 77 页。
[3] 王建国:《国内翻译异化论者的缺失》,《宿州教育学院学报》2006 年第 4 期,第 143 页。
[4] 见朱志鸿根据贺显斌 2007 年 10 月 16 日在广东外语外贸大学高级翻译学院主办的岭南翻译沙龙之译学前沿系列讲座上的演讲整理成《韦努蒂翻译理论在中国的误读》一文,发表于广东外语外贸大学高级翻译学院网站:https://sits.gdufs.edu.cn/info/1035/1927.htm,访问日期:2019 年 10 月 18 日。
[5] 参见尹衍桐《语境制约与国内的归化/异化论》,《外语研究》2005 年第 2 期,第 61 页。

式。[1]韦努蒂将这种翻译策略置于文化不平等的大环境下,指出强势文化为了达到对弱势文化的殖民统治而抹杀弱势文化作品的语言与文化特点,使之符合强势语言文化规范。从中我们可以看出,他其实是将"西方自17世纪以来以透明、通顺为特征的审美标准和翻译传统"[2]视为强势文化对弱势文化进行"驯化"的工具。于此而言,我们认为应将其提出的 domesticating translation 译为"驯化翻译"或"驯化译法"为妥。事实上,国内已有学者指出过 domestication 一词中"驯化、奴化"的意思[3],而且《不列颠百科全书》中译本也将 domesticating 译为"驯化"。[4]

令人疑惑的是,韦努蒂在具有明确理论指向的情境下提出的这两种翻译方法被译介入中国后,很多国内的研究者似乎不假思索地就将之对应为中文理论语境中的"异化"和"归化"[5],以至于在很多人的观点中,韦努蒂提出的 foreignization 和 domestication 成了国内译论中"异化"和"归化"的等价术语,而韦努蒂也自然成为"当代国际翻译论坛"上"异化(翻译)的代表"[6]和"外国翻译学界"眼中"异化论的首倡者"[7]。事实上,正如有学者指出的,早在韦努蒂的理论传入中国之前的20世纪八九十年代,我国就已经存在有关归化和异化翻译的讨论了,甚至二

---

[1] 参见刘艳丽、杨自俭:《也谈"归化"与"异化"》,《中国翻译》2002年第6期,第21—22页。
[2] 任淑坤:《鲁迅韦努蒂翻译思想的差异》,《北京师范大学学报(社会科学版)》2014年第5期,第159页。
[3] 林克难:《为翻译术语正名》,《中国翻译》2001年第1期,第14页。
[4] 刘艳丽、杨自俭:《也谈"归化"与"异化"》,《中国翻译》2002年第6期,第21页。
[5] 如孙致礼《翻译的异化与归化》,《山东外语教学》2001年第1期,第32页;孙致礼:《中国的文学翻译:从归化趋向异化》,《中国翻译》2002年第1期,第40页。另见《归化与异化的历史溯源》一文中对国内理论界观点的统计(李征:《归化与异化的历史溯源》,《长春大学学报》2014年第1期,第53页)。
[6] 侯胤:《翻译中的异化与归化》,《理论界》2006年第2期,第200页。
[7] 王东风:《韦努蒂与鲁迅异化翻译观比较》,《中国翻译》2008年第2期,第5页。

者之争也被很多研究者归为中国翻译界的热点问题之一。[1] 这说明，中国译论界关于异化与归化的论争与韦努蒂的理论没有联系。将本不同源的"异化/归化"和"foreignizing / domesticating"混为一谈是因为韦努蒂的理论被引入中国时发生了偏差和变形，才使得二者合流，出现中外理论趋同的现象。[2] 颇具讽刺意味的结果是，韦努蒂的所谓"异化"理论"一踏入中国就立即发生了异化"[3]。就连韦努蒂本人也对于其理论遭到重大误解感到存在澄清的紧迫性。[4] 正因为如此，郭建中 2007 年在对韦努蒂的访谈中总是以中国译论中的异化观点"对解"韦努蒂的 foreignizing 理论，使得对方不得不反复澄清二者的区别。[5]

在中国译论中，虽然异化和归化作为中国翻译术语的源头似乎并不可考，[6] 但学界共识是，早在韦努蒂的理论提出和进入中国之前，中国译界就已很严肃地讨论过归化和异化的问题，[7] 这说明归化和异化是一对本土概念而非舶来品。不过，人们对其源流和含义却众说纷纭。有人认为，鲁迅是中国最早提出归化和异化这对翻译概念的人[8]，理由是鲁迅 1935 年在《题未定草》一文中提出过："动笔之前，就先得解决一个问题：竭力使它归化，还是尽量保存洋气呢？"并且认为这里所说的"洋气"和"异化"基本上是一回事。[9] 但在笔者看来，这一说法颇为牵强和附会，理论界对此的异议和反驳也比比皆是。摘其重点而言，鲁迅所说的保留"洋气"（也就是他自己解释的"异国情调"），并不等同于当代所

---

[1] 参见王东风《归化与异化：矛与盾的交锋？》，《中国翻译》2002 年第 5 期，第 24 页。
[2] 参见贺显斌《韦努蒂翻译理论在中国的误读》，《外语教学》2008 年第 3 期，第 78 页。
[3] 贺显斌：《韦努蒂翻译理论在中国的误读》，《外语教学》2008 年第 3 期，第 78 页。
[4] 郭建中：《韦努蒂访谈录》，《中国翻译》2008 年第 3 期，第 43 页。
[5] 参见郭建中《韦努蒂访谈录》，《中国翻译》2008 年第 3 期，第 43—46 页。
[6] 参见刘艳丽、杨自俭《也谈"归化"与"异化"》，《中国翻译》2002 年第 6 期，第 22 页。
[7] 王东风：《韦努蒂与鲁迅异化翻译观比较》，《中国翻译》2008 年第 2 期，第 6 页。
[8] 同上。
[9] 同上。

说的"异化翻译",因为其指向性非常明确——"特指从外语(尤其是印欧语系的语言)翻译到汉语而不包括把汉语翻译成外语的情况"[1],也就是主张通过在翻译中保留来自西洋(主要是包括俄国在内的欧洲)和东洋的文学作品中的表达方式,丰富当时很不成熟的汉语白话文。既然这种"洋气"不是来自"西洋"就是来自"东洋",且专指从外语翻译到汉语的情形,那么,按照当时中国人的译名习惯,不妨称之为"洋化翻译"(有学者已经如此提出[2]),作为与他所说的"归化"相对应的翻译方法。这也符合我国在很长一段时间里一直用"欧化"这个术语指称将外语译成汉语时尽量保持原文语言与文化特色的传统。[3] 总之,由于立论基础和应用语境明显不同,鲁迅在一百年前提出的"归化"与"洋化"翻译理念,即便与当代的归化与异化理论存在些许传承,也因时代变化而不可再等而论之,顶多是当代译论的一种模糊的理念雏形。

至于有人将鲁迅提出的"洋化翻译"与韦努蒂倡导的"异质化翻译"相提并论就更不靠谱了——这两种翻译理念有着极强但完全不同的时代性和目的性,各自的理论基础和立论语境迥然不同:如前所述,韦努蒂在20世纪90年代倡导"foreignizing method"是为了反对西方自17世纪以来以透明、通顺为特征的审美标准和翻译传统,反抗英语霸权,抵抗英美主流文化对他者话语的压制;而鲁迅在其所处的时代(20世纪二三十年代的中国)主张在翻译中保留外国作品中的"洋气"以丰富白话文的表达方式,促使汉语现代化,同时服务于中国社会的改造——批判社会现实、开启民智、救国图强,使得翻译既能输入新的思想,也能输入新的语言表现法。这一明确的目的性是韦努蒂完全没有的——他根

---

[1] 刘艳丽、杨自俭:《也谈"归化"与"异化"》,《中国翻译》2002年第6期,第21页。
[2] 如尹衍桐《语境制约与国内的归化/异化论》,《外语研究》2005年第2期,第63页。
[3] 参见刘艳丽、杨自俭《也谈"归化"与"异化"》,《中国翻译》2002年第6期,第21页。

本不关心对目标语言（英语）进行丰富和改良。[1] 此外，二人立论的应用导向也明显不同。韦努蒂提出 foreignizing 和 domesticating 两种相对的翻译理念，是将其理论语境设定在有着优势（强势）和劣势（弱势）对比关系的英美主流文化与边缘的非主流文化之间，主张的是将非主流文化的文学作品译入欧美主流社会（即用英语翻译外国文本）时保持非主流语言文化的异质性，破除民族中心主义和帝国主义文化价值观对外国文本的"塑造"。鲁迅所发译论仅针对将外语翻译为汉语而不包括把汉语翻译成外语的情况，而且从其论述中也看不出对文化不平等的反抗，反而渴求西方语言文化对中国语言文化的改造。可见，尽管韦努蒂在其文中一厢情愿地"揣测"鲁迅翻译观的理论源头与他一致——都是来自施莱尔马赫，但两人的时代背景、理论内核和动机诉求显然不同。如果说二人的观点有些共同之处，可能也体现在他们"都不囿陈规，勇于反思传统，在翻译中自觉地发挥译者的主体意识，表现出解构主义的叛逆精神"[2]。如果仅从他们在表征上都排斥"通顺翻译"的相似态度，就将时空、语境相距遥远的两人牵连在一起，认为他们的翻译思想"不谋而合"[3]，未免过于牵强和肤浅。

至于"异化"何时在中国开始成为与"归化"相对的概念用于翻译研究，未见确证。[4] 不过，理论界公认，中文"异化"一词最初是作为一个创始于黑格尔，继承于费尔巴哈，完成于马克思的哲学概念使用的，译自德语 Entfremdung，英文译为 alienation，因此其原始含义本应在德国哲学中探究。王若水先生曾专门著文对其作出详细解读和界说：主体

---

[1] 周馥郁：《鲁迅与韦努蒂异化翻译观比较》，《文学教育（下）》2016 年第 10 期，第 29 页。
[2] 任淑坤：《鲁迅韦努蒂翻译思想的差异》，《北京师范大学学报（社会科学版）》2014 年第 5 期，第 157 页。
[3] 同上。
[4] 参见刘艳丽、杨自俭《也谈"归化"与"异化"》，《中国翻译》2002 年第 6 期，第 21 页。

由于自身矛盾的发展而产生自己的对立面,产生客体,而这个客体又作为一种外在的、异己的力量而凌驾于主体之上,转过来束缚主体,压制主体,这就是"异化"。[1] 按照这种哲学意义上的界定,"异化"就是"异己化",不仅是"和自己不同"或"和自己分离"的意思,而且含有"对立"甚至"敌对"的意思。20世纪90年代以后,"异化"这个说法在社会学文献中频繁出现,"意义日益泛化"[2]——那些带有异己、不相容乃至对立意味的事件或现象都被称为"异化"或"异化现象",于是出现了各式说法,贬义色彩明显,其英译以 alienation 为主,个别也用 abnormal 一词。这个概念最初又或许是借用了历时语言学研究上"同化与异化"的说法——"异化"作为语音学术语,是 dissimilation 的译名,与"同化"（assimilation）相对。也有一些语言学者用"异化"来中性地描述当词性、句子功能等发生变化或反常搭配时产生的新奇语言效应。[3]

尽管未见明证"异化"何时、被何人、在何种意义上正式引入中国的翻译理论,并且作为与"归化"相对的翻译方法,但经过长期的学术争论,随着中国翻译理论的逐渐成熟,归化与异化已经成为中国译论中自成体系的二元方法论,有着明确的内涵界定,这从如下几个具有代表性的观点中可窥一斑:

归化和异化是译者针对两种语言及文化的差异,面对翻译目的、文本类型、作者意图和译语读者等方面的不同,采取的两种不同的翻译策略,其目的是指导具体翻译方法和技巧的选择与运用。归化追求译文符合译入语语言及文化的规范,较好地满足译入语读者不尚"异趣"的阅读需求;异化追求保留原文语言及文化的特色,以丰富译入语语言及文化,较好地满足译入语读者对译文"陌生感"的需求。这两种策略的选

---

[1] 王若水:《"异化"这个译名》,《学术界》2000年第3期,第45—49页。
[2] 贺显斌:《韦努蒂翻译理论在中国的误读》,《外语教学》2008年第3期,第77页。
[3] 同上。

择有时还要参照社会文化以及政治和意识形态方面的规约。不论选择何种策略，都应着眼于读者和社会的需要。[1]

异化翻译是以源语文化为中心和归宿，提倡译文应尽量去适应源语的文化及原作者的遣词用语习惯，而归化翻译则是以译语文化为中心和归宿，主张译文应尽量适应、照顾译语的文化习惯，替读者扫除语言文化障碍。[2] 概括而言，异化法要求译者向原作者靠拢，采取原作者使用的源语表达方式传达原文的内容；而归化法则要求译者向目的语读者靠拢，采取目的语读者所习惯的表达方式传达原文的内容。[3]

异化与归化的分歧主要体现在翻译过程中对两种语言符号的本身结构差异和通过语言形式表现的文化差异所作出的不同处理之上。异化着眼于民族文化的差异性，旨在保存和反映异域民族特性和语言风格特色，让读者感受不同的民族情感，体会民族语言文化传统上的差异性；归化则以本土文化为出发点，以信息接受者为核心，强调译文地道生动，因而往往对原文中异域的文化色彩和语言风格特色进行改削，使其囿于本土文化的框架之内，导致源语文化信息扭曲、变形，甚至失落。[4] 论者大多是从一百多年来中国文学翻译史的流变中，观察作为两种不同翻译策略和方法的归化和异化随着社会、文化、政治背景、审美情趣等多种因素的变化而发展变化的轨迹，带有纯粹的中国译论逻辑。

当然，也有研究者对于这一对概念有着不同的内涵解读。比如有人将"归化"作为 naturalization 的译名，据此指出所谓"归化"是将原文

---

[1] 刘艳丽、杨自俭:《也谈"归化"与"异化"》,《中国翻译》2002 年第 6 期, 第 22 页。
[2] 侯胤:《翻译中的异化与归化》,《理论界》2006 年第 2 期, 第 200—201 页。
[3] 孙致礼:《中国的文学翻译:从归化趋向异化》,《中国翻译》2002 年第 1 期, 第 40 页。
[4] 杨才元:《翻译中的异化与归化》,《苏州大学学报（哲学社会科学版）》2001 年第 3 期, 第 96—99 页。

中出现的译语文化概念,用译语的表达方式还原出来[1];也有人使用"异化"一词喻指原作的艺术因素在翻译中的变异,而不是相对于归化的翻译方法。[2]但这些观点并不是翻译界的主流。

经过上述辨析,我们可以对归化与异化这对中国译论中的重要议题作出理论总结如下:

第一,中国译论中的归化与异化,是在翻译中如何处理不同族群之间语言和文化差异的二元对立统一的翻译理论。它们不仅是翻译方法的差异,也是不同的翻译理念和翻译策略,其着眼点既在于不同语种语言之间的差异,也在于对异域文化因素的处理——归化所要做的不仅是使译文符合译入语的表达习惯,还要使原文的文化特色符合译入语文化规约,而异化要保留的,也不仅是纯语言的形式特色,还有异域的文化因素。[3]

第二,归化与同化不是相同的概念。"同化"的本质是"两个性质不同的事物因相互接触、相互影响,一方向另一方靠近以至逐步融合的过程"[4],应用在语言文化上,喻指源语文化与译语文化接触并经之影响而融合为一体。"归化"是翻译过程中通过对于源语语言及文化的改造,使其符合译语语言及文化规范,满足译语读者的审美与接受心理,是一种语言及文化的适应性处理方法,因此不宜将归化与同化等同译为 assimilation。另一方面,译论中"异化"的含义与其哲学意义及其他社会学意义并不相同,更多地体现在对于源语语言及文化特色的保留和呈现,进而实现对译语语言及文化的丰富,因此作为翻译策略和方法

---

[1] 周晶、何元建:《归化作为一种翻译策略的运用及其认知基础》,《中国翻译》2010年第6期,第58页。
[2] 郑海凌:《翻译与异化》,《外国文学动态》2004年第2期,第45页。
[3] 刘艳丽、杨自俭:《也谈"归化"与"异化"》,《中国翻译》2002年第6期,第23页。
[4] 同上。

的"异化"既不应按其哲学本意译为 alienation，也不应借用语音学术语 dissimilation。既然"异化与归化"翻译在中国译论中的核心特征分别是"保留外语及外域文化的异质特征"和"适应本土文化的语言规则和文化规约"，那么它们在翻译理论中应被分别译为 preserving translation 和 adapting translation 更为妥当和准确。

如此一来，我们就将中国译论中的归化和异化与韦努蒂提出的 foreignizing translation 和 domesticating translation 作出清晰而明确的区分和切割。此前很多研究者同样认识到这两对概念的区别，却无人在它们相互之间的准确译名上作出辨析和结论，反而一面痛陈误释之错，一面沿用误译之名，甚至以"约定俗成"为由将错就错。讽刺的是，对 foreignizing translation 和 domesticating translation 的译名恰是归化与异化方法在中国翻译实践中的现实应用——将其移译为"异化"和"归化"就是试图用本土概念对接外来术语，结果混同了两对本不同源同义的术语，引发了理论混乱，显然是不恰当的归化操作，甚至完全是一种比附译法。经此辨析之后，笔者明确反对再将 foreignizing 和 domesticating 称为异化与归化，或者反之将异化翻译与归化翻译等同于 foreignization 和 domestication，也不同意有人主张语言是约定俗成的系统，指望这样"用开了、用惯了，也就见怪不怪了"[1]。对于学术术语而言，译名必须准确对应源语的本质属性和核心特征。

第三，进一步说，中国的归化与异化理论在对不同族群语言和文化差异的认识和处理上，也并不将之置于不平等的地位来看待（区分强势文化与弱势文化）。同时，不存在韦努蒂理论中反英美语言文化霸权和反文化殖民主义的立场，并拒绝其极端的"抵抗（文化侵略）式"翻译策略和浓重的意识形态色彩。但不可否认的是，韦努蒂的理论引进后，

---

[1] 王东风：《韦努蒂与鲁迅异化翻译观比较》，《中国翻译》2008 年第 2 期，第 5 页。

中国译界对于归化与异化的认知有了维度上的拓展，改变了国内译界长期以来将对归化与异化的讨论仅仅局限在语言学翻译研究的范式之中，以及纯粹的翻译方法层面之上的狭窄理论视阈，在翻译观上"突破了单纯的语言层次而上升到文学、文化、政治、历史的层面，从关注语言层次的转换问题转移到关注转换背后所发生的文化交流与冲突、意识形态的干涉、话语权利的得与失等等"[1]。这对于中国译论的影响是积极的，对我们在本书中建立的翻译观和方法论也是有借鉴意义的。

第四，有人认为，异化和归化之争中国古已有之，二者之争源于古代佛经翻译中的文、质之争，到了近现代，"文"译和"质"译又被"意译"和"直译"所取代，[2] 以至于有人认为异化大致相当于直译，归化大致相当于意译。[3] 这种观点无疑广遭质疑，反对者纷纷指出，直译和意译归根结底只是语言层次上的讨论，关注的核心是形式和内容的关系，区别主要体现在表达形式这一层面上，而异化和归化的区别，不仅表现在语言形式层面，也表现在对文化因素的处理上。更为重要的是，直译和意译是翻译方法，而异化和归化则是翻译策略——方法是在策略指导下的具体做法，策略是指导方法的方针与目标，二者并不在一个层次上。[4]

最后，对于异化和归化之争，中国译界历来有不同的阵营，既有人主张"归化是翻译的歧路"[5]，也有人坚持"翻译应以归化为主"[6]。异化论的代表性观点主张：对外来文化的理解，应争取像镜子那样反映自然。每一种文化都同特定民族有着特殊的历史血缘关系，不是外来的东西所

---

[1] 尹衍桐：《语境制约与国内的归化/异化论》，《外语研究》2005年第2期，第62页。
[2] 参见王东风《归化与异化：矛与盾的交锋？》，《中国翻译》2002年第5期，第24页。
[3] 孙致礼：《翻译的异化与归化》，《山东外语教学》2001年第1期，第32页。
[4] 参见刘艳丽、杨自俭《也谈"归化"与"异化"》，《中国翻译》2002年第6期，第23页，另见侯胤《翻译中的异化与归化》，《理论界》2006年第2期，第200页。
[5] 刘英凯：《归化—翻译的歧路》，《现代外语》1987年第2期，第58—64页。
[6] 蔡平：《翻译方法应以归化为主》，《中国翻译》2002年第5期，第39—41页。

能随意改变或代替的。翻译中以此代彼既不合适，也代不了，反而有碍于交流和互相了解。不同文化具有不同的思想基础、不同的价值观和世界观，在不同文化间翻译时如果任意拿自己的东西去代替别人的东西，把一种异质的文化"血液"输入到另一种文化的"血液"中去，无异往人身上输羊血，得到的不是文化交流，而是文化"凝血"，因此归化翻译从整体上说是不科学的。[1] 异化翻译则可以也应该"尽量传译原文的异质因素"，包括尽量传达原作的异域文化特色、异语语言形式和作者的异常写作手法这三个方面。[2] 同时，让译文读者了解异国文化往往也是读者阅读译作的目的，译者应相信读者能够理解异国文化的特异之处。同时，翻译的主要目的就在于，通过移植源语文化来丰富译语文化和语言表达方式，促进文化交流。更何况，译文如果不能传达源语世界的现象就不能算是"忠实于原作"。[3] 这些论点使得国内异化论者一度"占据压倒性优势"——"仿佛一提归化翻译就意味着文化保守主义、民族中心主义，是阻碍文化交流的顽固势力"。[4]

归化论者的主要理据则在于：不同语言和文化之间的差异性是明显而不可回避的，把源语的语言规范强加给译语并不现实，把源语的文化体系强加给译语文化也是危险的。[5] 一方面，既然翻译的本质目的是沟通，是让译语读者理解原文的意思，这就决定了翻译必然是个语言归化的过程，翻译方法也只能以归化为主，否则翻译就没有存在的价值；[6]

---

[1] 参见许崇信《文化交流与翻译》，《外国语（上海外国语大学学报）》1991年第1期，第32页。
[2] 孙致礼：《中国的文学翻译：从归化趋向异化》，《中国翻译》2002年第1期，第43页。
[3] 参见郭建中《文化与翻译》，中国对外翻译出版公司，2000年，第276—290页。
[4] 王建国：《国内翻译异化论者的缺失》，《宿州教育学院学报》2006年第4期，第142页。
[5] 参见郭建中《翻译中的文化因素：异化与归化》，《外国语（上海外国语大学学报）》1998年第2期，第13页。
[6] 参见蔡平《翻译方法应以归化为主》，《中国翻译》2002年第5期，第41页。

另一方面，为了把源语文化的意义有效地传达给译语世界的读者，译者应尽可能地将源语文化转换成译语文化，使源语文本反映的世界尽量接近译语读者的认知范围。在这方面，译者不应对读者的理解力和想象力提出过高的要求，强求译语读者理解其陌生的源语世界。只有在译文的内容和形式符合译语读者对现实世界的了解时，他们才能更好地理解译文。译者的重要责任就在于克服语言和文化障碍，避免文化冲突，满足交际需要，这在很大程度上都要通过归化手段来实现。中国自清末以来的百年翻译史（尤其是文学翻译），似乎更是为翻译归化论的合理性提供了理论和实践依据——从"信达雅"，到"神似论"，再到"化境说"，似乎都强调了翻译中归化的一面。

争执者各执一端，各有论据，势如水火。在笔者看来，从根本上讲，凡是将一种语言（源语）的表达转换成另一种语言（译语）都是一种泛义上将源语归化入译语的过程——这也说明"归化"其实是翻译的常态。但无论这种转换如何忠实，除了风霜雨雪、日月星辰、春夏秋冬等这些普世具象的事物有可能在各种语言间进行映像化地对应转化外，译语表达与源语表达之间不论在实质上还是形式上总会存在诸多差异，恰如傅雷在其《〈高老头〉重译本序》中所说，"译本与原作，文字既不侔，规则又大异。各种文字各有特色，各有无可模仿的优点，各有无法补救的缺陷，同时又各有不能侵犯的戒律"，而翻译的过程不可能完全抹杀和忽略这种差异，这既是各种语言文化异质化的体现，也是翻译行为的天然局限。从这个角度讲，"异化"又是翻译的必然之选。

申言之，归化之所以可行，源于人类共通的情感与智慧，这为归化创造了条件。归化之所以必要，一是因为译语和源语之间常常缺乏相互对应和可资参照的语言资源，这是归化译法产生和存在的客观需要——既然没有与外界事物对应的表达，而又必须作出表达，那就只能用本土自有的事物去代替；二是出于交流的需求，因为完全脱离本土语言和文化元素的译文很难在本土得到接受和传播，机械刻板地保留源语的异质元素往往达不到文化交流的效果，而达不到交流效果的翻译显然是徒劳的。可以说，语言变通和文化适应是归化译法的原生动力，客观上有助于消减外域概念最初进入本土社会时遭遇的排斥和抵拒。这都说明翻译是一个不可避免的归化过程。

与之相对，异化之所以必然，首先是异种语言文化之间差异的客观存在——任何一种语言和文化，都不可能以一种统一的范式去表现和涵化异域文化和他族语言；异化之所以必要，就在于翻译的核心功能恰是让本土读者见识、体味、欣赏和学习不同的外来语言文化，以及不同文化之间相互交流、借鉴、移植和引进。这无疑需要通过保有和展现外域语言文化的特征和风采来实现。

正是因为异化翻译和归化翻译各有其存在的必然性和必要性，各有利弊长短和应用价值，也使得它们成为相生共存、相对相立、互为补充、相得益彰的辩证统一体，而非互相排斥的对抗性概念。在此前提之下，我们还可进一步从主次矛盾的角度看待异化与归化在实践中的具体运用，从方法论的高度辩证施策：以准确而完整地呈现原作的思想和风格为主要诉求时，异化成为解决主要矛盾的策略；以解决语言文化障碍为主要矛盾时，归化则成为优选方法。影响矛盾主次变化的是一系列复杂因素的共同作用，包括时代环境、意识形态、译者意图、翻译目的、文本类型、读者对象，等等。这就需要译者在实践中综合评判，平衡把握。最后，从历时的观点看，对异化和归化的评价并不是固定不变的——在某一时期被认为是异化方法形成的译文（包括保留下来的源语特有的语言和文化元素及其表达方法），随着时代的发展和文化交往的深入，可能会不断融入译语而不再具有异质性，并且为后续引入外域文化提供本土的归化资源。

总之，归化和异化，不论作为宏观的翻译策略、原则和理念，还是微观的翻译方法、手段和技巧，均是中国翻译方法论中的重要理论成果和指导思想，将始终作为一个辩证统一体存在于翻译实践之中，共同服务于不同语言、文化之间的交流、互通与移植。

以上，通过辨析直译与意译、归化与异化这两对具有代表性的二元对立的中国译界论争，我们不仅以点带面地回顾了近现代中国译文理论发展的历史概貌，也为我们考察法律翻译的历史脉络和建立法律翻译方法论提供了有益的参考与借鉴。

二、中国法律译文理论与实践的历史考察

（一）古代法律译文实践

研究法律翻译史，有助于我们从前人的探索中汲取智慧。大量史料已经揭示，自汉代以降的汉民族语言与其他民族的语言，以及其他民族语言相互之间在法律领域（包括立法、司法、行政和广义的法律思想文化领域）的互译大量存在，频繁发生。不同民族语言之间在法律领域的互译活动虽然常常伴随着侵略与征伐的血腥，并往往是出于统治与征服的目的，但毕竟成就了不同民族在法律思想、文化和制度上的相互借鉴、交流、传承、移植、补充和发展，共同谱写出灿烂辉煌的中国法律史。也正是这种法律领域的语言互译，规范、便利并促进了千百年来各民族在中国疆域内的往来相处和融合互通。然而令人遗憾的是，就我们目前所见，关于中国早期法律翻译的详细信息非常有限。迄今国内还缺少真正意义上对此课题系统而深入的研究，尤其缺少对法律翻译理论、策略、方法的专门历史研究。这也说明法律翻译史尚未引起学界足够的重视。这种现实不仅为理论界提出了一个课题，也是本书抛砖引玉的初衷所在。限于此，笔者只能依赖翻译通史中碎片化的史料，并抽取散见于各种研究题材中的相关信息，经过分析、整理，挖掘出可资参考的线索，为我们构建现代法律翻译方法论提供些许历史启示。

关于早期的法律翻译，相对而言，学界针对元代的蒙汉涉法翻译有较多论述，学者的研究也比较全面，涵盖了当时涉法翻译的历史背景、翻译组织和人员、机构设置、翻译观念、翻译方法以及局限性等。较有代表性的文献包括西北民族大学蒙古语言文化学院唐吉思教授的《元代蒙汉翻译及其特点简论》，以及该院金玲的论文《权力对元代译者翻译策略选择的操控》等。因此，这段时期的法律翻译方法可以作为我们的一个重点考察对象。

仅就翻译方法而言，当时的法律翻译实践还很难上升到系统的理论层面。不过，研究者们经过考察散见于《元典章》、《通制条格》、《宪台通纪》、《南台备要》、《永乐大典》所收《经世大典》残篇，以及元代圣旨、令旨碑文和《高丽史》、《元史》等书中的元朝官方文件，已经可以清楚地发现，当时（尤其是元代早期）包括政府法令在内的公文翻译（将蒙文译成汉语）采取的都是一种硬译方法——它们既不能用古汉语书面语常规训释，又与纯粹的元代汉语口语不同，是不顾汉语固有的语法规律和用语习惯，径从蒙古语原文机械地翻译过来的，其中的语汇采自元代时期的汉语口语，而语法却是蒙古语的。这等于是一批死死遵循蒙古语词法和句法，却用汉语文字制作的记录。也就是说，它们形式上是汉字文件，但从词到各类句式、语法都体现了蒙古语言的特点，其表述方式具有鲜明的蒙古特色。[1] 采用这种死译方法制成的大量元代公牍，因"词语奇特、句法乖戾"而被学者称为"元朝硬译文体公牍"，包括元廷庙议记录、圣旨、令旨和省台文件，内容十分广泛，涉及政治、经济、文化、法律、军事、宗教、社会制度及社会生活等诸多方面。[2]

产生这种硬译方法的原因是多方面的。一方面，元世祖忽必烈在蒙

---

[1] 参见金玲《权力对元代译者翻译策略选择的操控》，《丝绸之路》2013年第8期，第123页。

[2] 同上，第123—124页。

古新字创制之后，便规定诏书制诰及官方文书一律以蒙古文为正本，附以各地区的文字。出于对中原地区的统治需要，诏书之类的官方文书必须译成汉文，但在元朝之初，由于承担翻译活动的译者掌握蒙汉双语的熟练程度还很低，驾驭能力有限，译者为避免出现纰漏就采取了这种硬译策略，这是客观方面的原因。另一方面，蒙古文化虽然与中原汉文化相比，在发展成熟度上属于劣势文化，但蒙古人在元朝却居于统治地位，因此回鹘式蒙古文及国字八思巴也在语言方面具有官方话语的主导权，以致当时从事翻译工作的"具有译者及行政官员双重身份的通事及译史"在主观上受政治权力操控而采取了源语文化主导和优先的翻译思路，也就是翻译活动不仅是以源语（蒙古语）为出发点，也是以其为归宿。这就使得译者在翻译过程中始终以蒙古语为中心，机械地保留蒙古语的词、词义、词法、句式及语法，以致几乎完全破坏了汉语的语言规范，形成今日所见的硬译体文本。[1] 研究者认为这是一种"极端异化的翻译"，因为这种翻译已经"超出了在某些方面、一定程度上保存文化异质性的限度，是译者对于蒙古文源语的极度屈从"。当然，这种屈从"也是因为被翻译的文本大多是圣旨、令旨和省台文件等官方文书，译者不敢有半点疏忽，翻译时诚惶诚恐"。[2] 我们在法律翻译观中已经分析和探讨过产生这种翻译方法的主观因素，足见翻译观对于翻译方法的深刻影响。

这种不伦不类的硬译文体的表现是：第一，大量夹杂音译的蒙古语词语；第二，不用汉语的正常术语，而是硬译蒙古词语，例如将"法律、道理"硬译为"体例"，将"公务或事情"硬译为"勾当"等；第三，硬译蒙古语的语法，破坏了汉语的习惯说法，比如条件句式用"呵"表示假设，或表示一个动作引导出另一个动作；以"有"表达现在时，以

---

[1] 参见金玲《权力对元代译者翻译策略选择的操控》，《丝绸之路》2013年第8期，第124页。
[2] 同上。

"来"或"有来"或"了"表达过去时；以及宾语移到谓语前等。[1]这种方法导致对于不具备蒙古语知识的汉人来说，读起译文来非常困难，甚至不知其所云。这种距今八百年前中国元代法律译文中存在的硬译方法，与欧洲中世纪时期立法翻译中奉行的"strict literal translation"，不论从产生的主客观原因，还是在翻译效果上都有着很大的相似性。

元朝结束后的明、清两代，官方都设立翻译机构（如明代的四夷馆、清代的四译馆），专门翻译边疆少数民族及邻国的语言文字。其中，在法律领域采取的互译方法本应也是我们的考察对象，但受限于现有的研究资料，我们暂不涉及，而是将考察重点集中在清晚期以降中国译介近代西方法律资源的理论与实践。

（二）近代法律译文的理论与实践

晚清以来，由于自身所处的时局和形势，中国开始大量翻译介绍近代西方的文化资源（也包括法律信息）。最早承担这种翻译工作的，是西方来华的传教士以及在各处翻译馆（如江南制造局翻译馆）担任译员的中西方人士。他们中的很多人在大量的翻译实践中，探索、创造、积累和总结出很多专门适用于将西方法律著作译成汉语的理论，成为我们研究近代中国法律译文方法的重要参考。他们翻译引介的大量西方书籍中有不少西方立法和法学典籍，比如英国罗柏村著《公法总论》（傅兰雅口译）、英国费利摩罗巴德著《各国交涉公法论》和《各国交涉便法论》（傅兰雅口译）、美国海丽生著《美国宪法纂释》（舒高第口译）等，都是我们管窥当时法律译文方法的实证。由于当时并无专门的法律翻译，他们提出的译论当然并不限于法律翻译领域，也不限于方法论，而且其

---

[1] 参见金玲《权力对元代译者翻译策略选择的操控》，《丝绸之路》2013年第8期，第124页。

理论既涵盖微观的译名（前已述及），也针对宏观的译文。我们不妨一并论及，从中挖掘可资借鉴的经验。

英国传教士、翻译家傅兰雅被誉为当时翻译西方书籍最多的人。在其1880年出版的《江南制造总局翻译西书事略》一文中，他特别提到了当时外国传教士向中国读者译介西方著述时普遍采用的方法——"西译中述"。这也是在那个特定的历史时期中译西方著作特有的一种方式，即"将所欲译者，西人先熟览胸中，而书理已明，则与华士同译。乃以西书之义，逐句读成华语，华士以笔述之；若有难处，则与华士斟酌何法可明；若华士有不明处，则讲明之。译后，华士将稿改正润色，令合于中国文法"[1]。这种"华洋协作"的译书方法因应了当时的外国学者不精通中文，中国学者又不熟悉外文的时代特征，有效地弥补了中外译者各自在语言和文化上的局限性，同时又充分发挥了各自的优势，达到相得益彰的效果。不仅如此，其协作机理也非常值得从翻译方法论的角度分析。

这种翻译方式包含了四个过程：其一，"西人读西书"，可最大限度地保证译者正确理解原作要旨和文化背景（"书理"）；其二，"西人讲要义"，通过外国译者对原作内容的讲述（本身就包含外国译者自身的解读和阐释成分），华人译者得以充分掌握原作内容，并领会其自身并不熟悉的西方文化知识；其三，"西华研讨"，这个环节可以调动中外双方译者的能动性和互动性，经过对翻译内容的充分交流，华人译者不仅可以借机澄清疑惑，还可以站在华人读者的立场上，评判翻译内容能否被华人文化所理解和接受，而外国译者也可以借此了解华人读者的好恶、思维及领悟力，及时调整其口述方式。此外，双方还可就原作内容的筛

---

[1] 转引自那世平《江南制造局翻译馆的西书翻译及其特点》，《图书馆学刊》2012年第35卷第4期，第114页。

选调整、翻译方法等进行协商，确定最佳的翻译策略；其四，"华人写华文"，这其实是一个原作向译语文化归化的过程。它不仅要求译文必须尊重中国语言的语法规则和语言规律，真正实现使翻译达到用译语写作的效果，而且要做到对中国文化和制度的归化，遵循译语社会的主流价值和审美观念。在这个过程中，西华两方译者互为补充、互为支撑、互为依赖，缺一不可。缺少前者，后者无以选择和理解原著；缺少后者，前者将无法跨越语言和文化的障碍直接面对中国读者。后者也并非只是前者口述的记录员，而是真正的翻译参与者。从翻译对象的选择、翻译策略和方法的确定、对原作要义的理解，到与前者的互动交流，尤其是在使用译语的表达上，华人译者都发挥了实质性的作用，对于将原作的意旨和信息有效传递给中国读者，起到不可或缺、不可替代的作用。

特别值得注意的是，虽然这些传教士中最著名的林乐知和傅兰雅等人在他们的译论中并未明确界定所采用的翻译方法的性质，但从傅兰雅及其中国合作者发表在《万国公报》上的众多译文的落款中却可以看出一些端倪。他们将这种协作方式分别注明为"×××译，×××达意"，或者"×××口译，×××笔述"，或者"×××译述，×××札记"，或者"×××译意"，或者"×××命意，×××遣词"，或者"×××著译，×××述记"，或者"×××节译，×××详录"等多种形式。[1] 这显示出他们发表的译文，分别采取了多种不同的翻译方法，比如"达意"、"译意"。很明显，这都不是传统意义上的直译，它们或类似于后来译论中所说的意译，或类比于严复践行的达旨译法。不仅如此，有的译作还属于"译述"或"著译"，说明这些译作中既有"译"又有"述"，或又有"著"的成分。这也意味着，这些译作的内容并非完全与原作对

---

[1] 参见尹延安《来华传教士翻译史钩沉：〈中国译学大辞典〉的考察——兼论辞典相关条目的完善》，《辞书研究》2012 年第 4 期，第 59 页。

应，其中必然夹杂了译者的阐述和发挥。按照有些评论者的说法，"译述"就是将作品中的大意翻译出来，"译意不译词"，不严格按照原文翻译，而是对原文的内容加以叙述。[1]

我们在翻译观一篇中曾提及，《佐治刍言》中有一段描写法国第一次资产阶级大革命的段落。当时的译本对此不仅采用了夸张的叙事手法，而且添加了原文中并不存在的信息。译者夹叙夹议，亦著亦译。从忠实性的角度看，这种译述方法算不得严格意义上的翻译，但如果考虑到译者在此处添加的信息或许既意在助力中国读者理解文意，又旨在归附当时中国社会的官方价值观，就能体谅译者的良苦用心。这实属一种在特殊时代，由特殊的译者群体为特殊的读者群体量身定制的翻译方法，很可能是中国近代翻译史上特有的现象。当然，这种翻译方法的效果必须辩证地来看：从积极的方面讲，这种华洋合译完全摒弃了发生在欧洲中世纪和中国元代早期法律翻译中的那种硬译和死译方法，较好地处理了译文对汉语的归化，很好地适应了中国读者的阅读习惯和接受能力。这从当时中国读者的反应即可看出——1872 年，江南制造局翻译馆印行首批翻译的图书后，立即得到提倡西学的中西人士的普遍欢迎和赞赏。《申报》刊文称赞译著"精深微妙，无美不臻，而笔而述之者，又复斟酌尽善……以之作为工师之规矩，儒生之图籍，不将见其家喻而户晓也哉"[2]。据称，1882 年康有为途经上海时，发现制造局的各种译书后欣喜若狂，尽量购置，散发给友人和学生。[3] 比起同一时代欧洲很多立法翻译者仍然固守严格字面对应翻译的偏执，此时中国的翻译显得更加灵活和务实。

---

[1] 参见马飞《傅兰雅翻译策略探析——以〈佐治刍言〉为例》，《安阳工学院学报》2013 年第 1 期，第 101 页。

[2] 转引自那世平《江南制造局翻译馆的西书翻译及其特点》，《图书馆学刊》2012 年第 35 卷第 4 期，第 115 页。

[3] 参见张增一《江南制造局的译书活动》，《近代史研究》1996 年第 3 期，第 212—223 页。

不过，由于很多互不熟悉对方语言的中西译者之间也存在沟通障碍，译文的忠实性和准确性存在较大疏漏。当时精通外语的外交家，也是开中国语法研究先河的著名学者马建忠，就对这种"西译中述"的翻译方式提出过尖锐批评，认为"盖通洋文者不达汉文，通汉文者又不达洋文。亦何怪夫所译之书，皆驳杂迂讹，为天下识者所鄙夷而讪笑也"[1]。这也凸显出这种方法的历史局限性。当然，马建忠在其《拟设翻译书院议》一文中谈到译者应有的态度时，要求译文与原文"无毫发出入其间"[2]，恐怕也是过于理想化了。无论如何，协助当时闭塞的中国社会最初了解世界的这一代译者，已经能够因应翻译目的和读者需求采取灵活多变的翻译方法和手段，不自觉地实践了很多现代翻译理论的价值取向，为近代中国翻译方法论积累了丰富的素材，值得我们在构建当代法律翻译方法论中借鉴和吸收。既然如此，我们不妨以傅兰雅与应祖锡合译，并于1885年出版的《佐治刍言》做一深度实例分析。这本书原是当时英国使用的一本简明政治经济学初级教材，经过译介引入，却成为晚清西学东渐过程中对国人影响颇广的一部译著。该书包含许多浅显的法律内容，如第十一章"Laws and National Institutions"（当时译作《论律法并国内各种章程》）即属典型。我们借此作为当时法律译文的一个例本，试做翻译观和方法论上的分析和评价：

第一，"西译中述"虽然在现当代翻译实践中早已甚少使用，但如果我们将中西译者合二为一，将其协作机理体现在当代译者身上，就会获得非常重要的启示：翻译既要使用源语思维理解和吃透原作，还要使用译语思维组织译文语言和表达方式，使译文既忠实于原作意旨，又适

---

[1] 转引自赵少峰《江南制造局翻译馆与晚清西史译介》，《学术探索》2010年第5期，第90页。

[2] 转引自王立欣《中西翻译方法论的历时对比研究》，《哈尔滨工业大学学报（社会科学版）》2002年第4卷第2期，第105页。

应译文读者的阅读习惯,将翻译变为一个使用译语写作传达原作思想的过程。这不仅符合现代西方翻译理论中的 idiomatic translation 的精髓,也体现了译者对译语文化的尊重和对译语读者的体恤。

第二,当时的译者在翻译实践中并不坚持僵化的忠实观,而是充分发挥能动性和创造性,践行以读者为导向、以翻译目的为导向的翻译思路,采取了灵活多变、因人因地制宜的翻译方法,这很大程度上呼应了当代先进的翻译观念。

这一特点鲜明地体现在,译者为了使译文更加具有可读性和表现力,在翻译中发挥了自己的想象力,在译文中增加了生动的描写。例如《佐治刍言》原文第 20 章第 241 节原本是一句平淡无奇的话:

> The bare earth on which he finds himself, becomes gradually covered with the fruit of his exertion.

意为:"在最初荒芜的土地上,开拓者经过努力,逐渐获得收获。"但在当时的译者笔下,这句话却被发挥、描写成一段颇具文学效果和情境感染力的语言:

> 其始者秦莽耳,无所谓房屋、物产也,自开辟之人制为居处以安民身,制为器具以利民用,制为树艺以供民食,世世相传,遂成乐利。[1]

不仅如此,为了实现译者的引导目的,也为了提高翻译的效率,更为了适合读者的需求,译作多采"节译"的方法,摘选最适合引介的内容,

---

[1] 转引自张燕《从交际翻译理论视角看〈佐治刍言〉》,《长春工程学院学报(社会科学版)》2012 年第 3 期,第 70 页。

相机取舍，而非全盘照搬。

最为显著的是，当时的译者采取"译述"的方式，一改字比句次的字面对应，打破了传统的以字、句为基本单位的翻译方法，在篇章层面上构思译文。译者以原文为框架，在保持原文主要内容不变或主要故事情节完整的情况下，根据译语读者的需要或阅读习惯、审美情趣进行适当删改或添加发挥。[1]这种方法充分发挥了译者的创造性，超越了直到今天仍被很多人刻板坚持的僵化忠实观，体现了明显的进步性。

第三，当时的翻译方法突出体现了语言的"归化"处理。为了尽可能使译作被当时中国的主流读者（尤其是士大夫阶层）理解和接受，中方译者们非常注重研究译文的写作手法。据当代研究者分析，他们在语言行文上不论是人称变化、行文技法，还是节奏音韵都完全按照当时中文的写作标准和读者的阅读习惯。比如在《佐治刍言》中，译者就采用了不同于原文的客观叙述方式，使用文言表述手法，并以第一人称来译写，出现了诸如"然以余观之"、"余曾言人之资本"等表达方式，以此适应当时中国读者的阅读习惯。在行文上，译者也对原文中的很多句子结构、语序进行了调整，以适应文言的习惯表达，同时还对原文的标点符号及句子类型作出改变（例如将原文的陈述句改成疑问句，或反之）。这样做的目的就是为了易于读者阅读理解，也使得译文更加生动。在译文结构上，译者则增加了一些具有中国本土特色的段落链接，例如译文中常出现"上节言……、可参上节之理、从以上各节之理参之、前节言"[2]等。这样制作出的译文不仅"完整、严谨、和谐，达到结构美的要求"，

---

[1] 参见马飞《傅兰雅翻译策略探析——以〈佐治刍言〉为例》,《安阳工学院学报》2013年第12第1期，第101页。
[2] 参见张燕《从交际翻译理论视角看〈佐治刍言〉》,《长春工程学院学报（社会科学版）》2012年第3期，第70页。

而且"全文层次井然，衔接吻合，前后呼应，浑然一体"。[1]不仅如此，译者还大量使用了文学化的修辞手法，比如"多短句、多语气词的使用，不时有4—8字短语，四字格、对仗、排比小句、反问句、问答式短句、辞赋体均有涉及"[2]。

第四，在翻译策略和翻译内容的选择上，译者也注重对于中国文化的适应和对读者的尊重，同时还表现出译者明显的翻译目的和导向。傅兰雅在译介时"旨在介绍西方商品经济的发展过程及其利弊，在翻译过程中，他有意对原文中的部分内容进行了删减和替换，尽量让中国的士大夫们在了解西方发达国家经济繁盛的原因同时，也能接受一定的先进思想和对当时国家的制度危机有所思考"[3]。这也非常符合现代翻译理论中交际翻译的方法和主旨。为了达到这一目的，译者采用了包括添加评论、注释、改写、省略、删减和增补等多种翻译方法。[4]比如，凡遇译者认为原文中并不重要且无碍意思理解的部分，在译文中均作删减，从而使译文更加精练而逻辑清晰。此外，傅兰雅还特意省略了原著中有关基督教的部分，以适应中国与西方不同的宗教信仰。如原作第233节中"These things are not undervalued; but we are not treating of physical nature as it came from the hand of the Deity, but of..."一段中的"Deity"原意是"神、神性"，但在译文中并未体现，只译为"如人之生命，虽为地球上所不可少，而此书皆不具论"。[5]

---

[1] 马飞：《傅兰雅翻译策略探析——以〈佐治刍言〉为例》，《安阳工学院学报》2013年第12卷第1期，第101页。
[2] 同上。
[3] 张燕：《从交际翻译理论视角看〈佐治刍言〉》，《长春工程学院学报（社会科学版）》2012年第3期，第70页。
[4] 同上。
[5] 同上，第71页。

第五，译者在翻译中对中国语言文化的归化还表现在大量使用功能对应的翻译方法上，也有人称其为"代换（翻译）法"[1]。中英两种语言中有很多谚语及事物在意旨、意趣和功能上相当或对应，但由于民族文化的特异性而采用了不同的表达方式或命名。为了使译文更贴近译语文化，也更容易被译语读者接受，便于他们领悟原文的意旨，译者就在不改变原作要旨的情况下采用了功能对应的代换法翻译。例如《佐治刍言》原作第 19 章第 241 节为："If wheat rots on the fields of Poland, and it is taken to a baker in Manchester, who makes bread of it, the service is as great and truly productive as if the importers had manufactured the wheat."译者提供的译文是"如波兰国产麦甚多，一岁所收之麦，除本国居民食用外多有盈余，商人每运至英国各大城镇转售，作为馒首，以充民食"。很明显，译者将原文中西方人用作主食的面包（bread）在译文中代换成功能完全一样的中国人的主食馒头，同时还在译文中省略了当时中国人并不熟悉的英国城市曼彻斯特（Manchester）的名称，而泛译为"英国各大城镇"。[2] 这些灵活的替换方法明显提升了读者的阅读体验，消除了理解障碍。当然，正如人们所广泛争论的，与异化方法相比，这种归化和代换的翻译方法，会使译文失落原作中的外域文化特色。究竟孰轻孰重，正是译者需要根据多方因素权衡取舍的。

最后，评价这一特殊历史时期的翻译必须秉持辩证和历史的观点。很多译述中存在的增减内容、评述、阐释、过度迎合特定读者等翻译策略、手段和方法，似乎都不符合本书翻译理论中强调的忠实性、客观中立性、避免意识形态过度干扰等原则，但它们在当时的历史条件下，发挥的积极作用又是不可忽视的。而且，这种阶段性产生和应用的翻译

---

[1] 张燕：《从交际翻译理论视角看〈佐治刍言〉》，《长春工程学院学报（社会科学版）》2012 年第 3 期，第 71 页。

[2] 同上。

方法，可以视作对于之前和之后存在的硬译、死译、逐字译方法的抵抗，体现了这一时期翻译观的进步和方法论的发展。

总之，在将近一个半世纪以前，身处封闭落后又激烈变革着的中国社会中的中外译者们，已经通过自己的不懈实践，探索出将西方著作译入中国、译成汉语，又为当时的中国读者所接受的大量实用方法，其中很多翻译观念、翻译策略、翻译方法，对于今天的法律翻译实践仍然具有指导作用和借鉴意义。当然，据笔者分析，这些成果的出现也许并非完全出于当时西方译者的本意，而是与中国合作者们协商妥协的结果，或是因应和屈从中国官方的要求，又或是其在向中国合作者讲述原作内容时增加的个人阐释被中国译者误以为是原文内容，从而添加入译文之中形成的无心插柳的意外所得。

这些翻译方法更是被稍晚的严复集为大成并发扬光大。有所区别的是，严复将当初相互协作的中西译者的功能合二为一，以一己之力汇通中西，由此形成承前启后、具有划时代意义的翻译理论思想。可以说，研究近代的法律翻译，严复必然是一个绕不过去的人物，以致学界多认为"中国近代翻译，始于严复"[1]。因此，我们很有必要从翻译观和方法论的层面，研究和认识严复的翻译思想，从中汲取构建现代法律翻译方法论的宝贵经验。

研究严复的翻译思想，必须首先了解他所处的时代背景。当时的中国，列强环伺，民族危机深重，迫切需要唤起国人觉醒，变法图存、图强。这就使得思想启蒙成为他翻译西方著作的第一要务。因此，他不介绍技艺和格致之学，而是选择开启西洋各国强盛之路的启蒙思想之作，这其实也奠定了他的翻译观基础。其次，他所面对的读者乃是完全隔绝于西

---

[1] 参见冯世则《忠实于何？——百年来翻译理论论战若干问题的再思考》，《国际社会科学杂志》1994年第1期，第103页。

方现代思想、"民智未开"的中国人。如不加变通、阐释，只是将近现代西方启蒙思想著作照本宣科，无异于对牛弹琴。不仅如此，他最希望通过译著首先影响和触动的是中国社会士大夫知识精英阶层。对他们而言，符合主流审美观念的考究文辞是引起他们阅读兴趣的敲门砖，而将西学思想与他们所熟悉的儒家经典理论融会贯通，又是促进其理解和接受的捷径。正是在种种复杂背景之下，严复才苦心孤诣地开创出一套前无古人、后醒来者的翻译思想理论体系。这套体系，取其精髓而言，是以"会通"为翻译策略，以"达旨"为核心译法，以"信达雅"为翻译标准的。

所谓"会通"，就是把西学思想与中国经典通过翻译融会贯通。严复重视利用中国传统典籍中的义理来打通西方学术，甚至频繁地将中国传统典籍中的语言嵌入他翻译的西方典籍，如在《天演论》中，大量引用诸如"先天下为乐，后天下为忧"、"己所不欲，勿施于人"、"而人生常生于忧患，死于安乐"、"天地不仁，以万物为刍狗；圣人不仁，以百姓为刍狗"等中国人耳熟能详的经典义理，使得其译作更易被当时中国各阶层的读者接受和理解。在他的西学翻译中，中西"互观互释"——比如他一面以《周易》中的"易道"会通斯宾塞的天演论，一面又"归求反观"，以进化论发现"天道变化"，进而戳穿"天不变"的谎言。[1] 在他的翻译中，他不仅以会通的眼光选择中学没有的西学名著，为中国建立可资借用的西学体系，而且以中国传统文化为理解资源，在中西相似点的基础上，通过概念或术语的格义和会通实现古今中外的融合，借以创建中国的新文化体系。他主张立足于中国历史和现实，寻求中西异质文化中可以相互融会贯通的、富有生命力的思想文化因素，然后经过

---

[1] 参见张德让《清代的翻译会通思想》，《安徽师范大学学报（人文社科版）》2011 年第 2 期，第 220 页。

会通创造新的文化。这些思想集中体现在他富有创造性的译文和按语中，使其译著不仅荟萃古今中外文化于一炉，而且在反复的比较会通之中提出大量独到的见解，为中国文化贡献了具有开创性的思想理论。所以说，严复的翻译不是简单地译介西学，而是在兼容古今、会通中西基础上的创新，在会通内融西入中、中西互释。这不仅展现了当时中国士大夫阶层诠释西学的实践智慧，也"有助于丰富中国诠释学翻译模式"[1]。

作为"严译行为中心"的"达旨术"[2]，更是我们方法论关注的核心。所谓"达旨"，按照严复在《名学浅说》序言里的解释："中间义旨，则承用原书，而所引喻设譬，则多用己意更易，盖吾之为书，取足喻人而已，谨合原文与否，所不论也。"依据这一理论主张，他在翻译西方社会科学理论著作时大胆尝试和创新，不拘泥于原文的文字和字句顺序，而是在融会贯通之后，通过译者自身对于原著精髓的理解和掌握，采用灵活多变的翻译方法，着力揭示原作的精神实质，呈现原作的意旨和意韵，从而达到易于读者，尤其是当时中国的普通读者理解和接受的效果，以至于理论界评价这种有"格义、比附之嫌的达旨法"貌似不是严格意义上的翻译，却堪为"中西语言、文化融合创新的经典之作"[3]。

在翻译标准上，尽管众人皆知严复在《天演论》的"译例言"中开宗明义地提出"信为译事之要义"，并引出其著名的"信达雅"翻译标准说，但正如有学者指出的，他译书"却偏偏采用'不尽信'的达旨方法，其目的就在于'取便发挥'"[4]。还有人总结出他在译书中采取了

---

[1] 参见张德让《清代的翻译会通思想》，《安徽师范大学学报（人文社科版）》2011年第2期，第221页。
[2] 黄忠廉：《达：严复翻译思想体系的灵魂——严复变译思想考之一》，《中国翻译》2016年第1期，第34页。
[3] 张德让：《清代的翻译会通思想》，《安徽师范大学学报（人文社科版）》2011年第2期，第220页。
[4] 王克非：《论严复〈天演论〉的翻译》，《中国翻译》1992年第3期，第10页。

"增、减、编、述、缩、并、改"等多种翻译方法和策略[1]。严译还通过大量使用注释增强翻译效果——据统计，严复在译著中所加的按语约占其全部文字的十分之一，其中除了一些名物诠释以外，主要是他对原书的批评、补充、发挥，大多是联系中国实际而发表的议论。[2]这样的翻译方式确属开风气之先。当然，严复的创造必然也汲取了前辈的经验。当年"丁韪良主持国际法著作翻译时也不是纯粹的复印式翻译，而是在翻译过程中根据具体情况有所加工，通过增删或诠释，形成了一种全新的中文译本"[3]，而林乐知和傅兰雅的译述就更有异曲同工之处了。

众所周知，当时及后世对于达旨译法最大的指责，莫过于它已经脱离了翻译的基本模式，甚至违背了翻译应该忠实于原作的基本理念，夹杂了太多译者的主观因素，是在用译者的头脑和口舌去阐述、传播原作者的思想。这种方法更像是一种对原作理论的解读和阐释，或是对原作的分析和评论，而不是真正意义上的翻译。而且，译者通过自己的阐释介入了源语文本，操纵了读者的阅读行为。这些，都为当时及后世的许多译者和译论者所不能认同。尤其到了"五四"时期，随着翻译观念的转变，很多人认识到翻译和编纂是两回事，不能混为一谈，遂更加强调翻译的忠实性，但也因此有不少人从一个极端走向另一个极端——采取字比句次的逐字译法（硬译和死译），还错误地冠以"直译法"之名，"也许可以说是对严氏的译法的一种反动"[4]。

笔者认为，对于中国翻译方法论的演变历程，必须秉持历史观来看待。翻译方法的争论，归根结底还是翻译观的冲突。对严译的批评大多

---

[1] 黄忠廉：《达：严复翻译思想体系的灵魂——严复变译思想考之一》，《中国翻译》2016年第1期，第34页。
[2] 参见韩兆霞《严复的译笔》，《湖北广播电视大学学报》2012年第32卷第9期，第84页。
[3] 尹延安：《传教士法学翻译的历史文化语境及其变迁》，《理论月刊》2008年第9期，第88页。
[4] 冯世则：《意译、直译、逐字译》，《中国翻译》1981年2期，第8页。

加速度的势头迅猛发展，……内容和品质朝向更新更广和更为纵深处发展"[1]。

按照刘毅博士的说法，在1978年后的三十年里，中国现代法学翻译经历了从"复苏期"（1978—1992）的从无到有，到"转型期"（1992—1999）作为市场经济转型过程中法学研究全方位向西方法治国家学习的序曲和先锋，再到"繁盛期"（2000—2008）实现规模化、体系化，不仅国别和语种更加多元化，而且朝着专业化、类型化、精耕细作的方向发展，还出现了所谓的"研究型翻译"。宪法、行政法等公法译著，以及世界各国各部门法法典的翻译也呈蔚为大观的气象。[2] 不仅在法学翻译领域，随着全球化趋势和中国经济社会的快速发展，涉外法律服务业呈现井喷状态，带动大量法律实务翻译，比如国际贸易、国际投资和资本市场融资所涉及的大量法律文件、国际争端解决中的司法文书，以及律师法律服务中产生的各类职业法律文件的翻译等。笔者作为亲身参与者，亲眼见证了这种实务法律翻译的巨大需求。

在法律翻译实践蓬勃发展的同时，我们却注意到，国内法律翻译理论的发展似乎并没有跟上这种快速发展的节奏和步伐。有人通过中国知网，专门统计了1997—2006年十年期间所有中国法律翻译方面的文章，总共只有97篇，而其中涉及翻译理论的更只有区区7篇。[3] 李德凤、胡牧撰写的《法律翻译研究：现状与前瞻》一文[4]，主要以《中国翻译》《中国科技翻译》和《上海科技翻译》为来源，统计了1980—2004年前后二十五年间发表的法律翻译研究论文54篇，其中涉及法律翻译方法的

---

[1] 刘毅：《法学翻译纵横谈》，《河北法学》2009年第27卷第1期，第197页。
[2] 同上。
[3] 参见吴咏花、岑新《中国法律翻译研究十年综述及前瞻》，《湖北科技学院学报》2009年第2期，第74—76页。
[4] 李德凤、胡牧：《法律翻译研究：现状与前瞻》，《中国科技翻译》2006年第19卷第3期，第47—51页。

研究论文只有 10 篇。该文重点考察了 20 世纪 90 年代以后的研究成果，揭示出这一阶段法律翻译理论研究的缺憾——不仅缺乏系统性研究，层次不高，研究成果远远滞后于其他研究范畴，而且缺少方法论指导，缺乏深入研究的明确目标，也缺乏学科建立和学科独立意识。[1]中央编译出版社于 2007 年 10 月出版了由香港中文大学李德凤、南京师范大学胡牧及李丽等学者合编的《法律文本翻译》。据屈文生称，该书"集 40 年中国法律翻译研究之精华，荟萃近 60 位华夏译界精英之智慧"，虽然在法律翻译理论、法律语言特征、法律翻译原则、法律翻译方法、法律词语翻译等几个方面展现了近年来中国大陆法律翻译研究的成果，但研究者大多在探讨法律翻译的原则或标准与一般翻译原则（如"信达雅"）之间的不同，或在讨论法律语言的特点及其对翻译的启示，或在讨论具体的法律术语翻译这些基本问题，使得法律翻译研究在某种程度上陷入一个循环研究、重复研究、原地打转的局面。[2]刘毅也指出，纵观三十年的法学发展，译著层出不穷，但对于翻译的批评和讨论却相对匮乏，而且到最近几年，国内学界尚未在法学翻译标准方面形成共识、建立制度，就连正式的讨论也不多，以至于"规模的迅猛扩张未必意味着质量方面的同步提高，法学翻译的形势似乎一片大好，但在制度建设和未来发展方面仍有许多空白和欠缺的地方"[3]。同样，这一阶段中国的法律实务翻译也存在着实践与理论的矛盾状况：一方面法律翻译需求呈现蓬勃发展的趋势，另一方面翻译理论的准备和沉淀却明显不足，甚至是空白。这也是我们认为中国现当代法律翻译仍处于个体化、经验性状态，缺乏

---

[1] 参见张天飞、何志鹏《中国法律翻译的研究进展》，《河北法学》2012 年第 30 卷第 2 期，第 155 页。
[2] 参见屈文生《法律翻译研究：问题与出路》，http://blog.sina.com.cn/s/blog_593a7df301018i4a.html，访问日期：2019 年 10 月 18 日。
[3] 刘毅：《法学翻译纵横谈》，《河北法学》2009 年第 27 卷第 1 期，第 198—199 页。

理论总结和升华,处于方法层次而尚未上升到方法论层面的原因。

近几年来这方面的状况有所改善,但更多的研究成果还是"量"上的体现,在"质"上并没有实现什么突破,尤其是在法律翻译观和方法论的研究上还缺少系统的、具有创见性的理论成果。就笔者研究所见,近年来在泛义的法律译文领域真正建基于长期的翻译实践总结,比较具有代表性,并且具有译文方法论意义的论述,有北京大学的张千帆教授在 2016 年发表的《法学汉译的原则与变通》一文(简称"张文")[1]。在该文中,张教授针对法律翻译的一个重要分支——法学翻译(也就是主要针对法学理论性学术著作的翻译)应该采取直译法这一观点进行了逻辑自洽的系统论述,提出了如下一些明确观点:

第一,张千帆直言不讳地明确提出,其"法学翻译的'世界观'就是直译",而且这个"直译"对应的是英文中 literal translation,并且对于直译方法的具体标准作了界定:"直译"是一种翻译原则,它要求严格按照原文的主谓宾定状结构对应翻译。在一般情况下,不要遗漏或加入任何字词,也无须改动顺序结构;只有在因中外文的不同表达习惯而无法实现基本通顺,而译者又十分肯定原文意思的情况下,才允许采取对原文偏离程度最小的"意译"。直译原则要求译者尽可能忠实地体现原文的句法结构和全部字词的意义,反对译者脱离原文,根据自己的理解乃至揣测凭空创造。

第二,直译原则要求翻译过程中尽可能用平易近人的字词,避免没有必要的"学究化",因为西文表达通常是比较直白的,即便学术著作也未必有浓重的"学究味",译者不应把自己的学究气加入译作。同时,译者通常不应遗漏或加入任何字词,但在某些情况下,为了表达通顺而加入或忽略个别没有实质意义的虚词并非偏离直译原则。不过,增减字

---

[1] 张千帆:《法学汉译的原则与变通》,《法学评论》2016 年第 5 期,第 15—22 页。

词必须谨慎，如果没有显然的"收益"，不如严格保留原文的表达方式。

第三，张文提出直译不是生搬硬套的机械翻译，而是要求忠于原文的主谓宾结构，因为忠于结构就是忠于语义。直译要求在句子结构层面上主谓宾定状必须相互对应，要求译者在正确识别主谓宾的前提下用中文语序表达出来。只有在遇到明显不同的表达习惯（譬如冗长的修饰或从句）时，才能为了汉语表达通顺而改变语序（如主句和从句的相对位置）。在个别情况下，如果有必要做有限的调整，比如在不改变意义的前提下把名词变动词、形容词变名词，也都处于直译原则允许的范围内。

第四，在适用性方面，张文强调这种直译主张尤其针对法学著作的初译者，认为他们应毫无保留地将直译作为原则。只有在为了照顾中文表达习惯的情况下，才能在尊重原意的基础上对原文结构进行必要的调整，并且认为"高手用不着直译，也用不着规则指导"。

第五，关于直译的必要性和优势，张文认为，翻译的目的是让读者尽可能真实地理解原作所要表达的意思。在这个意义上，"严复的达旨译法显然不足取"。要做到准确的翻译，译者自己首先要理解原作的确切意思，然后尽可能准确地用中文表达出来。对于水平一般的译者而言，译文不可能做到比原作更精彩，因此还是坚持法学翻译以直译为宜。基于中国翻译市场的现状，直译具有明显的好处，一能限缩译者的自由裁量，让译文尽可能保持作品原意，使得译作得以尽可能体现作品的原貌；二能减少译者"望文生义"，防止初译者在对原文意思没有把握的情况下，仅图省事而按上下文揣测原文的意思（这样的猜测往往是错误的），造成翻译质量的严重降低；三则有助于及时发现误译，因为直译的错误一般是显而易见的，只要译文读不通，肯定是翻译错误造成的。

第六，在直译的可行性方面，张文接受语言学家乔姆斯基（Noam Chomsky）的观点，认为各国语法存在普遍性，表面不同的语言在结构上存在通约性，因此不同语言之间存在理解、交流与互译的基础。在经过白话文运动后,"中西文语法和句法结构已具有很大的相似性",因此直译不仅是可能的,而且在绝大多数情况下能最准确通顺地表达原文意思。不仅如此,张文认为法学既不是文学,也不是玄学。法学文字都是相当"表层"的,绝大多数的法学论著意义都很直白,没有任何玄妙,无须过多顾及所谓的"弦外之音"、"言外之意",因此无论是法条、教材还是专著,都应该采取直译方法。

第七,关于译者的作用,张文认为,法学翻译不是一个创造性的"活计",译者应"忘记自己,将自己的存在搁置在一边,依葫芦画瓢地将作者的原意传达给读者"。

第八,在直译与"信雅达"的关系问题上,张文提出,直译只是手段而非目标。翻译不是给自己看,而是给读者看的。因此,翻译必须基于译者对原文的准确理解(信),以圆熟通顺的方式把原文意思传达给读者(达);在这个基础上,能再"雅"一点自然最好。直译和"信"之间的关系显而易见,和"雅"却不甚融洽。"雅"就必须建立在"信"和"达"的基础之上;如果没有,甚至可能贬损后者,宁可不要"雅"。对于本该直白的法律来说,强调"雅"的前提条件("信"和"达")尤其重要。和文学翻译不同,法律文献的翻译最注重原文的意义与精神,应尽量避免以文屈意。译者只能在尊重原意的基础上,追求章句的通顺、流畅与优美。直译不是要放弃优美、雅致、文采,而只是将"信"作为"雅"的基础。

第九,在直译与意译的关系和优劣对比上,张文提出,不论直译还是意译,翻译的最终目的是为了"达",但由于意译一来太"玄",不好操作,搞不好就会铸成大错;二来法律本身的特点就是强调准确性,也因此比较能容忍(直译的)"刻板",因此张文主张,在一般情况下,直译就是实现"达"最直接、最有效的手段,并认为意译应仅限于著作的标题或致谢一类对通顺要求更高的部分,而不应作为正文的翻译方法。

第十，在直译的步骤与方法上，张文主张，作为一种方法，直译是不可超越的起点。以此为出发点，翻译大致分为三步：首先，确定主谓宾以及主从句和修饰结构；其次，用最合适的中文字词把原句结构准确表达出来；最后，在直译基础上微调结构、斟酌修饰、完善表达。当然，这并不是一个简单一维的单向过程，对某一个单词的翻译显然需要结合上下文背景。

张文还认为，翻译是一项有步骤、螺旋式完善的辩证过程。译者需要理解句子才能理解字词，反之亦然，但这并不妨碍把整个过程分为字词和句子翻译的不同阶段。译者首先要根据对全文（乃至全书）的理解，正确翻译原文句中的每一个字词，这就要求参照专业书籍理解词义。对于意义不甚明了，或者虽然知道意思但不确定最佳译法的词汇，可在中译旁边用括号标注原文，但标注应限制在最小范围内，且通常只对关键法律术语以及尚未得到普遍承认的新译法或有争议的译法这两种情况标注原文。其次是按照中文主谓宾定状的结构把原句表达出来，尽量避免改动原句结构，或增删原句的字词。如果要有所增删，哪怕是微不足道的虚词，或显著改动原句结构，一定要进行"利益－成本分析"，确定这样的改动能否带来好处。如果好处不明显，不如保持原样。张文相信，在大多数情形下，这种分析会证明直译仍然是最合适也是最省事的。在个别情况下，如果直译确实会引起误解或让读者看不明白，那么可以采取一种最接近直译的"意译"。这种情况不应经常出现，直译毕竟是规则，不应被例外吃掉。总的来说，译者在整个翻译过程中的"自由裁量"是相当有限的。

因应中西方语言表达习惯的不同，张文提出了解决用中文表达西文冗长的修饰从句的方法，即必须根据原文的意思与结构适当断开。遇有长句，需要适当分句表达时，中间可用标点符号隔开。为了照顾中文的表达特点，该文甚至提出了一条可供译者参考的"技术性规则"，即在两个标点之间的文字最好不要超过30至40个字——"大致对应五号字在A4打印纸上一行",并认为超过这个长度就明显不符合中文的表达习惯了。

总之,张教授在该文中通过一系列论述明确主张:对于大多数法学翻译工作者(尤其是初译者)而言,翻译法学著作应该采取严格按照原文的主谓宾定状结构、不轻易增减任何字词或改动顺序结构而进行对应翻译的"直译法",并将"意译"的使用程度降到最低,同时将对"信"和"达"的重视程度置于"雅"之上,将"信"作为"雅"的基础。他还在总结自身长期法学翻译经验的基础上得出一个明确的结论——"直译的生命力要比任何其他方法都更为长久"。

应该说,张千帆的法学翻译直译观主张是具有典型性和代表性的,并不只是其个人的观点。正如他在文章脚注中所说的,在该文的写作过程中,他曾与同仁多次交流过其观点。就我们所见,目前国内法律翻译界持有同样观点的人并非少数,比如负责香港英文法例中译的很多官方译员在翻译英文法例时也大多持类似的直译观点。这使得我们有必要针对这种当前在国内具有代表性并且在一定程度上占有主流地位的译文观念提出我们的分析和评论,借以与张千帆等资深法学著作翻译者们商榷。

第一,张文对于法学翻译(笔者将之视为法律翻译的一个重要分支)仍然采用直译与意译二分法,并且仍然以"信雅达"作为衡量翻译质量的标准,沿用了中国传统译论的方法体系。正如我们在前面已经详细论述过的那样,直译与意译是在通用翻译理论中产生和发展出来的简单二元方法论,不能简单应用于专业的法律翻译领域。以此作为翻译原则和方法论基础太过宽泛,也与现代法律翻译理论存在一定的脱节。其实法学翻译界对此早有质疑,就连张教授本人也明言,著名法学家、法学翻译家邓正来就不主张沿用直译的概念,认为"直译"的提法可能会造成误解,建议改用"准确的翻译"来形容这种译法,但张教授对此提议并不认同——因为人们也同样可以将意译作为"准确的翻译"。

第二，张文虽然将翻译对象主要界定于法学著作，但也将法条（立法）与法学教材等纳入同样的讨论范围。正如笔者上文所述，理论性学术著作与立法、法律教材、司法文件及实务性法律文件之间，在法律语言的性质和特征上存在着明显的区别，应用的翻译方法也必然有所差异。对它们不做区分而应用同一种翻译方法，本身就过于笼统而缺乏针对性。

第三，即便是法学著作这一类文献，其本身也是一个广义的范畴，其语言特征严重依赖于写作者的个人风格，具有极强的个性化特征。据我们所见，除了一些法学教材较为通俗以外，很多西方法学著作注重思辨、学理深奥，甚至艰深难懂（尤其对于普通读者而言），在语言表达上也绝非平铺直叙，不仅充满学术化语言，而且修辞极为丰富。不仅如此，很多作者在学理性作品中还经常使用具有文学化风格的语言——比如朱苏力教授非常推崇的美国法官和法学家理查德·波斯纳（Richard Allen Posner）。波斯纳曾在《法律与文学》一书中系统论述了法律与文学之间源远而密不可分的关系，也介绍了美国历史上一些著名大法官的经典司法判词的卓越文学价值和表现力。翻译过波斯纳著作的凌斌教授也感叹，其"行文之流畅、之明晰、之大开大合，是非常难以翻译出的"[1]。这些事实都与张文提出的法学文字相当表层、绝大多数法学论著意义都很直白，以及法学不是文学等论断不符。

如果再拓及其他类型的法律文献，比如普通法系国家的司法判决、复杂的国际交易文件等，其中更是充斥着专业术语和独特的职业表达方式，还经常使用复杂的语句结构和特有的修辞方式（笔者将在下文的举例中展示），大都是普通读者难于理解的。可以说，这也是笔者最不认同张文的地方，我们甚至认为法律语言的特征与他的评价恰恰相反。对

---

[1] 凌斌：《法学翻译批评的病理学进路》，《清华法学》2004年第1期，第328页。

于这样的法学和法律文献，如果坚持采用张文主张的以中英文语句对应翻译为原则的所谓"直译法"，并尽量减少使用"意译"方法（笔者也不认同在法律翻译中笼统使用"意译"这个概念），不仅难以实现翻译目的，还将极大减损译作对原著的思想内涵和语言风格的呈现能力。难怪凌斌直言："翻译是不可能完全拘泥于直译的，甚至为了符合中国人的语言习惯和理解习惯，反而往往主要是意译，这是常情。"[1]

学术译著出版界的有识之士也认为，学术作品的翻译不应一味采取严格的直译方法，因为单一直译的方式不但使阅读枯燥乏味，而且不能准确反映原著的思想性，甚至难以避免机械对译的情况。正确的应对措施应该是依照原著的语言表达方式，采用多种翻译方法以及与作品内容相符的翻译策略，才能达到学术翻译的要求。[2] 笔者对此深表赞同。

第四，显然，张文提倡直译法就是不愿给予译者"自由裁量"的权利，就是要让译者隐身于原著背后，就是担心因放纵译者的"再创作"自由而致其妄解原作，影响原著本意的呈现。然而，依笔者的认知，思想性、理论性强的法学著作，往往学术语境丰富、义理深邃，绝非表面文章，进行语际转换时极需熟谙相关学术领域的译者抽丝剥茧、融会贯通，不仅要译出字面语义，更要揭示深层意旨。如果拘限译者的"创作"空间，只会让译者"戴着脚镣跳舞"，无助于实现学术著作的翻译目的，这也是近年来国际学术界对于学术著作推崇深度译法的原因。事实上，在本书提倡的翻译理念中，法律翻译（也包含法学翻译）恰是一个充满译者创造性的"活计"，它要求译者不能忘记自我，不能消极地隐藏自我的存在。

---

[1] 凌斌：《法学翻译批评的病理学进路》，《清华法学》2004年第1期，第328页。
[2] 吕丽丽：《谈法学学术翻译的标准》，《出版参考》2018年第1期，第46页。

第五，张文明言"法律文献的翻译最注重原文的意义与精神，应尽量避免以文屈意"，但仅靠他主张的字句结构对应的直译方法就能确保尊重原作的本意和揭示原作的意义与精神吗？笔者不敢苟同。在长期的法律翻译研究和实践中，笔者深刻地认识到：首先，中英文语言的天然差异明显，按照相同的字词和句型结构对应转换，根本不可能实现译语的通顺，更不会有助于文旨的准确揭示。尽管张文宣称直译不是生搬硬套的机械翻译，而是忠于原文字句结构的翻译（即严格按照原文的主谓宾定状结构进行对应翻译），因为"忠于结构就是忠于语义"，但事实上，由于中外文语言习惯和语法规则的显著差异，忠于结构不仅难以忠于语义，甚至会违逆语义；忠于字词更是难达真意，不仅难以减少反而会增加译者"望文生义"的可能，因为他们可能无法透过字面的表象触及文底的深意。再者，中外法律制度和文化的巨大差异，更是进一步制约了中西方法律语言的直接对应转换。因此，张文的主张本身就自相矛盾。

当然，我们理解张文将直译法适用的译者群体限定于水平一般的初学者，而不适用于翻译高手，也相信这是张教授在实践中遭遇诸多惨痛教训后的无奈选择。但反观现实，高手毕竟是少数，而如果那些新手初入译界就被要求遵循刻板的词句对应的直译方法，一旦养成翻译习惯，将严重束缚他们在翻译中创造性思维的发挥，同时将译者自己的功能局限于原作者背后的隐形人和机械的语言转换工具。这会极大地挫伤他们本应作为"再创作者"的荣誉感和使命感。长此以往，（尽管这并非张教授所愿）中国法律译界恐怕又会退回到欧洲中世纪那种偏执的硬译状态。更何况，水平有限的初译者本来就不应该独立承担艰深的学术翻译工作。假如译者由于水平所限，既不能真正领会原著的学术意旨，也无法体会源语的精妙之处，那么，仅靠字比句次地对应直译就能保证翻译的准确性了吗？所谓"依葫芦画瓢"不仅难以忠实反映原作的面貌，反而更害译文语言生硬晦涩——语言都不通的译文，还能信任其文意的准确性吗？张延祥博士一针见血：以"坚持直译原则"作为托词，似乎是在为由于翻译技艺匮乏而硬译并造成阻滞重重、艰涩拗口的译文找借口。[1]可见，这种主张其实是治标不治本的误导。至于张文提出的诸如"在两个标点之间的文字最好不要超过30—40个字"这样的"技术性规则"，恐怕更是教"新手开车"的架势了。翻译新手不应承担重要的法律翻译任务，就如同驾驶新手不应该直接上高速路一样。翻译经验的累积和翻译能力的提高不是一朝一夕之事，更不是凭借几条技术规则就能行走天下的。违背这样的规则和规律，恐怕才是导致当前法学翻译市场乱象的真正症结所在。将此委过于译者不采用"直译"方法实在是找错了方向。

最后，我们可以引用香港法院的一份英文判词为例来说明我们的主张，支撑我们的驳论。

原文：

> The Court, in other words, was not restricting the factors to be taken into account for the purposes of making a community service order to the six which they had mentioned. Nor was it insisting that all six factors should necessarily be present, although we would think that in the vast majority of cases where such an order was appropriate most, if not all, of these factors would be present.

我们不妨按照张文建议的翻译步骤先分析一下这段话的语句结构：

---

[1] 张延祥：《认真对待法学翻译——以对当代中国部分法学翻译的考察为基础》，《时代法学》2012年第1期，第35页。

　　　　　　　主语　　　　　　　　　谓语　　　　　　　宾语
　　　The Court, in other words, was not restricting the factors to
不定式短语作宾语 factors 的定语　　　　目的状语
be taken into account for the purposes of making a community
　　　　　　　　　省略了 factors 的介词宾语　修饰 six [factors] 的定语从句
service order to the six which they had mentioned.
　　　　　　　　　　　　主语　　　　谓语　　　　　引导宾语从句 1
（否定倒装句）Nor was it insisting that
　　　　　　　　　　　　　　　　　　　　　　引导状语从句
all six factors should necessarily be present, although we would think
引导状语从句中套接的宾语从句 2
that　　　　　　　　in the vast majority of cases
引导状语从句
where such an order was appropriate most, if not all, of these factors

would be present.

　　分析可见，我们随意挑选的一份司法判决中随意摘出的一段话，语法结构竟然如此复杂，存在多重从句套接和诸多英文语法现象（如过去进行时态、倒装句式等）。这其实是非常典型的英文法律文件的表达方式，而且从英文表述看，逻辑层次非常清楚，对于英文读者不会引发任何误解，但如果按照张文主张的严格遵照原文的主谓宾定状（补）结构对应翻译，制作出的中文译文恐怕会是：

　　法庭，换言之，不是要限制应被考虑的因素为了作出社会服务令于他们所提出的六个。也不是坚持六个因素全都应该存在，尽管我们认为在绝大多数案件中当这一命令适合时，大部分的，如果不是全部的话，这些因素都具备。

　　这样的中文译文与英文原文可谓"字比句应"，但从汉语语法角度来看却不堪卒读。

　　如果认为我们过于机械地理解了直译法，那么我们不妨奉行张文主张的在"尽量避免改动原句结构或增删原句的字词"的同时"微调结构、

斟酌修饰、完善表达"的原则,再修正一下这段译文:

> 换言之,法庭不是要将为了作出社会服务令而考虑的因素限制于他们提出的六项。也不是坚持六项因素全都应该存在,尽管我们认为在绝大多数适合这样命令的案件中,大部分因素,如果不是全部的话,都会具备。

这样的译文似乎尚可理解,但读起来仍觉翻译腔明显,中文语义也并不因为字句对应的翻译而更准确,反而因为中文读者阅读不畅而增加了误读的可能。

当我们索性弃置张文主张的那种"直译法",完全按照规范的汉语规则和语言习惯梳理文意、调整语序,更正标点符号,并增减必要的字词后,这段话完全可以译为:

> 换言之,法庭在作出社会服务令时,并不是要将考查因素(的数量)限于他们提出的六项,也不是坚持(要求)这六项因素全部(同时)具备。当然,我们认为,在绝大多数适合作出社会服务令的案件中,这六项因素即使未全部具备,也会具备其中的大部分。

如此翻译,岂不顺遂通畅?译文不仅没有因为灵活调整了语序和增减了个别文词而失信,反而更加清晰明朗。既然如此,我们又何必纠结于不同语言之间字句结构的机械对应呢?其实,是否增减原文字词,是否文词对应都不是判断翻译正误的标准,只要译者"以笔曲而达为旨归",即是正途,真正需要反对和避免的是译者"妄加穿凿,附会故典,以至庐山真面目不能复识"。[1]

笔者认为，提高翻译质量最关键的是，译者除了要有意识地努力提高自身素养以期成为"适格"的译者（这恐怕不是朝夕可成的），还应该从翻译观和方法论上改造自我对待法律翻译的根本认知（这却是可以立即付诸翻译实践的）——包括放弃僵化的直译观。事实上，这种自我改造并非局限于初学译者，当前中国的整个法律翻译界都应该勇于自我革新，重新建立更加科学系统的法律翻译观和方法论。当然，从下文即将讨论的欧洲法律翻译界直到近代仍在翻译理念和方法上的激烈冲突，就可想见这种改造的艰难。我们对翻译方法论的改造倡议也无疑会遭遇激烈的争论，但争论总比无视、漠然和故步自封要好。

再推而广之，张文其实也反映出了当前中国法律翻译界在翻译观和方法论上的一些普遍倾向。比如张文对于严复的达旨译法在当代法学著作翻译中采取完全否定的态度，甚至视之为异端。贺卫方教授也曾专门撰文反对翻译作品里的"本地风光"，也就是反对中国译者采用特别中国化的表达来传递外国作品的意义。他甚至对于有些译者在翻译中采用中文中最常用的"张三、李四"这样的人称泛指都觉得别扭，有把"杭州当汴州"的感觉。[2]他还反对在法学翻译中出现"不合理的添附"。比如，他在评价薛张敏敏翻译的比利时根特大学中世纪史与法律史教授范·卡内冈的《法官、立法者与法学教授》一书的中文版（北京大学出版社，2006年）时，对于译者将英文中的"a distinction"一语译为极具中国文化色彩的"楚河汉界"颇有异议，认为这种"演绎"固然增添了汉语

---

[1] 1930年艾韦撰文谈直译和意译中所列各家对两种译法的评论，转引自于岚《翻译方法与翻译艺术》，《北京第二外国语学院学报》1994年第3期，第49页。

[2] 这里所针对的作品是中国社会科学出版社2004年版的《约翰逊传》，译者是台湾地区的罗珞珈和莫洛夫。参见贺卫方《翻译作品里的本地风光》，http://blog.sina.com.cn/s/blog_48866320010002yr.html，访问日期：2019年10月16日。

的美感，但属于不合理的"添附"。而对于译者将"as long as Germany was divided into numerous states, a common civil code could hardly be expected…"一句译成"只要德国还处于四分五裂状态，制定一部共同民法典的意愿，基本就是镜中花、水中月……"的做法，他更是认为"在原文里添加了不存在的表达或意象，超越了翻译的职守，也很可能给读者某种误导"[1]。

虽然笔者也觉得译者在上例中应用的一些翻译手法属于修辞过度（或因译者的个人情调、文学修养和翻译风格所致），甚至违背了对原作写作风格的忠实，在修辞上有些"雅而不信"，不值得鼓励，但这些修辞至少并未造成文意错误。比起那些晦涩拗口、令人不堪卒读的直译甚至硬译的文章，笔者倒是宁肯欣赏这样的"添附"创造。与这样的"添附"相比，大翻译家傅雷的文学翻译恐怕更是属于"艺增"了——他每每译到法文成语或俗话时，常找合适的中国成语或俗话予以替换。在"直译偏执者"的眼中，这岂不简直"不成体统"？傅雷曾屡举一例：莎士比亚的《哈姆雷特》第一场有一句"静得连一个老鼠的声音都没有"，纪德的法文译本却译为"静得连一只猫的声音都没有"，到了中文译本就应该译作"鸦雀无声"。尽管"莎士比亚时代的英国话中不用猫或鸦雀来形容静"，但在他看来，"这不是译错，这是达意，这也就是传神"。[2]我们觉得，在这一点上，法律翻译与文学翻译是有相通性和可比性的。

必须承认，笔者非常欣赏张千帆、贺卫方等资深的法学译者旗帜鲜明地提出法学著作译文方法的主张。这不仅是他们自身长期法学翻译实践的经验总结，也是在实践基础上有意识地树立翻译观和方法论的倡议。加之他们自身的翻译成就和学术影响力，必然会积极促进法学翻译（推

---

[1] 参见贺卫方《翻译作品里的本地风光》，http://blog.sina.com.cn/s/blog_48866320010002yr.html，访问日期：2019 年 10 月 16 日。
[2] 参见施蛰存《纪念傅雷》，《施蛰存散文》，浙江文艺出版社，1994 年。

而广之也包括广义的法律翻译）的理论研究和学术讨论。但是，笔者不同意张文提出的直译、意译简单二分法在法律翻译中的应用，也不同意把直译作为法学翻译正确方法（即使不是唯一的正确方法）的主张，更不苟同法律翻译对译述、达旨、归化等翻译方法的完全排斥。归根结底，笔者与张、贺等学者在翻译方法上的歧见源于翻译观的差异。不得不说，上面所举例证反映出，目前国内法律翻译界的观念整体上仍然非常僵化保守，不仅为中国传统翻译方法理论所圈囿，也被刻板的翻译忠实观所束缚。很多人不仅不能接受在法律翻译（尤其是法学翻译）中采用译述、达旨、归化等这些曾在历史上发挥过重要作用的法律翻译方法，就连通用翻译理论中已被广泛接受的"意译"都回避有加，反倒将"直译"奉为圭臬。更为严重的是，很多译者（尤其是并不专业的"兼职翻译"）对所谓的"直译"方法本身也存在误解，往往畸化为机械直译甚或硬译、死译，由此导致的恶果在学术翻译界屡见不鲜。王春景教授曾经专文分析、评价波斯奈特（Hutcheson Macaulay Posnett）所著的世界第一部比较文学理论名著《比较文学》（Comparative Literature）的中译本，指出译者采用的翻译方法就是"直译"——"按照英文语序逐字译出，不考虑是否符合汉语表达习惯，不考虑句子成分的搭配，有些地方甚至硬译，导致译文令人费解"。[1]其实，这里所说的不做变通、语言生硬、译文让人摸不着头脑的翻译方法，连当代翻译界已经取得共识的"直译"都算不上，根本就是硬译和死译。不得不说，这都是在翻译观中机械推崇所谓"直译"惹的祸。

笔者坚持翻译交际目的论的观点，除了对立法性文件采取规范性法律语言翻译法（也不简单等同于"直译"）以外，对于其他类型的法学著作和法律文件完全可以秉持更加灵活和开放的翻译观念，以是否达

---

[1] 王春景：《隔膜的译文——评波斯奈特〈比较文学〉的中译本》，《东方翻译》2018年第55卷第5期，第20页。

到人际交往和文化交流目的、是否满足读者需求为根本判断依据，充分尊重译者的主体性、创造性和自觉意识，一方面要求他们"循规蹈矩"，另一方面又允许他们在不逾矩的前提下"随心所欲"。坚持偏狭的直译观只会限制法律翻译的生命力，使译文语言生硬刻板，翻译腔浓重，甚至导致语法和文意上的错误，不仅无助于"忠实性"，也会挫伤翻译者的荣誉感和使命感，不利于确立正确的价值取向和法律翻译专业的健康发展。在这一点上，很多同时代的资深法学翻译者已经有过反思和反省。苏力教授在最初翻译了波斯纳的《法理学问题》之后就坦陈："我感到自己《法理学问题》的译文问题不少，除了一些令自己难堪的错失之外，最大的问题是……基于当时的一种奇怪观点，希望保持英文文法，因此译文太欧化，一定令读者很头痛。我为此深感内疚，并决定重译该书……"[1] 看来，对于那种违背了中文语言习惯的机械直译法的弊端，很多译者是有自省的。近年来，学术译著的语言规范性问题已经受到官方的关注。原国家新闻出版广电总局2015年1月29日发布并实施的规范性文件《学术出版规范 中文译著》(CY/Tl23-2015)明确要求译文必须符合现代汉语的使用规范。这已经上升为我国针对学术译著翻译质量制定的国家标准，[2] 无疑应该引起足够的重视。

总之，中国现当代的法律翻译理论仍处于起步阶段，但蓄势明显，而且相对而言，对于法律术语翻译方法（译名）的研究要比对法律作品翻译方法（译文）的研究更深入，近年来已经涌现出了一大批术语翻译

---

[1] 苏力：《法理学问题新版译序》，又见苏力《〈波斯纳文丛〉总译序》，《环球法律评论》2001年第23卷第4期，第500页。
[2] 参见吕丽丽《谈法学学术翻译的标准》，《出版参考》2018年第1期，第44页。

研究的理论成果。[1] 对于译文理论的深入研究则相对薄弱。除了上面介绍的一些对于法学翻译方法的研究外，还涌现了不少学术翻译批评文章，比如前面提到过的郑戈教授的《法律学术翻译的规范》[2]、杨玉圣教授的《术语规范与学术翻译——从查尔斯河桥译成"查尔斯·里维尔·布里奇"谈起》[3]、贺卫方教授的《〈牛津法律大辞典〉误译举例》[4]、陈忠诚教授的《评〈牛津法律大辞典〉重译本》[5]等代表性文章。与此相比，立法翻译和法律实务翻译方法的研究就更是有待深入和深化了。接下来，我们再试对法律翻译方法的现状进行一些有针对性的实证梳理。

（四）中国内地现当代法律翻译实践管窥

要对现当代中国的法律翻译实践进行全面审视解析是不现实的，也非笔者力所能及，更不是本书的重点所在，但脱离对现实的考察又会令我们的研究不接地气，难有说服力。为此，我们决定通过选取一组有代表性的译例进行实证分析，达到管窥当下中国内地法律翻译整体质量和现状的目的。

---

[1] 例如樊一群的《法律术语翻译—对等结构缺乏与翻译补偿理论》（2005）一文指出法律术语的准确翻译需恰当运用脚注、释义法、功能对等、音译等补偿策略；崔娟在《法律术语汉译的问题及解决》（2005）一文中借用沙尔切维奇的"法律翻译交际论"及其"法律翻译中术语不对等"的观点探讨术语翻译；孙立新在《法律英语术语汉译原则及应用》（2006）一文中提出以透明性、一致性、简洁性作为法律术语翻译的三条原则等。参见张天飞、何志鹏《中国法律翻译的研究进展》，《河北法学》2012年第30卷第2期，第155页。

[2] 郑戈：《法律学术翻译的规范》，《北大法律评论》1999年第1期，第300—316页。

[3] 杨玉圣：《术语规范与学术翻译——从查尔斯河桥译成"查尔斯·里维尔·布里奇"谈起》，《出版人》2005年第8期。

[4] 贺卫方：《〈牛津法律大辞典〉误译举例》，《比较法研究》1993年第1期，第105—109页。

[5] 陈忠诚：《评〈牛津法律大辞典〉重译本》，《比较法研究》2005年第3期，第156—159页。

"Hearsay Rules"是英美法系的证据法中一项非常重要的证据规则，国内通常称为"传闻证据规则"。虽然国内立法中尚没有直接对应的制度，但该规则近年来已引起国内很多证据法研究者的关注，相关内容也频频见诸学术论文和著作，其中自然涉及对国外相关立法和理论的翻译引用和研究评介。作为此项规则比较集中的立法体现，《美国联邦证据规则》(Federal Rules of Evidence)中的相关条款就经常被研究者们引用。笔者从具有代表性和影响力的论文和著作中，收集了一些对于该《规则》中同一法律条文的翻译，借以通过实例观察和对比分析，考证和评价当下中国内地法律翻译的现状。

笔者就以《美国联邦证据规则》第八章(Article VIII. Hearsay)第801条规则(Rule 801)为例进行考察。之所以选取这一考察对象是基于如下几点考虑：

其一，从文本性质上讲，一方面，原文取自立法条文，语言直白清晰、简洁明确，凡具有基本外语能力的译者都可以理解、辨析和翻译，将其作为普遍性翻译质量的考察对象具有较为广泛的代表性；另一方面，译文大多源于该领域的研究者，是学术研究的副产品，我们可以将之视为立法翻译和学术翻译的综合体。

其二，原文涉及的法律规则在中国法律中不存在对应制度，翻译不仅涉及译文实践，也涉及外域法律术语的译名实践。

其三，以下选取的所有译文的作者都是这一学术领域的专业研究者，他们对于原文在源法域中的准确内涵应该是具有充分的理解和认知能力的，均属于"适格译者"，这更适合我们按照法律翻译的标准和要求进行分析和评价。

其四，翻译对象短小精炼，适合作为译例使用，被诸多译者分别翻译，不仅体现普遍性，也适合作为对比分析和评价的范本。

其五，选择诸多同一时代具有相当学术水准的译者对同一个翻译对象的翻译更具有可比性，更能反映当下国内法律翻译整体的实际状况。

《美国联邦证据规则》第 801 条规则的（a）—（c）款的立法原文如下：

(a) STATEMENT. "Statement" means a person's oral assertion, written assertion, or nonverbal conduct, if the person intended it as an assertion.

(b) DECLARANT. "Declarant" means the person who made the statement.

(c) HEARSAY. "Hearsay" means a statement that:

(1) the declarant does not make while testifying at the current trial or hearing; and

(2) a party offers in evidence to prove the truth of the matter asserted in the statement.

以下是我们从二十多年来国内的法学著作、博士论文和法学期刊中选取的十几种对上述 801 条规则（c）款的译文，作者（译者）分别来自司法界、学术界（居多）和实务界，均具有相当的学术水准，具有比较广泛的代表性：

1.（广义的）传闻证据是指"在审判或听证时作证的证人以外的人所表达或作出的，被作为证据提出以证实其所主张的事实的真实性的，一种口头或书面的主张或有意无意地带有某种主张的非语言行为"。[1]

---

[1] 沈德咏、江显和:《变革与借鉴：传闻证据规则引论》,《中国法学》2005 年第 05 期,第 153 页。

2. 证人在审判或听证时所作的陈述以外的陈述都是传闻。[1]

3. "传闻"是指除陈述者在审理或听证作证时所作陈述外的陈述，行为人提供它旨在用作证据来证明所主张事实的真实性。[2]

4. "传闻"是指除陈述人在审理或听证作证时所作陈述外的陈述，行为人提供它旨在用作证据来证明所主张事实的真实性。[3]

5. "传闻"是指不是由陈述者在审判或听证中作证时作出的陈述，在证据上将它提供来证明主张事实的真相。[4]

6. 传闻是指用来作为证据证明待证事项的真实性的陈述，但它不是陈述者在审判或听证作证时所作的陈述。[5]

7. "传闻"（hearsay）是陈述人并非在审判或听证中作证时做出的，作为证据提供用以证明主张事项的真实性的陈述。[6]

8. "传闻"是指不是由陈述者在审判中或听审中作证时作

---

[1] 何家弘、张卫平主编《外国证据法选译（下卷）》，人民法院出版社，2000，第745—766页；何家弘、姚永吉：《两大法系证据制度比较论》，《比较法研究》2003年第4期，第58页；何家弘：《传说、传闻、传真及其他》，《证据学论坛》2002年第1期，第7页。
[2] 吴丹红、黄士元：《传闻证据规则研究》，《国家检察官学院学报》2004年第12卷第1期，第50页。
[3] 廖明：《揭开"传闻"的面纱——关于"传闻证据"概念和范围的思考》，《当代法学》2007年第5期，第93页。
[4] 鲁杰：《直接言词原则与传闻证据规则比较研究》，《社会科学辑刊》2007年第5期，第88—91页。另见谷佳杰、龙金鹏《论美国传闻证据规则——以民事诉讼为中心》，《经济研究导刊》2011年第20期，第189—190页。
[5] 易900、梁鹏：《论美国证据法上的传闻证据规则》，《东南大学学报（哲学社会科学版）》第13卷增刊第1期，第217—219页。
[6] 陈界融：《美国联邦证据规则（2004）译析》，中国人民大学出版社，2005年，第88—90页，转引自谢智经《传闻证据规则研究》，厦门大学硕士论文，2011年。

出的陈述，在证据上将它提供来证明主张事项的真实。[1]

9. 传闻是指不是由陈述者在审判或者听证中作证时作出的陈述，在证据上将它提供来证明主张事项的真相。[2]

10. 传闻证据是用来作为证据证明待证事项的真实性的陈述，但它不是陈述者在审判中或听证中作证时所作出的陈述。[3]

11. 传闻证据是指不是由陈述者在审判或听证中作证时做出的陈述，在证据上将它提供出来旨在证明主张事项的真相。[4]

12. 所谓传闻证据，是指在审判外做的用于在法庭上证明所断定事项之真实性的陈述或叙述性动作。[5]

13. (c) 传闻。"传闻"是指这样的陈述：

    (1) 该陈述并非陈述人在当前审判或者听证作证时作出的；并且

    (2) 当事人将其作为证据提出，用以证明该陈述所主张事项之真实性。[6]

对于以上译文，我们先做几点初步观察：

其一，只有第 1 和 2 条译文似乎是作者采用学理释义的方式使用在其论述之中（未明确指明引用内容系对法条的直接翻译，但从内容上看

---

[1] 刘玫：《传闻证据规则研究——以刑事诉讼为视角》，中国政法大学博士论文，2006 年，第 68 页。
[2] 朱立恒：《传闻证据规则研究》，中国政法大学博士论文，2006 年，第 68 页。
[3] 杨宇冠：《美国传闻证据规则》，《诉讼法论丛》2001 年第 0 期，第 257 页。
[4] 卞建林：《美国联邦刑事诉讼规则和证据规则》，中国政法大学出版社，1996 年，第 119 页，转引自姚雪莲《对传闻证据规则的理性思考》，《法制与社会》2010 年第 15 期，第 32—33 页。
[5] 易延友：《传闻法则：历史、规则、原理与发展趋势——兼对我国"传闻法则移植论"之探讨》，《清华法学》2008 年第 4 期，第 75 页。
[6] 王进喜：《〈美国联邦证据规则〉（2011 年重塑版）条解》，中国法制出版社，2012 年。

仍然是译文），其他所有译文（至少按照作者的说明）都是对《美国联邦证据规则》第 801 条规则（c）款的直接翻译和引用。

其二，从形式上看，除了最后一项译文完全遵循了原文的形式特征，其他译文均按照中文习惯调整了表达形式，有些译文甚至完全不顾及原文的字面形式而径按译者的理解组织译语表达，比如第 12 项译文。当然，这主要是因为只有最后一项译文取自法典全文的对照中译本，其他译文都被融入论文作者的论述，自然在形式上相对灵活。这也说明大多数译者在翻译时并不会刻意照搬原文的形式，而是注重文意的表达。

第三，我们无法考证每份译文的最初来源（有些作者并未注明），也不知论文作者在使用译文时是否参考过他人的翻译，是否考证过原文，但很明显，这十几份译文的内容都不完全一样（尽管有些译文很相似），说明它们并非来源于同一个译者，或者至少都经过了论文作者的再加工。

接下来，在评价这些译文之前，我们还要先充分吃透原文意旨、正确理解原文内容。这通常要经过如下几个步骤：

第一，先按照法律翻译的思维和逻辑对原文内容进行解构分析：

所谓 hearsay，是某陈述人（declarant）并非在当前的审理程序中或庭审作证时（testifying at the current trial or hearing）作出的一项陈述（statement），被本案的一方当事人（a party）作为证据（offers in evidence）（向法庭）提出，用以证明（to prove）该陈述中主张的事项（the matter asserted in the statement）的真实性（the truth）。该陈述中包含以口头（oral）和书面（written）形式提出的主张（assertion）或意在提出主张（if intended it as an assertion）的非语言行为（nonverbal conduct）。

第二，为了确保我们对该法律条文理解的准确性，我们还可以结合相关法律理论进一步从学理上深化对其的认识：

首先，hearsay 是一项陈述，其形式可以是口头的、书面的或一种非语言的行为（如点头等身体动作），但不论其形式如何，其中都必须包含陈述人提出的某种主张，即使非语言的行为也是意在提出一种主张。其次，陈述是由陈述人作出的，陈述人可以是知道案情的任何人，其实 declarant 一词本身从语义上就包含有声明、声称、宣称的意味，这也呼应了其陈述中应包含有某种主张的法律内涵。再次，这项陈述并非陈述人在当前的审理程序中或庭审作证时作出的，也就是说在作出这一陈述时，陈述人并未出现在法庭面前，也没有接受控辩或原被告双方的交叉质询。最后，这项陈述被本案的一方当事人作为本案的证据提出，目的是用以证明该项陈述中主张的事项（必然也是涉及本案的待证事项）的真实性。概要而言，hearsay 是指某人在本案的审理程序之外以口头、书面或非语言行为的方式作出的一项陈述，它在本案的庭审中被一方当事人作为证据使用，用于证明该陈述内容中所主张的某一事项的真实性。举例而言，A 在法庭之外曾私下对 B 说"我看见 C 偷了东西"，B 作为检方证人在一起指控 C 涉嫌盗窃的审理中出庭作证，向法庭提供了 A 曾对他说的话，检方试图以此证明 C 的盗窃行为属实。在这里，对于本案的审理而言，检方（案件当事方）为了证明 C 的盗窃行为这一待证事项的真实性而向法庭提供的 A（陈述人）私下对 B 说的话（庭外陈述）就是 hearsay。

第三，要准确翻译这一立法条文，必须准确理解其中涉及的几个关键法律术语和概念，我们将通过对它们进行逐一解析来点评上面例举的各项译文的准确性和严谨性：

1. Hearsay：这是一个非常形象的英语单词，你耳中所"听到的(hear)"是别人嘴里"所说的（say）"，有如中文常说的"道听途说"。几位论文作者都提出，hearsay 一词本意是"传闻"，用在证据法中称为"传闻证据"，他们认为"传闻"一词是从证据来源意义上讲的，一旦作为证明方式提出，即成为"传闻证据"（ hearsay evidence），这里的"证据"也并非"查证属实的事实",而是"证明材料"或"证明的根据"。[1] 在我们看来,这些 hearsay 本身就是被当事方作为证据向法庭提出的(offers in evidence),当然应该被称为"证据"。更何况,证据是一方当事人提出,用以证明其主张的,并非都是可被法庭采信的,因此将 hearsay 称为"传闻证据"并不会使人将其误解为已经是"查证属实的事实"或者已经被采信的证据,况且整个《联邦证据规则》中也从未出现过"hearsay evidence"的用法,说明 hearsay 本身就是在证据意义上使用的。从这个角度讲,将在证据规则中使用的 hearsay 译为"传闻证据"比译为"传闻"更贴切。香港的官方法律文件也都普遍使用"传闻证据"的译法,[2] 而我们选取的译文大都将这一条款中的 hearsay 译为"传闻",便显得不恰当。

2. Statement:从英语语义上讲,一项声明、表达、陈述、宣称都可以被称为 statement。从相对中性的意义上将其译为"陈述"并无不可,我们选取的所有译文也都采用了这样的翻译。但无论怎样,按照这条法律规则本身作出的定义,这里的 statement 可以是口头或书面形式的,也可以是一种非语言的行为(nonverbal conduct),但其中必须包含陈述人提出的主张(assertion),也就是其明确表达出的观点和断言,非语言行为也必须意在提出某种主张。按照词语的本义,这里所说的 assertion 应该是陈述人自己确信和肯定的"主张",[3] 香港法律界将其译为"断言"[4]。

3. Declarant:就是第 801 条(a)款中所说的"a person",也就是作出 statement 的人,理论上可以是知道案情的任何人。从本意上讲,

---

[1] 吴丹红、黄士元:《传闻证据规则研究》,《国家检察官学院学报》2004 年第 12 卷第 1 期,第 50 页。
[2] 例如香港法律改革委员会发布的《刑事法律程序中的传闻证据咨询文件》《刑事法律程序中的传闻证据报告书摘要》等。
[3] 朱立恒:《传闻证据规则研究》,中国政法大学博士论文,2006 年,第 7 页。
[4] 参见香港法律改革委员会《刑事法律程序中的传闻证据谘询文件》,2005 年。

declarant 可以被译为"声明者"、"宣言人"、"宣告人"等，但由于 statement 已被译为"陈述"，为了与之匹配，将作出陈述的人译为"陈述人"或"陈述者"并无不妥。值得注意的是，在传闻证据的意义上讲，这些人不能被称为证人，因为他们没有到庭作证，所以规则中使用"陈述人"一词称呼他们也是意在避免使之与证人混同。[1]

4. Trial or hearing：trial 与 hearing 之间应该是整体与局部、概括与具体的关系。trial 指的是案件的整个审理过程，在普通法系通常分为决认团[2]审理（jury trial）和法官审理（court trial 或 bench trial）两种类型。按照法律词典的解释，一个案件从其前期事务准备完毕（比如刑事案件的侦查完毕），法官和决认团可以开始审查案件事实时正式进入审理程序，直到全部案件事实问题审查完毕，法庭可以进入判决阶段时结束。对于决认团审理而言，审理程序到决认团提交其对涉案争议的认定决定（verdict）并被法庭接受和记录在案时结束。这说明，不论决认团审理还是法官审理，trial 的重点都在"审"而非"判"。从这个意义上讲，将 trial 译为"审理（程序或过程）"比将其译为"审判"更为准确。至于 hearing，则是每一次具体的开庭审理，要求各方当事人出庭陈述并将其提出的所有用以支持其主张的证据在审理者（法官和决认团）面前出示，并且接受（控辩或原被告）双方的交叉质询，双方可以辩论，法庭也有机会就案件事实询问相关方。虽然广义上的 hearing 可以被应用在司法、行政和立法等各个领域，而且在行政和立法等领域通常被称为"听证（会）"，但作为翻译对象的法律条文取自《美国联邦证据规则》，而按照其自身的适用性规则（Rule 1101. Applicability of the Rules）(b)款（To Cases and Proceedings），该证据规则仅适用于（各级各类联邦法院审理

---

[1] 杨宇冠：《美国传闻证据规则》，《诉讼法论丛》2001 年第 0 期，第 263 页。
[2] 本书对 jury 采用"决认团"的译法。

的)民事案件(包括破产、海事和海商案件)、刑事案件及藐视法庭案件(除法官可以径行裁决的案件外),因此这里的 hearing 仅指司法程序中的开庭审理。由于中国的法律语言从来不会将法院对案件的开庭审理(包括庭前双方参加的证据交换程序)称为"听证",因此这里的 hearing 当然应该译为"庭审"或"开庭",而非"听证"。在我们选取的译文中,除了第 9 份将其译为"听审"外,其余都将之译为"听证",明显有悖严谨性。此外,原文明确使用的是"the current trial or hearing",也就是将整条规则的应用语境限定在"当前的"诉讼程序,但遗憾的是,这一重要的时间状语居然被绝大多数译文忽略。

5. A party:与 declarant 不同,a party 应该是本案的一方当事人,也就是案件审理的直接参与者,并且与案件结果有直接的利害关系,在民事案件中是指原、被告(包括共同原被告),在刑事案件中则是公(控)诉方和犯罪嫌疑人(被告人)。这原本是很清楚的概念,不知第 3 和第 4 份译文将之译为"行为人"是何用意。更为诡异的是,除了最后一条译文,其他所有译文居然都省略了这一关键主语,没有翻译出这个提出"传闻证据"的主体概念。特别是第 7 份译文,由于其错误的表述方式(将"陈述人"作为前后两段话的共同主语),极易使人误解"陈述"是被"陈述人"作为证据向法庭提供的,这明显曲解了原意。

6. The matter asserted (in the statement):我们例举的译文中有四份将此译为"主张(的)事实",这令人颇感愕然。且不说 matter 一词从英语语义上讲,在任何情况下都不应被译为"事实",即便从法律逻辑上看,一项陈述中声称的未经法庭审理确认的事项也不应被称为"事实"(不论是法律事实还是客观事实)。尽管有些论文作者辩称这是一种"待证事实",但从原文用语展示出的立法本意来看,将其译为"主张的事项"或"待证事项"无疑更加准确。

7. Truth：从词义上讲，将 truth 译为"事实"、"真相"、"真实性"甚或"真理"都不违背其本义，可以分别应用在不同的场合，但在这项法律条文的具体语境下，这里的 truth 是当事方通过提供陈述人在庭外作出的陈述，来证明其中主张的事项属实，也就是说举证所需要证明的其实是一项主张的真实性，以期法庭将其认定为"法律事实"而非"客观真相"。不仅如此，从汉语词语的固定搭配上讲，"真相"一般与"揭示"、"揭露"、"披露"等动词连用，而不与"证明"搭配。因此，将这里的 truth 译为"真实性"更妥当。

最后，我们可以综合上述分析将这条法律规则译为：

> 传闻证据（hearsay），是指由本案的一方当事人作为证据提出的，某陈述人并非在当前的案件审理程序中或庭审作证时作出的陈述，用以证明该项陈述中主张的某事项的真实性。该陈述既可以是陈述人的口头主张或以书面形式提出的主张，也可以是意在提出该主张的某种非语言行为。

通过上述分析可见，上面例举的所有译文都或多或少存在着遗漏、曲解，甚至误译现象，或者不完全准确，或者不够严谨，部分还存在着以讹传讹的情况。这一方面体现出法律翻译的难度，另一方面也客观地反映出目前国内法律翻译质量的整体现状。值得注意的是，这一译例还是由专业的研究人员翻译的、适合普通读者阅读的、直白浅显的立法条文。假如涉及更加复杂和深奥的法学理论，其翻译质量就更可想而知了。如果学术研究是基于这些不准确、不严谨的译文，那么研究的可靠性也会令人生疑，更可能会误导读者，甚至影响各国之间的法律交流、借鉴和移植。也难怪有学者感叹，国内移植的法律制度在适用中产生的很多问题都可以归咎于翻译的不准确。这不能不令人感到忧心忡忡。

英译中的状况如此，中译英的情况也不乐观。有研究者同样采用实证研究方法对比研究了全国人大办公厅、北大法律英文网（北大法宝）和威科先行法律信息库三个国内的权威资源发布的《中华人民共和国物权法》[1] 的英译版本，发现其中存在着相当程度的名词性术语英译的混乱。研究者从《物权法》中文版中提取了 162 个名词性术语，通过对比三个英文译本发现，其中仅有 27 个术语的译名、译文一致，翻译不一致的术语却多达 135 个，而且各个译本都存在着译者错误（漏译、错译）、语义偏差（普通词汇替代专门词汇、重复表达专门词汇的已有之义、词义与原文不符）、表达差异（词义扩大、词义增加等）等诸多问题。

仅以《物权法》第一百七十六条[2] 中的"担保责任"一词为例，全国人大版将其翻译为 suretyship，北大法宝版译为 security liability，威科先行版则译为 guarantor。这三个词其实差异明显：suretyship 指的是保证合同关系，即人的保证；security liability 指担保，包含人的保证和物的担保；guarantor 在美国指一般保证人，在英国则包含连带责任保证人和按份责任保证人，与法条原文的法律含义（仅指物的担保）都不相符。[3]

虽然只是管窥，但这些实证考察比较客观、忠实且具有代表性地反映出了当前中国内地法律翻译的实际水平和现状。

---

[1] 2021 年后已纳入《中华人民共和国民法典》。

[2] （原）《物权法》第一百七十六条（物的担保与人的担保关系）全文为："被担保的债权既有物的担保又有人的担保的，债务人不履行到期债务或者发生当事人约定的实现担保物权的情形，债权人应当按照约定实现债权；没有约定或者约定不明确，债务人自己提供物的担保的，债权人应当先就该物的担保实现债权；第三人提供物的担保的，债权人可以就物的担保实现债权，也可以要求保证人承担保证责任。提供担保的第三人承担担保责任后，有权向债务人追偿。"

[3] 参见翁传舟、肖俊《法律术语一词多译研究——以〈物权法〉中名词性术语英译为例》，《上海理工大学学报（社会科学版）》2018 年第 40 卷第 4 期，第 12—18 页。

（五）港澳地区法律翻译现状观察

除了考察中国内地的法律翻译现状，我们也顺便观察一下港澳地区的情况。对于这两个法域而言，最直接和有效的观察对象应该是它们的官方立法和司法翻译。与作为单一官方语言法域的中国内地不同，因历史原因，回归后的香港和澳门特别行政区一直实行着双语体制并保留外国法律制度。这为我们提供了双语法律翻译的鲜活实践场景和充足的实证资料，成为我们研究中文（汉语）与其他语种立法、司法语言互译的最佳例证。接下来，笔者就简要考察一下在中国政府对澳门和香港恢复行使主权后，在这两地长期以外语形式实行（并将继续施行）的外国法律制度的语言"汉化"实践——也就是将大量以外语形式存在的外法系（包括普通法系和欧洲大陆法系）立法和司法文本翻译为同等效力的中文本，以及当前的双语平行立法实践。这一实践将为我们提供考察法律翻译的独特视角和机会。

1. 澳门法律翻译现状观察

我们先来看看澳门的立法翻译情况。

澳门曾受葡萄牙殖民统治，继受葡萄牙的法律体系，也是世界上唯一采用中葡双语表达的法律体系。在1976年前长达四百多年的历史中，"整个法律制度只是葡国法律制度的一部分"[1]。1976年起，澳门自身获得相当大的立法自治及立法权限，开始制定由本地拟定、通过及执行的，代表着本地立法意愿，同时体现澳门自治和特殊性的"澳门法例"。

虽然澳门绝大部分居民只认识中文并只讲中文，但由于特殊的地理位置和历史渊源，四五百年以来，在作为中西方文化交汇地的同时，澳门也形成了异常独特而复杂的多元语言环境，主要语种包括粤方言、闽方言、吴方言、客家话、潮州话、普通话、英语、葡语、菲律宾语、泰

---

[1] 参见贾乐龙《澳门的法律翻译及过渡》，《比较法研究》1999年13卷第1期，第62页。

语等。而在这一多元语言并存的社会中,法律也处于"三文四语"(中、葡、英文及广东话、普通话、葡语及英语)的语言环境。[1] 在这样的社会中,虽然多语言的融合丰富了地方语言色彩,但同时也因为长期语种混杂混用导致语言的滥用和不规范化,而且很多澳门人(包括文字、新闻和法律工作者)规范用语的意识也相当淡薄。这种现象同样反映在立法翻译领域。

长期以来,澳门的基本法典及许多政府公文都是以葡文起草的,而中文本则是其译文。由于多种语言因素的影响、翻译者中文根基的浅薄,以及与现代中文使用规范的脱节,这些中文译本的"句子结构混乱、语法错误百出、用语修辞失当"。加之澳门独特的法律传统,导致出现很多"杜撰的法律概念和不规范的法律用语"。这些原因交织在一起,形成了一种复杂的法律翻译现象,表现为翻译质量低劣,政府的正式公文和立法翻译版本中经常发生"连篇累牍的错误、不准确、不恰当",以致"翻开澳门的法律及政府公文(广义的法律公文)往往让人不知所云,难以卒读;其表达之不中不西,不古不今,不伦不类,令人叹观"。[2] 对此进行过专门研究的翻译专家林巍教授查找出大量实例,例如在《澳门政府公告》的首页上印有这样一段话:"所有澳门政府公报内文字以葡文华文颁行者遇有辩论之处仍以葡文为正也。"[3] 这种官方文件的用语居然如此生涩,距规范的现代汉语相去甚远,尤其是其中的"辩论"一词,用在此处令人诧异,想必就是从原文的"不确定、未决、可辩论之事"的含义中硬译出来的。按照规范的现代汉语,此处显然应该译为"遇有

---

[1] 参见林巍《"双接轨":澳门法律翻译探讨》,世界翻译大会论文,2008 年。
[2] 本段内的引文均见于林巍《特定的规范化:澳门法律公文翻译探讨》,《中国翻译》2005 年第 5 期,第 82 页。
[3] 葡文原文为:Quando se suscitem dúvidas sobre a interpretação das matèrias publicadas nas duas linguas, Portuguesa e Chinesa, prevalece a da versão Portuguesa. 引自林巍《特定的规范化:澳门法律公文翻译探讨》,《中国翻译》2005 年第 5 期,第 81 页。

歧义、疑义或争议"。如果更正其中明显不合规范、非古非今的汉语表达，这句话理应改译为：凡在《澳门政府公报》上以葡文和中文颁布的内容，如两种语言表述之间存在歧义，应以葡文内容为准。

按照林巍教授的解读，导致这些问题和现象的主要原因就是为了"确保"译文忠实于原文——澳门法律翻译界历来的传统是要做到最大限度上的字字对应，于是形成了一种独特的硬译模式，成为一种"不规范的规范"。所谓"硬译"也就是逐字生硬地翻译，导致"语义不切、意思含混、有语法错误、违反目的语常规表达习惯"[1]。从法律文化角度讲，澳门继受葡萄牙的法律体系，与中国内地的法律体系同属大陆法系传统，都以成文法为主要法律渊源，在本质上原本并不难接轨，但经葡中语言硬译之后，在译本中却发生了大量误读误译，"不但让一般人望而生畏，就是法律专业人士也常为此瞠目"[2]。不仅葡文与中文之间的翻译如此，葡文与英文之间的翻译亦如此。比如《澳门商法》第9条中使用的"法人"一词，葡文原文为pessoas colectivas，竟被硬译为英文的collective persons。译者居然不知道变通使用标准的英文法律用语legal person。[3] 诸如此类，不胜枚举。澳门的立法翻译直至近年仍然逆势坚持这种极不科学的硬译方法，很不正常。究其根源，据澳门著名语言学家张卓夫分析，由于负责翻译或撰写公文的人员习惯受葡文公文语言的影响，以及迎合对中文认识不足的上司的喜好，从而忽略甚至根本不懂中文公文语言的规范性。[4]

《中华人民共和国澳门特别行政区基本法》规定了维持和延续澳门

---

[1] 语出方梦之，转引自林巍《"双接轨"：澳门法律翻译探讨》，世界翻译大会论文，2008年。
[2] 林巍：《特定的规范化：澳门法律公文翻译探讨》，《中国翻译》2005年第5期，第82页。
[3] 参见林巍《"双接轨"：澳门法律翻译探讨》，世界翻译大会论文，2008年。
[4] 转引自林巍《"双接轨"：澳门法律翻译探讨》，世界翻译大会论文，2008年。

特色的原则,包括维持法律基本不变,以及澳门特别行政区在立法、行政和司法方面享有高度自治。在这方面,法律、语言政策是维持澳门特色战略中的重要一环。在中文和葡文同为官方语言并且中文在澳门特区立法中的使用日益重要的今天,如果任由这种硬译方法占据立法翻译的主导地位,那么澳门立法翻译的质量根本无从保证。为此,有识之士早已提出,提高法律翻译质量,改变澳门法律公文翻译中诸多问题的有效途径在于从传统的"硬译"模式走向真正的"双接轨",即对内与规范的现代汉语及规范的法律概念、术语表述相吻合,对外与国际通行的法律术语进行对比、参照,提高法律翻译的专业化水平。[1]

有鉴于此,为切实提高法律翻译质量,澳葡政府其实在澳门回归前就已经采取了一系列措施,包括:

设立专门的官方机构负责协调、计划和实施法律翻译工作,确保法律的官方中文本在法律及技术上的质量;

建立一套符合澳门实际情况且使规范性文件的中文译本在技术和法律上具备稳妥性的翻译方法;

专门建立一套适应澳门本地法律制度的中文法律词汇体系;

确保中文本在法律及技术上的严谨性和用词统一,以便在立法程序和法院中扩大使用中文;

制定统一规则解决同一立法的两种语言真确本之间在解释上的歧义。

这些工作构成了澳门法律翻译的核心,也是创立双语法律体系不可或缺的条件,目的就是确保澳门的双语法律体系能以葡文和中文分别去自我表达和运作,并且具有同等的严谨性和安全性。应该说,这是从翻译观念上确立了双语平等权利并尊重两种法律传统的基本原则,从政

---

[1] 转引自林巍《"双接轨":澳门法律翻译探讨》,世界翻译大会论文,2008年。

策、立法和技术上赋予两种官方语言在立法和司法中的同等地位及法律效力，在方法论上则强调法律翻译应遵照两种法律体系各自的法律逻辑和两种语言各自的语言规范，使两种语言文本皆符合格式规范并具有良好质量，同时确保两份文本的用词在法律及技术上更为严格，最终建立一个可以完全用两种语言运作的法律体系。[1]

2. 香港法律翻译现状观察

简要观察了澳门的情况，我们再来重点考察一下香港的中英双语法律翻译实践。在当今世界，中国人聚居最多、既使用中文作为生活语言同时又采用英国法律制度的地方，非香港莫属。香港回归后，中文成为立法、司法、行政程序中的官方语言，但香港仍继续沿用英国法律，这就涉及大量的法律翻译。

由于香港曾经长期被英国管治，英文也一度作为香港的官方语言，在此期间所有的成文法例仅以英文制定。法院在审理案件的过程中除了依据本地立法以外，也要适用普通法（包括所有普通法适用地区的判例[2]），这使得当时香港的法律语言几乎都是以英语形式存在的。围绕香港的回归，中英之间达成协议，在回归之后，香港仍然沿用原有的普通法体系，[3]但是原有的英文立法都必须"双语化"。为此，香港立法机构于1987年颁布了《法定语文（修订）条例》，规定所有新法例必须以中

---

[1] 参见贾乐龙《澳门的法律翻译及过渡》，《比较法研究》1999年第13卷第1期，第62—65页。

[2] 普通法最独特的地方在于所依据的司法判例制度。案例可以引自所有普通法适用地区，而并不限于某一司法管辖区的判决。《中华人民共和国香港特别行政区基本法》第八十四条订明，香港特区法院可参考其他普通法适用地区的司法判例。此外，香港特区终审法院和司法机关有权邀请其他普通法适用地区的法官参加审判。参见香港律政司在2008年出版的刊物《香港的法律制度》。

[3]《中华人民共和国香港特别行政区基本法》第八条规定："香港原有法律，即普通法、衡平法、条例、附属立法和习惯法，除同本法相抵触或经香港特别行政区的立法机关作出修改者外，予以保留。"

英两种法定语文制定。1989年4月,第一条双语法例《证券及期货事务监察委员会条例》(Securities and Futures Commission Ordinance)出台,[1]这应该被视为香港双语平行立法的肇端。自此以后,所有新法例均以双语草拟和制定,而所有仅以英文制定的旧有法例亦于1997年5月前全部翻译为中文。[2]

香港这次全面的英文立法双语化,可被视为中国近代以来中文(汉语)与其他语言(英语)之间一次集中的、大规模的、系统性的立法翻译实践,为中文立法翻译积累了大量经验。当然,其间的困难可想而知,失误也在所难免。有人指出,世界上所有的普通法司法区都是以英语作为法律语言的,香港是唯一同时使用中、英文施行普通法的地区,但用中文来表达普通法的概念殊非易事,尤其是英语法律词汇由于源自英语区法律制度,反映该制度演变的社会和文化背景,因此通常难以译成中文。法律词汇并不是孤立存在的,英文法律是在相关国家的哲学、道德、伦理、文字及文化价值之间的互动下产生的,所以未必能够找到一个中文词汇可以准确及全面地反映出英语词汇所包含的同一意念。[3]

香港目前已经完全践行双语平行立法,在司法实践中也已经开始进行双语裁判,并且出现大量中文判词,这也是香港特区不断培训司法官员中文写作能力产生的积极结果。[4]由于法院的判决除了依据香港特区的法例,还要依据普通法,因此援引的英文普通法判例也需要译成中文

---

[1] 参见屈文生《汉译法律术语的渊源、差异与融合——以大陆及台港澳"四大法域"的立法术语为主要考察对象》,《学术界》2011年第11期,第61页。
[2] 参见严元浩《法律翻译的历史使命》,载陆文慧主编《法律翻译——从实践出发》,法律出版社,2004年,第3页。
[3] 同上,第4页。
[4] 参见李家树《教香港特区政府司法机构各级法官撰写中文判词的经验》,《北京化工大学学报(社会科学版)》2011年第1期,第32—39页。

写入判词,这给我们提供了考查当前香港司法文件翻译方法的实证机会。

我们以颇受瞩目的香港特别行政区高等法院上诉法庭于 2017 年 8 月 17 日作出的复核申请案件 2016 年第 4 号的《判案书》[1]为例,试做分析。需要说明的是,这是一份中文判决,但法院同时提供了官方英文译本。尽管中文本是原文,但判决援引了多项普通法判例,因此须将英文判例转译成中文纳入判决。如此一来,这份判词中就同时包含了中英互译的成分,而且涉及事实描述、分析评判、成文法例、司法判例等多种法律语言形式,可以作为一个具备完整功能的法律翻译考察对象。基于此,简评如下:

第一,我们注意到,中文判词中所有涉及对英语判例的翻译都已经明确标明采取"意译"的方法[2],这说明香港目前的法律翻译实践(至少在名义上)以"意译"为翻译原则。

第二,虽然践行所谓的意译法,但从翻译效果来看,这种"意译"其实与传统意义上的"直译"无异——在基本符合现代汉语的语法规则和表达习惯的同时,仍然采取字句对应的翻译方法(下例即是明证)。也就是说,译文基本不改变原文的语序和语句结构。这种译法看似追求法律翻译的"忠实性"(旨在提供具有同等法律效力的译本),但却导致大量语病。

例如,原文(见第 80 条尾注):

> [The law] allows a line to be drawn between peaceful demonstrations

---

[1] 《判案书》是香港特区高等法院上诉法庭就律政司司长针对原东区裁判法院刑事案件 2015 年第 2791 号判决提出的刑期复核申请所做的判词,涉及对 2014 年香港违法"占领中环"事件三名头目所犯罪行的刑期复核决定。全文载于香港律政司网站,http://legalref.judiciary.hk/lrs/common/ju/ju_frame.jsp?DIS=111053,访问日期:2019 年 10 月 16 日。

[2] 参见正文第 117、124、132、133 段等处。

(where, as noted above, full rein is given to freedom of expression) and conduct which disrupts or threatens to disrupt public order, as well as conduct which infringes the rights and freedoms of others...

官方译文（见正文第 117 段）：

［法律］容许划下界线，区分和平示威（其中，正如上文所述，言论自由并无约束），以及干扰或威胁干扰公共秩序的行为、及侵犯他人权利和自由的行为……

稍具现代汉语语法常识者都会发现官方译文中存在的多项语法错误，例如"［法律］容许划下界线"一句中存在两个谓语，前面的主谓结构（［法律］容许）和后面的谓宾结构（划下界线）之间缺乏应有的连接词（兼做主谓结构的宾语和谓宾结构的主语）；"言论自由并无约束"一句中"言论自由"不是"约束"的主语而是宾语，实为"言论自由并未受到约束"；"干扰或威胁干扰公共秩序的行为"与"及侵犯他人权利和自由的行为"之间不应使用顿号（、）连接等。不仅如此，这种刻板的字句对应翻译还造成了明显的语义割裂。如果摆脱对英语句式的过度依赖，中文表述（包括其中的标点符号）完全可以更加通畅且更符合现代汉语的语言习惯。按照汉语语言规范修正后，本段译文或应调整为：

（法律）对于和平示威（的行为）与干扰或威胁干扰公共秩序的行为，以及侵犯他人权利和自由的行为，是有明确区分的。而且正如上文所述，（法律）对于言论自由并无（违宪）限制。

第三，有些中文译文虽然从形式上打破了僵化的字句对应，但仍难免发生汉语语法的错误，例如：

原文（见第 91 条尾注）：

The Court, in other words, was not restricting the factors to be taken into account for the purposes of making a community service order to the six which they had mentioned. Nor was it insisting that all six factors should necessarily be present, although we would think that in the vast majority of cases where such an order was appropriate most, if not all, of these factors would be present.

官方译文（见正文第 141 段）：

换言之，就作出社会服务令而言，法庭不是要将考虑的因素限制为他们所提出的六个，虽然我们认为，在绝大部分适合判处社会服务令的案件中，即使不是齐备六个因素，也会具备当中大部分，但也不是坚持六个因素全都必须存在。

该段官方译文也存在问题。如原文中的"...was not.... Nor was...."的句式表达的是"既不……，也不……"的意思，而该译文不仅没有将这一含义体现出来，还将这两个原本并列的概念割裂开，置于不同的语句层次中，造成文意失当。动词"判处"之后的宾语应是"人"（比如"违法者"）或"刑责"（如"拘役"），而不是"社会服务令"这种命令或裁决名称。与"社会服务令"匹配的动词应该是"签发"或"作出"。按照现代汉语规则修正后，这段话应译为：

换言之，法庭在签发社会服务令时，并不是要将考查因素的数量限于他们所提出的六项,也不是坚持(要求)该六项因素全部(同时)具备。当然,我们认为,在绝大多数适合作出社会服务令的案件中,这六项因素即使未全部具备,也会具备其中的大多数。

第四,这份中文判词在汉语语词的使用上也与内地存在明显差异。原文(见第 85 条尾注):

It is an unavoidable feature of mass disorder that each individual act, whatever might be its character taken on its own, inflames and encourages others to behave similarly, and that the harm done to the public stems from the combined effect of what is done en masse.

官方译文(见正文第 141 段):

集体扰乱秩序定必有一个特点,就是每个个人的行为,无论本身特性为何,都会感染及鼓励其他人作出类似行为,正就是群体行动造成的整体效果,令公众受害。

"定必"在现代标准汉语中应为"必定";"正就是"(假如不是笔误)按文义似应为"这就是"或"再就是";使用"感染"一词翻译"inflame"明显不当,根本没有反映出"inflame"一词本意中的"刺激、激化、激怒,造成火上浇油"的含义;至于"encourage"一词,虽然通义为"鼓励",但应当用在褒义场合,在此处贬抑的语境中,如此翻译并不恰当。此外,原文提出"mass disorder"(群体骚乱)的典型特征有两种表现,其一是"each individual act, whatever might be its character taken on its own, inflames and encourages others to behave similarly",其二是"the harm done to the public stems from the combined effect of what is done en masse",二者均由"that"引导,作为两个并列的主语从句由"and"连接,但该译文却没有正确翻译出这层含义。

按照现代汉语语法规则修正后,这段话应改译为:

> 群体骚乱必然具备的一个典型特征是,每个个体的行为,无论其性质如何,都会刺激和驱使其他人做出类似行为,而且给公众造成的伤害源于群体行为造成的叠加效果。

第五,这份中文判词中对于普通法判例和外国人名采取了保留原词的方法,例如:(正文第124段)"在较近期的 R v Gilmour [2011] EWCA Crim 2458,英国上诉法院 Hughes 法官说(意译):……。"其中,对于案名和人名均没有采取音译等方法予以汉化。

最后,我们再来看看官方同时提供的这份中文判词的英译本[1]的情况——仅以其中一个具有代表性的段落为例。

中文原文:

> 12. 三名答辩人声称是以"和理非",完全不使用暴力的原则"重夺公民广场",只不过是"空口说白话"、"口惠而实不至"及自欺欺人的口号。

英译文:

---

[1] 参见 http://legalref.judiciary.hk/lrs/common/ju/ju_frame.jsp?DIS=111053,访问日期:2019年10月16日。

12. The claim by the three respondents that they were going to "recapture the Civic Square" by way of the zero-violence principle of "peace, rationality and non-violence" was nothing but empty talk, something to which they paid lip service and a slogan by which they deluded themselves and others.

我们注意到，这段语句的中文原文中使用了缩略语（"和理非"，系"和平、理性、非暴力"的缩略语）和中文俚语（空口说白话）、成语（口惠而实不至、自欺欺人）等，非常具有中国文化的特色，应该属于比较难转换成外语的表达，但英文译文都处理得较好，具体表现在：

没有按照字比句次的僵化方式对应转换，而是完全按照英语的表达习惯组织译文语言，比如使用了包含多个定语从句的复句表达中文的文义，还使用了"nothing but..."这样标准的英文语式，在忠实传达文义的同时，完全未受制于中文的语言形式；

翻译时遵循英语的语法规则，比如使用了"were going to"这样的过去进行时体现出了汉语中并不存在的动词时态；

在译文中直接还原了中文缩略语，将"和理非"这种简略语译为"peace, rationality and non-violence"；

灵活使用诸如英文俚语 pay lip service 来翻译中文成语"口惠而实不至"，恰当而传神，是归化译法的突出体现。

对比来看，这份判词中所涉的中译英的效果和质量明显要好于英译中，反映出目前香港司法界使用英语的能力还是明显优于使用标准汉语的能力。这也说明，不论对于源语还是译语，译者语言能力的欠缺始终是制约法律翻译质量最核心的因素。

除了这些司法翻译外，我们还可考察一下立法翻译。该《判案书》多处引用了1984年颁布的《社会服务令条例》（Community Service Orders Ordinance）第378章[1]中的条文。该条例原为英文立法，后译为中文真确本，属于一份典型的双语条例，能够体现出香港现阶段立法翻译的很多特点，兹简析如下：

第一，对于需要释义的重要词汇，在中文版中同时标注英文，相应地，在英文版中则标注中文，这既是香港《法定语文条例》所认可的[2]，也是在中、英双语均为官方语言的香港所特有的现象。例如：

（中文版）
（1）在本条例中，除文意另有所指外——
"法院"、"法庭"（court）包括裁判官；
"社会服务令"（community service order）指根据第4(1)条作出的命令；

（英文版）
Interpretation
(1) In this Ordinance, unless the context otherwise requires—
"community service order"（社会服务令）means an order made under section 4(1);
"court"（法院、法庭）includes a magistrate;

第二，在编纂形式上，作为"译文"的中文版还是照搬了作为"原文"

---

[1] 参见 https://www.elegislation.gov.hk/hk/cap378!en-zh-Hant-HK.assist.pdf，访问日期：2019年10月16日。
[2] 《法定语文条例》第4（4）条：本条不得解释为限制在条例中文本内使用英文字，或在条例英文本内使用中文字。

的英文版的格式,并没有按照中文(汉语)习惯进行调整,这或许是为了体现立法翻译内容和形式上双重的"忠实性"和一致性。例如,第4条"签发社会服务令的权力"(Power to make community service orders)第3款英文版如下:

(3) A court shall not make a community service order against an offender unless—
  (a) the offender consents to the making of such an order; and
  (b) the court is satisfied—
    (i) after considering a report by a probation officer about the offender and his circumstances and, if the court thinks it necessary, hearing a probation officer, that the offender is a suitable person to perform work under such an order; and
    (ii) that provision can be made for the offender to perform work under such an order.

官方中文版为:

(3)法庭不得针对罪犯作出社会服务令,除非——
  (a)该罪犯同意该命令的作出;及
  (b)法庭——
    (i)在考虑感化主任就该罪犯及其情况所提交的报告后,及在认为有需要时,聆听感化主任所述后,信纳该罪犯是适合根据该命

令进行工作的人；及

（ii）信纳可作出规定，使罪犯根据该命令进行工作。

对比可见，中文版本基本是按照英文条款的字句编排顺序对应翻译的。虽然根据中文语法做了微调，但不论是表达方式还是标点符号，仍然不完全符合中文书面语言的规则和习惯，而且使用的一些语词，比如"信纳"，是内地汉语表达中不常见的。因此我们很难将这种对法例的翻译方法视为他们自诩的"意译"，顶多属于在字面翻译的基础上进行了必要的适应性处理。如果按照目前内地通行的现代标准汉语，这段法条的中译文或许应该修正为：

（3）法庭必须（或"应"）在如下条件同时具备时，方可针对罪犯签发社会服务令：

（a）罪犯同意法庭签发社会服务令；且

（b）法庭：

（i）在审查感化主任就该罪犯及其情况提交的报告后，并在必要时听取感化主任的陈述后，认定该罪犯适合依命令提供社会服务；及

（ii）认为可以规定罪犯依命令提供社会服务。

如果不是作为等效译本，而仅为参考译文的话，中文版还可按照内地立法的规范进行归化处理，采取如下更加简洁精练的语言和结构：

第四条　签发社会服务令的权力

（三）法庭应在如下条件同时具备时，方可针对罪犯签发

社会服务令：
> 1. 罪犯同意法庭签发社会服务令；且
> 2. 法庭在审查感化主任就该罪犯及其情况提交的报告并在必要时听取感化主任的陈述后，认定该罪犯适合提供社会服务，且认为可以责令罪犯提供社会服务。

根据香港《法定语文条例》（第 5 章），政府设立双语法例咨询委员会，就"以一种法定语文制定的现行法例文本用另一种法定语文颁布"事宜为行政长官和行政会议提供意见。行政长官须会同行政会议咨询双语法例咨询委员会后方可通过宪报宣布条例另一种法定语文的真确本。[1] 有鉴于此，这部《社会服务令条例》中文真确本的翻译方法，应该可以反映出香港官方对于英文法例中译（尤其是在香港法例汉化之初）的基本思路。我们试总结如下：

首先，香港的立法翻译主要针对将回归之前香港制定的英文法例译成中文。不论香港译界对于法例翻译方法如何定义，从政府为英文法例提供的官方中文真确译本来看，立法翻译在很大程度上还是坚持了逐字逐句与原文对应翻译的方法，只是按照香港本地使用的汉语规则和习惯（而非内地标准的现代汉语规范）进行了最低程度的适应性微调。从语言表达上看，翻译痕迹明显，且中译本照搬英文的编纂体例、格式、标点符号和语言范式的现象突出，汉语表达的通畅度有限，语法和表达错误频生。

这种现状的存在固然源于香港翻译者普通话水平有限，以及内地与香港汉语规则和表达习惯的差异，亟待随香港现代汉语（普通话）教育

---

[1] 参见《法定语文条例》（第 5 章）2017 年 2 月 15 日版第 4B（1）条。

水平的不断提高而逐渐改善，但这些现象背后反映出的翻译观念问题更值得关注。对此，香港回归前在香港律政署主持香港成文法例翻译工作长达十年之久的严元浩先生曾做过说明：承担法例翻译的双语译本团队所坚持的首要目标是中英两个文本必须表达相同的法律概念，以此作为判断译本是否准确的标准，并且宁取译文准确而舍弃可读性。即使这样制作的中文译文不易理解，但若改写或重组句子结构会导致中文译本的含义有别于英文原文，也宁愿采用不做改写的版本。[1] 这就意味着，从翻译方法理念上讲，除非译文偏离汉语语法规范太远，以至于无法准确或充分地传达其技术含义，否则香港的官方翻译团队在翻译英文法例时基本上采取的是"复印式"翻译方法，并不将中文译本的可读性置于优先考虑的地位。在笔者看来，这种方法能否因此确保中英两种文本表达相同的法律概念很值得怀疑，而这种不优先追求中文译本可读性的翻译态度更是使法例汉化的意义和效果大打折扣。

很明显，香港法例翻译中使用的中文表达方式与内地使用的现代标准汉语有很大差异，这应该是由于历史原因造成的：回归之前的香港长期与中国内地分离，以致当地的汉语发展与内地脱节，很多书面语言的表达方式不符合现代汉语规则，这就使得内地人阅读香港法例的中文译本时多有不适的感觉。而香港华人日常使用的口头语言又是香港社会保有的传统粤方言，与现代汉语（普通话）更是"隔尘甚远"，比如上面提到的复核申请案件 2016 年第 4 号的《判案书》，里面引述了答辩人在犯案时的煽动性语言："我哋牵起咗只门，如果大家喺立法会上嚟嘅话呢！立法会上嚟转右就系公民广场大门。"[2] 这在内地读者看来恐似天书。

---

[1] 参见严元浩《法律翻译的历史使命》，载陆文慧主编《法律翻译——从实践出发》，法律出版社，2004 年，第 6 页。

[2] 见香港特别行政区高等法院上诉法庭于 2017 年 8 月 17 日作出的复核申请案件 2016 年第 4 号的《判案书》第 36（2）段。

还有上面提及的"信纳"一词也不常见于现代标准汉语。按照严元浩先生的说法，创造新词通常是因为找不到相对的常用词汇，又或是这些常用词汇不足以带出英文词汇的技术意义或法律意味，防止中文立法语言被按照一般意义予以解释。[1] 在笔者看来，与其费心新造，不如更多地汲取内地立法语言的现成元素，丰富和充实香港的中文法律语言，比如"信纳"一词完全可以使用标准汉语法律语言"认定"或"采信"替换，并不会造成其"技术意义或法律意味"有所不同。无疑，这首先有赖于香港译界对现代汉语的诚心修习。

其实，对于这种尴尬局面，港人亦有自知，以致在《香港法律汇编》卷首的《凡例》里专门注明"本书对于地方事物名称及法律名词，多从香港习惯称谓，其或与我国内地称述不同，阅者当可意会"[2]。也有人期望通过时间予以消化，认为"有些词汇在新推出时确实令人难以理解，但看得多后，渐渐地也接受了"[3]，借此使这些新词汇逐渐成为在当地深入人心的中文法律词汇。当初如"大律师"等一众并不准确的译名，恐怕就是通过这种方式留存在当地的法律语言中的。但在笔者看来，欲改变这种状况，恐怕还是要依靠内地与香港在语言文字领域的不断交流，使香港本地的汉语水平跟上整个中国现代语言的发展步伐，更要求香港社会开放心胸，不断向汉语的母地汲取营养，而不要被方言拘狭了视野，甚至以适应地方语言需求为借口自我封闭。在这一点上，作为中国一个特别行政区的香港明显不如新加坡的思路开放。面对以华人为主体的社会（华人人口占比 76%），新加坡政府采取了大力推广普通话作为华人

---

[1] 参见严元浩《法律翻译的历史使命》，载陆文慧主编《法律翻译——从实践出发》，法律出版社，2004 年，第 5 页。

[2] 参见余文景《法律翻译在香港》，《法学评论》1989 年第 6 期，第 58 页。

[3] 参见严元浩《法律翻译的历史使命》，载陆文慧主编《法律翻译——从实践出发》，法律出版社，2004 年，第 5 页。

间交际工具的语言政策,并且使用了许多强有力的行政措施来配合"人人说华语"政策的推行。十多年来华语(普通话)深入人心,已收到了显著的效果。[1] 而香港在这方面确实显得有些抱残守缺,香港人对于现代汉语(普通话)的掌握能力明显落后。

值得欣慰的是,按照当初港英政府提出的双语法例计划,从 1987 年起,所有新制定的法例必须同时以中、英两种语言拟定。随着这种双语"平行立法"方式的推进,中文法例得以按照汉语的自身规律、语法规则、表达习惯来制定。虽然仍受香港地区的汉语整体发展水平的限制,但毕竟逐渐摆脱着"翻译腔",使得通过平行立法形成的中文法例在语言质量上比通过翻译英文法例形成的中文真确本提高很多。我们不妨选取 2018 年香港立法会颁布的一份决议(第 27 号法律公告)来体会一下。

英文版:

L.N. 27 of 2018

Interpretation and General Clauses Ordinance

Resolution of the Legislative Council[2]

Resolution made and passed by the Legislative Council under section 34(4) of the Interpretation and General Clauses Ordinance (Cap. 1) on 1 February 2018.

Resolved that in relation to the Energy Efficiency (Labelling of Products) Ordinance (Amendment of Schedules) Order 2018, published in the Gazette as Legal Notice No. 4 of 2018, and laid on the table of the Legislative Council on 24 January 2018, the period

---

[1] 参见詹伯慧《对香港语言问题的几点思考》,《中国语文》1996 年第 2 期,第 122 页。
[2] 参见 https://www.elegislation.gov.hk/hk/2018/ln27!en,访问日期:2019 年 10 月 16 日。

for amending subsidiary legislation referred to in section 34(2) of the Interpretation and General Clauses Ordinance (Cap. 1) be extended under section 34(4) of that Ordinance to the meeting of 21 March 2018.

Kenneth CHEN Wei-on

Clerk to the Legislative Council

1 February 2018

中文版：

2018 年第 27 号法律公告 [1]

《释义及通则条例》

立法会决议

立法会于 2018 年 2 月 1 日根据《释义及通则条例》(第 1 章) 第 34(4) 条提出和通过的决议。

议决就 2018 年 1 月 24 日提交立法会会议省览的《2018 年能源效益（产品标签）条例（修订附表）令》(即刊登于宪报的 2018 年第 4 号法律公告)，将《释义及通则条例》(第 1 章) 第 34(2) 条所提述的附属法例修订期限根据该条例第 34(4) 条延展至 2018 年 3 月 21 日的会议。

立法会秘书

陈维安

2018 年 2 月 1 日

---

[1] 参见 https://www.elegislation.gov.hk/hk/2018/ln27!zh-Hant-HK，访问日期：2019 年 10 月 16 日。

这些法律公告已经不再区分原文和（核证）译文，只是分为英文版和中文版，并且具有同等效力，而且除了中文用语上仍保留香港地方语言特色（比如"议决"、"省览"、"提述"等词语）以外，两种版本在语言结构上分别适用各自的语言规则，并不寻求机械地对应。很显然，非机械对应的处理方式并未造成两种语言版本语义上的差异。笔者不禁感叹，如果香港能将这种中文立法的思维和技术应用在其原有英文法例的中文翻译上，一定会实现立法翻译方法的巨大变革，大幅提升翻译文本的质量。

第三章
西方通用翻译方法论的简要考察

在西方，翻译方法同样是伴随着整个翻译理论发展历程的经典议题，也同样存在着大量的争论，而且理论争鸣极其丰富。现代西方的翻译理论研究者从不同的角度对翻译方法进行过归纳、总结，并作出不同的划分。有人按照翻译之于原作的"忠实"程度，依次将翻译方法区分为 literal translation、faithful translation、balanced translation、idiomatic translation 以及 free translation，[1] 一般认为，其中的 literal translation 是最"忠实"于原作的翻译方法。采用这种方法翻译时须严格按照字面对应的方式和源语言的句法结构将原文转换成译语，不顾及译语的语法规则、习惯和表达效果，也不关注文章的整体含义，因此这种译法又被等同于 word-for-word translation。若按这种解释，word-for-word translation 就是中国人常说的以单个字词为翻译单位的逐字对译。从这

---

[1] 参见 http://www.tierracenter.com/content/13-idiomatic-translation，访问日期：2019年10月16日。

个意义上讲,国内很多人将 literal translation 对应于中国翻译实践中的"直译"并不恰当,倒是相当于常说的"硬译"和"死译"。

在另一个被称为 free translation 的极端,顾名思义,译者享有根据原文内容按照译入语的语言习惯组织译文表达的自由,完全不受字面形式对应的拘束。这种方法最常受人质疑的是,一旦不拘形式对应就不易把握翻译自由的限度,而一旦超越自由的疆界,就可能发生对原文内容的"删削、颠倒、附益",那就演变为 unduly free translation,违背了翻译的忠实性,这当然也不能一概等同于中国译论中的"意译"。屈文生将该方法译为"自由翻译",但似乎仍将其等同于意译法。[1] 在有的解释中,free translation 也被等同于 paraphrase,[2] 意在突出这种翻译方法中的演绎特点。这说明,在西方的翻译理论中,对各种翻译方法的抽象命名背后同样存在着多元阐释,并没有统一而明确的界定。正因为如此,笔者并不赞成将 literal translation 和 free translation 牵强附会地对应中国译论中的"直译"和"意译",而是主张将对这些翻译方法的讨论直接置于英文语境中。但不可否认的是,与中国传统译论中二元对立的直译和意译类似,literal translation 与 free translation 作为两种相对存在的翻译方法,长期以来似乎在西方翻译理论中最具代表性和典型性,以至于美国著名文学评论家乔治·斯坦纳(George Steiner)教授指出:"两千多年来,通用翻译研究中始终存在着翻译应该采取 literal 还是 free 方法的争论。"[3]

在这两种翻译方法之外,人们还分别提出了 faithful translation(姑

---

[1] 屈文生、曹悦修订:《法律翻译研究:问题与方法(修订版)》,http://blog.sina.com.cn/s/blog_593a7df301019xca.html,访问日期:2018年12月1日。

[2] 参见 http://legal-dictionary.thefreedictionary.com/paraphrase,访问日期:2019年10月16日。

[3] "For over 2000 years, general translation studies were dominated by the debate whether a translation should be literal or free." (Steiner 1977: 239),转引自 Susan Šarčević, *New Approach to Legal Translation*, Kluwer, 1997, p. 23。

且译为"忠实译法"），也就是强调译文对原文意旨和语言结构、风格的忠实，在此前提下一定程度地顾及译语规则，但往往很难保证译文的自然流畅；以及 balanced translation（或可译为"平衡译法"），顾名思义应是在两种极端翻译方法之间寻求一种平衡，兼顾源语与译语双方的语法规则和语言习惯，又尽可能保证译文通顺可读。idiomatic translation 则是目前西方的翻译理论界普遍认同的主流翻译方法，按字面意思可译为"符合（译语）习惯的翻译方法"，并被国内有的研究者认为"本质就是意译"[1]。在笔者看来，这种评价过于简单，难免流于表面。要理解这种翻译方法的本质，必须考察其基本特征。根据西方较有代表性的理论，idiomatic translation 应该具备几项基本标准和要求：尽可能完整、准确地反映原文中的信息；组织译文语言时要符合译语的表达方式，使译文读起来通顺、自然、流畅；必要时还可使用译语的惯用语（idioms）。采用这种翻译方法的目标效果就是要让译文读者在阅读译文时感到他们读到的文本原本就是使用译语写的，丝毫感觉不到因语言转换而导致的拗口和生硬。[2]

除此以外，西方翻译界基于各种理论还提出过其他翻译方法的名称及阐释，比如与 word-for-word 相对应的 sense-for-sense translation，与 idiomatic translation 相对应的 unidiomatic translation 等。我们注意到，美国当代翻译理论家米尔德丽德·拉森（Mildred L. Larson）在 1984 出版的翻译教材《基于意义的翻译：语际对等指南》（Meaning-based Translation: A Guide to Cross-language Equivalence）一书中，明确地将翻译方法分为 form-based translation 和 meaning-based translation 这两种主

---

[1] 林梅：《也谈直译与意译》，《宁德师范学院学报（哲学社会科学版）》2008 年第 3 期，第 72 页。
[2] 参见 http://www.tierracenter.com/content/13-idiomatic-translation，访问日期：2019 年 10 月 16 日。

要类型。同时，她又将 form-based translation 和 meaning-based translation 分别与 literal translation 和 idiomatic translation 对应起来。

拉森认为，人们要翻译的是语言的深层结构（即语义结构意义），而不是表层结构（即语言表达形式）。从源语的表层结构直接转换成译语的表层结构的方法可称为 literal translation，而从源语的表层结构，经过分析找出其深层结构，再将其转换成译语的表层结构的方法就是 idiomatic translation。[1] 按照她的主张，翻译应采用以译语为导向的思路，不论在语法构成上，还是翻译用词用语的选择上，都应完全采用译语的模式。如她所说："一个真正的符合（译语）习惯的翻译，根本看不出来是在翻译，（译文）读者在阅读译文时，仿佛感到原文本来就是用译语写作的一样，这才是一个好的译者应该追求的目标。"[2] 这与傅雷所说的"理想的（中）译文仿佛是原作者的中文写作"[3] 如出一辙。按照这种解释，idiomatic translation 与中国语境中的"意译"倒是颇有共同之处，都坚持翻译既要揭示原文的意旨，又要保证译文语言的自然流畅，不仅要让译文读者读出原文字面的显象文意，还要读出其蕴含的深意。此外，这种方法还带有一些中国翻译理论家所提倡的"归化译法"的特点，也就是强调对翻译对象进行语言规则和文化上的归化处理。借用文学翻译中的理念，颇有钱锺书所说的"化境"意味。这些理论成果对我们在翻译观中提出辩证忠实观、译语导向和文化适应论等观点都有重要的参考意义。

也有的西方学者，比如对我国近代翻译理论影响极大的，美国最具影响力的语言学家、翻译家、翻译理论家尤金·奈达，则超越了翻译

---

[1] 参见林梅《也谈直译与意译》，《宁德师范学院学报（哲学社会科学版）》2008 年第 3 期，第 72 页。

[2] Mildred L. Larson, *Meaning-based Translation: A Guide to Cross-Language Equivalence*, University Press of America, 1984, p.16.

[3] 陈福康：《中国译学史》，上海外语教育出版社，2011 年，第 321 页。

方法上的简单二分法，在强调不同语言、文化之间存在巨大差异的基础上，结合语言学、心理学、交流理论、博弈论、社会符号学等多领域、多学科的发展，把翻译的原则和方法聚焦在"对等"（equivalence）上。他在1964年出版的翻译理论著作《通向翻译科学：圣经翻译中的原则和程序》(*Toward a Science of Translating: With Special Reference to Principles and Procedures Involved in Bible Translating*) 中深入阐释了其著名的动态对等翻译理论（这一概念并非奈达首创，但他作出了重要的发展）。奈达认为，翻译史上历来存在两种主张，一种是"形式对等"的翻译（formal equivalence translating），要求翻译要在源语和译语之间字对字、句对句、概念对概念；另一种是"动态对等"的翻译（dynamic equivalence translating），遵循"效果对等的原则"，不以译文和原文在形式上的完全对等和对应为翻译目标，而是要求译文所传达的信息在实质上与原文相同，同时应该使用符合译语语言习惯的方式来表达以源语呈现的原文信息。奈达认为，能做到形式对等的翻译十分少见，因为各种语言在内容和形式上普遍存在着巨大的差异，而"动态对等"的翻译则是要求译文内容与原文传递的信息达到最贴近（closest）、最自然（natural）的对等。为达到动态对等，译者要挑选最能接近原文效果的译法。

1986年，奈达在《从一种语言到另一种语言》(*From One Language to Another*) 一书中又提出了"功能对等"（functional equivalence）的理念来取代常被人误读的"动态对等"一说，以期使其观点更为明确。[1]

---

[1] 奈达在《从一种语言到另一种语言》序言中解释道："功能对等"与"动态对等"并无实质上的区别，变换的原因主要是"动态对等"常常被误解，致使许多《圣经》译者无意中严重违反了其指导原则。采用"功能对等"这一术语旨在突出翻译的交际功能，消除误解。参见李玲《翻译理论家奈达简论》，《西南民族大学学报（人文社科版）》2010年增刊第1期，第189页。

在其 2001 年的《翻译中的动态对等》一文中，他再次申明了这一理论的核心。他提出，对等的动态性表现是为了适应各种语言文化之间的巨大差异。语际交流虽然因为存在文化、语言差异等多方面的干扰因素而无法达到完全的、绝对的对等，但最低限度的对等是要达到译文读者能够（从译文中）理解和领会原文读者（从原文中）理解和领会的信息。[1]译文读者这种理解和领会程度的高低，取决于语言文化差异的大小，语言文化差异越大，理解和领会的难度也越大。但既然语言的差别不在于他们能够交流什么，而在于如何交流，那么翻译的好坏就取决于译文能够发挥同样功能的程度。与数学上的绝对相等不同，在不同的语言之间不可能存在词义和修辞上的完全等同，因此翻译上的对等应从广义上理解为发挥同样的功能。只有从发挥同样功能的角度才谈得上意义的对等，而且对于"对等"的要求也不应再局限于词汇和句法，而是要达到整个语篇结构的对等，关注修辞影响和整个交流活动。[2]

在阐述动态对等和功能对等理论时，奈达创见性地提出了以接收者（即译文读者）为导向的翻译思路——有人称为"（译文）读者反应论"（readers' responses）[3]——也就是不把翻译重点放在两种语言的形式对应上，而是放在译文读者理解（understand）和领会（appreciate）译文的程度上，以译文和原文读者各自对译文和原文的反应是否相同作为判断译文是否成功的标准。他指出："翻译意味着交流，这一过程（的效果）取决于阅读译文的人（能够）接收到的信息。判断翻译的效果不能停留在比较源语和译语之间对应的词义、语法和修辞手段上，而应该注

---

[1] 参见 Eugene A. Nida, "Dynamic Equivalence in Translating", *An Encyclopaedia of Translation: Chinese-English, English-Chinese*, edited by Sin-wai Chan, David E. Pollard, The Chinese University of Hong Kong Press, 2001, p. 224。

[2] Ibid., pp. 225–227。

[3] 参见李玲《翻译理论家奈达简论》，《西南民族大学学报（人文社科版）》2010 年增刊第 1 期，第 188 页。

重译文的读者能够正确理解和领会译文的程度上。据此，讨论功能对等时，首先应该比较原文读者对原文的理解方式和译文读者对译文的理解方式。"[1]

奈达强调翻译要为译文读者服务，并使译文读者最大限度地准确理解原文的信息。为此译文就应尽量使用译文读者乐于接受的，符合译语表达规范的语言形式。这种以译文读者反应为中心的"交流翻译法"的优点在于，从理论上把译者从死抠原文形式的枷锁中解放出来，把翻译的重点转移到原文的内容，转换到这些内容在译文中再现的过程和效果上来。[2] 奈达的理论对于我们在翻译观中提出的语言观、读者观、标准观，以及对翻译方法的各种影响因素的认识，都有着重要的理论影响。

奈达认为形式对等和动态对等的区别在于不同的目的性——形式对等希望达到原文文本和译文文本的对等，并在一定程度上反映源语词汇、语法、句法结构等语言上的特点；而动态对等的目的则是希望译文接受者和译文信息之间的关系应该与原文接受者和原文信息之间的关系基本相同，也就是把关注焦点放在了两种效果之间的对等上。[3] 但也有人提出，效果的对等是不易验证的，因为除了译者和少数读者，多数人通常不会同时阅读原文和译文，就算同时读过原文和译文的人一般也不会交流各自的感受。更重要的是，读者所接受的信息量和读后的感受是因人而异的，译文是否在效果上和原文达到对等往往无从比较和衡量。我们在翻译观一篇中提到过，纽瓦克教授就提出了不同于奈达的理论观点。他不认同以译文读者为导向的翻译思路，认为奈达提出的动态对等

---

[1] Eugene A. Nida, *Language, Culture and Translating*, Shanghai Foreign Language Education Press, 1993, p. 116. 引文为笔者翻译。
[2] 参见李玲《翻译理论家奈达简论》，《西南民族大学学报（人文社科版）》2010 年增刊第 1 期，第 189 页。
[3] 参见王丹《奈达翻译理论综述》，《绥化学院学报》，2007 年第 27 卷第 2 期，第 141 页。

一旦脱离了译文读者的时空存在就不具有可操作性。他认为以源语为导向和以译语为导向这两者之间的差异将始终是翻译理论和实践最主要的问题。[1] 为了缩小二者之间的差距，除了其他方法以外，他着重提出了"communicative translation"和"semantic translation"两种翻译方法理念（国内通常译为"交际翻译"和"语义翻译"）。前者以译文读者为导向，意在使译语读者阅读译文时尽可能获得与源语读者阅读原文时相同的感受，后者则强调在译语的语义和语句结构许可的情况下，尽可能整体反映出原文在其语境中的含义。[2] 中国学者对此进行了各种解读，有人认为：交际翻译与语义翻译的根本区别在于交际翻译强调信息产生的效果，重视语言地道，注重在译文读者中获得与原文读者相同的效果；而语义翻译则强调信息内容，注重语言忠实，要求译出原文的所有意思。[3] 有人则将二者的区别总结为语义翻译重内容轻效果，而交际翻译则恰恰相反，重效果轻内容。[4] 还有人总结道：语义翻译法以"迻译"（interpret）为本，而交际翻译法则侧重"诠释"（explain），并且要求对某些内容失实或者文字不好的句段进行"校正"（correct）。[5] 甚至有人将纽马克视为"直译派"，认为其著作（如《翻译教程》[A textbook of translation]）着重阐述了直译的重要性。[6] 这些评价既有中肯又有似显牵强之处，我们不

---

[1] Peter Newmark, *Approaches to Translation*, Pergamon Press, 1981, p. 38. "... the conflict of loyalties, the gap between emphasis on source and target language will always remain as the overriding problem in translation theory and practice."

[2] Ibid., p. 39. "Communicative translation attempts to produce on its readers an effect as close as possible to that obtained on the readers of the original. Semantic translation attempts to render, as closely as the semantic and syntactic structures of the second language allow, the exact contextual meaning of the original."

[3] 参见林小芹《纽马克论交际翻译与语义翻译》，《中国翻译》1987年第1期，第50页。

[4] 参见张燕《从交际翻译理论视角看〈佐治刍言〉》，《长春工程学院学报（社会科学版）》2012年第3期，第69页。

[5] 参见刘树森《纽马克的翻译批评理论简析》，《中国翻译》1992年第2期，第50页。

[6] 参见林克难《奈达与纽马克翻译理论比较》，《中国翻译》1992年第6期，第2—3页。

做理论评析。事实上,纽马克本人也一直在再思考和修正其理论。[1] 但有一点是明确的,纽马克主张对翻译对象(文本内容)的文体和文笔(风格)进行分类,然后分析原文的写作特点,据此采用不同的翻译方法。没有哪一种方法可以放之四海皆准,适用于一切翻译,故必须具有多元翻译方法的思考。此外,译者还应分析原文读者的特征,包括受教育程度、社会阶层、年龄等方面的因素,并在此基础上设想译文读者的特性,充分考虑在不同历史文化背景下读者对译作的接受能力。在他看来,译者能否自觉而深刻地认识原文与译文不同读者的特性,对其翻译实践具有重要的意义。他特别强调,翻译是一种社会活动,不能将其视为孤立的语言转换,不能脱离社会历史文化背景。[2] 显然,这些思想都对我们在本书中倡导的翻译观和方法论提供了重要的启示。

此外,笔者还见过 adaptation translation 的提法[3],它追求翻译方法和译文对于特定目标读者和风格的适应,与笔者提出的在读者决定论和文化适应论观点指导下的归化译法有共通之处。

---

[1] 参见刘树森《彼得·纽马克翻译新观念概述》,《中国翻译》1998 年第 1 期,第 48 页。
[2] 参见刘树森《纽马克的翻译批评理论简析》,《中国翻译》1992 年第 2 期,第 50 页。
[3] "Adaptation translation is about communicating meaning through 'adapting' the translation for a particular market or style." 参见 https://www.quora.com/What-is-the-difference-among-free-translation-semantic-translation-literal-translation-word-for-word-translation-communicative-translation-faithful-translation-adaptation-and-idiomatic-translation,访问日期:2019 年 10 月 16 日。

第四章
西方法律翻译方法论的简要考察

在简要浏览过通用翻译理论在翻译方法上的一些代表性争论和主张之后，我们再对法律翻译方法在历史上的演进和变化做一追踪和分析。我们先来简要回顾一下西方世界（主要是欧洲）的法律翻译史，从中审视法律翻译方法在西方世界所经历的漫长、复杂而又曲折的发展和演进过程。

在将"法律翻译"界定在一个严格狭义的范围之内，也就是仅针对具有普遍约束力的规范性法律文件的翻译（或称"立法翻译"）的前提下，沙尔切维奇教授曾经对西方法律翻译方法的历史演进做过专门的研究。在其1997年首次出版的著名的法律翻译专著《法律翻译新论》（*New Approach to Legal Translation*）中，她虽然明确指出对于法律翻译的方法极少有见诸书面的规则和规定，但还是从历史演进的角度总结出了一个西方法律翻译方法演进路线图。她认为，西方法律翻译最早曾长期遵从 strict literal translation 的方法，后来过渡到 literal translation，再演变到 moderately literal，再发展到 near idiomatic，进而是 idiomatic，最后演变成一种 co-drafting 的模式。[1] 其中，对于立法文件应采取 strict literal translation 译法的明确规定，最早见于前面提过的查士丁尼一世皇帝为其下令编纂的《民法大全》颁布的翻译训令，明确规定拉丁语条文只能按照字对字（word for word）的方式翻译成希腊语，就连语法形式和字词的排列顺序都必须保留。这种翻译方法也被早期的翻译理论家称为 primitive interlineal translation。从沙尔切维奇对其特征的描述来看，这种所谓的 strict literal translation 其实就是 word-for-word translation，也就是中国译论中所说的"逐字译"、"硬译"甚或"死译"，我们在此姑且称之为"硬译"。

这种对立法文件实行硬译的偏执坚持，即便在欧洲经过宗教改革，马丁·路德于 16 世纪初已经采取通俗的方式翻译《圣经》之后仍未改变。按照沙尔切维奇的说法，此前圣经翻译和法律翻译共同遵循着硬译的方式，但在翻译方法理念变革的问题上，宗教翻译甚至走到了法律翻译的前头。与马丁·路德同时代的德国人文学家和作家塞巴斯蒂安·布兰特（Sebastian Brant）曾试图仿效马丁·路德以浅显易懂的语言翻译《圣经》的方法来将《民法大全》译成德语，却被当时很多人斥为荒谬，直至启蒙运动时期，这种尝试才被认真对待。反对者认为，与《圣经》不同，《民法大全》本身并非宗教或文学作品，也根本就不是给普通民众看的。[2]

相较而言，几乎就在同一时代，中国藏族在翻译佛经的过程中积累的经验，以及当时西藏官方为此专门确定的翻译标准和准则却显得灵活和科学得多。资料显示，8 世纪下半叶吐蕃王朝在位的赤松德赞曾经颁布过一项法令，除了要求统一译经中的词语（"厘定译语"）外，还对译

---

[1] Susan Šarčević, *New Approach to Legal Translation*, Kluwer, 1997, p. 24.
[2] Ibid., p. 30.

经中的一系列问题做了原则性规定，其中对于翻译标准提出了既不违反原意，藏文又要尽量通顺的原则。对于翻译中调动语序的问题提出的原则是：如果不打乱梵文的次序，译成藏文后其意义和词语结合得很好而且通顺，就不要打乱原文的次序；如果只有打乱原文的语序才能使译文通顺易懂，则可以打乱。[1] 从这一史实来看，即便同样在宗教领域，中国早在一千多年前的翻译理论和理念就已经充分显示出了辩证性和灵活性，远远优于欧洲翻译《圣经》的僵化教条。可惜的是，到了几个世纪后的元代，由于特殊的政治原因，硬译方法又在当时的蒙汉法律翻译中"复辟"，这一情况我们在前面已经介绍过。当然，这种现象大多出现在元代中前期，到了元代中后期，随着蒙古族文官汉语水平的提高，情况已有明显改善。[2]

随着欧洲民族语言的觉醒，新的语言自觉必然对于翻译理论产生影响。法国学者于埃（Pierre-Daniel Huet）在 17 世纪就明确反对硬译的方法，认为这种原始的翻译方法完全忽视了翻译者的创造性劳动。他认为译者必须尊重目标语言的基本语法规则和语法结构，而不能够生硬地套用源语言的形式。他主张采取一种 refined form of literal translation，即根据上下文的语篇语境（context）来翻译语词的含义，而不是采取语义割裂的方式。尽管他提出的翻译理论主要针对文学翻译，但这种翻译方法理念的转变无疑会对法律翻译产生影响。[3] 据沙尔切维奇评价，采用这种优化的方法后，翻译的基本单位仍然是字词，但为了符合译语的语法规则，语句结构可以调整，以便使译文在尽可能遵循原文的前提下更

---

[1] 参见陈福康《中国译学史》，上海外语教育出版社，2011 年，第 36 页。
[2] 参见唐吉思《元代蒙汉翻译及其特点简论》，《西北民族大学学报（哲学社会科学版）》2009 年第 4 期，第 155—156 页。
[3] Susan Šarčević, New Approach to Legal Translation, Kluwer, 1997, p. 31.

易于理解。[1] 这其实倒是比较符合中国传统译论所界定的"直译"方法。这种相对于此前的硬译法具有历史进步性的翻译方法，在欧洲的立法翻译领域坚持了很长时间，却还是与后来产生的更新的翻译理念发生了激烈的冲突和碰撞。

前面提到过，19 世纪初《法国民法典》颁布后就开始在所有被拿破仑征服的疆域中施行。这就牵涉到要将这部法典翻译成其他语种语言的问题，其中就包括在其征服的德语区译成德文版。有学者从该法典的法语原本与在两个不同的德语区分别独立制作、施行的德语译本的对比中发现，literal translation 方法已经在当时的立法翻译中被采用。这两个德语译本都在尽可能与法语原文内容一致的前提下遵循了德语的语言结构和语法规则。这里所说的 literal translation 是相对于中世纪结束前的那种僵化的 strict literal translation 而言的，应该属于 refined literal translation。这种方法已经把尊重译语的语法规范作为诉求，进而将法律翻译的方法推向了一个更加科学合理的境界。

当然，法律翻译方法的革新不会就此止步，与之相关的争论也不会熄灭。在其他领域的翻译早已开始采取 idiomatic translation 方法（即在遵循原文意旨的前提下按照译语习惯翻译）时，法律翻译界却还处在立法翻译究竟应该坚持此前一直奉行的硬译法还是应遵循译语规则和习惯的激烈争论之中。[2] 这场争议的一个例证是 20 世纪初期在瑞士发生的一个具有重要影响的事件。当时瑞士欲将其民法典的德语原版翻译成法语和意大利语这两个具有同等法律效力的语言版本。这项工作由被称为瑞士民法典之父的胡贝尔（Eugen Huber）教授以及另外两位翻译者罗塞尔教授和贝尔托尼（Brenno Bertoni）法官牵头。经过长期准备，三种语

---

[1] Susan Šarčević, *New Approach to Legal Translation*, Kluwer, 1997, p. 25.
[2] Ibid., p. 36.

言文本于 1907 年年底颁行。由于三个语种的版本具有同等效力，因此译文被要求尽可能与原文内容一致。维护硬译方法的人坚称，要确保一致性就必须按字面对应翻译的方式，然而罗塞尔却坚持在制作法语译文时彻底打破字对字硬译的固有传统，其译被沙尔切维奇称为"自然流畅的法语"（natural French）[1]。但这一创举也当然地遭到了反对者的批评，其中来自苏黎世的律师切萨纳（Cesana）的态度最为激烈。切萨纳提出，译文不在字面上对应原文很容易导致三种同效文本的释义不一致。作为传统硬译方法的卫道者，切萨纳不仅将罗塞尔遵循译语习惯的翻译方法斥为异端，还提出了翻译立法文件必须坚持的三项原则，即必须按字面意思翻译（literalism）、不允许演绎和阐释（no paraphrase），以及译文不能够对原文有任何删减（no deletion）。他主张，除非迫不得已，否则翻译时连原文的语法结构都必须遵守，并且认为法律翻译的头等要务就是忠实于原文，而不是追求文字优美。[2] 今天看来，切萨纳主张的翻译方法无疑就是逐字硬译。以罗塞尔和切萨纳为代表的双方观点激烈对峙，而且在欧洲各地都各有支持者，充分反映出法律翻译方法在世界范围内的广泛争论。据称，直到近代在欧洲仍然就此存在着尖锐对立的观点。值得注意的是，切萨纳主张的严格对应翻译针对的还是同为欧洲语言的法语、德语等语言之间的互译，若面对语言结构完全不同的拉丁化语言和隶属汉藏语系的汉语之间的互译，他的主张恐怕更显荒谬了。

　　进入 20 世纪以后，受到不断发展的通用翻译理论的影响，也随着多语种共存的法域中原本相对弱势的语种语言对平等语言权利的不断争取，idiomatic translation 在一些双语国家（典型者如加拿大）的法律翻

---

[1] Susan Šarčević, "Creativity in Legal Translation: How Much Is Too Much?" *Translation in Context: Selected Papers from the EST Congress, Granada 1998*, edited by Andrew Chesterman, Natividad Gallardo San Salvador and Yves Gambier, 2000, p. 282.

[2] 参见 Susan Šarčević, *New Approach to Legal Translation*, Kluwer, 1997, p. 37。

译领域逐渐确立起来。[1] 这种方法的实质就是翻译不再以源语的语言逻辑和规则为依归，而是必须按照译语规则和习惯组织译文的语言表达。在沙尔切维奇提供的法律翻译方法演进路线图中，从 literal translation 到 idiomatic translation 的发展变化中也有过渡阶段，比如 moderately literal translation 和 near idiomatic translation，体现了翻译方法的逐步发展、交叉、过渡和演变，也透露出其背后翻译理念的交锋、对峙、妥协与逐步融合。其中 moderately literal translation 应该是对早期僵化的 strict literal translation 的修正，以及对 literal translation 的进一步优化，而 near idiomatic translation 则是 idiomatic translation 之前的预演。这一次次转变体现了法律翻译理论和实践从禁锢走向解放，从偏执走向理性，从僵化走向灵活的演进历程。

需要指出的是，既然法律翻译方法的演变是日积月累而非一蹴而就的，也就不可能存在明确的分界，沙尔切维奇的总结不过是一种理论上的人为抽象。在实践中，各种翻译策略、方法和理念必然长期纠结冲突，分立并存，在不同的历史阶段和不同译者的观念中呈现出纷繁复杂的特征。比如，不同时期应用的 literal translation 的特征就各不相同：在中世纪及之前的立法翻译中坚持的所谓 strict literal translation 就是 word-for-word translation，这种逐字译完全就是死译的代名词；而19世纪《拿破仑法典》被制作成德语译本时所采用的 literal translation 就明显与切萨纳偏执坚持的 literal translation 存在本质的不同。而且，不论是 literal translation 还是 idiomatic translation，都不能简单地对应于中国传统翻译理论中的直译和意译。同样，idiomatic translation 也不能等同于 free translation。各种翻译方法都有其自身发展的逻辑和轨迹，有其界定标准和理论特质，而法律翻译又因为翻译对象、要求、目的、读者、效力

---

[1] 参见 Susan Šarčević, *New Approach to Legal Translation*, Kluwer, 1997, p. 46。

等方面所具有的独有特征，也与其他领域的翻译方法存在显著不同。

沙尔切维奇针对法律翻译方法的历史演进脉络所提出的具有创见性的学术观点，对于现代法律翻译理论产生了深刻的影响，但在理论界也引发了很多争鸣。比如，她认为历史上，尤其是在 17 世纪初以前，西方世界对于具有约束力的"法律"进行翻译时采取的是 strict literal translation 方法，这是由立法文本的规范效力和权威性决定的。[1] 她还提出，迟至 20 世纪才有人针对这种僵化方法提出异议 [2]——最初的异议者就是采取创造性的翻译方法将德文版《瑞士民法典》译成法语的罗塞尔。但是按照其他学者的研究和考证，罗塞尔并非最早创新立法文件翻译方法的实践者。加拿大渥太华大学的拉维涅（Claire-Hélène Lavigne）在其 2006 年发表的《字面意义与法律翻译——谬谈和伪命题》[3] 一文中就以不同时期法国人翻译《民法大全》（从拉丁语译为法语）为例对此提出反驳。众所周知，《民法大全》在东罗马帝国时期是具有法律约束力的，其中的《法学阶梯》在中世纪也具有权威性。[4] 若按沙尔切维奇的观点，翻译这些文本，当时都应该严格遵循逐字硬译法。但事实上，据拉维涅考证，在历史上存在的多部《民法大全》法语译本中，不仅存在着按文意翻译的方式、注释的方式，甚至还有文学化的翻译方式。前面说过，1280 年里夏尔·达内博就曾采用韵文的方式将《民法大全》中的《法学阶梯》译成法语。[5] 此外，以增加注释的方式翻译重要法律作品的方法在历史上也并不鲜见。在 1580 年出版的由居伊·德·拉·罗

---

[1] 参见 Susan Šarčević, *New Approach to Legal Translation*, Kluwer, 1997, p. 24–25。
[2] Ibid., p. 23.
[3] Claire-Hélène Lavigne, "Literalness and Legal Translation: Myth and False Premises", *Charting the Future of Translation History*, edited by Georges L. Bastin and Paul F. Bandia, University of Ottawa Press, 2006, pp. 143–162.
[4] Ibid., p. 149.
[5] Ibid., pp. 148–149.

什（Guy de la Roche）用法语翻译的《法学阶梯》中就包含了大量的注释，而且这些注释显然与原文本身同样重要。[1] 当然，拉维涅所举的例子或许与沙尔切维奇设定的讨论前提不符——沙尔切维奇所说的 strict literal translation 适用于将立法文件翻译成同样具有约束力的外语版本，而拉维涅所说的对《民法大全》的文学化或注释性翻译所形成的译文并不具有法律约束力，只是一种参考文本。尽管如此，拉维涅的考证仍然为法律翻译方法曾在世界法律翻译史上的多样性提供了有益的注脚。

今天，翻译理念已经发生了很多变革，并日趋多元。人们越发意识到，在法律翻译实践中应该根据文本的性质灵活确定翻译方法。有人提出，规范性法律文件（normative documents）仍必须严格按照字面翻译，但对司法判决的翻译方法则可以自由一些[2]；也有人提出，应将有约束力的立法真确译本与参考译文的翻译方法区别开——对于国内立法、国际条约、公约、国际组织的法令都必须采取 literal translation 的方法。曾主持香港成文法例翻译工作的严元浩就说过，在香港法例汉化实践之中，他们确是将采取和遵循"直译"的方法作为必须秉持的一项基本原则。[3]

最后，沙尔切维奇将 co-drafting 的方式视为法律翻译演变和演进过程中的一种高级模式。她在 2000 年发表的《法律翻译中的创造性：多大限度是合理的？》（"Creativity In Legal Translation: How Much Is Too Much?"）一文中详细分析了当代多语平行立法的实践，并例举了加拿大魁北克法语区于 20 世纪 60 年代通过"静默革命"（silent revolution）争

---

[1] Claire-Hélène Lavigne, "Literalness and Legal Translation: Myth and False Premises", *Charting the Future of Translation History*, edited by Georges L. Bastin and Paul F. Bandia, University of Ottawa Press, 2006, p. 148.

[2] Emmanuel Didier, *Langues et langages du droit*, Wilson & Lafleur, 1990, pp. 280, 285，转引自 Susan Šarčević, "Legal Translation and Translation Theory: A Receiver-Oriented Approach"。

[3] 根据上一节的分析，严先生此处所说的直译方法似应指英语中的 literal translation。

取到同时使用英、法两种官方语言拟定联邦立法的经验。加拿大的这种平行立法方式，改变了传统意义上先使用一种语言立法，然后再以此为"原文"翻译制作其他语言版本的模式，而是在立法程序中直接使用两种语言同步推进同一联邦立法工作。由于两种语言文本都经过加拿大联邦议会的批准和确认，使得它们被视为具有相同立法目的、具有同等效力，并且应该在司法程序中得到同等适用的立法文本。最为重要的是，在这种双语立法实践中，法语文本并非英语文本的译文，也不存在简单的语言对应。作为平行起草人而非翻译者，法语文本的拟制者享有充分的语言使用自由。他们虽然需要与英文立法起草者遵循一致的立法目的和内容，但他们无须采用英语区普通法体系下的立法语言模式，而是遵循法语区奉行的大陆法系立法语言传统。[1]但在笔者看来，这种方式已经很难再归入到法律翻译的范畴（这一点其实沙尔切维奇和其他学者也都认识到了[2]）。这是因为同一立法的两种语言文本之间并无原文和译文的界限，具有同等效力并平等适用。它们的制定过程也是各自遵循不同法系的法律传统和语言规则同时、同步、分别进行的，并无主次、先后之分，更无形式对应的要求。因此，笔者认为还是不将这种多语种的"平行立法"纳入法律翻译的范畴为宜。同时，平行立法实践也不能完全替代法律翻译，即便今天加拿大等国双语立法已成定例，但法律翻译在立法程序中仍然不可或缺。[3]当然，笔者虽然不主张将平行立法作为法律翻译，但它体现的语言使用原则是法律翻译应该借鉴的。

值得提及的是，2016年3月，时任英国伦敦大学学院（University

---

[1] Susan Šarčević, "Creativity in Legal Translation: How Much Is Too Much?", *Translation in Context: Selected Papers from the EST Congress, Granada 1998*, edited by Andrew Chesterman, Natividad Gallardo San Salvador and Yves Gambier, 2000, pp. 281–292.

[2] Ibid., p. 284.

[3] Deborah Cao, "Inter-lingual Uncertainty in Bilingual and Multilingual Law", *Journal of Pragmatics*, Volume 39, Issue 1, 2007, p. 73。

College London）比较文学教授的西奥·赫曼斯在华做过一次关于"翻译新视角"的讲座。据中文媒体报道，他在讲座中提出，译文一旦具有权威性效力，就不再是翻译的文本了，而是与原文同等的另一种文本，并举例说联合国文件有六种语言版本，具有同等效力，每一个版本都是独立的文本，而不存在原本和译本之分。[1] 如果这是赫曼斯的原意，那么在笔者看来，他混淆了在立法领域中法律翻译与法律赋权两个不同的程序。同一立法的不同语言文本获得同等的效力既可能是使用不同语言平行立法的结果，也可能是立法机关对翻译文本赋权的结果——比如香港将原有英文法例"汉化"后，按法定程序将中文译本确认为英文法例的等效真确本，与之具有同等的法律适用效力。前一过程中不存在原文和译文的区分，但后一过程中形成的中文本，虽然经立法确认后与英文本在法律效力上相同，但仍然属于译文。因此，我们区分平行立法和立法翻译的核心标准不在于两种语言文本是否等效，而是不同语言文本的形成过程和产生效力的渊源。

---

[1] 参见广东外语外贸大学高级翻译学院发布于广东省翻译协会网站2016年3月28日的《Theo Hermans教授讲座引发热议》一文，详见网页：http://www.tagd.org.cn/Item/3080.aspx，访问日期：2018年10月10日。笔者未参加讲座，也未见赫曼斯的英文讲稿，假定中文报道是其本意。

第五章
中国法律翻译方法论的建构原则和思路

通过以上非常简略的梳理，我们大致看到了中西方翻译理论界就翻译方法问题展开的长期探索和争鸣，既有理论也有实践，既有共识也有争议，既有共性也有个性，既有传统的延续和继承，也有理念的创新和发展，都是人类在翻译方法上积累的智慧结晶。受此启发，笔者将总结历史经验，汲取前人的理论和实践精华，尝试建构一套适合于中国法律翻译实践的方法论体系。

这种建构首先是基于如下几点思考和思路：

第一，笔者在此提出的法律翻译方法论，是以前面已经确立的法律翻译观为逻辑前提和建构基础的。方法论的建立正是翻译观在实践中的具体体现，比如当我们在基本观念上摒弃了僵化的立法翻译忠实观时，就不会再将历史上曾被长期奉行的逐字硬译法置于方法论的体系之中。同时，所有翻译方法在实践中的应用也必须随时接受翻译观的检视和调整，比如对于任何法律翻译方法的讨论都不能脱离翻译标准的整体评价体系，也不能悖离翻译的伦理准则。

第二，我们之所以构建方法论，而不是在方法层面上研究法律翻译，是因为法律翻译方法的选择和运用是一个严密的思维过程。这个过程以选择适合特定翻译对象的翻译方法为目的，以满足特定读者群体的需要为目标，以达到特定的翻译目的和交际效果为结果，是一个自觉的、有意识的思维过程，而非一种纯粹凭感觉完成的自发过程。因此，法律翻译方法论首先是一个思维方法论，贯穿于法律翻译全过程，统领各种被抽象出来的翻译方法，确保方法选择的策略性和合理性，并使之准确而有效地运用于翻译实践中。

第三，在法律翻译实践中，译字、译词、译句，与译文、译思想、译文化的翻译策略、要求和理念是不同的，在翻译方法和技术上必然有所区别。因此，我们建立的方法论也有必要区分微观和宏观两种不同的体系。在微观的"译名"视角下研究术语和字词的语际转换与内涵揭示，而在宏观"译文"体系下则专注于交际目的的实现和整体的文化传播策略，做到"既见树木，又见森林"。当然，二者虽各有侧重，但本质相通，密不可分。

第四，在法律翻译方法论上，笔者拒绝采用中国传统翻译理论中直译和意译的简单二元分法，也不会照搬西方翻译理论中的"literal 与 free（或 idiomatic）"、"交际翻译和语义翻译"、"形式对等与功能（动态）对等"、"异质化翻译与驯化翻译"等二元论观点。复杂的法律翻译实践怎么可能被简单地纳入一种二元对立的方法体系？但笔者也不会轻易否定它们在方法论上的合理内核，毕竟它们都是各国翻译理论界在长期实践中，经过百家争鸣，凭借集体智慧抽象出来的具有代表性和科学性的翻译方法，在各领域翻译理论和实务中都具有重要影响。笔者将根据法律翻译的专业特点，吸收和借鉴这些方法的合理元素和有益内核，使之融入法律翻译方法论的构建。

第五，在深具特性的法律翻译领域，单独和机械地遵循任何一种翻译方法都是缺乏理性的。正如有学者所言：翻译是一种动态流变过程，没有人在翻译一部作品的整个过程中自始至终只使用某一种翻译技巧，当然也没有翻译技巧可以被当作放之四海而皆准的真理到处套用。[1] 这对于法律翻译同样适用，也是笔者致力于针对法律翻译这一专业性翻译领域构建起一个科学系统、兼容并包、协调互补、完整多元的方法论体系的意义所在。

第六，笔者在方法论体系之下提炼和抽象出的各种翻译方法都有合理内核，对它们的评价不存在好坏优劣之分，只有适用对象、目的、读者和场景之别。各种翻译方法之间也没有刻板的界限，往往是从不同角度对某些相同元素的阐释和对同一目的的追求。它们虽各有核心特征和应用对象，但相互之间也有相通、有竞合、有配合、有互补，比如达旨译法的核心在于采用灵活务实的方法揭示原作的精神要旨，其中也必然包含对归化、语用充实、注释等翻译方法的运用。总之，我们既不能把任何一种翻译方法绝对化，也不能将一种方法与其他方法对立起来。正确的方法论应该建立在辩证施法、综合应用的理念上，结合不同的翻译对象和译文读者的多元需求，因应不同的翻译目的调整翻译策略，综合运用多种翻译手段，寻求最佳的翻译效果，是所谓"法无定法"、"法无常法"、"法随文变"、"法随人变"。

第七，基于前面已做的分析，笔者对于法律翻译方法论的建构以中文（汉语）与英语之间的语际、中国法律体系与西方主要法律体系之间的域际翻译为应用场景，并置于法律文化和制度语境之中加以设计，力图在理念和规则层面（而非具体的技术层面）上形成具有系统性、规律性、针对性、实用性和指导价值的方法论体系。

基于上述原则，接下来笔者将分别在译名和译文两个层次上研讨构建方法论体系，并通过翻译思维方法论串接和应用在法律翻译实践之中。

---

[1] 武景全：《翻译方法论的基本观点》，《安阳大学学报》2002年第3期，第97页。

第六章
法律译名方法论

如前,"译名"一词是笔者借用传统译论中的说法,其本身并无确切定义,通常是指为外语名称(包括人名、地名、抽象概念和具象事物等名称)提供译入语中的称谓。在法律翻译领域,法律译名中的"名"主要是指法律术语,因此"法律译名"也可被称为"法律术语的翻译"。法律术语是广义法律领域里使用的专门用语,往往是经过高度抽象的法律思想、精神、制度、概念和文化的精炼表达和呈现。它们是法的制定以及法律制度结构的基本要素。相对于各种法律规范,它们存续的时间更长并且经受的考验更多,[1]对它们的准确翻译是保证法律翻译质量的重要指标。

需要指出的是,法律术语既不等同于法律语言,也并非法律名词或名称。法律语言的范围明显较法律术语更为广泛,对其特征的认知笔者

---

[1] 参见[意]桑德罗·斯奇巴尼,黄风译《〈意大利民法典〉及其中文翻译》,《比较法研究》1998年第1期,第91页。

已经在翻译观一篇中讨论过。法律术语可以以名词形式存在，也可以是动词、形容词、副词等具有不同语法功能的其他词类，比如"驳回"、"连带的"、"恶意地"等。同时，也不应将法律术语的存在形式局限于"词"，它们也可以是短语和词组，比如"不当得利返还请求权"、"不动产瑕疵登记责任"、"非公司制企业法人"等。翻译时，法律术语在不同语种之间的表现形式可能是不同的，在源法系中以字、词的形式存在的法律术语经过语际转换后可能会发生形式转换，成为短语、词组甚至句子，反之亦然。譬如中文中"假冒伪劣"一个成语在译为英语后就要对其中的每个字的含义进行诠解转换，形成一个长词组甚至句子，这在下面的论述中都会提供实例。对此，其他的研究者也持相同或相似的观点。[1]

从学理上讲，正如俞江教授所总结的，汉语法学语词的形成过程可以分为几个步骤，首先是用已有的汉语知识对外语原生词的意义进行说明或阐释，使原生词的概念有所凸现，继而在词义内化的基础上择取阐释句的中心词作为新词的能指，并且使原生词的概念附着在能指上，成为这些能指的所指，最终形成新的本土法学语词。这一过程既包含了语词能指的重新整理，又包含了所指与能指的重新聚合，是一个本土语词获得新的法律意义的过程。[2] 通过这样的过程，如果一个译语法律语词的内涵和外延被按照源语法律语词在源法域中的意义确定下来，使之在"义域"上与源语语词形成一一对应的关系，则译语语词就成为源语语词在译语域中的译名。这是译名的基本理论机理，在各个法域和语域，在各个历史时代都基本无异。

在具体实践中，依笔者看来，译名大体应包括初始译名、修正译名、

---

[1] 参见屈文生《中国法律术语对外翻译面临的问题与成因反思——兼谈近年来我国法律术语译名规范化问题》，《中国翻译》2012年第6期，第70页。
[2] 参见俞江《近代中国法学语词的形成与发展》，载中南财经政法大学法律史研究所编《中西法律传统（第一卷）》，中国政法大学出版社，2001年，第32页。

继受译名和组合译名四种类别。

初始译名是指首次确定外语法律术语在译入语中的译名，译者没有已成通例或定例的在先译名（比如已纳入法律词典或长期普遍使用的译名）可资参考（并不排除存在尚未被广泛接受的其他在先译名）。任何外来术语进入译语体系都会经历初始译名的过程，而且处于不断发展变化之中的各法域法律文化和制度，在互动交流过程中随时都可能有新的术语进入对方体系，各体系也就随时需要为新的异域外语术语确定本土译名，因此确定外来法律术语初始译名的工作会始终存在，而且其成果往往是一种新创译名。

倘若译者认为既有的某项法律译名存在错误或讹谬，或者同一法律术语的应用场景已经发生变化，须予勘误或调整，就将涉及对既有译名的修正，从而产生"修正译名"。这里所说的"应用场景发生变化"，既可能是法律术语在源法域中的含义发生了变化，比如"权利"一词取自中国古代用语，但在现代汉语中的法律含义已发生根本改变；也可能是译入法域的法律制度、法律语言发生了变化，比如前面提过的在香港不同时期 judge 的译名变化。这都是应用场景发生变化后对原有译名进行修正的实例。

继受译名是指继承使用既有译名。每个时代都在不断继受和使用着此前形成的初始译名、修正译名和组合译名，经过时代检验的译名被大量继受下来成为法律语库的重要资源。对一个译名而言，也存在整体继受和部分继受的不同情况。

组合译名是将一个以上的独立译名经过组合成为其他相关术语的译名，比如将 civil 和 procedure law 各自的译名"民事"和"诉讼法"组合成"民事诉讼法"的译名。

建立译名方法论，首先要为法律译名设置一套基本规则和规范，目标不仅是追求译名的规范准确，而且要追求和谐统一。有了规则，才能有规矩,才能形成规律,才能让更多的译者"循规蹈矩",从而保证法律译名更加科学、准确和规范。为此,笔者通过借鉴历史经验,总结、提炼和抽象出如下一批具有指导意义的法律译名方法及其应用规范。

第一节 原词保留法

原词保留法,有人称之为"移译法"(transference)[1],顾名思义,就是在译文中保留某些外来术语的原文,使其以外语形式留存在译语中而不加以语言转换。换言之,就是将源语词汇原样直接移入译语,理论界将之视为"零翻译"的一种类型。[2] 前面介绍过的英语法律语言中保留拉丁语和法语法律术语就属于这种方法。严格意义上讲,既然保留原文,就不是翻译。虽然不译,但在什么情况下可以应用原词保留,应该保留哪些原词、怎么保留、如何让外语形式的原词自然融入译文,使之成为译文整体的有机组成部分而不构成译文读者阅读和理解的障碍等一系列问题,却是译者在翻译中必须解决的,而且必须在方法论层面上解决。因此,我们仍须将其作为一种翻译方法来研究,可算"不是翻译的翻译方法"。

原词保留法主要应用在原文无法翻译、无需翻译,或者"译不如不译"的场合。具体来说,有些以源语形式存在的特定表达和名称(如商号或商标名称),在源语中或者存在过于复杂的技术性含义,或者根本就没有可以使用语言表达的特定含义(如专门使用某些字母的图形意义作为商标),但通过在国际上的大量应用和广泛传播,已经成为众所周

---

[1] 邱懋如:《可译性及零翻译》,《中国翻译》2001年第1期,第26页。
[2] 同上。

知的专有名词或通用名称。此时，除非其已有在对方语言中的官方译名，否则在进入对方语言时不予翻译，直接保留原文。具体情形可分类说明、举例如下：

无法或无需翻译且无碍理解的文字和符号。这一类包括标志标识（如 ©、®）、计算机指令、电子邮件地址、网站网址、科学符号和公式等。

法律文件的文档编名、编号。翻译这些信息时，可以保留原词或变相保留原词。譬如，外国法律编纂序列号（28 U.S.C. §§ 1331）、案例编号（395 U.S. 352, 89 S.Ct. 1835, 23 L.Ed.2d 360.）、英文文档编号（如 MC-ABA-2018.001）等，在中译时直接保留即可。对于很多中文法律文书档案的编号，在英译时则可以通过汉字的拉丁化注音变相保留原词。例如，翻译中国最高法院作出的一份判决的文档编号"（2018）民四终字第 16 号"时，如果非要将其中每一个字代表的意思都翻译出来的话，那么这个序列号将变成一个很长的句子，即"the 16th final judgment made by the No. 4 Civil Tribunal of the Supreme Court of the People's Republic of China in 2018"。这既不符合翻译效率，也不符合原文采用缩略语编号的目的，倒不如直接采用汉语拼音对应转换，将之译为"(2018) Min Si Zhong Zi No. 16"，或译为"(2018) Min 4 Zhong Zi No. 16"即可。当然，也有人认为这种方法属于音译，也是一种理解。

国际通用名称。比如 ISBN、DNA、PM2.5、ATM、CEO、MBA、APP、VIP 等英文缩写，或者 WORD、PDF、JEPG、MP3、MP4、AMR 等各国软件公司开发的文本、图片、音频或视频文件的格式名称等，虽以英文字母形式显示，但因其已成为国际通用名称，翻译时原词保留即可，并无硬性译成中文的必要。若非要将其中复杂的技术性含义全部译出，译名必然冗长难解，比如将 DNA 译为"脱氧核糖核酸"，将 PDF 译为"便携式文档格式"，将 JPEG（Joint Photographic Experts Group）译为"联合图像专家组"等。何况，有些缩写根本就没有官方的中文名称（如 JPEG）。

一些已经众所周知的外文名称。比如微软公司开发的电脑操作系统 Windows，随其广泛应用，早已深入人心，原词保留不会在中文读者中产生任何误解，反倒是很少有人使用其中文译名"视窗"了。又如 IBM，原是 International Business Machines Corporation 公司名称的缩写，由于长期使用且久负盛名，各国民众早已习惯简称 IBM，在中国也极少有人提及其中文译名"国际商业机器公司"。再如 Asia-Pacific Economic Cooperation，其标准中译名是"亚洲太平洋地区经济合作组织"（简称"亚太经合组织"），但现在就连中国的官方语言中也已经使用其英文名称缩写 APEC——中国的新闻报道中经常直接使用"APEC 领导人峰会"，而民间语言中更是有了"APEC 蓝"等说法，说明中国民众已经普遍接受了这一英文名称。凡涉此类外文名称，皆无须翻译。这种外语形式的直接保留，不仅可以丰富中文语汇的含量，也提高了语言的使用效率——不论从翻译效率还是使用效果上讲，使用 IBM、APEC 这些外文简称显然都比使用其各自的中译全称要好。

原词没有具体含义，又难以确保音译准确性的译名。法律翻译实践中的情形非常复杂，有时会遇到一些使用小语种或民族语言显示的人名、地名、物名，译者甚至不清楚其语种和源流，以致无法判断应该依据什么语言确定其发音，因此也很难应用音译方法。如果硬性按照英语发音规则妄译，反倒容易出错，也违反了音译准则，此时就可以采用原词保留法处理。比如本书经常提及的克罗地亚著名法律翻译学者 Susan Šarčević 教授的姓氏，如果我们难以准确把握其源语发音（目前国内提供的中文译名多为"沙尔切维奇"[1]），不妨索性保留原词。屈文生在《论

---

[1] 参见中国政法大学网站发布于 2013 年 11 月 15 日的"法律翻译研究中心"网页，http://www.cupl.edu.cn/info/1081/4316.htm，访问日期：2019 年 8 月 31 日。

Susan Šarčević 的法律翻译观》[1]一文中就采取了这种方法。同理,遇到外国不知名的地址(市镇和街道名称、楼名、店名、门牌号码等)时尽量维持原状,如无特殊要求皆以不翻译为原则,以防画蛇添足、费力不讨好。

有意或必须保留源语。有时原文语篇的内容本身就是为了解释或说明特定词语,或者出于特定目的需要引用特定外文词语,此时在译文中自然没有必要翻译这些特定词语。比如学术论文《国内 translationese 研究:现状、问题与出路》的中文标题中就直接保留了英语原词。再如,翻译 The Indian Corporate Law Service(भारतीय कॉरपोरेट लॉ सेवा)这个名称时,其中括号内标明的印地语原词在译文中就可原样保留。

专词专用且自有定义。在国际交往、交易中使用的大量重要合同和法律文件中,一般都会有专门的定义和释义部分,用于对本文件中使用的术语、名称、专有名词进行定义、解释和缩写,比如某法律文件将国际货币基金组织特别提款权定义和缩写为 SDR。一旦被如此定义,就可以在本文件的译文中保留原词,无需再翻译。

总之,在法律翻译中采用原词保留法应该遵循的原则是:保留的原词应该专有、专用、唯一、特定,它们或者已被广泛使用并普遍接受,或者已经约定俗成,在译文中原词保留不至于引发歧义和误解,还有助于提高语言的使用效率和读者的阅读体验。如果遇到一些缩写名称对应多种义项,则有必要作出说明,避免歧义。比如 ADR 这一英文缩写在法律翻译中很常见,但它既可能意指 alternative dispute resolution(替代性争议解决方式),也可能是 American depositary receipt(美国存托凭证)的缩写,因此除非特定语境已充分定义,否则在原词保留时应做注释。

---

[1] 屈文生:《论 Susan Šarčević 的法律翻译观》,《外语研究》2009 年 3 期,第 88—92 页。

第二节 音译法

所谓音译（transliteration），简单地说就是以源语翻译对象的读音而非意义作为翻译依据进行语际转换，理论界也将之纳入"零翻译"的范畴。[1] 在此，我们重点讨论汉语和英语之间的音译方法（间或涉及其他语言）。需要指出的是，汉语和英语分属汉藏语系和印欧语系，使用的文字也分别是表意文字和表音文字，二者相互之间进行音译时，与同样使用表音文字（如罗马字母）的语言之间在音译的表现形式上是不同的。将英语词汇音译入汉语时，将根据一定的规则选择与英语词汇发音相似的汉字或汉字组合作为英语词汇在汉语中的译名。一般情况下，选取用作译名的汉字仅因其读音与英语词汇的发音相近，这些用于译音的汉字本身的意义与英语词汇的意义之间并没有关联。反之，将汉语字词音译入英语时，则根据汉字读音通过语音拼读转换成罗马字母形式。[2] 音译法经常应用于专有名词，如人名、地名、事物名、组织机构名、宗教名、民族种族名以及专业术语等各种特定专名在不同语言间的翻译。

从原理上讲，当外来的新思想、新事物、新概念被初始引进时，本族语言中总要有相应的语言符号对其进行记录和呈现，但如果本族语言的现有语库中缺乏对应符号，又来不及创造适当的新词（特别是对于外来事物和概念的理解尚不充分的情况下），就会出现"语言中的空位现象，引起交际空白"[3]。此时，按照语言运用中的经济原则，音译就成为一种快速、便捷地接受外来语的方式。正如有学者用通俗的话解释汉语

---

[1] 参见马利红《国内 translationese 研究：现状、问题与出路》，《临沂师范学院学报》2010 年第 2 期，第 49—53 页。
[2] 熊欣：《音译理论及音译产生的背景》，《中国科技翻译》2014 年第 27 卷第 1 期，第 39 页。
[3] 何干俊：《汉语音译词的多维考察》，《江西社会科学》2012 年第 4 期，第 197 页。

音译的动机："最初接触到一个外来词，一下子搞不清它是个什么东西，而又没有多少时间去研究推敲时，只能用汉字译音"[1]，其实反过来（中国名称进入外语环境）也大体一样。这揭示了音译的必要性，说明在任何时代"借音不借义"的音译方法都有其存在和应用的合理性。语言学界和通用翻译理论界对于音译的规律和规范早有深入研究，并将传统意义上的音译范围集中在人名、地名等专有名词和新产生的术语上。必须指出的是，在现代法律翻译领域，音译已经不是外来法律术语译介的主要手段，也不是常用手段，在以义译为主导的译名方法中只起到辅助性作用，而且应用对象和场合非常有限，主要应用在人名、地名等专名和极个别法律术语的翻译上，因此我们不将其作为译名方法的重点来探讨。尽管如此，我们仍然有必要梳理出音译必须遵循的规则，以防滥用。成都大学外语系舒启全教授在《英语专名汉译原则》[2]一文中专门详细介绍过英语（其实也包括其他语种）专名汉译的多项原则，其中涉及很多音译及音义合译的规则，很有参考价值。我们提炼出其中的音译规则要点，结合其他资料，统一总结如下：

一、符合国际标准的原则

国际标准化组织文献工作标准技术委员会（ISO/TC46）已确定我国的"汉语拼音方案"作为中文文献转写为罗马字母的国际标准（草案）（ISO 7098）。这意味着，目前用汉语拼音字母拼写的中国人名、地名，已成为汉语字词音译入以罗马字母书写的各种语言的标准形式。需要说明的是，中国1958年公布《汉语拼音方案》后，汉语拼音正式成为中国人名、地名的拼音化转写准则，多种旧式拼音系统（如威妥玛式

---

[1] 陈原：《新词语》，语文出版社，2000年，第25页。
[2] 舒启全：《英语专名汉译原则》，《成都大学学报（社会科学版）》2004年第3期，第77—82页。

拼音法[1]、邮政式拼音）混用的现象在中国大陆被消除。2000 年 10 月，中国全国人大颁布了《中华人民共和国国家通用语言文字法》，更是以立法形式确立汉语拼音作为中国专名罗马化转写统一规范的地位。[2] 但在西方学术界，由于历史原因，使用旧式拼音系统转写的中国人名、机构名、地名至今仍在被使用和继用，比如孙中山（孙逸仙）、毛泽东、蒋介石等人的名字依威氏拼音法分别被拼写为 Sun Yat-sen、Mao Tse-tung、Chiang Kai-shek，而北京大学、清华大学、苏州大学等大学的英文校名则采邮政式拼音法拼写为 Peking University、Tsinghua University、SooChow University。这也是我们所说的"继受译名"的实例，在翻译时要特别注意，近年来国内已经发生过多起因不熟悉这种旧式拼写规则而错译人名的事例。

二、符合国家标准的原则

外语专名汉译时必须依据中华人民共和国国家标准 GB/T 16159—2012《汉语拼音正词法基本规则》和《汉语拼音方案》，使用普通话的标准语音和规范的汉字译写人名、地名和专名，防止因语音差异导致同一外语专名在我国不同地方有不同译法的混乱。比如，美国前总统 Bush 的名字在大陆被译为"布什"，在台湾被译为"布希"，在香港则被译为"布殊"，这就在不同汉语区之间产生了混乱。

---

[1] 英语称为 Wade-Giles romanization、Wade-Giles System，简称"威氏拼音法"或"韦氏拼音"等。

[2] 参见叶章勇、沈杨《国际化背景下我国地名通名音译方案省思》，《上海城市规划》2015 年第 6 卷第 6 期，第 125 页。

三、符合行业标准的原则

行业标准由国家有关主管部门制定，在特定行业内统一实行。例如，对外语地名采用音译方法汉译时，必须统一遵照中国地名委员会制定并颁布的《外国地名汉字译写通则》，以及国家标准的英语、法语、德语、俄语、西班牙语、阿拉伯语、葡萄牙语、蒙古语等 8 种《外语地名汉字译写导则》，还有中国地名委员会编写的《外国地名译名手册》《美国地名译名手册》等工具书；音译外语人名时，则应参考意大利语、瑞典语、印地语、波斯语、泰语、斯瓦希里语、阿姆哈拉语等 55 种《外语译音表》，遵循商务印书馆出版的各个语种的姓名译名手册，新华通讯社译名室编写的《世界人名翻译大辞典》，以及《中国大百科全书》各卷所附的"外国人名译名对照表"等行业标准。此外，外国民族名还可参考《中国大百科全书·民族》和商务印书馆出版的《世界民族译名手册》。关于科学方面的名词、术语，则可参考全国科学技术名词审定委员会确定的译名。

四、符合"名从主人、译音循本"的原则

"名从主人、译音循本"是各国翻译和转写外国人名、地名所必须遵循的一条基本原则。它要求对人名、地名以及地名性专名（如建筑物、公园、广场、街道、名胜古迹等）都以其各自源生或所在国（地区）的官方或通用语言的标准语音为准音译，以便最忠实于权利人、最忠实于原文。如将 Briand-Kellog Pact 译为"白里安–凯洛格公约"，将 Aeroport de Paris Charles de Gaulle 译为"巴黎戴高乐机场"等。此外，还应特别注意以下几点：

（一）联合国地名标准化会议要求，国际地名标准化要以各国主权范围内所定地名的标准名称及其罗马字母书写为准。这就要求音译外国地名、人名必须尊重主权、主人，特别是不少第三世界国家独立后的地

名不能按原宗主国的语言文字转译，只能按各国政府颁布的罗马字母转写方案或国际上较为通用的方案，按该国官方语言或通用语言的标准语音进行音译。

（二）对有多种官方语言或多种享有民族自治权的少数民族语言的国家或地区的人名、地名，音译时应视情况酌情处理：或依分布地区按名称所在地的官方语言发音翻译，或依人名、地名源生语言的实际发音翻译。对少数带有强烈外来语特征的人名、地名，则按相应的外来语读音翻译，例如在以西班牙语为官方语言的智利，因 Isla Byron 带有明显的英语特征，遂按英语发音译为"拜伦岛"。

（三）含有冠词、连词、介词和属格成分的外国人名、地名，音译时可按传统习惯省译；自然地理实体名称中的冠词一般省译；含有连词成分的地名（如英语中的 and），凡属国名和行政区划名称汉语音译时中间一律加"和"字，如 Trinidad and Tobago 译为"特立尼达和多巴哥"，一般居民点则一律以连词符"-"表示；含有介词的人名、地名汉语音译时，人名中的介词一般音译并与后面姓氏连写，如法语人名 Guy de POLIGNAC 译为"居伊·德波利尼亚克"。

（四）有些人名、地名，即使词形拼写相同但在不同国家的发音却不一致，此时相应的音译中文名也不一样，如 Greenwich 按英国发音译为"格林尼治"，按美国发音译为"格林威治"。对这些不同的音译名可以标注其词源所属地，以便区别。

（五）以各国标准语音音译各国人名、地名这一原则只能大致保证译名与原名"同音"——各种语言文字本身在发音上就因人因地因时不同而有多样性和复杂性，加之存在语际转换因素，因此很难达到绝对的"同音"，顶多只是"音近"或"音似"。有时，为了达到更好的交流效果，对音译冗长难记的人名、地名可从汉字译名特点出发省略轻读音，如将 Ἱπποκράτης 译为"希波克剌底"。

（六）兼顾标准译音和民间发音习惯。例如泰国前总理 Yingluck 的名字在中国最初被译为"英禄"，这是符合泰国语的标准译音表的，但由于泰国民众都将其中的 luck 发音为"拉"而非"禄"，于是新华社译名室后来就将之改译为"英拉"。[1]

（七）当然，"译音循本"原则并不绝对，有些名字的古音或其在源语言里的读音已经在其他语言中本土化并固化了，就没有必要再"循本"了。例如：Caius 本是罗马人使用的拉丁名字，其本音译名可以说"卡尤斯［罗］"或"凯厄斯［英］"，但这个 Caius 早已英国化了。剑桥大学 Gonville and Caius College 院名中的 Caius 就依循其创建人 Caius 的名字读为 /ki:z/。根据名从主人的原则，翻译 Caius College 的名称时就应该译为"基斯"，而非"卡尤斯"或"凯厄斯"。[2] 这也说明各种译音原则之间也有一个相互协调的问题。

五、符合音同意合的原则

人名、地名的翻译往往同时存在音译和义译。以地名为例，一个完整的地名包含专名和通名两部分，前者是用以区分各地理实体的专有名词，后者是用以描述地名类别的普通名词（如省、市、自治区、江、河、湖、海等），例如"北京市"这一地名中"北京"为专名，"市"为通名。按国际惯例，凡涉地址及地名的翻译均采"专名（原则上）音译，通名义译"的规则。需要指出的是，为了在国际交往中实现各国地名的标准化，联合国地名标准化会议要求各国地名统一以罗马字母拼写，即地名国际单一罗马化，中国则规定汉语拼音为中国地名罗马化转写的统一规范，这有效推动了中国地名国际标准化进程。但是，中国当前执行

---

[1] 参见陈国华、石春让《外国人名汉译的原则》，《中国翻译》2014 年第 4 期，第 106 页。
[2] 同上。

的地名罗马化政策却呈现扩大化趋势，即将拼音化方案的适用范围从专名部分扩大至通名部分，禁止此前的通名义译/意译。这就要求将诸如"北京市海淀区"的译名从"Haidian District, Beijing Municipality"变为"Haidianqu, Beijingshi"。很明显，这不仅无法实现地名的译名对外国人最基本的导引功能，还与国际惯例不符，因此引发了广泛争议，也很少在实践中应用。[1] 试想，按此译名规则在国外向中国国内寄信，填写的地址为"Haidianqu, Beijingshi, Zhongguo"，恐怕外国的邮局都不知道该将信寄往哪个国家。在法律翻译实践中，我们也主张在地名英译时采用通名义译/意译的国际译界主流做法，按照"名从主人、译音循本、译从客便"的原则，区别对待专名和通名部分的翻译，否则必然会造成汉语地名拼写冲突，给国际交流带来不必要的障碍。

这条原则之下涉及的一些特殊情况还包括：

（一）很多专名均涉音、义合译，如将 Iraq War 译为"伊拉克战争"，有些专名则须音义融译，最典型的如将 Cambridge 译成"剑桥"。

（二）人名、地名一般音译，含有特殊意义时可义译，如 Eiffel Tower 译成"埃菲尔铁塔"。

（三）凡有职务、称呼、绰号等与姓氏合写的人名或以此类人名命名的地名一律义译，如加拿大的 Queen Elizabeth Island 译为"伊丽莎白女王群岛"。

（四）凡具有政治、历史或文化意义的地名，音译冗长时可采义译，如类似夫子庙、中华民族园等具有文化内涵的地名可采用全义译的方法分别译为：Confucius Temple、Chinese Ethnic Culture Park。

（五）凡明显反映地理方位和地理特征的地理名称应采义译，如美

---

[1] 参见叶章勇、沈杨《国际化背景下我国地名通名音译方案省思》，《上海城市规划》2015 年第 6 卷第 6 期，第 127—128 页。

国的 Grand Canyon 译为"大峡谷"。

（六）凡表示方位、大小、新旧这类方向词（如东、南、西、北、上、下、前、后）或区别词在地名组成中对后续的专名部分起修饰作用的一般义译，如美国的 New Virginia 译为"新弗吉尼亚"，英国的 Southampton 译为"南安普敦"等。

（七）凡以数字或日期命名的地名用义译，如加拿大的 Thousand Islands Lake 译为"千岛湖"。

（八）凡国际上习惯义译的地名不采用音译，如南非的 Cape of Good Hope 习惯义译为"好望角"，美国的 Long Island 译为"长岛"等。

（九）有些地理通名为一词多义时，译名应视通名所属类别和习惯译法而定，如 sound 在美国的 Norton Sound 中出现时被译为"诺顿湾"，而在南美洲东南的 Falkland Sound 中出现时则被译为"福克兰海峡"。

（十）对于已有官方或"主人"（如大厦的业主、小区的开发商）自定外语译名的，要执行"名从主人"的译名原则，比如美国汉学家 John King Fairbank 自起中文名"费正清"，澳大利亚前总理 Kevin Rudd 自起中文名"陆克文"等；北京的 World Trade Center 自主译为"国贸中心"而非"世贸中心"，Raffles City 自定译名为"来福士广场"等，原则上这些译名都要遵照使用。

六、符合"约定俗成、定名不咎"的原则

众所周知，在译名工作中，"约定俗成"一直是个很重要的指导原则。专名的翻译往往要受到译者所处的历史背景、文化氛围等因素的影响，以致不同时代的专名翻译会呈现不同的历史文化特征，使专名翻译具有历时性与共时性。如 Treaty of Washington 被译为《通商条约》而非《华盛顿条约》，再如《泰晤士报》的英文名称为 The Times，原本应译为《时报》，但早年翻译时却阴差阳错地使用了读音相近但毫无关联

的"泰晤士河"（River Thames）的译名作为报名，因已约定俗成，错译保留至今，也无人再予追究。对于那些在译名规范和统一之前人们已经习惯的专名翻译，更应该按国际通用的约定俗成原则来处理。比如英国前首相 Winston Churchill 和美国前总统 Franklin Roosevelt 的中文译名"丘吉尔"和"罗斯福"都不符合现行的译名规则，之所以仍然保留，就是依照译名"约定俗成"的原则沿用了历史形成的惯例。当然，也有人指出，"约定俗成"本身的意思是"大家都这样（做/说），于是就成了习俗或惯常说法"，这只是一种语言现象，并不是什么翻译原则。对于翻译而言，"一种说法/译名一旦被普遍接受，固定下来，就不再改动了"，这才是一条翻译原则，即"定名不咎"。[1]

七、符合同名同译的原则

既然名从主人，当然应该同名同译，但因多种复杂原因导致同名不同译的情况也屡见不鲜，如 North Atlantic Treaty 在《中国大百科全书》的《总索引》中被译为"北大西洋公约"，在其《军事》I 卷中却被译成"北大西洋条约"，难免引起混乱。对于这种情况，通常采取如下方式处理：

（一）凡同一专名有新、旧拼写，或官方用名和习惯用名之别的，把新拼写、官方用名作正名，旧拼写、习惯用名作副名括注于后，如土耳其境内连接黑海和地中海的著名海峡 Istanbul Bogazi（Bosporus）应译为"伊斯坦布尔海峡（博斯普鲁斯海峡）"。

（二）凡属界河界山，有关国家各有自己的名称，则按各国所用名称分别翻译并以括注副名方式标识差异，如我国与尼泊尔之间的界峰就应被标识为："珠穆朗玛峰（萨加玛塔峰）[中·尼] Qomolangma Feng

---

[1] 参见陈国华、石春让《外国人名汉译的原则》，《中国翻译》2014 年第 4 期，第 103—107 页。

(Sāgarmāthā Peak)"或"Sāgarmāthā Peak (Qomolangma Feng) 萨加玛塔峰（珠穆朗玛峰）[尼·中]"。同理，跨国度的河流、山脉、岛屿等也应按各国所用名称分别翻译，如在中国音译为"多瑙河"的河流在欧洲流经九个国家，在沿途各国的名称分别为 Donau（德国和奥地利）、Dunaj（斯洛伐克）、Duna（匈牙利）、Dunav（克罗地亚、南斯拉夫和保加利亚）、Dunărea（罗马尼亚）、Dunai（乌克兰），英语惯用名则为 Danube。

（三）凡属国际共有的公海、海峡有两个不同名称的，皆以正副名括注表示，如英法之间的海峡 English Channel (La Manche) 应译为"英吉利海峡（拉芒什海峡）[英·法]"。

（四）凡属有领土争议的地区，双方都有各自的名称，汉译时也应客观公正地表示出双方的立场，如著名的英国与阿根廷具有争议的岛屿 Malvinas, Islas (Falkland Islands) 就应译为"马尔维纳斯群岛（福克兰群岛）[阿·英]"。

八、符合开拓创新的原则。译名既要注重历史译法的延续性，即"继受译名"的适用性，又要在继承的基础上发展创新，做到与时俱进，给鲜活的语言不断输入新的元素。这就要采取音译与义译并举、异化与归化同行、创新与循旧兼施的灵活思维，比如开创缩略名音译法提高表达效率，将 Organization of Petroleum Exporting Countries（石油输出国组织）缩略为 OPEC，进而音译成"欧佩克"，这一译名目前已经获得广泛接受。

除了以上原则，在实践中应用音译法还要注重上述各项原则之间的协调，以及规则与效率的平衡问题。比如音译虽然以音似为追求目标，但也有其他需要一并考虑的译音规则——包括人名翻译中有部分音节可按男女分用不同汉字，以及约定俗成、名从主人等原则。

此外，对于无现成标准译名可循的地名，除了可根据《外国地名译名手册》附录的《外国地名汉字译写通则》音译外，对于一些小语种国家或偏僻地区的冗长地名或细节性地址（如乡村、街道、胡同等）可以视情况保留原词不译。与其不讲究翻译效率地刻板音译，又无益于导引和定位，倒不如索性原词保留。

对于法律术语的翻译，如前所述，现在单纯使用音译法的场合已经很少，但常常可以结合其他译法一同使用。比如翻译西方的 Good Samaritan Law 这部立法的名称时，若仅音译其中的专名 Samaritan 为"撒马利亚人"恐不利于中国读者理解。此时就可采用音译与义译或注释相结合的译法在音译名之外辅以义译名或释义，译之为"'好撒马利亚人法'（大致相当于'见义勇为保障法'）"，以达到更好的翻译效果。

同样，在将中文术语译为外语时也常会辅以音译法，即将汉字罗马化处理——在外语译文中使用汉语词语的拼音。这往往适用于一些具有独特中国法律文化或制度内涵而缺乏外法域对应物的术语，比如有人建议在翻译诸如"上访"、"双规"等这样具有中国特色的法律语词时，直接使用汉语拼音将其罗马化，然后结合释义法阐明含义。[1] 这也是音译法在中译英实践中的应用实例。

但无论如何，使用音译法翻译法律术语时必须审慎有度，切不可滥用，不能违背翻译规范，触犯音译禁忌。例如，英语词组 peer to peer 被缩写为 P2P，应用到金融领域是指近年来出现的网络小额贷款平台，属于互联网金融名词，因其涉及诸多法律问题也成为当前一个常用的法律术语。原本其在特定领域内的含义是清晰的，这一英文缩写形式也已被国内公众和媒体广泛接受和频繁使用，完全可以采用义译或"零翻译"方法引入中文。但偏有人多此一举地将其音译为"匹凸匹"，甚至被某上市公司注册为商号，倒令大多数国人不知所云。[2] 此即属音译不当。

---

[1] 李立、宫明玉：《文化视角下法律翻译问题探究——以〈中国法学（海外版）〉为例》，《中国法学教育研究》2015 年第 2 期，第 152 页。

[2] 陈卫斌：《P2P 不当音译引发的辨析与音译禁忌思考》，《上海翻译》2017 年第 4 期，第 60 页。

第三节　义译法

　　义译法是相对于音译法而言的一大译名方法类别。在法律翻译中，凡是根据法律概念和术语的含义确定其外语译名的翻译方法都可纳入其中，在实践运用上涵盖了功能对等、语用充实、语义补充和修正等多种具体的方法，应用最为广泛，在中外法律术语互译上发挥着最为重要的作用。

　　既然是在方法论中研究义译法律术语，就不能再将这样的译名作为一种凭个人语言直觉形成的产物，而必须遵循一套严密的规则体系自觉地完成一个细致、严谨的思维过程。这个在译者思维中经历的主动过程大致包括定性、溯源、辨义、提炼（描述）和定名等几个主要步骤：

　　一、定性。即判断翻译对象是否具有法律属性。要确定法律术语的译名，总要先确定哪些词语是法律术语。任何法律语篇都会既包含法律术语，又应用日常语言，还存在具有多重义项和属性的语词。除了那些明显只应用和存在于法律语言中的术语（如 in personam, in rem 等）外，很多语汇（字、词、字词组合和短语）往往兼具多重义项和属性。它们单独或经过组合后作为法律术语使用时的含义（即法律含义）与作为日常语言或在其他专业领域使用时的含义（姑且称为"日常含义"）往往是不同的。比如，resolution 一词存在多种义项，如"决心"、"解决方法"、"分辨率"等等，但应用在诸如 Resolution of the Legislative Council、board resolution 等法律语境中，则是"正式决定"、"决议"的意思；再如，joint 和 several 是两个常用的单词，见诸日常，但 joint and several 连在一起使用就成为一个法律术语，表示"连带（责任）"的意思。这就需要译者根据翻译对象的应用场合和语境、词语组合、使用者和使用目的及使用效果等因素，综合判断和确定其属性。通常而言，只有由法律专业人员用于法律语境和目的，存在立法、司法、学理定义和依据，并会产生法律效力和效果的语言元素才具有法律属性。譬如，前面提到过的"和理非"一词虽然出现在香港法院的判词中，但其源生使用者并非司法人员，也没有立法依据，更无法律效力，就不具有法律属性。同样，很多社会上使用的通俗语汇虽然频频进入法律事件的表述，比如"假冒伪劣"、"第三者"、"分手费"、"一夜情"等，但由于其既无立法和司法界定，缺乏严格的法律内涵外延，又无法律制度支撑，更无法律效力和效果，因此皆不应归为法律术语。如此定性的意义在于，对于法律术语就应按照专业规范译名，在标准和要求上均与非法律术语不同。有些词语的属性在特定语篇中并不明显，一时难以把握的，可以在翻译过程中根据上下文语境和语义联系推敲揣摩。

二、溯源。对于具有法律属性的术语，在确定其译名之前必须查清其源流和出处。有些术语虽然词形一样，但在不同的源出法域含义是不同的，例如 High Court 这一法院名称在很多国家都存在，但在各法域中的功能并不相同。在英格兰和威尔士，High Court 只是地区法院的上级法院，其上还有上诉法院和最高法院，但在澳大利亚，High Court 则发挥联邦最高法院的职能。同一语汇在各法域的功能不同，相应的中文译名当然也不同。不仅如此，查清术语的源流和出处才能找到辨义的直接根据，比如"立法定义"、"司法认定"、"制度规范"、"学理解释"等。这是义译的基础，也是避免望文生义、"望文生译"的重要手段。对于法律术语的源流，首先当然应该在其应用语境和语篇中确定——英国法院作出的判例或者美国律师出具的法律意见书通常都会使用其各自法律体系中的术语。当然也有自带语境定义的，比如文章的主题就是讨论澳大利亚的证券法，其中使用的法律术语的渊源自然已由主题确定。对于词形相同但应用法域不同或不明的法律术语，必要时应在译名中增加注释或限定词。例如，当所在语篇没有指明或限定时，对于 High Court 则可分别译为"高等法院（英格兰和威尔士）"、"联邦最高法院（澳大利亚）"，或其他法域的相应名称。

三、辨义。确定了法律术语产生的源头（法系、法域、制度、学理、作品或特定出处）后，译者就应将其置于源出法系（域）的法律制度体系和法律文化传统中探究内涵与特征。比如，在确定 maritime lien 是源自英国的重要财产担保制度后，就应在英国法体系中溯求、分析和挖掘其内涵特征，作为译名依据。再如，我们在源于英国的法律文献中遇到 Inns of Court 这一词组，通过上下文语篇判断其具有专门的法律属性，此时就不能受其中 Inn 的日常含义的干扰，而必须将该词组置于英国法律制度和法律文化中探究其法律内涵。通过这种探究往往能够发掘出丰富的历史文化信息：Inns of Court 最早出现在公元 14 世纪的伦敦，实际上是一组庭院和建筑物群，是当时英格兰和威尔士的出庭律师们聚集、居住、受训和执业的场所。在 18 世纪中叶普通法被纳入英国大学法学院系的正式学科体系之前，出庭（讼务）律师（barristers）的培训体系还是一种学徒制。学员和见习律师们通过长达数年的集体食宿、学习和旁听庭审，并通过与资深的执业律师共餐、相处、交流等方式获取教诲、学习职业技能。久而久之，这些场所逐渐分化组合成为现在位于伦敦市中心，专门培养出庭律师，并集教学、培训、资格认证、社团社交、办公场所、行业协会组织等功能于一体的四大 Inns of Court，分别是 Lincoln's Inn、The Middle Temple、The Inner Temple、Gray's Inn。如今，随着时代发展和现代大学法学院系教学功能的完善，Inns of Court 已经不再承担全部的法律教育功能，很多出庭律师也将办公地点迁出其馆舍，但它们仍然是英格兰和威尔士出庭律师的行业协会组织（professional associations for barristers），所有的出庭律师必须隶属于其一，并受其监督和行纪规制。同时，它们还负责提供实习期内的出庭律师的必备培训课程，以及为初始执业的出庭律师提供职业培训，并且仍然承担着授予英格兰和威尔士出庭律师资格（call to the Bar）的重要职能。在其他法域，比如苏格兰、北爱尔兰、爱尔兰共和国、美国等地，也有 Inns of Court 这样的机构存在，但其功能与伦敦的 Inns of Court 都不大相同。

四、提炼。在通过"辨义"充分理解和挖掘出术语背后丰富信息的基础上，还要进一步使用恰当的译入语法律语言，准确、完整、全面地归纳、总结和描述出其最关键的法律内涵和最本质的特征。比如对于 Inn(s) of Court，在全面了解其背景和含义的基础上可准确提炼出其核心内涵：在英格兰和威尔士，专司出庭律师的执业培训和行业管理，具有出庭律师行业社团和协会性质，并有权授予英格兰和威尔士出庭律师资格的机构。通过这种严谨的含义辨析，我们可以确信，目前国内通常将其译为"律师学院"并不准确，因为这一译名既没有体现出其专门针对出庭律师，而不适用于事务律师（solicitor）的适用对象特征，也没有强调其执业培训的教学特征（应避免与法学院系的基础法律教育混同），更没有揭示出其行业协会的管理功能和资格授予的重要权能。贺卫方教授在《在英国法的圣殿里》[1] 一文中详细介绍了 Inn(s) of Court 的历史和功能，并将之译为"律师会馆"，颇有文化意味，但作为法律译名仍欠严谨。何家弘教授曾译之为"法律协会"，体现出了其行业协会的功能属性，但没有反映出其对象特征和教学特征。[2]

五、定名。在含义辨析和准确描述的基础上，最后一步就是要使用更为简明精要的译入语言确定源语法律术语的译入语译名，这也是从释义走向译名的关键一步。通过这一步骤确定的译名既要揭示源语法律术语在源法系（域）中的本质特征和制度内涵，又要兼顾译入法系（域）的文化理解和制度兼容；既要符合法律语言的表达规则，又要遵循译入语的语言规范，还要体现出严谨精炼的术语特征。无疑，这一步骤对于

---

[1] 参见贺卫方《逍遥法外》，中信出版社，2013年。
[2] 何家弘：《司法证明方式和证据规则的历史沿革——对西方证据法的再认识》，《外国法译评》1999 年第 4 期，第 38 页。

译者提炼法律术语的核心要旨和驾驭译入语言的表达能力都提出很高的要求——既要精炼，又要避免歧义，还不能使法律术语的核心要义和本质特征被省略或弱化。仍以 Inns of Court 为例，在释义基础上，其译名至少应包含适用对象和组织性质（出庭律师的行业组织）及核心功能（执业培训和行业管理）。据此，可将其中文译名确定为"出庭律师培训学院暨行会"。如果在使用时脱离了源出语境和上下文，为严谨起见，还应注明法域归属，即译为"（英格兰和威尔士）出庭律师培训学院暨行会"，若要针对其复数形式进一步体现数量概念，则可译为"（英格兰和威尔士）四大出庭律师培训学院暨行会"。

需要指出的是，译名应该追求完整描述（内涵信息）与简明精炼之间的平衡。我们曾在一本非法律专业著作中看到，作者将其在英文合同中遇到的法律术语 contingent compensation 义译为"有可能得到的经济回报"，将 know how 义译为"知道怎样去做某一件事情"[1]。这种翻译方法缺少了最后一步的凝练，仍属释义而非规范的译名。这两个英文法律术语的中文译名应该分别是"或有报酬"和"专有技术"（或"技术诀窍"）。必须指出，释义无论如何准确、翔实也不能替代译名。

经过上述五个理性、严谨、完整的思维步骤，才算完成一个法律译名的全过程。各个步骤相互衔接，缺一不可，共同构成法律译名基本机理的操作模型。在这一过程中，无论是混淆了语词的法律属性和义项，还是缺少了源出法域的词义探究和充分揭示，又或是缺乏完整准确的描述和最后的总结凝练，都无法确定恰当的法律译名。这也印证了严复所说"一名之立，旬月踯躅"的译名之难。正因为这个复杂的过程具有极高的技术含量，才更需要一套科学的方法论指导。这个思维过程和规则体系既适用于初始译名，也适用于修正译名和组合译名。

---

[1] 陈焱:《好莱坞模式——美国电影产业研究》，北京联合出版公司，2016 年，第 225 页。

我们还可以再分别举一个英译中和一个中译英的译例，进一步体会一个完整的法律术语译名的思维过程。美国宪法论著中经常出现 Article III judges 这个称谓，国内翻译得五花八门、莫名其妙（如译为"第三条法官"等），中英词典上也找不到对应的译名，这就需要我们按照法律译名方法论所确定的原则详加考证。首先，这一明显的法律术语既然源于美国的宪法论著，就应溯源探查其在美国联邦宪法中的准确含义和界定——他们是根据联邦宪法第三条由总统提名，参院批准的联邦法官，包括联邦最高法院、上诉法院和地区法院，以及国际贸易法院的法官。作为美国三权分立体制中司法权的行使者，他们的独立性获宪法保障，终身任职且不得被降薪。[1] 据此，我们可以抽取其中的核心要义和本质特征——"依美国宪法第三条任命的联邦法官"或者"美国联邦终身法官"作为这个法律术语的译名，既照顾到源语术语的字面元素，又充分发挥语用补偿功能呈现其完整的法律含义，不仅体现出这类法官在美国宪法中的地位，而且便于中国读者理解。

在中译英方面，若将中国特有的"事业单位"概念译成英文，首先需要确定其是否使用在相关的法律文件中并采用其严格的法律意义（定性）。如是，我们就需要查询它在源生法域（中国）立法中的完整定义或描述（溯源和辨义）——事业单位是面向社会提供公益服务和为政府机关行使职能提供支持保障的实体。大多数事业单位不得从事经营活动，其宗旨、业务范围和服务规范由国家确定。[2] 此外，还可再结合《汉语大词典》等资料提供的解释，进一步总结出事业单位的本质特征——它是与企业单位相对而言，不以营利为目的，由政府利用国有资产设立并接受政府领导的社会公共服务组织，是不实行经济核算而

---

[1] 例子参见张千帆《法学汉译的原则与变通》，《法学评论》2016 年第 5 期，第 19 页。
[2] 参见《国务院办公厅关于印发分类推进事业单位改革配套文件的通知》（国办发〔2011〕37 号）。

由国库开支经费的法人实体。据此，我们就可以选取恰当的英语词汇来描述其在中国法律制度中的准确内涵（提炼），将其译为"non-profit institutions founded and supervised by the government for public welfare and services"。最后，在此基础上进一步浓缩、精炼，保留其最本质的特征：不以营利为目的是事业单位和企业单位的本质区别，而承担公共服务则是其核心功能，这是揭示其本质含义和核心特征不可或缺的元素。据此，我们可以确定其英语译名（定名）为"non-profit institutions for public welfare and services"（承担公共服务和公益职能的非营利性组织）。

总之，只有通过这样一个完整的思维过程才能确定法律术语的准确译名。这个思维过程不仅应用于初始译名，也适用于修正既有译名。如前，现有的很多西方法律术语的中文译名形成时代久远，因当时的历史局限性和早期译者的认知偏差致使很多译名并不准确，甚至存在误译和讹译的情形。但它们却已经形成相对固定和普及的用法，有些甚至已经深入人心，譬如前面多次提及的barrister在香港被译为"大律师"，juror和jury被译为"陪审员"和"陪审团"等。虽然说"约定俗成"是外国人名、地名翻译的一项重要原则，但它在法律术语的翻译中只能作为例外原则适用。在现代法律翻译实践中，对于历史形成的译名不应不加考证、不加甄别地继承使用，否则将放弃纠正历史误译的机会。笔者认为，通过运用科学、系统的译名方法论，经过严谨的思维过程加以探究和论证，有助于去伪存真，将历史上一些闭门造车、望文生义的误译和讹译修正过来。这也有利于促进不同法系之间法律文化的交流以及法律制度的准确借鉴、吸收和移植。一个典型的例子就是对juror和jury译名的修正。如前所述，当代学者经分析考证后认为，英美法系中的juror和jury的法律特征，与中国现行司法制度中按照苏联法律体系下俄语法律术语翻译的"人民陪审员"[1]的概念有着本质的区别，不应相提并论。国内长期将之译为"陪审员"和"陪审团"是错误的，混淆了法域之间的制度差异，故而建议将之改译为"决认员"和"决认团"或"决罪员"、"决罪团"[2]，以更准确地揭示 juror 和 jury 在其源生法系法律制度中的本质特征。与之相似，国内长期将 Common Law 译为"普通法"也不准确。按照其在源法系中的本义，自 1066 年诺曼征服以后，尤其是亨利二世在位期间，王室法官在巡回各地审理案件时采纳了很多地方性习惯法。后经甄别比较和归纳总结，这些地方习惯法被王权确认后通行于全国，成为整个英格兰所有王室法庭共同遵行的判例法规则，故译为"共同法"或"共同习惯法"似更为准确。这些更加规范的法律译名，是当代中国法律翻译实践不断自我修正的鲜明体现，其不断完善的过程也在呼唤更加科学、系统的译名方法论。

第四节　法律译名方法的综合应用

在法律译名实践中，原词保留、音译和义译是最主要的三种方法，但为了应对法律术语的多样性和复杂性，保证译名的科学性和严谨性，三种方法还往往综合应用、组合使用。例如：英国司法体制中有一种名为"Norwich Pharmacal order"的法院命令。这是英国上院 1974 年在审理 Norwich Pharmacal Co. v. Customs and Excise Commissioners 一案时确立的，由法庭颁发的，要求掌握违法行为（如侵权行为）或违法行为人信

---

[1] 参见屈文生《汉译法律术语的渊源、差异与融合——以大陆及台港澳"四大法域"的立法术语为主要考察对象》，《学术界》2011 年第 11 期，第 56 页。

[2] 笔者认为"决认团（员）"更准确，因为在英美法系，jury 制度并不限于刑事案件，同样适用于民事案件。

息的第三人，向遭受违法行为侵害的当事方（亦即该法院命令的申请人）披露其掌握的违法行为信息的命令。比如要求设有被告账户的银行提供被告的银行交易文件，或要求服务器提供方披露通过其服务器发布侵权信息的网站拥有人的身份信息。经此案确立的这种法院命令，也依案中申请人的公司名称被命名为"Norwich Pharmacal order"，类似"米兰达规则"的命名方法。由于对这类法院令不论采取原词保留还是直接音译的方法都无助于中国读者理解，也无助于揭示其法律功能，而仅仅将其义译为"（第三人）披露令"，也不利于体现译名与原名之间的对应关系。此时就不妨采取音译、义译和原词保留相结合的译名方法，将其译为"诺维奇令（Norwich Pharmacal order），即（英国法院签发的）第三人披露令"。这一译名采取专名部分音译，通名部分义译，专名部分缩译（不译Pharmacal）的方法，更显清晰简明。同时，采用原词保留和义译法不仅释解含义，而且使其译名与源语对应，便于读者辨识参考。

第五节　法律译名规则

上述思维过程还须受到如下一系列译名规则的规范、引导和约束：

一、法律译名应严谨准确，避免歧义

追求严谨准确无疑是法律译名的首要原则，这是一项基本而普适的要求。如前所述，判断法律译名准确性和严谨性的根本标准，在于其是否充分揭示和反映出外语法律术语在其源出法系（域）的核心内涵和本质特征，同时符合译语规范，避免产生歧义或引发本土读者误解。比如，surrogate mother 在香港的英汉法律词典中被译为"代母"，让人感到莫名其妙，极易使人对其中的"代"字的含义产生疑惑，不知究竟意指"代

表"、"代理"、"代替"、"指代"、"代入",还是其他。为了获取准确的译名,译者必须遵循法律译名的思维过程,首先还原 surrogate mother 在源法域的立法本义。在香港,surrogate mother 源出于 2000 年颁布的《人类生殖科技条例》[1](Human Reproductive Technology Ordinance) 这一立法,并被释义为根据事先达成的符合法律规定的协议约定,为他人(委托人)孕育孩子,并在孩子出生后交由委托人行使父母权利,或者借由生殖技术程序怀孕成胎的女性。[2] 按此立法释义,笔者认为这一术语在法律中还是译为"代孕母亲"更加准确、贴切和易懂,并可避免歧义发生。

二、确定译名时,应将法律术语置于具体语境和特定的词语组合之中

词语的意义往往需要在其语境和词语组合中确定,法律术语同样如此。同一个法律语词在不同的语境和词组中很可能存在不同的含义,确定法律术语的译名不能割裂其与所处语境及语词的关联。譬如,我们知道 Inn 是"小旅馆"、"小酒馆"的意思,如著名的 Holiday Inn(假日酒店),而 Court 则是"法院"、"法庭"的意思,有时也用于指庭院、球场,但二者组合形成的 Inns of Court,在经过长期历史演变后,现已成为一个完全独立于其各个组成语素本意的专有法律名称。不仅如此,语境和固定词组还决定了很多语词在不同法律术语中的多重义项。譬如,domestic 一词,除去其日常含义以外,在不同法律术语组合中也有多种含义,比如在 domestic laws 中意为"国内的、本地的(法律)",在 domestic building 中意为"住宅用的(建筑物)",在 domestic

---

[1] 官方译名,但似译为《人类生殖技术条例》更准确。
[2] 参见香港《人类生殖科技条例》(2000 年颁布,由 2002 年第 106 号法律公告修订;由 2007 年第 130 号法律公告修订),2(1)释义。

proceedings 中意为"家事（法律程序）",[1] 而在 domestic violence 中则应译为"家庭（暴力）"。

三、法律译名应保持专业性、专有性和含义的唯一性

在法律术语的译名中坚持"以术语译术语"已成定例，这是确保法律译名的专业性、专有性和唯一性的重要手段。例如，burden of proof 的译名就是"举证责任"，没有第二种译法，任何其他译法（如"证据负担"、"证据责任"等）不论文意是否相同或相通，也不论读者能否理解，都因不规范、非标准而不能成立。英译中如此，中译英时也是如此。比如，屈文生在《中国法律术语对外翻译面临的问题与成因反思》一文中举过一个典型的例子："侵权行为地法律"在中国很多英语翻译版本中都被译为"(the) law(s) of the place where the infringing act is committed"，这在语法上没有问题，在表达上也体现出了术语的意思，从通用翻译标准来评价无疑是合格的，但以法律翻译标准衡量就显得不规范了，因为在英美法系，这一概念对应着专门的拉丁文法律术语，即"lex loci delicti"。原译的问题出在以释义代替译名，或者"以俗语译术语"，而没有遵循"逐本溯源"和"以术语译术语"的原则。即便不使用拉丁文术语，也应当依照专业法律词典提供的释义选择现代法律英语中的规范译名根据《布莱克法律词典》(*Black's Law Dictionary*)（第9版），"lex loci delicti"这一拉丁文法律术语对应这样的英语法律术语是"place-of-wrong rule"或"place-of-wrong law"。这不是对错和好坏的问题，而是法律译名标准化、规范化和专业化的重要体现，也是法律译名方法不同于其他译名方法的显证。

---

[1] 参见"电子版香港法例"英汉词汇，https://www.elegislation.gov.hk/glossary/en?p1=1&ENG_HEADWORD=domestic&p0=1。

四、译名应严格遵循法律术语在源法域中的制度内涵

译名对应的法律术语本身，往往就是法律制度和法律规范的浓缩和体现，受到源生法域法律制度的定义和规制。因此，译名必须严格遵循法律术语在其源法域中的制度内涵。特别是，很多法律术语本身就是通过立法创制的——包括立法新创和对于通用术语的立法界定——其含义源于立法定义。对此类法律术语的含义解读和通过义译法确定的译名也必须遵循其创制时的立法定义。比如 due diligence，作为通用术语早在 15 世纪中叶即开始使用，意指"必要的审慎（required carefulness）"或"合理的注意（reasonable care）"，但其作为一个专门的法律术语（随后又成为一个通用的商业术语）被定义和使用，则源于美国 1933 年颁布的《证券法》（Securities Act of 1933）。在该法中，due diligence 在其原有通用含义的基础上，被衍生为一项合理的调查程序（"reasonable investigation" process），在 Sec. 4(c)(3)(A)、Sec. 7(c)(2)(B) 等条款中被应用在诸如 "the provision of due diligence services"、"to independently perform due diligence" 等语境中。同时，该法第 11 节还将其作为券商被指控在销售证券时没有向投资者充分披露重要信息的一项法定抗辩理由，即如果券商对证券发行人进行了合理审慎的调查，并且已将调查发现的信息披露给投资人，那么他们就不会因为没有披露该等调查中未发现的信息而承担责任。法律当然还对这种"合理审慎"的标准作出了界定。这一抗辩理由后来被简称为 "due diligence defense"，而 due diligence 也被国内通译为"尽职调查"，取其"尽到了合理审慎职责的调查"之意，而且不再局限于证券公开发行领域——任何需要对目标对象进行合理审慎调查的商业行为（如并购交易等），都可以采用 due diligence 这一程序，并且适用其应该达到的关注标准和审慎程度，同时适用类似的法定抗辩事由。可见，due diligence 如今在法律翻译中被译为"尽职调查"，而不再取其原有的"必要的审慎"或"合理的注意"之含义，就是遵循创制

其法律含义的源法域立法制度的结果。有些术语虽然并未在立法条文中出现，但却是立法条文背后的学理名称，比如学理上对于"通谋虚伪"的讨论体现在《中华人民共和国民法典》第 146 条的规定之中[1]，此时对于学理术语的翻译，同样要遵循立法的规定和释义。

五、法律译名应符合译入法域法律制度和法律规范的要求

译名不仅应遵循法律术语在其源法域中的制度内涵，还应遵循译入法域的法律制度要求和法律用语规范。也就是说，译名还必须遵照译入法域的既有立法或行业惯例。仍以 due diligence 为例，虽然将之译为"审慎调查"并不悖离原意，但因为"尽职调查"一词目前已经被中国的证券立法普遍使用，因此翻译时就必须遵循既有立法规范。再比如，contract 一词译为"合同"、"合约"、"契约"等都没有悖离词典释义，但由于在中国的法律制度体系下，相关立法已经被定名为《合同法》，因此其标准译名就应该符合这种制度要求，统一译为"合同"。同理，有人将 antitrust 译为"反托拉斯"，属于延续传统的音译方法，如果用于通俗场合或许可以接受（比如美国米高梅电影公司 2001 年拍摄的电影 Antitrust，被引入中国时，中文片名就是《反托拉斯行动》），但要作为法律术语的译名，就不符合立法规范了。在中国法律制度体系下，这一术语的规范名称是"反垄断"，中国也已有专门的《反垄断法》。符合法律制度的规范化要求突出体现了法律译名的严肃性、规范性、专业性、专有性和专一性。须知，一旦使用了标准、规范的法律译名，就意味着这个译名背后有一整套法律制度对其含义进行界定、对其效力和效果进行规范和约束。这也是义译法律制度时不能像音译人名或地名那样将"约

---

[1]《中华人民共和国民法典》第 146 条：行为人与相对人以虚假的意思表示实施的民事法律行为无效。以虚假的意思表示隐藏的民事法律行为的效力，依照有关法律规定处理。

定俗成"作为主要原则的显证。总之，法律译名必须避免与译入法域现行法律概念和用语冲突，保持法律体系的"融贯性与一致性"[1]。

说到这里，读者应该会联想到前面讨论过的跨法系法律术语不同译名观点的争论。笔者主张外域法律术语的译名应该遵循译入法域的法律制度和法律用语规范是其中一种观点的体现，即应该将源法系中的法律概念用语纳入译入法系既有的法律体系，使之与译入法系现行的法律概念用语相契合，但对这种观点的理解不能绝对化，在实际应用中还应该辩证把握，灵活运用。

六、法律译名必须适应不同法系之间的差异

紧接着上一点的结论，又引申出下一条规则。确定源法系法律术语的译名应该注意与译入法系现行的法律概念用语契合，并不意味着这种观点的绝对化。在译入法系根本没有与源法系对应的制度和用语的情况下，新创译名不可避免。在这一原则之下要避免两种倾向，一是主张跨法系的法律概念不可译，二是"生造"术语。

在跨法系（域）新创译名时必须关注法系（域）差异，译名必须揭示术语在源生法系中的本质特征和制度内涵，比如按其制度原意将 jury 译为"决罪团"（针对刑事案件）或"决认团"（针对民事案件）而非"陪审团"，但新创不等于生造、硬造，必须符合译入法系的法律逻辑和译语的语言规律，不能出现诸如将 surrogate mother 译为"代母"这样易生歧义的不规范名称，否则必然发生语言中的"排异反应"，影响译名在译语社会中的固化和传播。

---

[1] 吕丽丽:《谈法学学术翻译的标准》,《出版参考》2018 年第 1 期, 第 45 页。

七、法律译名要防止在"译名回转"中发生错误

所谓"译名回转"是指将最初译自译语的源语术语再译回译语,也称"回译",也有学者将此称为"还原归化",出现在"原文中出现了译语的本源概念"[1] 的情况。在法律译名领域,由于一些译者不了解目前使用的很多中文法律术语的源流,不知道其对应的源语术语(即本源概念),在将中文术语译回外语时就不能准确对应使用其本源概念。这是当前法律翻译中存在的一个突出问题,值得特别警惕。比如英文中的 barrister 在香港被译为"大律师",这种称谓传入大陆后屡屡见诸中文法律文件。笔者曾亲见相关法律文件被译成英文时,不明就里的译者将其中出现的"大律师"译为 senior lawyer、great lawyer 或 prestigious lawyer(明显是将"大律师"理解为资深律师或杰出律师)。经过这样一次"回转","入境"时是 barrister,再"出境"时就变成了 senior lawyer、prestigious lawyer,这样的回转译名返回到其源出的普通法系时,词义已经发生了质的改变,这就是"译名回转"过程中发生的错误。究其原因,无非两点,其一是最初的入境译名不确,比如将 barrister 讹译为"大律师",这涉及我们此前讨论过的初始译名中存在的各种问题;其二则是返程回译时不谙本源,望文取义,不仅是初始译名问题的延续和遗祸,也因返程译者专业素养不逮。

傅郁林在其论文中也就此举例:源于英国法制度体系中的 maritime lien 在我国海商法中被译为"船舶优先权",再回译成英文时又被译为 priority,以致"进一步切断了以英文词义为线索回溯到出发体系中去寻找制度渊源关系的途径"[2]。这是"译名回转"错误对跨法系法律制度借

---

[1] 周晶、何元建:《归化作为一种翻译策略的运用及其认知基础》,《中国翻译》2010 年第 6 期,第 58 页。

[2] 傅郁林:《法律术语的翻译与法律概念的解释——以海上货物留置权的翻译和解释为例》,《北大法律评论》1999 年第 1 期,第 255 页。

鉴与移植造成的严重障碍。

其实这一问题并非法律译名独有，此类错误在各类翻译中都屡见不鲜。比如曾有人将外国文献中采用韦氏拼音拼写的蒋介石的名字 Chiang Kai-shek 回译中文时错译为"常凯申"，将孟子的英译名 Mencius 回译中文时错译成"门修斯"等。[1] 可见，这一问题是所有翻译领域需要共同面对和着力避免的。

八、译名应尊重和遵循自定义体系

很多法律文件都会对本文件中使用的语词、术语进行专门定义，这是一个自成体系、自我规范、自我适用的定义系统。在特定法律文件中使用的译名就必须尊重和遵循该文件的自定义体系。比如，中国此前的《中外合资经营企业法实施条例》将中外企业共同投资建立和共同经营的企业组织形式定义为"合营企业"，对应的英语术语为 equity joint venture，但业界在很多法律文件中通常将这一术语翻译和定义为"合资企业"，亦无错误和歧义，那么在如此定义的文件中就应该使用这种自定义的译名。

九、法律译名应符合译语的语言规范要求

确定法律术语的译名不仅要符合译入法域的法律制度规范，还必须符合译入语域的语言规范要求，即必须使用译入语的规范用语，并遵循其语法规则和表达习惯，这尤其适用于义译新创译名。除了前面所说的新创译名不能生编硬造，使用易生歧义的不规范名称以外，译语的语言规范还体现在语言应用的灵活性上，即须根据源语词汇的不同应用场景和搭配组合确定合理的译名，避免僵化刻板。比如，modification

---

[1] 参见高山杉《"门修斯"之后又见"常凯申"》，《东方早报》2009 年 6 月 7 日。

一词在源语中与不同的词语搭配组成多项法律用语，将这些词语组合译入中文时，应根据不同的应用场景灵活确定 modification 的译法：statutory modification 可译为"法定（或法律）修订"；with necessary verbal alterations and modifications 可译为"在言语上作出必要的变通及调整"；editorial modification 可译为"编辑上的更正（或修改）"；subject to necessary modifications 可译为"经必要的修正（或修改）"[1]。这样一来，modification 的译法灵活融入具体语境，在译语的词语搭配上也更显和谐。

十、法律译名应符合译语的文化习惯和审美标准

确定法律术语的译名不仅要符合译入法域的法律制度规范和语言规范，还必须符合译入语域的文化习惯和审美标准。这尤其适用于外语专词的音译译名。通常而言，外语专词音译过程中，所选的汉字只是记音符号，其意义往往被弃用，或者其字面意义与源语词汇意义无关。但是，汉字是象形表意文字，中国人在文化上习惯于见字知义、循形见义，习惯于从构成译名的汉字中（甚至其形态上）来认知和理解译名的含义。如果音译用字不能满足中国人在汉字认知上因形见义的集体意识，就会使人对译名产生形式上的陌生感，会觉得它与本民族文化习惯格格不入。相反，如果译名不仅音似，而且传情达意，还蕴含民俗心理、承载文化信息，就能更好地达到跨文化翻译的功效。[2]

以外国人名的汉语音译为例，如果译名只摹汉字之音、借汉字之形，而不顾汉字之义，就会人为割裂汉字的音形义三位一体的固有特征，与使用者的期待产生距离。相反，如果在人名翻译中实现音译用字

---

[1] 参见"电子版香港法例"英汉词汇，https://www.elegislation.gov.hk/glossary/en?p1=1&ENG_HEADWORD=modification&p0=1。

[2] 部分参见刘祥清《音译汉化与音译词在汉语中的规范与接受》，《湖南科技大学学报（社会科学版）》2016年第19卷第1期，第130页。

意义化，形成"音义密合"，不仅取其音，又能取其义，音意兼译，音义双关，就能满足汉字使用者因形见义的认知传统，就会具有更加积极的效果。美国传教士 John Fryer 将其名字音译为"傅兰雅"，不仅音似，而且意雅，又合中国文化中的姓名习惯，甚至含有自己的感情色彩，属于非常成功的音译名。同样，美国早期汉学研究的先驱者 Samuel Wells Williams 依英音取汉名"卫三畏"，其中的"三畏"典出《论语》"君子有三畏"。这些符合中国文化的音译名有利于他们融入中国社会。相反，如果音译不当，不仅达不到这样的效果，反而可能引起不必要的误解，极端情形下甚至引发冲突。历史上，中英鸦片战争之前，中英之间就曾因人名音译问题发生过一起外交纠纷，史称"律劳卑事件"。当时英国政府向中国派遣的首位贸易监理（Superintendent of Trade）是个名叫 Lord William John Napier 的有爵位的外交官。他因中方将其名字音译为"律劳卑"而极为不满，认为这是一个"含义极不高雅，含有'辛劳卑微'意思"的名字（not of the most courtly description, expressing and signifying the sense of "Laboriously Vile"），为此感到自己和大英帝国的尊严受辱，以至于他不仅写报告向英国外务大臣抱怨，而且拒绝与中国官员会面，酿成外交争端。[1] 这些实例都说明，是否符合译语的文化习惯和审美标准往往事关译名的成败。

十一、译名应体现法域特征、语域特征，并符合国别要求

这是法律译名属地化原则的体现，可从三方面来理解：其一，从源语角度看，义译法律术语时必须考查语源出处，在其源生法域中考证术语的含义并相应确定译名，据以应对同一术语（词形相同）在不同法

---

[1] 对该事件的描述，见王宏志《翻译与现代中国》，复旦大学出版社，2014，第 277 页，同时参考其他信息。

域中的不同含义。除了前面举过的 High Court 的例子，又如 Secretary of State，作为一种世界多国都存在的政府官职，其职能在各国并不相同，相应的中文译名也具有国别差异——英国的该官职被译为"国务大臣"，[1]而美国的这一官职则被译为"国务卿"（联邦）或"州务卿"（州），这也是尊重译名传统的体现。其二，从译语角度来说，在使用同一译语语种的不同法域中，同一外语术语的译名也可能会有所差异。比如，mortgage loan 在香港的法律词典中被译为"按揭贷款"，属当地的正式法律用语，但其中的"按揭"是港澳地区方言，并非汉语普通话，因此内地并不使用该译名。在内地，根据现行立法规范和语言规范，mortgage loan 被统一译为"抵押贷款"（暂不论其是否准确）。相应的，mortgagee 和 mortgagor 在香港的中文译名分别是"承按人"和"按揭人"[2]，而在内地则被规范译为"抵押权人"和"抵押人"。其三，应用在不同法域中的不同法律术语，译名却可能是相同的。比如，英格兰和威尔士的 barrister 与苏格兰的 advocate 因为职业功能相同而在中文中都被译为"专责讼务的出庭律师"。

十二、法律译名应符合历史特点和时代背景

如前所述，法律语言处于动态发展变化之中，有些法律术语在不同的历史阶段往往会随其源生制度的变化而具有不同的内涵，对其译名也要符合相应的历史特点和时代背景，这是译名历时性特征的重要体现。例如香港的"律政司"在香港回归前是律政署（又称"律政司署"）的主官职位名称，系当时港英政府的首席法律官员，直接向时任香港总督负责，英译为 Attorney General，而在香港回归中国后，经过宪制改革，

---

[1] 参见胡兆云《中英美四大政法文化词语系统与对应翻译策略》，《外语与外语教学》2005 年第 9 期，第 44 页。
[2] 详见网页：https://www.elegislation.gov.hk/glossary/en?p1=57。

律政司成为香港特区政府辖下专责法律事务的部门,由律政司司长主管,英译为 Department of Justice。同一个法律术语,时移义易,词形不变但内涵已经发生改变,对应的外语译名也随之变化。这与前面提到过的"大理寺"在不同历史时期因职能变化应作不同翻译的情形相同。又如,在英联邦国家,对于获得英国王室认可的资深出庭律师有一种荣誉称号,在中文中常被称为"御用大律师",但这一中译名所对应的英文原词在不同的时代却有不同的表述方式:在女王时代被称为 Queen's Counsel,而在国王时代则被称为 King's Counsel。这些例证都体现了不同的时代环境对译名的影响。

十三、法律译名应避免望文生义、望文生译

采用义译法译名时必须深究外域法律术语在源生法域的制度内涵和本质特征,不能简单地受制于其字面含义。这一原则对于译名实践有重要的警示意义,有助于防范因望文生义导致的误译。比如:如果不详查法律史源,单从 Inns of Court 这一词组的字面是无论如何看不出其与出庭律师的培训机构和协会组织有何关联;再如,在美国的法学院接受三年制法律教育的学生通常会被授予一种被称为 Juris Doctor(简称 J.D.)的学位。单从字面来看,这似乎是一种博士学位,因此国内常有意或无意地将之误译为"法学博士"、"法律博士"或"职业法律博士",但若细究其教育年限、专业设置和培养目标就会发现,它根本不是一个学术意义上的博士学位,而是一种美国法律教育的基础学位。获得该学位者通常只接受过三年不细分专业领域的基础法律教育,其后才可以继续攻读细分领域的法学硕士(Legum Magister[1],简称 LL.M.)和法学博

---

[1] 拉丁语,相当于英语中的 Master of Laws。

士（Scientiae Juridicae Doctor 或 Jurum Scientiae Doctor,[1] 简称 S.J.D. 或 J.S.D.）学位。可见，确定外域法律术语的译名必须深究本源实质，避免受到字面因素的误导。

十四、法律译名应善用归化译法，克服文化障碍

准确恰当地确定一个外域法律术语的本土译名有赖于深入理解其源生法律制度和文化，而使译名贴近译语文化又是将其有效介绍给译语读者的捷径，是归化译法在译名实践中的体现。

前面提到过，西方很多国家都有一种通称为 Good Samaritan Law 的法律（在各法域的立法名称不同，但立法目的基本相同，如在加拿大安大略省就有 Good Samaritan Act [2001] 的立法），其中的 Good Samaritan 若采音义合译法可译为"好撒马利亚人"，原本出自一个很著名的宗教典故，源于《圣经·新约·路加福音》中耶稣基督讲的一个故事：一个犹太人遭强盗打劫受了重伤，躺在路边。犹太祭司和利未人经过他的身边都不闻不问，唯有一个路过的撒马利亚人不顾隔阂（在民间，撒马利亚人与犹太人互相不交往长达数百年），不仅发慈心照顾他，还出钱把他送进旅店。在具有基督教文化传统的国家，此类立法名称采用了宗教典故的衍生意，对当地民众而言没有理解障碍。但若将该立法名称音译引入中国这样缺乏普遍基督教信仰的国家，译之为"好撒玛利亚人法"，必然会令中国读者难解。如果我们探究出该法律在源法域的立法目的就是鼓励人们对处于危急中的伤病者施以救助，使施救者在善意施救时没有后顾之忧，不用担心因过失（非重大过失）造成被救助者伤亡而遭到责任追究的话，就可将此类立法与保护中国人所说的见义勇为者及其善意救助行为在法律功能上对应起来，采用归化方法将之译为"见义勇为

---

[1] 均为拉丁语，相当于英语中的 Doctor of the Science of Laws。

（保障）法"[1]，一定可以令中国读者一目了然。还有人将其义译为"行善人（保护）法"[2]，也能达到近似的效果。在这个译例中，归化译法并没有讹化源语的本质内涵，而是在制度功能上实现了对等，而且有效地拉近了一个陌生的异域概念与中国读者之间的距离，具有事半功倍的效果。但需要指出的是，中国对于见义勇为，至今仍然处于道德评价和地方立法阶段，尚未见诸于国家层面的立法界定，因此严格意义上讲，"见义勇为"还不是一个法律术语，使用在法律译名中仍显严谨不足，只能作为一类立法原则和理念的通称。其实，在西方，Good Samaritan Law 也是此类立法的通称，在专门立法时往往还会使用更加明确的立法名称，比如加拿大艾伯塔省（Alberta）制订的《紧急医疗救助法》（Emergency Medical Aid Act），或者将相关条款含纳在综合性的民事立法之中，比如澳大利亚新南威尔士州《民事责任法》（Civil Liability Act, 2002）中包含的相关法律条款。还有的法域兼采专门立法名称和通称，比如加拿大新斯科舍省（Nova Scotia）1992 年修订的《志愿者服务法》（Volunteer Services Act）就在专门立法名称之后同时注明"Good Samaritan"。

需要特别指出的是，运用归化译法时必须谨慎判断，防止滥用，尤其是防止早期法律译名实践中经常出现的"比附"译法，比如清末外国传教士将西方仅具司法功能的 tribunal 比附为中国专制时代集行政和司法于一身的"衙门"，将 police officer 比附译为"衙役"等等。的确，在当时特定的历史条件下，比附译法曾发挥过一些积极的作用，可以帮助完全隔绝于西方文化的中国读者对于与本土存在巨大差异的西方法律概念获得一些感性的认知，但当代的法律翻译已经不再需要比附来提供本土化的理解便利，历史上的那些比附译名也大都早已不再使用。这种

---

[1] 有中国学者已经将西方的 Good Samaritan Law 与中国的见义勇为（保障）法等同视之，参见徐国栋《见义勇为立法比较研究》，《河北法学》2006 年第 07 期，第 4—19 页。
[2] 参见薛波主编《元照英美法词典》，法律出版社，2003 年，第 606 页。

比附的存在,也是有些学者反对将源语法律概念纳入译入法系既有法律用语的主要原因。他们主张在不同法系之间缺乏完全对等的概念时,宁可生造词语来翻译外法系的法律概念,就是为了避免仅凭部分相同的含义元素,便把不同法系的法律术语等同使用而造成讹误,这也是归化译名必须慎重的原因。

十五、法律译名应尊重传统和语言使用习惯

除了上面谈到的因素,既有的文化传统和长期形成的语言使用习惯对于法律术语的译名也存在着重要影响。举例来说,在翻译"Freedom of contract is the core and essence of modern contract law."这句话时,会遇到前后两个 contract。按照中国现行的立法规范,contract law 自然应被译为"合同法",但 freedom of contract 这一西方法律概念在最初引入中国时即被译为"契约自由",长期以来一直沿用,已经成为中国法律语言中的成语。此时就须寻求不同的译名原则在具体应用上的平衡,将这句话译为"契约自由原则是现代合同法的核心和精髓"——前一个 contract 译为"契约",属继受译名,以示尊重译名传统和长期形成的语言习惯,后者译为"合同",体现现代法律制度特征。二者各具特色,各有依归,并行不悖。这也是术语译名统一原则的合理例外。

十六、法律译名应秉持客观中立的翻译立场,合理应对意识形态的影响

作为一项基本的译名原则,译者应该秉持客观中立的翻译立场,这在翻译观一章中已经进行过充分的论述。但作为上层建筑的法律,在制订和应用过程中必然会受到意识形态的影响,法律译名自然难免受到译入法域意识形态和宪政体制的约束和影响。严格来说,这不是技术性规则,更多的是一种政策性规范。比如,究竟应将 Korean War 译为"韩战"、

"朝鲜战争",还是"祖国解放战争"抑或"抗美援朝战争",取决于各种不同意识形态的选择。处理这些译名时不仅要从译者的立场出发,还要分别考虑原作者(表达者)和接收者(译文读者)各自的立场、意识形态色彩和感情因素等,否则很可能会改变或削减交际预期达到的效果,这在特定语境中应用译名方法时体现得尤其突出。

十七、法律译名应审慎运用修辞

法律译名具有专门的方法论和规则体系,与通俗译名及文学翻译有很大的区别,其中的一个重要体现就是它的修辞原则。一方面,法律用语追求规范、严谨、准确,强调立法依据和法律属性,比如对英语情态动词(may、will、should、shall、must 等)和汉语能愿动词(可以、应该、必须等)的使用必须精准,因为它们对应的义务属性和法律效力都具有本质区别。另一方面,法律译名要求用词专业平实,不尚华丽奇巧,那些比喻、拟人、夸张、借代、反语等文学修辞手法或过于口语化的表达在法律译名领域的应用空间不大,比如前面提到过的,有译者在翻译法学著作时将英文中的 distinction 一词演绎为"楚河汉界"就被认为是不合理的添附,确有修辞不当或过度之虞,这也是法律翻译与文学翻译存在明显区别的体现。

第十八、法律译名应充分发挥语用补偿功能,弥补词义缺失

语用充实不仅是一项重要的译文方法,也同样适用于译名。正如上面确定的原则,为外域法律术语确定本土译名时,既不能不加辨别地受字面含义的干扰,也不能脱离本土文化的认知能力,既要呈现语境信息,还要揭示术语的核心内涵和本质特征,这往往需要通过发挥翻译的语用补偿功能才能实现。比如,欲为 Inns of Court 确定严谨准确的中文译名,不仅要将源语字面并未出现的法域信息(英格兰和威尔士)体现出来，还要将 Inns 复数形式的数量信息（"四大"）呈现出来，据此译为"（英格兰和威尔士）四大出庭律师培训学院暨行会"，才能揭示其完整内涵，这就是语用补偿的效果。再如，翻译美国联邦机构 Committee on Foreign Investment in the United States（CFIUS）的名称时，按其字面应解读为"在美国的外国投资的委员会"或者"外国在美国的投资的委员会"（其中的 in the United States 是 Foreign Investment 的地点状语，限定 Foreign Investment 的所在地），但这样的中文译名既拗口，又没有充分揭示该机构对于在美外国投资行使的职能和权限，因此并不恰当。经查，该委员会是依美国联邦法律组建，专门负责从国家安全角度审查在美外国投资的跨部门联邦政府机构，具体执行美国的外国投资审查制度。据此，该机构的全称应该是 The Review Committee of the United States on Foreign Investment in the United States，或者 Committee of the United States on the Review of Foreign Investment in the United States，并当相应译为"（美国）在美（或来美）外国投资（审查）委员会"，其中的（美国）和（审查）两项成分在原文字面中并未出现，但分别指向其国别归属和核心职能，如能通过语用补偿的方法体现在中文译名中，更有利于中国读者准确理解其职能。目前国内采用较多的译名"（美国）外国投资委员会"并没有达到这样的效果。笔者认为，还是将其译为"（美国）外国来美投资审查委员会"为宜，也可简译为"美国外国投资审查委员会"（其中补充了"美国"和"审查"两项原文字面未出现的成分，省略了"来美"或"在美"一项字面成分）。又如，翻译外国文献时遇到的 President George Bush 的称谓，译者应该根据语境信息判断这究竟指的是老布什总统（George Herbert Walker Bush）还是小布什总统（George Walker Bush），并在译名中予以补充明确，这也是在译名中发挥语用补偿功能的体现。

十九、法律译名中应注重发挥译者的修正功能

上一条规则要求译者在法律译名过程中发挥语用补偿功能，借助语境信息弥补词义缺失、揭示隐义或防止歧义的发生，但有时原词本身词义明确，并不存在隐义、歧义或理解障碍，却仍需译者主动干预，以防按照字面翻译可能导致其他方面的错误。比如，在翻译外国文献中出现的诸如 the President of Taiwan、East Turkistan 等名称时，国内译者当然应该根据中国大陆的宪政体制和法律规范将之译为"台湾地区领导人"和"新疆"，而不能按字面照译为"台湾总统"和"东突厥斯坦"等明显违背国际法和中国法律的名称。这就是译名的修正规则，它要求译者在必要时对于外域专词和术语在本土的"形象塑造"进行主动干预，修正其中违背政策法律或伦理道德的元素。

二十、注重法律译名的统一

如前所述，法律译名的统一是亟需解决的重要学术问题，值得高度关注。在我们看来，译名统一要解决好"大小正反"几个方面的问题。从"小"处着眼，就是译者要在自己的翻译作品中（同一部作品或相互关联的历次作品之间）保持法律译名的统一，避免因译名混乱误导读者或影响翻译质量，比如应防止在一部作品中不加辨别地混用"合同"、"协议"和"契约"等译名。就"大"处而言，则仰赖全社会及所有法律翻译参与者的共同努力来推动法律译名在更大范围内的统一。这除了依靠官方机构的协调推动之外，翻译界还要坚持推行一些技术性准则，比如朱青生教授建议："专门术语的译法在没有错误的前提下，尽量利用中国现有相关辞典、辞书和已有译编著作的译法，不出新译，以便于读者的阅读习惯。"[1] 所谓"正反"问题，就是对于译名的统一不是机械、僵

---

[1] 朱青生：《十九札——一个北大教授给学生的信》，广西师范大学出版社，2001 年，转引自凌斌《法学翻译批评的病理学进路》，《清华法学》2004 年第 1 期，第 321 页。

化地坚持,而应辩证务实,据实应变。傅郁林曾针对具体立法撰文指出,中国"《海商法》各章的概念涵义都在本章中加以解释,同一中文法律术语并不要求其涵义在整部法律中是一致的,相应地,同一英文法律术语的多个涵义则在各章中分别被译成不同的中文概念"。[1] 当然,尽量利用中国现有辞典、辞书和已有译著的译法也不意味着迷信既有译名而不加辨析。这个问题笔者将在下一条规则中进一步说明。

二十一、法律译名应注重参考专业工具书,但不应迷信既有译名

法律语言作为一门专业语言的特殊性已经毋庸多言。很多法律术语极少出现在日常语汇中,而很多日常语汇一旦进入法律语境也就不再具有其日常含义。因此,我们在查询法律词语的含义时不能满足于通用词典的释义,而必须依赖专业资源,包括立法（各法域的法律法规和国际公约、条约、惯例等）、法律辞典（常见的英文法律词典有《布莱克法律词典》《元照法律词典》等）、法学著述、百科全书等。不仅如此,结合上面所说的属地化原则,同一法律用语在不同法域中的含义也难保一致。为了准确起见,翻译特定法域的法律语言时应该参照适用于该法域的参考书和工具书,比如《美国法律词典》《澳大利亚法律词典》等。此外,出于法律术语翻译规范性的要求,各司法区都致力于制定官方统一的译名规则,比如台湾地区曾以"行政立法"的形式保证台湾"法律"术语英译的统一,香港律政司法律草拟科则编制了《英汉法律词汇》和《汉英法律词汇》来规范香港法律术语的汉英译名。[2] 这些也都是我们在确定法律译名时应该借鉴、参考和依据的权威资源。

---

[1] 傅郁林:《法律术语的翻译与法律概念的解释——以海上货物留置权的翻译和解释为例》,《北大法律评论》1999年第1期,第251页。
[2] 参见屈文生《汉译法律术语的渊源、差异与融合——以大陆及台港澳"四大法域"的立法术语为主要考察对象》,《学术界》2011年第11期,第60—62页。

另一方面，即便是从这些权威资源中获取的既有译名，我们的态度也是理性参考、审慎借鉴、并不迷信。最终确定法律译名时，仍然应该在方法论的指导下，经过严谨的思维过程进行甄别和检视。对于符合译名规则的既有译名予以继受，对于违背规则的应予修正或重译。我们在上面对于 surrogate mother、Inns of Court、Juris Doctor 等多项外国法律术语中文译名的修正都是这一原则的体现。

二十二、辩证、灵活、均衡、协调地把握译名规则

在实践中应用上面各项法律译名规则时应该辩证灵活、均衡协调，这是一条综合并统率全部译名规则的兜底条款，也是辩证法在法律翻译实践中的具体体现。比如，译名既要尊重传统，又要与时俱进；既要追求统一，又要有差别化处理；既可借助归化译法便利本土理解，又须防止归化译法的滥用导致歧义和比附，各项原则的应用应该相互协调，不可偏废。同时，任何规则的适用都离不开前提和条件，还都要受制于或适应于其他规则的应用。比如，虽然通用名称或众所周知的名称可以原词保留不译是一条译名规则，但这个"通用"的地域范围、专业范围非常复杂，在一个地域众所周知的名称在另一个地域或许就无人知晓，在一个专业领域中通用的名称，在其他专业领域可能并不通用，究竟是否需要翻译应根据多方因素加以判断。例如，英联邦国家有些人名后带有 QC、MP 等后缀，当地人都明白这是 Queen's Counsel（御用律师）、Member of Parliament（议员）的缩写，但在中国这样的非英联邦、非英语国家，这些缩写就不具有通用意义，译名时就应补充缺省的文化信息而不能简单地原词保留，否则会影响读者理解，也达不到译名目的。在处理诸如 J.D.（美国法律基础教育学位）、LL.M.（法学硕士学位）等法律界众所周知但可能并不为大众了解的缩写时也应如此。

作为本节的小结，我们再通过一个法律译名实例来综合检视一下上

面提出的思维过程、译名方法和译名规则。

当我们需要分别将 defendant 和 accused 这两个英文法律术语译为中文时，首先应该将二者置于具体的应用语境中加以考察。当二者被分别应用于民事诉讼法律和刑事诉讼法律这两种不同的立法语境时，就应该遵循译入法域的相应法律制度和法律规范来确定它们各自的译名。当译入法域是中国大陆（内地）时，根据中国《民事诉讼法》，defendant 应译为"被告"，而按照中国《刑事诉讼法》，accused (person) 应译为"被告人"，二者虽一字之差但分别受到不同的法律界定和规范，具有不同的法律内涵与特征，不可混用，这也体现出严谨准确的法律译名原则。当译入法域变换到中国台湾地区、中国香港特别行政区或中国澳门特别行政区时，又必须分别遵照台湾、香港或澳门的法律规范来翻译：在台湾的"刑事诉讼法律"中，accused 这一含义始终被称为"被告"[1]，而按照香港的双语立法规范，accused 或对应译为"被告"[2]或译为"被控人"[3]，在澳门的《刑事诉讼法典》中，accused 对应的本地法律术语则为"嫌犯"[4]。虽针对同一英语法律概念，但按照不同中文（或双语）法域的立法传统和术语规范翻译时，却必须为之确定不同的译名。这体现了译名的法域特征和国别要求，译名时必须予以充分关注。由此可见，确定一个法律术语的译名往往需要综合践行多项原则，使之最大限度地满足翻译需要，这样才能实现翻译目的，达到翻译效果。

---

[1] 参见台湾地区的"刑事诉讼法"。
[2] 参见香港特别行政区法例第 413 章《商船（防止及控制污染）条例》第 8 条与第 6 条有关的罪行，https://www.elegislation.gov.hk/hk/cap413!en-zh-Hant-HK。
[3] 参见香港特别行政区法例第 394 章《复杂商业罪行条例》第 22 条释放被控人的申请，https://www.elegislation.gov.hk/hk/cap394!en-zh-Hant-HK。
[4] 参见澳门特别行政区《刑事诉讼法典》，http://www.pkulaw.cn/fulltext_form.aspx?Db=aom&Gid=1b3666c27b24d5075043e82f7a0ce108bdfb&keyword=&EncodingName=&Search_Mode=accurate&Search_IsTitle=0。

第七章
法律译文方法论

在建立了译名方法论之后,接下来我们将开启宏观视角,构建以语篇和作品为翻译对象的译文方法论。

第一节 概述

从译名方法的讨论转向译文方法的考察,使我们对于法律翻译方法论的研究从微观关切走向宏观思考。在法律翻译中,译名与译文属于两种不同的方法论体系,既相互关联,又存在重大区别。二者的关联首先就是"名"与"文"辩证关系的体现。所谓"名",其对应的语言形式是"字词"——在汉语中包括字、词语、词组,在英语中包括单词、词组和短语,在法律翻译中则主要包括法律术语、概念和专用名词;所谓"文"则是指"文章",即具有明确主旨、完整篇章结构和逻辑结构,形成语境和表达内容的语篇作品。文章以字词为组成单位,字词以文章为载体和意义涵体。每一个字词都是文章的组成部分，对于文章逻辑、内容和意义的形成发挥着作用，有些字词甚至是文眼与核心，起着画龙点睛的作用。同时，字词只有通过组合才能完成特定意旨的整体表达，并在特定的语境、上下文关系和文章结构中产生具体的意义。不仅如此，从字到词、到句、到段、到篇、到文，不是一个简单的数字累加和文字组合过程，而是通过字与字、词与词之间按照语法规则和语义逻辑组合、衔接、搭配，再通过修辞赋予情感和力度，最终实现整体文意的表达和情感的抒发。与之相应，法律翻译中的译名和译文同样存在着密切关联——译名往往不是孤立的，而是依托于译文产生意义——"名"只有被置于"文"的场景和语境中才能产生出特定的意义，而"文"也正是通过一个个"名"的有机组合形成完整表达。同时，二者的区别也很明显。首先，二者的侧重点不同——译名重在对单个法律术语内涵的准确揭示，而译文则重在对文章宏旨的整体表达。准确的译名构成译文的筋骨，但任何译文都不仅有筋骨，还有灵魂和血肉，还有思想和情感。译文依托于译名，但又超越译名——它不仅要在文章的语境中定义、阐释和修饰字词，还要将文章的思想主旨、逻辑结构、表达方式、情绪情感，以及通过修辞营造的氛围和效果整体表现出来。其次，二者的格局也不同，译名立足微观，以微见著，译文则放眼全局，既不能字斟句酌但宏旨不彰，也不能只见树木不见森林。譬如，同样使用归化译法，译名中的归化着眼于字词层面上的变通与置换，而译文中的归化则旨在对于译语文化的整体皈依。总之，译名与译文在原理上具有共通性，都受翻译观的指导和约束，都遵循法律翻译的整体规范，但二者各有侧重，从翻译视野到翻译方法，从翻译理念到翻译规则都存在着明显的区别。接下来，我们就来讨论法律翻译中的译文方法论。

第二节　法律译文方法论的构建原则与思路

首先，如前已述，构建法律译文方法论不是简单地在方法层面上研究法律作品的翻译，而是在翻译观的统揽之下进行的一种全方位的理论探索，涵盖从翻译对象的选择、翻译目的的确定，到翻译策略的设计，再到各种译文方法综合运用的全过程，旨在为法律译文实践提供科学、系统和理性的指引，从而将法律翻译提升为一项具有高度理论自觉和实践理性的活动。

其次，从方法论的高度研究译文方法首先关注的是翻译理念、翻译策略，而非翻译技术，力求避免陷入对翻译实践肤浅的技术分析和文字判断。

再次，面对丰富多彩的法律翻译对象和复杂多元的翻译目的，任何机械地遵循一种或几种翻译方法（比如笼统的直译和意译）是缺乏科学理性的。正确的方法论必须建立在辩证施法、综合应用的理念上，针对不同的翻译对象和多元的读者需求，因应翻译目的调整翻译策略，灵活运用多种翻译手段，达至最佳的翻译效果。而且，进入方法论体系的各种翻译方法都有其合理内核，各种方法之间没有刻板的分界，不存在好坏、优劣之分，只有适用对象、目的、读者和应用场合之别，是从不同角度实现对同一目标的追求。我们既不能把任何一种翻译方法绝对化，也不能将一种方法与其他方法对立起来，这也充分体现了方法论研究对方法研究的超越。

最后，构建译文方法论需要全面系统的思考，既要从翻译对象的角度切入研究视角，针对不同类别法律语言的特征以及法律作品的内容、类别、性质、文体或效力特征来寻求适用的翻译方法，也要将翻译目的、（不同法域和语域的）文化差异、意识形态及所处的时代环境和历史条件作为参考依据，还要从受众群体的期待和交际需求来审视翻译策略。本书中，笔者将综合各种思路和视角，在翻译观的系统指导下，构建满足各类译文需求的多元复合型方法论体系,并在每一种译文方法中具体说明其理论基础和实践机理、适用对象和目的、应用条件和场景、优势与局限,以及旨在达到的目标和效果。

第三节 法律译文方法论体系

一、规范性法律语言翻译法(又称"立法翻译法")

这种译文方法依其主要适用的翻译对象命名。如前所述,从表达工具的角度看,法律翻译的对象是法律语言。我们已将法律语言归纳区分为不同的类别,其中现代立法语言因其显著的特征被归为重要的一类,我们称之为"规范性法律语言"(normative language)。这类法律语言及由其构成的法律作品(主要是各种效力级别的规范性法律文件,或称"立法文件")是法律翻译最为典型和重要的对象。规范性法律语言翻译法就是以规范性法律语言(表达工具)和规范性法律文件(内容载体)为主要对象的翻译方法。

关于规范性法律语言的属性和特征,笔者已在上一篇中做了详细的论述,而规范性法律语言翻译法的根本要求,就是要在翻译过程中维持、保留和体现这类法律语言的属性和规范,进而保有立法文本的立法本意、逻辑结构、构成要件、语体特征和法律效力。对此,我们可以从如下几个方面深入理解:

(一)准确呈现法律规范的性质,保有源语立法的规范性效力是对规范性法律语言翻译法的核心要求

立法文件是由大量授权性、许可性、命令性、禁止性规范组成的,

源语立法正是通过这些规范实现对源语社会主体行为的引导和管治，因此规范性效力是立法的生命。不论源语立法在译语社会中是否具有与其在源语社会中同等的效力，一旦其规范性效力在翻译过程中遭到减损和削弱，其作为法律的本质属性和功能就会受到根本性的损害。换言之，如果译文未能有效保有原文的规范性效力，那么翻译的忠实性就丧失了准星，立法翻译应有的目的和效果也无从谈起。因此，采用规范性法律语言翻译法，首先就是要确保源语立法的效力特征能够在译文中得到忠实地保留和体现。在希图将源语立法等效移植或引入译语社会的情况下，这一要求将更加强烈。就此，试举例说明：

根据现代立法理论，按照法律为适用对象规定的不同行为模式划分，法律规范可以分为义务性规范和授权性规范，义务性规范又分为命令性规范和禁止性规范。其中，命令性规范是规定人们的积极义务，即规定主体应当或者必须做出一定积极行为的规范，其在中文立法里的表达模式为"应当……"、"必须……"、"有……义务"等，如"故意犯罪，应当负刑事责任"、"……人民法院判决书，必须忠实于事实真象"、"夫妻有相互扶养的义务"等；禁止性规范是规定人们的消极不作为义务，即禁止人们做出一定行为的规范，其在中文立法里的表达模式为"不得……"、"严禁……"、"禁止……"、"不允许……"等，比如"公司成立后，股东不得抽逃出资"、"严禁刑讯逼供……"、"禁止家庭暴力"、"不允许任何人有超越法律的特权"等；而授权性规范则是规定人们可以做出一定行为或者可以要求他人做出一定行为的法律规范，其立法表达模式通常为"可以……"、"有权……"、"享有……权利"等，比如"履行期限不明确的，债务人可以随时履行，债权人也可以随时要求履行"、"夫妻有相互继承遗产的权利"等。

与之相应，在英语立法中，表达命令性规范（for an obligation）

时应该使用 shall、must 等情态动词，[1] 如 "All legislative Powers herein granted *shall* be vested in a Congress of the United States, which *shall* consist of a Senate and House of Representatives"（美国宪法第 2 条第 1 款），"the trier of fact *must* find the existence of the fact unless and until"（《统一商法典》[Uniform Commercial Code] 第 1-206 条）；表达禁止性规范（for a prohibition）时则应使用其否定式 shall not、must not，[2] 例如 "*No* Person *shall* be a Representative who *shall not* have attained to the Age of twenty five Years"（美国宪法第 1 条第 2 款第 2 段）。这类情态动词体现了强烈的义务性含义，其强制性意味比表示将来时态和意愿性的 will (not)、would (not)，以及表示建议、愿望、推测、可能性或带有一定虚拟语气的 need、should、ought 等情态动词（infers obligation, but

---

[1] 需要说明的是，在目前美国社会推行的简明英语（Plain Language）运动中，政府及立法机关已更倾向使用 must 作为表达义务性含义（imposes obligation, indicates a necessity to act）的情态动词，代替被认为古旧且同时表示将来时态的 shall。比如在美国国家档案馆和记录管理局（The U.S. National Archives and Records Administration）颁布的"法律写作手册"（Drafting Legal Documents）中提出的"清晰写作规则"（Principles of Clear Writing），以及在由"简明语言行动和信息网络"（The Plain Language Action and Information Network）工作小组推广的"联邦简明语言指引"（Federal Plain Language Guidelines）中都提出这样的观点。而《联邦法院上诉程序规则》（US Courts, Federal Rules of Appellate Procedure, 2009）等法律则已经在立法中践行了这样的写作规则。

[2] 有观点认为 may not 或 cannot 同样表达禁止性态度，但其语气显然不如 shall not、must not 强烈，而且也不够正式，因此在最新版本的官方法律写作指引（National Archives: Drafting Legal Documents, Principles of Clear Writing）中都没有将其列入表达禁止性规范（for a prohibition）的用词范围。还有人认为，中文立法中的"不得"一词对应的应该是 may not，而"禁止"或"严禁"对应的才是 shall not 或 must not。其实，按照中文立法规范，使用"不得"或"严禁"表达的禁止性规范的效力和禁止性程度是完全一样的，而 may not 的否定性意味则远不如 shall not、must not 强烈，它更多表达的是"可能不"的意思，例如 "An investigation directed by a court of justice according to law, and conducted under the authority of a court of justice, is a stage of a judicial proceeding, though that investigation may not take place before a court of justice."《新加坡共和国刑法典》[2008 年修订版] 第 224 章第 193 条）的意思就是"法庭依法指令或依职权启动的调查属于司法程序，尽管它可能并不是当庭进行的。"

not absolute necessity）都更显强烈，凸显了法律的强制性效力。与之不同，在表达授权性规范时，英语立法通常会使用 may 这样表达具有自主意愿（indicates discretion to act）的情态动词或者 have the right to、be entitled to 等句式，体现法律条款任意性而无强制力的适用效力，例如"the effect of provisions of the Uniform Commercial Code may be varied by agreement"（《统一商法典》第 1-302 条），"You should classify your items 'subject to the EAR' in the relevant entry on the CCL, and you may do so on your own without BIS assistance"，"You have a right to request the applicable classification of your item from BIS"[1] 等。显然，从表达模式和情态动词上就可以看出，授权性规范与义务性规范的法律性质及其对法律主体的权利、义务加以约束的刚性程度明显不同，因此它们又被分别称为任意性规范和强制性规范。在翻译立法文本时，如果未能将源语立法中的任意性规范和强制性规范在译文中进行准确表现和有效区分，就会混淆其立法属性和约束性效力。令人忧虑的是，在当前国内的很多立法翻译中，这种错误却随处可见，甚至很多中国立法的权威英译本或官方英译本都存在此类问题，严重影响了立法本意和规范效力的忠实体现。国内众多讨论立法翻译瑕疵的论文也屡屡提及此类错误，可见其普遍性和严重性。例如：

在中国的最高立法机关全国人大官方网站"中国人大网"上公布的

---

[1] Electronic Code of Federal Regulations (e-CFR) Title 15 - Commerce and Foreign Trade Subtitle B - Regulations Relating to Commerce and Foreign Trade CHAPTER VII - BUREAU OF INDUSTRY AND SECURITY, DEPARTMENT OF COMMERCE SUBCHAPTER C - EXPORT ADMINISTRATION REGULATIONS PART 732 - STEPS FOR USING THE EAR § 732.3 Steps regarding the ten general prohibitions. https://www.law.cornell.edu/cfr/text/15/732.3.

《民法典》英译本（"人大译本"）[1]中，就存在着多处英语情态动词误用的现象，混淆了义务性规范和授权性规范的属性和效力区别，仅举一例如下。

《民法典》第1060条第2款规定："夫妻之间对一方可以实施的民事法律行为范围的限制，不得对抗善意相对人。"

显然，该条款是一个通过"不得"模式建立的禁止性规范，也就是民事主体必须遵守而不得违背的法律规范，但人大译本却将其译为：

> Restrictions imposed by the spouses on the scope of civil juristic acts that may be performed by one of the spouses *may not* be asserted against a *bona fide* counterparty.

如前所述，表达任意性概念的情态动词 may 不能准确体现出法律的禁止性效力。

同样的问题在其他权威译本中也都存在。原《中华人民共和国合同法》[2]第三条规定了合同的平等原则，即"合同当事人的法律地位平等，一方不得将自己的意志强加给另一方。"北大法律英文网（"北大译本"）对此提供的译文为：

> Contracting parties shall have equal legal status, and no party *may* impose its will on the other party.[3]

---

[1] 网站注明译文仅供参考，网址见 http://www.npc.gov.cn/englishnpc/lawsoftheprc/list.shtml，访问日期：2021年5月18日。

[2] 现已作为"第三编"纳入2021年1月1日施行的《中华人民共和国民法典》，法律条文也做了相应的修订和调整。

[3] 见 http://www.lawinfochina.com/display.aspx?id=6145&lib=law&SearchKeyword=Contract%20law&SearchCKeyword=，访问日期：2021年2月18日。

方正出版社2004年出版的《中华人民共和国合同法（英汉对照）》（"方正译本"）及中国法制出版社1999年出版的《中华人民共和国合同法（中英文对照）》（"法制译本"）中提供的译文也与此大致相同。

按照立法规范，这项法律条文的后半句也是建立在"不得"模式之上的禁止性规范，任何违反这一禁止性规定的合同行为都是无效或者可撤销的。在译为英语时，应该使用情态动词 shall not 或 must not，而非 may not 来表现这种禁止性涵义。相反，该法律条文的前半句并非建立在"应当"模型之上的命令性规范，而是通过一般陈述句式表达的客观事实，翻译时无需使用 shall 这种指令性意味强烈的表达模式。按照规范性法律语言翻译法的要求，这项法律条文应被译为：

All parties to a contract have equal legal status, no party *shall* impose its will on the other(s).

需要再次强调的是，在立法翻译中误用、混用、滥用情态动词将混淆任意性与强制性规范、义务性和授权性规范的区别，导致源语立法规范的性质和效力被改变，严重影响翻译的忠实性，因此我们将准确呈现源语规范的性质，保有源语立法的效力特征作为规范性法律语言翻译法的首要要求。

（二）应用规范性法律语言翻译法，必须保有源语立法的语言属性和术语表达

各国立法都通过一套严密而规范的话语体系构成所属法域法律体系的基石。所属的法律体系不仅为这套话语体系提供了语义参考系统，而且赋予了其对社会的规范性效力。这套话语体系由具有法律属性的语言组成，其核心是被立法严格定义和规范的法律术语。每一个法律术语本

身在其所属法域都具有法律效力和效果。正因为如此，在翻译源语法律语言，特别是法律术语时，应深刻准确地理解其在源法域的立法内涵，并使用对应的译语法律术语加以翻译，不能使用通俗语言或法律术语的通俗含义翻译法律语言，以保有其法律属性和效力，而且译文用语也应如源语立法语言一样严谨确切、具有单义性和专有性特质，避免含义模糊、损溢或歧义。这一要求尤其适用于法律语言与通用语言共用相同的语汇，或是法律语境从通用语言中借用语汇表达特定法律概念的情形。当然，是否能够找到"对应的"译语术语以及如何创造对应的译语术语则是另外的话题，在本书的其他章节中已经多有讨论。

例如，对于"The burden of proof rests with the defendant"一句，如果译为"证明的负担在于被告"，或许并不妨碍读者理解，但并不满足立法翻译的要求。只有使用法律术语将其译为"举证责任由被告承担"才达到规范性标准。

再如，美国《统一商法典》第 2-302 条规定：

> If the court as a matter of law finds the contract or any clause of the contract to have been unconscionable at the time it was made the court may refuse to enforce the contract, or it may enforce the remainder of the contract without the unconscionable clause, or it may so limit the application of any unconscionable clause as to avoid any unconscionable result.

其中，作为条款核心的"unconscionable"一词用通用语言可表达为"不合情理"或"很不合理"。这种译法在通俗意义上虽然没有错误，但却不是规范的中文法律术语，不具有法律属性。按照中国现代立法语言规范，源语对应的中文法律术语是"显失公平"。

在应用规范性法律语言翻译法时，之所以必须使用"举证责任"、"显失公平"等专一而标准的法律术语，就在于中国的法律理论、立法体系和司法实践对于它们的法定内涵、标准、现实表现及法律后果都已经作出了明确的规制，这些规范用语可以直接产生法律效力和效果。相反，那些通俗语言则无法对接和匹配中国法律体系的语义参考系统和法律渊源，并将导致译文无法在法律功能上与源语立法实现对等，也会使得源语立法在译语法域遭到"排异反应"。

（三）应用规范性法律语言翻译法时，必须保证法律用词用语严谨准确

立法翻译不仅要使用"法言法语"，而且要确保用对、用准法律术语。立法用语有着非常严格的使用规范，每一个法律术语和用词都有着严格的内涵与外延界定、法律依据以及应用规则，在翻译时必须审慎辨别使用，一字不能混淆和误用。比如在中文立法中，"注销"、"吊销"、"撤销"、"取消"这几个词语似乎差别不大，但却对应着几种不同的法律行为，其法律依据和应用场景都各不相同："注销"用于因一些法定事实出现而取消登记在册的事项或已批准的行政许可，一般不涉及价值判定，没有处罚意味；"吊销"作为一种行政处罚，用于有权机关针对违法行为，通过收回、注销或者公开废止效力的方式，取消违法者先前已经取得的许可；"撤销"用于有权机关取消依法不应颁发的行政许可、资质、资格或者发出的文件、设立的机构等，也可用于民事法律主体取消法律行为等；"取消"则用于表达使原有的制度、规章、权利、资格等失去效力，一般可用"撤销"替换。[1] 在立法翻译时，若涉及这几个词语，译者须

---

[1] 参见李高协《浅议立法语言的特点和表述问题》，《人大研究》2015年第1期，第36—39页。

谨慎甄别，不可混同和误用。

例如，《联合国国际货物销售合同公约》(United Nations Convention on Contracts for the International Sale of Goods) 第 15 条第 (2) 款规定：

> An offer, even if it is irrevocable, may be withdrawn if the withdrawal reaches the offeree before or at the same time as the offer.

这里涉及的 irrevocable 和 withdrawn（动词原形分别是 revoke 和 withdraw）就是两个相关而不相同的民事法律行为，应分别译为"撤销"和"撤回"。这一条款应被译为：一项要约，即使是不可撤销的，仍可撤回，只要撤回通知在要约到达受要约人之前或与要约同时到达受要约人。[1] 此处的"撤销"不能用"取消"替代，"撤销"和"撤回"也不可混淆。所有用词用语都必须符合立法规范。

（四）应用规范性法律语言翻译法时，译文要准确体现出源语立法的法域特征

由于各自独特的法律文化传统和法律历史沿革，不同法域的规范性法律语言在表达方式和内涵上往往具有明显的法域性差异。譬如，虽同为英语国家，但英、美、加、澳、新西兰、新加坡等国的立法编纂体例都不相同，而且不少文字形式完全相同的法律术语在不同英语法域中的含义并不相同，所对应的既有中文译名也不相同。例如，Bill of Rights

---

[1] 在联合国公约与宣言检索系统（https://www.un.org/zh/documents/treaty/files/UNCITRAL-1980.shtml）中，这一条款被翻译为："一项发价，即使是不可撤销的，得予撤回，如果撤回通知于发价送达被发价人之前或同时，送达被发价人。"在中国现代立法语言体系内，"发价"不是规范的法律术语，按照中国《民法典》中合同编的规范，这里的 offer 应被译为"要约"。

在英国是指 1689 年 12 月英格兰议会（Parliament of England）通过的《权利法案》，规定英国臣民的权利和自由并安排王位的继承问题，而在美国则是指 1789 年由其国会通过的《人权法案》，由美国联邦宪法的前十条修正案构成。在应用规范性法律语言翻译法时，这些明显的法域特征都应予以关注和体现，避免混同。

（五）应用规范性法律语言翻译法时，译文必须遵循和体现源语立法的逻辑结构

19 世纪英国知名的诉讼律师，也是最早对立法文本进行深入研究的库德（George Coode）曾在其《论立法表达或立法语言》（"On legislative expression, or, the language of the written law"）一文中提出，任何法律条款的表达都应包含对法律主体和适用对象（Legal Subject）的描述和对法律行动（Legal Action）的阐明。如果有些法律条款缺乏普遍适用性，还应包括法律行动适用的特定情形（case）以及采取法律行动的条件（condition）。这个被称为"库德模型"（Coode's Model）的观点，在现代各国立法实践中都有所吸收。这也说明，立法条款的表达是具有特定的逻辑结构和构成要件的。翻译立法文本时既不能随意改变立法条文的逻辑结构，也不得损益其法定的各种构成元素，以免伤及立法原意及其规范功能。

按照当代学术界比较有代表性的观点，一项法律规则在逻辑结构上通常由三个要素构成，即：假定、行为模式、法律后果。其中，"假定"是适用法律规则的条件和情况，包括规则的适用条件（在什么时间、什么地域以及对什么人生效[1]）和行为主体的行为条件（主体的资格构成和行为的情境条件）；"行为模式"规定人们如何行为或活动的方式，分"可

---

[1] 例如：本省行政区域内从事……的公民、法人和其他组织，应当遵守本条例。

为"(权利行为模式)、"应为"和"勿为"(合称义务行为模式)三类模式;"法律后果"则规定人们在假定条件下作出符合或不符合行为模式要求的行为时应承担的相应结果,包括肯定性(对行为的保护、许可与奖励)和否定性的法律后果(对行为的制裁、撤销等)。[1] 三个要素中,"行为模式"是核心要素,另两个要素围绕它来构造。"假定"是行为模式发生的前提,"法律后果"是符合或不符合行为模式所招致的法律反应。由此,在理想状态下,一个完整的法律规则大都是基于"如果……,那么……,则/否则……。"的逻辑模式建构起来的。在应用规范性法律语言翻译法时,法律规则的这种逻辑模式和所有的构成要件(要素)均不可改变或缺省,因此在中译英时往往采用"If A, then B shall/may (not) do C, otherwise, D."的句式来表现这种模式。其中,"If A"引导的条件状语从句用于描述法律规则适用的假定条件和情况(包括规则的适用范围),B 代表法律主体,C 代表行为模式,D 则是法律后果。例如:

> Whoever does an act that has a tendency to obstruct, prevent, pervert or defeat the course of justice—
>
> (a) knowing that the act is likely to obstruct, prevent, pervert or defeat the course of justice; or
>
> (b) intending to obstruct, prevent, pervert or defeat the course of justice,
>
> shall be guilty of an offence and shall on conviction be punished with imprisonment for a term which may extend to 7 years, or with fine, or with both.[2]

---

[1] 参见舒国滢主编《法理学导论》,北京大学出版社,2012 年,第 102 页。另见雷磊《法律规则的逻辑结构》,《法学研究》2013 年第 1 期,第 71 页。
[2]《新加坡共和国刑法典》(2008 年修订版)第 224 章第 204A 条。

显然，在这一刑法规范中：

A（假定和适用条件）为"(a) knowing that the act is likely to obstruct, prevent, pervert or defeat the course of justice; or (b) intending to obstruct, prevent, pervert or defeat the course of justice"；

B（法律主体）为"Whoever"；

C（行为模式）为"does an act that has a tendency to obstruct, prevent, pervert or defeat the course of justice"；

D（法律后果）为"shall be guilty of an offence and shall on conviction be punished with imprisonment for a term which may extend to 7 years, or with fine, or with both"。

翻译时，不仅要确保上列每一个要件都完整无缺，而且要按照法律规则的逻辑结构组合这些要件，准确地呈现出立法的本意。据此，这一规则可以译为：

任何人，（如果）明知其行为可能影响、阻挠、妨碍、破坏司法公正，或者企图影响、阻挠、妨碍、破坏司法公正，仍实际采取了此类行为的，（那么）均构成犯罪，应处七年以下有期徒刑，并处或者单处罚金。

或可译为：

任何人，在明知的情况下采取可能影响、阻挠、妨碍、破坏司法公正的行为，或者蓄意采取影响、阻挠、妨碍、破坏司法公正的行为，均构成犯罪，应处七年以下有期徒刑，并处或者单处罚金。

亦可按照中国刑法规则的表述模式将语言凝练为：

> 故意影响、阻挠、妨碍、破坏司法公正的，处七年以下有期徒刑，并处或者单处罚金。

当然，由于各国的立法传统和技术不同，法律规则的表现形式各有不同。而且，各类法律规则也因其性质差异而具有不同的形态。比如，义务性规范需要法律后果，但授权性规范则不需要法律后果[1]。此外，公法规范和私法规范的差异也很明显。同时，由于规范内容多样，或出于语言习惯、用语精炼、修辞多元、用词多变等方面的考虑，现实立法中大多数法律条文的表述都只是一个完整的法律规则的组成部分，或者一个规范的逻辑结构的简略和变通形式。

比如，中国《民法典》第143条规定："具备下列条件的民事法律行为有效：……"。简洁的文字表述中其实包含着一个"如果……，那么（则）……"的假言命题（亦称条件命题），即"如果一项民事法律行为具备下列条件，那么它就是有效的"。翻译时，这一命题应该被清晰地表现出来：

> A civil juristic act is valid if the following conditions are satisfied:…[2]

从逻辑关系上讲，还可以将之理解为"具备下列条件"是"一项民事法律行为有效"的充分必要条件（有之必然，无之必不然），继而将简约的法律条文充实为"当且仅当一项民事法律行为具备下列全部条件

---

[1] 参见孙文桢《论民法规范的界定和逻辑结构》，《云南大学学报法学版》2010年第4期，第64页。
[2] 人大译本。

时，它才是有效的"。从这个意义上讲，将之译为"A civil juristic act is valid only if the following conditions are satisfied:...."亦无不可。

此外，在诸多刑法规则中，行为模式与假定往往合二为一，不予区分。例如：

> Whoever intentionally gives false evidence in any stage of a judicial proceeding, or fabricates false evidence for the purpose of being used in any stage of a judicial proceeding, shall be punished with imprisonment for a term which may extend to 7 years, and shall also be liable to fine;...[1]

可译为：在司法程序的任何阶段故意提供虚假证据，或企图在司法程序的任何阶段使用编造的虚假证据，处七年以下有期徒刑，并处罚金。

在该刑法规则中，假定与行为模式合并，未加区分。中国刑法的大多数条文也是如此，如2021年修订实施的刑法第324条第2款规定："故意损毁国家保护的名胜古迹，情节严重的，处五年以下有期徒刑或者拘役，并处或者单处罚金。"该规则的完整逻辑结构是：对于（如果是）国家保护的名胜古迹（假定条件），(那么）任何人不得故意损毁（禁止性行为模式），（否则）情节严重的违者应被处以五年以下有期徒刑或者拘役，并处或者单处罚金（否定性法律后果）。当然，对其也可以理解为：任何人（行为主体的构成），（如果）故意损毁国家保护的名胜古迹，而且（如果）情节严重的话（两项假定共同构成规则的适用条件，同时体现行为模式），（那么）应被处以五年以下有期徒刑或者拘役，（还可）并处或者单处罚金（否定性法律后果）。尽管原文采取简略表达，但在翻译这些法律规则时，仍须保证其逻辑结构清晰、准确、完整，构成要

---

[1] 《新加坡共和国刑法典》（2008年修订版）第224章第193条。

件完备。这往往需要译者首先分析法律规则符合逻辑模式的完整结构,以便形成清晰准确的翻译思路。据此,可将之译为:

> Whoever intentionally damages or destroys state-protected places of historical and cultural interest or scenic beauty, and if the offense is serious, shall be punished with imprisonment for a term not more than five years or criminal detention, or with fine, or with both.

反之,如果译文未能遵循源语立法的逻辑结构,就可能导致其本意被曲解。例如原《中华人民共和国婚姻法(2001修正)》第32条第2款(现已编为《民法典》第1079条第2款)规定:"人民法院审理离婚案件,应当进行调解;如感情确已破裂,调解无效,应准予离婚。"

人大译本将其译为:

> …and grant divorce if mutual affection no longer exists between the two parties and the mediation fails.[1]

经解读立法原旨,并补充缺省语素,就可还原出这条立法的逻辑结构:如因夫妻双方的感情确已破裂,以致调解无效时,法院应准予离婚。其立法逻辑是:调解无效是法院准予离婚的前提条件,而夫妻感情确已破裂则是调解无效的原因。然而,人大译本将"夫妻感情破裂"和"调解无效"作为并列关系处理,没有反映出二者之间的因果逻辑,这就悖离了立法原意,也势必影响译文读者对于源语条文的理解和适用。与之

---

[1] http://www.npc.gov.cn/englishnpc/c23934/202103/c487476d061844beb093bc3f22e729ae/files/4aaa35619b4c446dbc704f4376bfccd6.pdf,访问日期:2021年5月1日。

不同，北大法宝提供的译文（"法宝译本"）则是：

...divorce shall be granted if mediation fails because mutual affection no longer exists.[1]

法宝译本通过增加一个 because 引导的原因状语从句，正确呈现出源语立法应有的逻辑结构，从而准确反映了立法本意。

（六）应用规范性法律语言翻译法时，译文必须保有源语立法规范的全部构成要件和法定元素。

应用规范性法律语言翻译法时，不仅要保证法律规则的逻辑结构完备、准确，源语法律规则的所有法定构成要件在译文中也都不可或缺，否则必然违背忠实性标准。

例如，中国现行刑法第 183 条规定：

保险公司的工作人员利用职务上的便利，故意编造未曾发生的保险事故进行虚假理赔，骗取保险金归自己所有的，依照本法第二百七十一条的规定定罪处罚。

有人将之译为：

Personnel of insurance companies who take advantage of their office to intentionally make false claims on insured incidents which

---

[1] 法宝引证码：CLI.1.35339(EN)，网址：http://en.pkulaw.cn/display.aspx?cgid=35339&lib=law，访问日期：2021 年 5 月 1 日。

have not occurred to defraud insurance indemnity are to be sentenced and punished in accordance with the stipulations of Article 271 of this law.[1]

在该译文中，中文立法中规定的"归自己所有"这一重要元素被遗漏，使得这一类犯罪的构成要件未能被完整地传递到译语中，严重影响了立法翻译的准确性。应改译如下：

Any staff members of an insurance company who, by taking advantage of their office, deliberately fabricate the occurrence of insured accidents and falsely settle such fictitious claims, thereby swindle the insurance payouts *for his own benefits* shall be convicted and punished in accordance with the provisions of Article 271 of this Law.

（七）应用规范性法律语言翻译法时，译文还必须遵守现代立法用语的规范和书面语的表达规则

我们知道，所有规范性法律语言都采用书面语，并且准确肯定、严谨规范、简洁精练、庄重严肃、通俗易懂，[2] 翻译时使用的译语也必须遵循这些要求。举例来说，美国宪法第九修正案规定："The enumeration in the Constitution, of certain rights, shall not be construed to deny or disparage others retained by the people." 该修正案常被国内学者研究和援引，有人将之译为（或引用古旧的译文）："本宪法列举之若干权利不得解释为对

---

[1] https://www.ceolaws.net/html/criminal/201604143929_1.html，访问日期：2021年5月1日。
[2] 参见李高协《浅议立法语言的特点和表述问题》，《人大研究》2015年第1期，第36页。

人民固有之其他权利之排斥或轻忽之意。"[1] 这种译文若用于学术论述或可容忍，但作为严谨规范的现代立法译文，其用语就不恰当了。在当代规范的中文立法语言中早已不再使用"之"作为表示领有、连属关系的助词或主谓结构之间的连接词，而往往代之以"的"。此外，"轻忽"一词在现代汉语中，从未见诸正式的立法或官方文件。这种译文虽然不能被责为误译，但显然不符合立法语言的翻译要求。按照规范性法律语言翻译法，这一条文或应译为："本宪法仅对某些权利的列举不得被视为对人民所固有的其他权利的否认或忽视。"

再如，北京大学葛云松教授曾在其学术文章中将德国著名法学家耶林（Rudolph von Jhering）的一篇法学论文的标题译为《法学的扯淡与认真》[2]。这种译名在倡导学术自由的法学著作、法律文学作品中使用都可以不被指责或质疑，反而彰显译者的个性，使作品语言生动而富有感情色彩，但如果出现在立法文本的翻译中，类似于"扯淡"这种口语化的词语由于缺乏严肃性和规范性，势必为规范性法律语言翻译法所不容。这也突出体现了规范性法律语言翻译法相比于其他翻译方法而言极为鲜明的特征。

总之，规范性法律语言翻译法的应用应遵循严格、苛刻的要求。它不是文学翻译方法，不追求对文学化、个性化语言的彰显，对文辞文采的重视程度也让位于对含义准确性和表达规范性的要求。它不是学术翻译方法，更注重文词用语的通俗（但不粗俗）、简洁、平实、凝练；它不同于对实用性法律文件的翻译方法，更强调用语的规范、庄重和严肃；

---

[1] 例如：税兵《自然资源国家所有权双阶构造说》，《法学研究》2013 年第 4 期，第 3—18 页，尾注 57。
[2] 参见葛云松《物权法的扯淡与认真——评〈物权法草案〉第四、五章》，《中外法学》2006 年第 1 期，第 52 页。该文引用的所谓《法学的扯淡与认真》估计是耶林的论文"Scherz und Ernst in der Jurisprudenz: Eine Weihnachtsgabe für das juristische Publikum"（Leipzig, 1884），通常译为《法学的戏谑与认真——献给法律读者的一份圣诞礼物》。

它也不是科学技术翻译方法，无法借助公式、符号等手段传达意旨和辅助理解，因此更加注重逻辑的严谨、用词的准确和表达的通顺，避免任何曲解或歧义。国务院办公厅在2003年出台的《关于做好行政法规英文正式译本翻译审定工作的通知》中就规定"行政法规英文正式译本的翻译……应当做到译文、专业术语准确，符合立法原意，语言流畅，格式体例规范、统一"。这无疑可以被视为对规范性法律语言翻译法的概括性要求。

除了上述核心要求以外，在实践中运用规范性法律语言翻译法时还应注意处理好如下两对矛盾：

（一）忠实性与灵活性的矛盾

为了确保不同语种语言的立法文本，特别是具有同等法律效力的双（多）语立法文本，在适用上的一致性、等效性和协调性，规范性法律语言翻译法注重追求译文与原文在形式和内容上的紧密"契合度"。这也可以理解为规范性法律语言翻译法更加强调译文对原文的忠实性（fidelity）。这种契合度和忠实性要求主要体现在：

1. 译文必须忠实于立法原意

立法原意是指符合立法的根本原则和宗旨，体现立法者的真实意图和核心关切，能够实现立法预期目的和效果的法律条文的确切含义。一旦立法原意遭到误译或曲解，翻译就根本谈不上忠实性了。

例如，美国宪法第二条第四款规定：

> The President, Vice President and all civil Officers of the United States, shall be removed from Office on Impeachment for, and Conviction of, Treason, Bribery, or other high Crimes and Misdemeanors.

对于该宪法条文，目前国内流行的中译文大多是：

总统、副总统和合众国的所有文职官员，因叛国、贿赂或其他重罪与轻罪而受弹劾并被定罪时，应予免职。[1]

程逢如先生将其译为：

总统、副总统及合众国之一切文官因叛逆罪、贿赂罪或其他重大罪行及行为不检罪行而遭弹劾并被判定有罪时应予撤职。[2]

显然，这些翻译版本都是将法定弹劾事由分为四类，分别是 Treason、Bribery、high Crimes 及 Misdemeanors，而其中的 Misdemeanors 则被译为"轻罪"或"行为不检"。这似乎倒也符合该词现代通常的法律含义。按照目前美国联邦和很多州的刑事立法，刑事犯罪通常被分为 felony 和 misdemeanors 两类，其中前者是指应被判处一年以上监禁刑罚的严重刑事犯罪，而后者则通常是指那些应被判处一年以下监禁或应承担其它处罚形式的较为轻微的犯罪行为，如非惯犯的小额盗窃（petty theft）、未经许可非法进入私人领地或管制场所（trespass）、未造成严重事故的危险驾驶（reckless driving）等，因此它们在国内通常被分别译为"重罪"和"轻罪"。至于"行为不检"，实在缺乏立法定义，谈不上是法律语言。然而，这两种翻译都难免使人产生疑问：难道美国宪法对于总统、副总统及一众高官的弹劾门槛会这么低吗？难道他们会因为交通违法或私闯

---

[1] 《中外宪法选编》，人民出版社，1982 年，第 222 页。
[2] ［美］汉密尔顿等：《联邦党人文集》，程逢如等译，商务印书馆，2017 年，第 531 页。

私人领地或行为不检等"轻罪"而被国会依据宪法弹劾吗？倘真如此，美国据以立国的三权分立和权力制衡体系的稳定性势必受到动摇。这似乎既不符合立法逻辑，也不符合现实情况，甚至与我们的常识不符。

事实上，这些译文都是对立法原意的曲解和误译，反映出译者缺乏法律翻译的历史思维——对于起草于1787年的美国宪法所使用的法律语言，怎么能够按照现代语义去理解？如果溯及其历史本源就会知道，"high Crimes and Misdemeanors"其实是一个源自英国的古老法律术语，是固定表达，不能拆分理解。早自1386年起，当时的英国议会就已经开始使用这一术语描述一类违法行为，并将其作为弹劾皇家官员（officials of the crown）的理由之一。这类违法行为包括侵占政府资金（misappropriating government funds）、任命不适格的下属（appointing unfit subordinates）、怠于行使控诉权（not prosecuting cases）、罔顾更胜任的人选而提拔自己（promoting themselves ahead of more deserving candidates）、威胁大决罪团（threatening a grand jury）、拒不执行议会命令（disobeying an order from Parliament）、拘押议会的参选人（arresting a man to keep him from running for Parliament）等，都涉及政府官员和公职人员玩忽职守、失职渎职、滥用职权、徇私舞弊的行为，这当然应该成为褫夺其公职的弹劾理由。这些立法思想自然也被当年那些深具英国法律传统的美国建国者们继承下来，并应用在美国宪法的制定中。

美国国会司法委员会（Judiciary Committee）在其1974年的报告中曾专门提及"弹劾"的历史起源（Historical Origins of Impeachment）。其中指出，美国联邦最高法院曾专门就此澄清：类似于"High Crimes and Misdemeanors"这样存在于美国宪法中的术语（term of art）是不能被按照现代语言解释的，而是必须遵循立法者当初援引和使用它们时的涵义。[1]

---

[1] 参见维基百科资料，https://en.wikipedia.org/wiki/High_crimes_and_misdemeanors，访问日期：2021年5月18日。

美国当代的司法实践也一再印证这一认知。例如，在当代最为著名的弹劾总统案——1998年美国时任总统克林顿遭弹劾案中，克林顿的律师团队在针对独立检察官指控总统的报告提出的初步反驳意见中就明确提出：宪法制定时，"high crimes and misdemeanors"就有其固定的含义（fixed meaning），那就是对于美国的政府体制犯下的罪行（wrongs committed against [the] system of government），借以保护国家免受总统因滥用公权损害国家、人民和社会的利益，并不适用于总统的个人过错（personal mistake）。[1]

这就意味着，目前大多数中文译者按照现代法律语言的含义理解和翻译两个世纪前制定的美国宪法，都曲解了其当初的立法本意和制宪初衷。这也导致现行的译文违反了立法翻译忠实性的要求。令人担忧的是，大量国内的法律研究者都是基于这样的错误译文开展对美国宪法的研究，[2]读者自然也会受到误导。

依循立法原意，秉持规范性法律语言翻译法的忠实性原则，这一宪法条款应该译为：

> 总统、副总统和合众国的所有文职官员，因叛国、贿赂或其他对于政府体制犯下的罪行而受到弹劾并被定罪时，应予解职。

---

[1] 参见 PRELIMINARY MEMORANDUM CONCERNING REFERRAL OF OFFICE OF INDEPENDENT COUNSEL, https://www.washingtonpost.com/wp-srv/politics/special/clinton/stories/whreport.htm, 访问日期：2021年5月18日。

[2] 例如：程味秋《美国弹劾制度与克林顿绯闻案》，《诉讼法论丛》第3卷，法律出版社，1999年，第245—266页。

2. 译文应该遵循源语立法文本的编纂形式

其中包括体例、章节、排序、注释,以至编纂方式等。

我们以美国哥伦比亚特区《联邦地区法院规则》中的如下条款为例:

> Any attorney seeking to appear pro hac vice must file a motion signed by a sponsoring member of the Bar of this Court, accompanied by a declaration by the non-member that sets forth:
>
> (1) the full name of the attorney; (2) the attorney's office address and telephone number; (3) a list of all bars to which the attorney has been admitted;…[1]

对于其中"set forth"后面例举的内容,如果没有严格的编纂形式对应要求,其实完全可以采取合并同类项的方法将其译为:"律师的姓名、办公地址和电话,及其具备的所有(其他法域)律师资格明细,……"。这样翻译不仅不会导致任何文意损失,反而使得译语表达更加简洁、洗练。但是,在应用规范性法律语言翻译法时,若无特殊的语言适应性调整需要,原则上译文不应轻易改变原作的编纂和表述形式。这种要求的道理其实也很简单——立法文件中按章、节、条、款、目等体例编辑的内容不仅会在本文件中被依序号交叉引用,也会在立法实施过程中被按编纂序号援引适用,翻译时一旦改变编纂体例,可能会引发内容对应上的连锁混乱。

3. 译文应该尊重源语立法的表述方式和表达逻辑

对于规范性法律文本,在不违反译语语法规则的前提下,原则上应

---

[1] Rules of the United States District Court for the District of Columbia (Updated May 2014), LCvR 83.2 (d).

尽量按照原文的表述方式和字面逻辑翻译，译者通常不做改述或引申，也不在译文主体中进行阐释、阐述。譬如，美国宪法第九修正案的立法原文为：

> The enumeration in the Constitution, of certain rights, shall not be construed to deny or disparage others retained by the people.

按原文的表达逻辑本应译为"本宪法仅对某些权利的列举，不得被视为对人民固有的其他权利的否认或忽视。"但有的学者却按其学术理解将其阐释译为"本宪法未列举之权利不得被解释成对人民固有之其他权利的排斥或轻忽之意。"[1] 这种译法显属学者对于立法原文的另一种阐释，我们不做学理评价，但仅从立法翻译的角度来看，这种译法因为改变了原文本身非常清晰的字面逻辑和表达方式，违反了规范性法律语言翻译法忠实性的标准和规范。

需要说明的是，我们在前面的论述中曾反复提出，翻译必须遵循译语规则，而不应受制或拘泥于语言规则完全不同的源语形式，以避免出现逐字对应的硬译或死译。但在规范性法律语言翻译法中，我们却又提出尽量按照原文的表述方式和字面逻辑翻译，这是否与此前提出的翻译原则矛盾？其实不然。如前所述，对于规范性法律语言这种特殊的翻译对象而言，合理地保有源语的形式特征具有重要的意义。而且，在实践中，在不违反译语规则的前提下保持原文的表述方式和字面逻辑也具有相对明显的可行性。这是因为：首先，规范性法律语言（特别是立法语言）的用词用语都很规范、通俗、常见、平实，且大都具有单义性、直接性、稳定性，也就是一个词语表达的语义是单一、确定的，往往只有一个义项，

---

[1] 汪进元、陈兵：《权利限制的立宪模式之比较》，《法学评论》2005 年第 5 期，第 10 页。

没有多种含义，而且表达意思直截了当，不追求"言外之意"和"弦外之音"，就连专业词汇的同义词、近义词的交替使用都很少，需要应用语用拓展的场合十分有限；其次，立法语言在表达方式上具有相对固定的形式和体例，以条款式的短句居多，很少出现复杂的句式和文章结构；第三，对于具有前述这些特征的立法语言，译者既无需也不能采用阐释、增减、变造文本内容等翻译手法，即便需要按照译语规则对源语结构进行适应性调整以弥合语言之间的差异，也相对容易。这都为立法语际翻译时追求源语文本和译语文本之间较大程度上的形式对应提供了条件和便利。

4. 译文必须忠实体现源语立法的修辞方式和句式规范

立法语言大都具有相对固定的表达方式和严格限定的修辞手法。譬如，立法从不使用感叹句、疑问句、设问句、反问句等句式，也不使用带有感情色彩和语气色彩的标点符号（如感叹号），[1] 而主要使用陈述句和祈使句，且以条款式的短句、例举式的短语居多，简洁有力，清晰明了，较少有复杂的句式和文章结构。其他类别的规范性文本（如政府公告等）也都采用公文语体，修辞简单规范。现代各国的立法起草规范基本上都遵循着这样的原则。在应用规范性法律语言翻译法时，只要不存在影响逻辑结构和语意表达的情况，这些语言特征和语体规范都要加以保留和体现，借以彰显立法语言的力度和精准。

例如源语立法："Penalty: 500 penalty units or imprisonment for 2 years, or both."[2] 翻译时只需按照源语句式将之译为："处罚：500 个罚金单位或 2 年监禁，或并处。"无需补充还原全部主谓宾结构，采用完整的陈述句加以描述。

---

[1] 李高协：《浅议立法语言的特点和表述问题》，《人大研究》2015 年第 1 期，第 36 页。
[2] Foreign Acquisitions and Takeovers Amendment Act 2010 (Australia).

同理，源语立法使用祈使句时，译文也不宜改为陈述句。例如源语立法条文：

Repeal the subsection, substitute: ....
Omit "...", substitute "...".[1]

对此，译文也应该保有这种简洁有力的表达方式，将其译为：

废止该节，修改为（代之以）……。
删去"……"，修改为"……"。

这种立法句式看似省略了很多语法成分，但并不减损其涵义的清晰度和表达的确切性，反而彰显了立法的精准扼要，是各国立法修辞和句式共同的鲜明特色，在中文立法中也很常见，如：

增加一条，作为第十六条：……。
删去第一款第三项中的"……"。

如果翻译时非要还原那些被简略的语法成分，反而属于画蛇添足。

5. 译语不得改变或损益源语立法用语的法定内涵

应用规范性法律语言翻译法时，译语用语必须能够清晰、准确地反映出源语立法语言的含义，避免因为用词不准改变或增减源语语词的内涵和外延，造成混淆和误译。例如原《中华人民共和国合同法》第12条规定：

---

[1] Foreign Acquisitions and Takeovers Amendment Act 2010 (Australia).

合同的内容由当事人约定,一般包括以下条款:(一)当事人的名称或者姓名和住所;……

方正译本提供的译文是:

... (1) designations or names and *addresses* of the parties; ...

该译文将其中的"住所"译为 address,显然混淆了"住址(地址)"和"住所"的概念。"住所"是规范的法律术语,其含义不仅包括物理上的地址概念,也包含着处所、法定居所、注册地址等法律概念,在国(区)籍判定、司法送达、司法和税收管辖等方面具有专门的法律意义和效力,而表达这一法律概念的英语专用术语是 domicile。这种看似细微的用语差别,在立法翻译中却都具有实质性的意义和效果,任何混淆都可能影响源语立法本意在译本中的忠实体现。据此,合同法中的这一条款应该译为:

... (1) title or name and domicile of the parties; ...

必须加以澄清的是,尽管在立法翻译中追求源语文本和译语文本在形式和内容上(相较于其它翻译对象而言)更大的"契合度"具有必要性、合理性和可行性,但规范性法律语言翻译法对于这种契合度和忠实性的追求绝不是机械、僵化的,而是保持在合理限度之内的,译者必须同时具有灵活性。很多偏激忠实论者将这种追求推向极端就突破了合理性限度。国内有人主张,为了凸显立法翻译的"忠实性",必须严格照搬原文的表层形式,包括源语的句式、语句结构,标点符号,甚至主张应严格按照原文的主谓宾定状结构对应翻译,不能增减任何语词和语言成分。这种观点在西方也广有呼应。Weisflog 就提出法律翻译应该完全排斥 free translation 的翻译方法，而应保持最大程度的形式对应（it is desirable, if not imperative, to have the greatest possible degree of formal correspondence.）。我们也经常可以看到这种主张在实践中的应用，不妨先举一个例子加以说明。

一位国内的刑法学者曾将美国的《示范刑法典（1962 年）》（Model Penal Code [1962]）译成中文，其中第 2.03 条第（1）款的原文如下：

(1) Conduct is the cause of a result when:

(a) it is an antecedent but for which the result in question would not have occurred; and

(b) the relationship between the conduct and result satisfies any additional causal requirements imposed by the Code or by the law defining the offense.

该学者将之译为：

（1）行为是一个结果的原因，如果：

（a）它是一个先行事件，如果不是因为它，所涉案的结果就不会发生；

（b）行为与结果之间的关系满足了本法典或者规定犯罪的法律所规定的任何其他因果关系要求。[1]

---

[1]《江溯（译）|《模范刑法典》总则（美国刑法入门）》，https://mp.weixin.qq.com/s/odSBP7XalRtXuAlHL8HnkA，访问日期：2020 年 3 月 2 日。

显然，上述译文刻板地照搬了英语的表达句式，将条件状语置后，并不符合中文读者的思维方式和阅读习惯，而且过于拘泥于字面对应，给读者的带来阅读障碍和不悦感受。这就是在立法翻译中机械、僵化地追求译文与原文形式对应的典型表现。这种翻译方法所实现的效果并非内容的忠实性，只是表层形式的复制罢了，其代价是译语的晦涩拗口和对译语规则的违背，最终难脱死译和硬译的痼疾。这种"得不偿失"的忠实违背了我们提出的规范性法律语言翻译法的本质要求。其实，我们完全可以在不影响忠实表达语义且更符合中国读者思维逻辑的前提下，按照汉语语法和语言习惯，灵活调整译文语序并补充缺省的语素，将之译为：

（1）如果一个行为符合如下情形，那么它将构成导致一项结果的原因：

（a）它是一个在先行为，如果不是因为它，所涉结果就不会发生；

（b）行为与结果之间的关系满足本法典或者其他规定特定犯罪的法律对其他因果关系设定的要求。

立法翻译的僵化忠实不仅会导致译文晦涩，如果过于机械地囿于字面形式，还极易发生误译的现象，特别是在立法条文的语言过于简约或省略语素时。例如：

中国《民法典》第1090条规定：离婚时，如果一方生活困难，有负担能力的另一方应当给予适当帮助。

如果严格按照字面对应翻译的话，该条文或应译为：

At the time of divorce, if one party is in financial hardship, the other party who is financially capable shall render appropriate assistance.

但若细究其立法本意就会意识到，该条文中，另一方"应当给予适当帮助"的前提是其"有负担能力"，这是其承担"应当"义务的充分（而不必要）条件。换言之，这条法律虽然是义务性规范，但却具有或然性而非必然性，其中包含着一个字面上没有直接表现出来的逻辑前提。如果刻板依循字面形式，就会导致译文偏离立法本意。

我们注意到，人大译本在翻译时就体现了必要的灵活性，对此作出了很好的处理，并没有恪守字面对应，而是依循立法逻辑合理增加了原文字面中没有的内容，将其译为：

Where one party is in financial hardship upon divorce, the other party, *if* financially capable, shall render appropriate assistance.

由此可见，在规范性法律语言翻译法的应用中，坚持忠实性原则与合理展现灵活性之间并不矛盾，而是辩证统一的，不仅存在着其内在的必然性和应用上的合理性，也具有显著的可行性。既有利于最大限度地维持源语立法文本的形式特征，也有助于妥善处理不同法律制度体系、法律文化和语种语言之间的差异性。这也全面而辩证地诠释着我们始终坚持的翻译观和方法论。

另外，有人常以香港英文法例汉化的立法翻译实践为例，借以证明双语文本在形式上的一致性在立法翻译中的极端重要性，甚至将之视为双语立法文本忠实对应的典范。但是，我们早就说过，大多数香港现行英文法例的中译本（尤其是较为早期制作的译本）都过于僵守原文的格式，并不符合现代中文（汉语）的语法规则。例如，香港现行的《行政上诉规则》的释义部分第一条是这样的[1]：

In these rules, unless the context otherwise requires—
appeal（上诉）means—
(a) an appeal to the Chief Executive in Council otherwise than by way of petition; and
(b) an objection to the Chief Executive in Council other than an objection in writing;...

官方提供的等效中译文为：

在本规则中，除文意另有所指外——
上诉（appeal）指——
（a）向行政长官会同行政会议提出的上诉，但以请愿书形式提出者除外；及
（b）向行政长官会同行政会议提出的反对，但书面反对除外；……

显然，像这样在一份立法文本中混用中英文语言的情形可能只有在香港这样的中英双语体制社会中才会出现，而中译本中破折号的用法和（a）、（b）编号也都完全照搬了英文法例的格式，并不符合现代汉语，尤其是现代中文立法的格式规范。

不仅如此，译文中更是存在着明显的汉语语病。譬如，源立法中的

---

[1] 参见 https://www.elegislation.gov.hk/hk/cap1A!en-sc。

the Chief Executive in Council 本是一个名词性短语，但在香港法例汉化时却被统一译为"行政长官会同行政会议"这样一个完整的主（行政长官）谓（会同）宾（行政会议）结构，并录入中英对照的法律词汇表，且不分场合一律照搬。在本条款中，将这样的语句结构作为"向"这个介词的宾语显然不恰当，其僵化刻板的程度也可见一斑。按照语法规则，应译为"向行政长官及（其领导的）行政会议"为宜。

必须承认，香港法例的汉化有其法域特殊性、历史局限性和现实适用性，体现在：首先，中英两种文本都是在香港等效适用的立法，有必要在结构和形式上尽量统一，便于相互对照、索引和对等援用，实现所谓"双语一法"的目的；其次，在立法程序上是先有沿用普通法传统制订的英文立法，再通过翻译制作中文版本，经赋权后作为等效真确本使用。这就要求中文本必须尽量贴合英文既有立法的传统和模式，而这与同时按照不同的立法传统和模式进行的平行立法是明显不同的；再次，香港法域整体沿用普通法传统，即便是立法的中文版本也必须保有普通法的立法范式，以便与整个法律体系保持一致。从这个意义上讲，保有源立法的模式、传统和形式特征才是当地法律汉化的主要诉求。最后，既然立法并不在内地适用，当然也无须遵行内地的立法传统和语言规范，或者过多照顾内地读者的阅读习惯，加之香港脱离内地语言体系日久，短期内要求其具备内地规范的汉语翻译水准也并不现实。

但必须指出，香港本地的这套英语法例"汉化"方法绝不适合作为内地立法翻译的范本和通例，只能作为适用于特定法域的例外规则。在国内采用规范性法律语言翻译法时，仍必须严格遵循现代汉语规则和标准普通话的语言习惯，摒弃机械照搬源语表层语言格式，僵化追求形式对应的错误观念和做法。

与之相比，我们认为，目前在国际条约领域已经日益成熟的平行立法实践对于规范性法律语言翻译法的应用具有很大的启示意义。虽然我们并不将平行立法纳入法律翻译的范畴，但当前的平行立法实践已经彻底摆脱了原有的跨域立法翻译方法的桎梏，完全按照各国立法规则和语言规范（包括编纂体例、格式和符号）平行制订效力相同的多语言文本。这一成功实践也为我们主张科学的立法翻译方法（包括等效立法翻译）提供了信心和方向，极具借鉴价值。2020年底中国与东盟及一些亚太国家缔结的《区域全面经济伙伴关系协定》（Regional Comprehensive Economic Partnership）就是这一实践的典范。我们可以随手拈出其中的一个条款，对中英两种语言文本进行比较：

> List A sets out, pursuant to Article 10.8 (Reservations and Non-Conforming Measures), China's existing measures that are not subject to some or all of the obligations imposed by:...

> 根据第十章第八条（保留和不符措施）的规定，清单一列出了中国现行的、不受以下内容所施加的部分或全部义务约束的措施：……[1]

对比可见，英文版中由pursuant to引导的状语穿插在语句之中，而在中文版中表达同一概念的语言则被按照中文习惯置于句首；英文句尾通过定语从句表达的内容在中文中转换成通过顿号连接的并列成分，但并未影响相同含义的表达；而英文中常见的条款序号"Article 10.8"在中文版中也被相应调整为符合中国立法编纂体例的"第十章第八条"。显而易见，两种语言文本各自遵循了自有的语言逻辑和语法规范，两种

---

[1] 《区域全面经济伙伴关系协定》附件三《投资保留及不符措施承诺表（中国）清单一：解释性说明》。

表达方式均自然地道，完全看不出相互翻译的痕迹，而达到的立法效果和目的却又是一致的。

既然通过平行立法形成的两种语言文本在法律效力上完全一致，那么立法翻译同样可以在遵循译语规则的前提下实现译语文本对源语文本在语义上的忠实和在效力上的对等。这也印证了我们为规范性法律语言翻译法确定的诸项原则的科学性、合理性和可行性：立法翻译应该保持忠实性和灵活性的平衡，必须遵循译语规则和习惯，拒绝对原文句式的生硬照搬和形式上的刻板对应，甚至不排斥在合理限度内对源语立法文本进行一定程度的适应性改造，以消除其进入译语社会的障碍。

（二）专业性和通俗性的矛盾

如前，规范性法律语言一方面注重通俗性表达方式，易于让普通民众了解立法内容，从而发挥出法律的规范性、宣教性、预防性和震慑性功能，另一方面又具有高度的技术性特征，包含大量的法律专业术语和特有的形式规范。这两种特征之间是否存在冲突，采用规范性法律语言翻译法时应如何处理这种矛盾？

对此，我们认为，规范性法律语言（立法语言）的通俗性并不等同于立法内容的通俗化。立法语言再通俗也不可能达到生活化、口语化、市俗化的程度。人们阅读立法文件当然不可能像阅读流行小说一样轻松无碍。源语读者阅读源语法律文本如此，译语读者阅读译文亦是如此。因此，规范性法律语言翻译法所追求的译语"通俗"，是重在保有和体现立法文本语言规范、语义清晰、语法准确、修辞简单、言简意赅的基本语言特征，而非削弱立法语言的规范性、专业性和标准化特质。在立法翻译中，对译语通俗性的追求绝非放弃对于法律语言的专业性和专有性的坚持。比如，在翻译中文立法中的"死者"一词时就不应使用诸如 the dead、dead person 之类的通俗表达，而必须使用专业法律术语 the deceased 或 the decedent。

再如，对于某英文公告中的语句"Online pornography campaign targeted at children launched."有人将其译为"针对侵害儿童的网络扫黄行动已经启动。"虽然这样的译文更常见诸通俗媒体，文意也谈不上错误，似乎更加"亲民"，但类似于"扫黄"这种社会通俗语言并不是标准和规范的法律术语，缺乏严格的立法界定，不能也不应在专业的法律翻译中使用。按照规范性法律语言翻译法的要求，这句话应译为"打击侵害儿童的网络色情活动的行动已经启动。"其中的用词用语虽然不是普通民众的日常语言，但却是维护法律的权威性、规范性、严肃性和确定性所必须的。这就是对于规范性法律语言翻译法的专业性要求，也是其之所以被定位为不同于其它翻译领域的专业性翻译的根本原因。非专业读者对于其中专业术语或内容的陌生和疑惑只能通过寻求专业指导来解决，对于陌生的域外立法文本更是如此。

总之，应用规范性法律语言翻译法时，对于语言通俗性的追求并非是其专业性的悖论。要求立法译文保有的专业性特征也不会削弱翻译目的和影响对读者的人性化关怀。二者各行其法，对立统一于规范性法律语言翻译法之中。

最后，还有必要强调的是，规范性法律语言翻译法绝不应被混同于西方翻译理论中的 literal translation 或者中国通用翻译理论中的直译法。虽然从表面上看，它们具有一定的相似之处，比如都尽量按照文本字面文义翻译，尽量保有原文的形式特征，减少译者的发挥空间，避免人为阐释等，但很明显，它们具有不同的翻译观基础、不同的理论抽象和应用标准，以及不同的适用领域和适用对象。规范性法律语言翻译法虽然注重形式和内容上的双重忠实性，但并不放弃或降低对译语通顺程度的要求，也不排斥译文在合理限度内对原文本的适应性改造，更不要求对原文句式的生硬照搬和形式上的刻板对应。它所践行的是科学理性的忠实观，追求的是形式忠实与译语通顺的平衡，同样具有西方翻译理论中 idiomatic translation 和 balanced translation 翻译方法的合理内核。正是考虑到规范性法律语言翻译法以一类自成体系和极为特殊的语言表达系统为翻译对象，具有诸多独有特质和要求，并在法律翻译中发挥着重要的作用，我们将其列为法律译文方法之首，并译为 normative language translation。

二、深度译法

规范性法律语言翻译法较为有效地满足了具有规范、通俗、平实、文意表面化等语言特点的立法性、司法性、契约性、公文性法律文件的翻译要求，但对于大量使用思辨性、学理性、个性化的法律语言，具有学术话语风格和思想深度，富含法律文化和历史内涵且修辞丰富的法律作品，单纯采用规范性法律语言翻译法就难以达到翻译目的和效果了。我们不妨举例来对比体会一下。

中国《民法典》第 146 条是关于"通谋虚伪表示"的法律规定——

> 行为人与相对人以虚假的意思表示实施的民事法律行为无效。以虚假的意思表示隐藏的民事法律行为的效力，依照有关法律规定处理。

对此规定，学术界有很多学理论述，如：

> 通谋虚伪表示之"无效"，盖其非当事人真意，认其"有效"，反违意思自治。意思表示不一致乃至欠缺有效果之意思表示，则合同根本不成立，既无形式拘束力，遑论不生实质拘束力（尤指无效）。通谋虚伪表示之动机林林总总，但应看到，其非皆

为逾越意思自治契约自由限度之者。在本身未达启动实质要件判断的"违法"（争议颇多）状态时，通谋虚伪表示显属法律行为成立阶段考量事项，认定其不生效力特别是无效，并不妥当。[1]

两相对比可见，对于结构清晰、字句简明、语言通俗的法律条文完全可以运用规范性法律语言翻译法，也能够达到译文与原文字句结构基本对应的效果，但对于学术性强、表达方式个性化、修辞丰富、句式复杂的学术文章恐怕就需要引入其他翻译方法来处理，此时很难（亦无必要）做到字面对应。西方的法学思想文化著作也具有同样的特征，皆与立法性文件在语言风格和表达方式上存在明显区别，例如亚历山大·汉密尔顿（Alexander Hamilton）在《联邦党人文集》中的论述就随处可见这种风格，试举一例：

In politics, as in religion, it is equally absurd to aim at making proselytes by fire and sword. Heresies in either can rarely be cured by persecution. (The Federalist No. 1)

参考译文：

在政治上，如同在宗教上一样，要想用火与剑迫使人们改变信仰，是十分荒谬的。两者的异端很少能用迫害来消除。

---

[1] 辛正郁《〈民法总则〉通谋虚伪表示之"无效"|民商辛说》，http://www.360doc.com/content/18/0402/23/38544562_742409340.shtml。

这样的论述不仅文采飞扬、文辞犀利，而且富有哲理、内涵深邃，欲将其译为中文，提供给缺乏西方思想、文化、历史背景讯息的中国普通读者，简单的字面信息翻译是不可能达到效果的，因为它难以揭示蕴含其间的大量特定法域、特定历史时期的法律思想、文化、制度概念，也就不能实现让译语读者有效理解原作思想的翻译目的。试想，如何按字面译出古代法律典籍中的"六礼"、"八议"、"十恶"等重要制度的含义？如果无法揭示出其中的历史文化内涵，无法消弭原著与译文读者之间的文化隔阂，又怎能达到介绍和传播异域法律文化的目的？

另一方面，在严肃的法学学术研究领域中，专业读者往往不会满足于对外国学术专著简单的和表层的文义理解，而是以深入探求外国法律学术思想和制度深意为目的，翻译如果不能承担起这样的职能，就无法满足他们的需求，甚至无法让他们正确理解外国法律思想和文化。长期致力于经典法学著作翻译的邓正来先生曾举过一个精彩的例子：legislation 一词一般被译为"立法"或"法律"，但是在自然法意义上却意味着造物主为人先验制造的良知结构，是人间立法的道德基础。[1] 在相关的法学著作翻译中，如果不能揭示出这层含义，而是简单因循通义，是无法达到学术翻译效果的。事实上，早有学者指出，对于学术翻译而言，严格的字面解释是不可能的。学术翻译必然是在理解原文的基础上进行的一种重新表达，而这种"重新表达"本身就带有学理解释的性质。[2] 邓正来就明确表示自己的翻译是研究性的，并且倡导这种翻译方法。[3] 目前国内市场上外国法学著作中译本的质量参差不齐、鱼龙混杂，除译者自身资质和学术态度的因素外，另一重要原因就是缺乏行之有效的学术翻译方法论指导。可见，面对学术翻译任务，必须有适合其特点的翻

---

[1] 例证引自张千帆《法学汉译的原则与变通》，《法学评论》2016 年第 5 期，第 19 页。
[2] 参见郑戈《法律学术翻译的规范》，《北大法律评论》1999 年第 1 期，第 307 页。
[3] 参见邓正来《小路上的思与语》，北京大学出版社，2006 年。

译方法，满足专业读者的需求。为此，笔者借鉴西方翻译理论中的有益元素，针对这类法律作品提出"深度翻译"的方法。

"深度翻译"（thick translation，也有人按字面词义译为"厚译"[1]、"厚翻译"[2]、"厚重翻译"[3]、"丰厚翻译"[4]）是由纽约大学哲学系和法学院教授夸梅·安东尼·阿皮亚（Kwame Anthony Appiah）受美国阐释人类学家克利福德·吉尔兹（Clifford Geertz）"深度描写"（thick description）理论的启发首先提出的，并且经历了从将之适用于文学翻译（在文学研究领域探讨文化再现问题[5]），到视之为学术翻译，再到坚持将之称为"深度翻译"的理论发展过程。[6] 这也说明"深度翻译"的内涵较文学翻译和学术翻译更加丰富，所以有国内研究者总结道："'深度翻译'有三个内涵：一是文学的；二是学术的；三是（在）以译文页边和行间附加评注的方式试图把译文置于丰富的源语言和源文化环境之中的翻译。"[7] 一如所有西方理论的引入都会在国内理论界引发不同解读和争论，对于阿皮亚提出的"深度翻译"也存在不同的理解，但比较一致的认识是，"深度翻译"通过在翻译过程中添加脚注、注释、评注

---

[1] 例如周领顺、强卉《"厚译"究竟有多厚？——西方翻译理论批评与反思之一》，《外语与外语教学》2016年第6期，第107—116、154页。

[2] 例如罗叶霞《厚翻译策略在学术著作中的应用——以 Language Planning and National Identity in Croatia 为例》，《名作欣赏》2017年第584卷第24期，第175—176页。

[3] 例如赵博《浅析阿皮亚〈厚重翻译〉中的"全面翻译理论"》，《中国科教创新导刊》2007年第472号23期，第146页。

[4] 例如杨凯《"丰厚翻译"视角下的约翰·梅杰〈淮南子〉英译本研究》，《湘南学院学报》2016年第6期。

[5] 袁维、彭利元：《我国最近十年深度翻译研究述评》，《海外英语》2015年第15期，第145页。

[6] 阿皮亚过去认为"深度翻译"是一种文学翻译，后来认为是学术翻译，然后才坚持把这样的翻译称为"深度翻译"。他现在坚持的"深度翻译"并没有否定和排斥之前思考的文学翻译的内涵。参见黄小芃《再论深度翻译的理论和方法》，《外语研究》2014年第2期，第73页。

[7] 黄小芃：《再论深度翻译的理论和方法》，《外语研究》2014年第2期，第73页。

等方法，将翻译对象置于具有丰富内涵的文化和语言环境中，使源语文化的特征得以保留，进而使被文字遮蔽的意义和原作者及译者的意图相互融合，目的在于认识其他各种文化和各个时代特有的行为原因，促进译语文化对源语（他者）文化更充分的理解和更深切的尊重。[1] 我们也是在这个共识基础上将"深度翻译"的理念借鉴到法律翻译之中，并且融入我们自己的理解和发展，将之主要应用于法律学术翻译（academic translation）。

由于这种翻译方法源发于阐释人类学中的深层描写和阐释文化行为，需要通过注释、评注提供大量的词汇解释和丰富的文化语境，因此有人认为深度翻译的理论基础是解释学，体现了翻译的解释功能和特征。它将翻译视为一种解释行为，解释原作内容中的文化含义，并将其转换成另一种语言以达到让另一文化背景中的读者理解原作文化内涵的目的。[2]

从翻译观上讲，深度翻译体现的翻译思想是"翻译不仅仅可以正确忠实传达原文的意义，更可以追求翻译的深度，追求跨文化交流的深度"[3]，而且翻译不是要将原文中的文化术语、文化现象、文化行为直接录入到译文中，寻找形似的译语对应，而是要达到让译语读者真正理解源语文化的目的。[4] 这种翻译方法深刻体现出译者在翻译过程中的主体性、主动性和主导性，它不仅能忠实传达原文意义，更是一种译者的解释与再表达，而且是在文化层面上和学术意义上的解释与再表达，借此赋予译作丰富的源语文化背景和思想内涵。虽然这种"深度"的达到要

---

[1] 参见黄小芃在《再论深度翻译的理论和方法》一文中的总结，观点分别来自王雪明、扬子、章艳、胡卫平、孙宁宁等研究者的相关文章。
[2] 参见夏天《深度翻译：一个不应忽视的解释维度》，《外语与翻译》2008年第4期，第2页。
[3] 同上，第7页。
[4] 同上。

of Zhen Guan (627–649) during the reign of Emperor Li Shimin.

近些年来，深度翻译法在法律翻译中愈发受到重视，发挥了十分积极和重要的作用，成为翻译法学论著和古代法律典籍的有效方法，达到了很好的实际效果。美国著名汉学家钟威廉（William Jones）对《大清律》的翻译 [1] 和华人学者姜永琳对《大明律》的翻译 [2] 就是在中国古代法律典籍的翻译中践行深度译法非常成功的两个例证。

这两部中国帝制时代施行的重要法典，不要说对于外国人，就是对于当代的大多数中国人而言，想要完全理解其内容也存在很大困难。因此，如何能够既忠实又有效地将其完整内容传递给外国读者，是对译者极大的挑战。它们虽然曾是立法文件，但由于时代久远，语言古奥，早已没有现代社会的适用效力，规范性法律语言翻译法显然缺乏应用空间；但同时它们毕竟又是立法典籍，不同于一般的叙事文本，翻译时还必须尽可能保有其立法特质，使译文在形式和实质上都贴近原文，不仅不能改变立法的本意和体例，而且不可轻易增减内容，否则都无法呈现古代立法的真实样貌。正因如此，译者通过采取深度翻译策略，在对原文内容进行忠实呈现的同时，发挥了研究性阐释和辅助性解读的功能，提供出一份易于当代读者理解的译文，很好地达到了翻译目的。具体来说，在翻译时，译者不仅通过译文正文之前大篇幅的介绍和附录其后的词汇表对中国古代的法律体系做了详尽的介绍，而且通过各种方式对原作难解之处详加注释，这都是深度译法的生动体现。这些详细的注释对英语读者了解中国古代法律文化大有裨益，也为西方汉学者研究中国古代法律文献提供了极其重要的参考信息。

---

[1] William Jones, *The Great Qing Code*, Oxford: Clarendon Press, 1994.
[2] Yonglin Jiang, *The Great Ming Code/Da Ming Lü*, Seattle and London: University of Washington Press, 2005.

举例来说，钟威廉对很多中国古代的法律术语，都在译本中采取了音、形、义、旨、喻等多重解读。如对于"五刑"之一的"笞刑"，译者不仅在正文中将其义译为"punishment of beating with the light bamboo"，而且随即进行文化阐释："means beating. It also makes one feel ashamed. It is beating with the light bamboo."同时还在词汇表中提供了原文（笞）和拼音（Chi）供读者参考，从而将译名中的原词保留、音译和义译手法有机结合在一起。这样一来，即便是对于中国古代法律文化和汉语毫无了解的西方人，也能够通过这样的多重翻译手段对原文获得感性和理性的双重认知。同样，对于诸如"危谋社稷"这样含义丰富的立法术语，钟威廉一面按照西方人能够理解的概念提供了一个义译译名：Plotting Rebellion，一面又按字面显义释译为"plotting to injure the altars of earth and grain"，同时再增加一个"文内释义"揭示喻意："[i.e. to overthrow the dynasty]"。这种三位一体的翻译手法充分体现了深度翻译法的精髓。

我们还可以再举两个英译中的例子。

胡照青博士在其 2007 年的博士论文《晚清社会变迁中的法学翻译及其影响》中曾举了两个例子，很适合借用在这里进一步说明深度译法的作用和应用（例证内容经过笔者修改）。

在美国常会遇到"pro-life vs. pro-choice"的法律争论，如果不提供知识背景，这句话既难译又难解。溯源可知，这一表述源自 1973 年美国联邦最高法院判决的一则关于堕胎问题的案例——当时最高法院判决，禁止堕胎是违宪的，由此在美国上下引发了广泛争论并产生出生命权利派（pro-life）和自由选择派（pro-choice）两种针锋相对的观点。显然，若不揭示其中的法律背景信息，这个短语是无法翻译的。再如 affirmative action 一词，按字面理解似应译为"肯定行为"或者是"肯定行动"，但在具体语境中究竟是何意指，读者很难理解。此时还是应该在翻译中补充相关的背景知识和语境含义——在美国，黑人由于在历史上受到过严重的不公正和歧视性遭遇，作为一种补偿机制和政策，现在的政府在教育、就业、住房等方面给予其一些特殊的福利和照顾，这就是 affirmative action 的制度内涵，体现了美国政府对历史欠账的弥补。这些术语非经背景解释和语境补偿是无法有效翻译的，这就需要借助深度翻译的独到之处，也是它与达旨、语用补偿等翻译方法的共性体现。

通过分析深度译法与其他翻译方法的联系与区别也可以深化对它的认识。譬如，深度译法与注释译法都具有解释功能，这是二者的共性，但深度译法的解释功能更多发挥在学术和文化层面上，是理念上的，是整体性的，而且译者通过深度翻译实现的文化解释往往已经融入译文本身，有踪无形。这是它与作为技术性辅助翻译方法并主要针对特定而具体的对象进行解释的注释译法的明显差异。正如有学者指出的，"深度翻译的研究并非局限在具体翻译方法的探讨上，意义更在于其体现出的翻译理念的拓展"[1]。深度译法与达旨译法也有很多共性，皆重在呈现原作意旨和精髓，并且都大量利用直接体现在译文中的阐述、阐释来达到翻译目的，但二者的区别在于，前者重在通过对原作文化要义和背景的解释彰显源语文化的特质，达到让异域读者理解原作内涵及其深刻思想的目的，其主要借助的手段是"解释"；后者为了达到阐释原作意旨并易于译语读者理解原作精神实质的目的，不惜大量采用"改写"的手段，即在翻译中增删内容、改变文义，或按照译文读者熟悉的表达方式消弭文化隔阂，所谓"引喻举例，则多用己意更易……谨合原文与否，所不论也"。此外，深度译法与归化和异化译法都是文化翻译的重要手段，但它们的不同之处在于，深度翻译不是试图通过消除文化差异来便利译语读者理解，而是要通过深度解析来呈现原作中的学术和文化信息，有

---

[1] 夏天：《深度翻译：一个不应忽视的解释维度》，《外语与翻译》2008 年第 4 期，第 3 页。

时还要突出强调源语信息中的异质特征,这是其与归化译法的明显区别。但为了帮助译语读者在更深层次上理解文化差异,对于翻译的解释功能的发挥和倚重,又是其区别于单纯的异化译法的重要特征。

虽然深度译法对特定的翻译对象和翻译目的而言具有积极的作用和重要的意义,但我们也要客观理性地看待这种翻译方法的局限性。既然深度翻译中的"深度"依赖译者的能动性,译者难免会依自身的文化身份对原作进行干预并反映在译作中,那么原作也就往往难免受到译者的"篡改",译作则难免受到译者的"操纵",译作读者自然因此受到译者(同时也是解释者)主观性的"引导"。如果译者对原作内容的阐释是忠实于源语文化和原作本旨的,对于译文读者的引导当然是有益的;但如果这种阐释是主观的、偏狭的,甚至是有悖于源语文化或原作者本意的,那么读者就会被动地受到误导。为此,我们有必要对深度译法的适用确定一些基本规则:

(一)译者对于原作所含文化信息的阐释,必须建基于对其深入的研究和理解,避免人为的误读;

(二)译者应尽可能提供客观的信息或者主流观点,辅助译文读者对原作语境和意旨的理解,必要时应提供所用释解的出处,避免译者个人的主观理解对于读者的影响或者误导;

(三)由于很多对于原著的阐释已融入译文,译者应该采取适当方式将其主观阐释和解读予以释明(包括注明解读依据),方便读者辨识,避免译者的阐释混同于原作者的表述;

(四)对于存在多种解读的原作信息,可以选择最为主流的观点并加以标注,或者提供多种阐释观点,供读者自行认知。

应该说,深度译法已经突破了人们对于翻译功能的传统理解,也体现了人们对译者功能的全新认知。这是笔者在译者观一节中深入诠释过的,也是翻译观对方法论指导意义的突出体现。同时,深度译法的应用也对译者在特定专业领域中的知识背景和解读能力提出了极高的要求和挑战，这在法律翻译这种专业翻译领域中体现得尤为突出。

三、达旨译法

严复首创的达旨译法，笔者在前面已经有过深入的分析，此处的论述相对简约。笔者提出此法，首先是表达一种翻译理念——它既是我们倡导的灵活开放的法律翻译观在方法论中的具体体现，也是对法律翻译所具有的社会功能的现实理解。达旨译法的精魂在于它不仅不要求译作与原作之间存在简单的语言层面上的形式对应，而且不强调忠实于原作的全部内容和表达方式，而是重在以融会贯通之法揭示翻译对象的精神主旨和实质要义，并达到便于在译语社会传播和易于译语读者接受的效果，甚至通过这种翻译达到对译语读者进行思想文化上的启迪、启发和启蒙的社会效果。

进而言之，与其说达旨是一种翻译方法，不如说是一种翻译方法的集合。为了达到"达旨"的目的和效果，译者可以灵活运用多种翻译手法，包括在译文中增加注释、诠释、按语，为译文读者领会原文思想和意旨提供便利，必要时甚至可以采取增删的方法对原著内容进行一定的改写。申言之，达旨译法没有刻板、机械的教条，一切皆以揭示原作的精神实质为目的，以实现译者的翻译目的为依归。为此，译者对原作内容可译可释、可译可述、可改可换、可增可减——这也是达旨译法与深度译法的明显区别——深度译法虽然也重在揭示和阐释原作文本背后的学术思想和文化信息，但仍要尽量忠实于原作的结构和内容，除了必要性的拓展式释译，不可轻易增减或变更原作的内容，更不能用译者的阐述替代原作的内容。深度译法通过"深度语境化"（thick contextualization）的解释阐明原作的文化和学术语境，目的是把译文置于丰富的源语言和源文化语境之中，让读者通过译者提供的解释资源去破解文本表面陌生的源文化密码，达到尊重源语文化的客观效果，因此从本质上讲还是一种异化翻译[1]，只是比异化翻译在表达效果上更易读者接受，而达旨译法则更关注原作宏旨的传播效果，操作起来不羁形式，大量采用归化手段拉近与译语读者的距离。

前面说过，人们对于达旨译法最大的指责在于其脱离了翻译的基本模式，违背了翻译应该忠实于原作的基本理念，夹杂了太多译者的主观因素，更像是对原作的解读和阐释，或者对原作的分析和评论，而不是真正意义上的翻译。我们已经说过，这种争论归根结底还是翻译观上的冲突。否定达旨译法的人是站在否定翻译的灵活性和译者的创造性的立场上作出的评价，坚持的是机械刻板的翻译忠实观。在笔者看来，达旨译法在法律翻译领域具有特殊的价值，尤其是在特定的历史时期——具有启蒙思想的翻译家向具有固化思维和审美偏执的读者群体传播和灌输全新而陌生的域外法律思想和文化时，达旨译法曾经发挥过积极和不可替代的作用。虽然它具有译述、译介的特点，但不能因此否定其对原作核心主旨的忠实反映（否则就没有译介的必要）——它的忠实性不是体现在形式上，而是在实质上。与那些貌似字字对应，但却无法让读者领会原作真谛的硬译方法相比，达旨译法反而更加符合翻译的本质。这种方法看似改变了原作的语句结构、顺序，甚至改变了部分内容，替换了原作的表达方式，但却针对特定的读者有效地达到了特定的翻译目的，发挥了积极的作用，也提升了翻译的境界。其翻译方法上的灵活性并非为改而改，而是以不失本真为前提和归宿，不以失信为达旨之名，其真正追求的反而是"行达旨之法，图增信之实"。

笔者在法律翻译方法论中提出达旨译法，有必要作出三点澄清：

---

[1] 黄小芃：《再论深度翻译的理论和方法》，《外语研究》2014年第2期，第75页。

（一）提出达旨译法的根本目的在于重新界定翻译的理念

在广义的法律翻译领域，我们不应将翻译局限在"译"，并将译者局限在译工、译匠，而是应将法律翻译作为思想探索和学术研究的有效工具和必备手段。根据翻译的目的和读者的需求和期待，以及译者的主观追求，将"译"的手段拓展到释与述、评与论，将"译"的境界提升到"译—驿—绎"（即翻译—传播—诠释）[1]的不同追求，从而解放译者的思维、心胸和眼界，使其摆脱刻板对译的教条束缚，将翻译工作与思想传播和学术研究有机结合起来。

（二）达旨并不是任何译者意欲所能为之的

达旨译法要求译者对于翻译对象具有深入的理解和把握，并具备融会贯通的能力，同时还要有洞悉目标读者群体偏好和接受能力的眼光。当初严复之所以能够开创出达旨译法，就是因为他译的书"都是他精心研究过的。凡与原书有关系的著作，他都涉猎过。因此他在所译作品的按语中能够旁征博引，详明解说"[2]。笔者倡导达旨译法的目的之一也在于鼓励译者对于原著精髓的深刻钻研和探究。从这个意义上讲，达旨译法的运用对译者提出了极高的要求，断非不求甚解、浅尝辄止者所能为之。贸然为之只会落得画虎不成反类犬，结果往往是"旨未达而谬先至矣"。

（三）达旨译法难以普遍应用于法律翻译中

达旨译法虽然对法律翻译具有特殊的积极意义，但必须承认，它的历史意义大于现实意义，在应用上也有诸多严苛的限制和前提。在现代

---

[1] 参见彭发胜《翻译与中国现代学术话语体系的形成》，浙江大学出版社，2011。
[2] 马祖毅：《翻译家严复》，《中国翻译》1981年第3期，第29页。

法律翻译实践中，达旨译法并非时时、处处适用，更非人人可以运用。对此，译者须结合翻译对象、译文读者、翻译目的和时代背景等多方面的因素仔细甄别使用，防止滥用而违背达旨译法的初衷。

总之，采用达旨译法时译者应格外慎重，不仅应该首先提升自身的专业修养和理论素养，切勿托其名而不得其神，导致贻笑大方，还必须遵循多种条件，不可轻易适用于一切翻译对象和翻译场合。

四、归化译法与异化译法

在前面的章节中，我们已经对中国译论中的归化与异化理论进行过深度地解析，论证了它们在翻译实践中各自具有的价值，同时澄清了它们与西方理论中的异质化翻译和驯化翻译的本质区别。在此，笔者借鉴其中的合理内核，将归化译法与异化译法作为一组二元对立统一的翻译方法纳入法律翻译方法论体系，并将归化与异化这两种辩证存在的翻译理念和策略科学地应用到法律翻译的场景中，发挥其各自独特而重要的作用。

鉴于法律翻译的特殊性，我们很难笼统地在方法论体系中引入通用翻译理论的成果，而是必须首先有针对性地作出几点理论说明：

第一，通用译论往往在语言形式和文化元素两个层面上探讨归化与异化译法的应用。其实，这不过是理论探讨中进行的人为划分，语言和文化之间哪有什么刻板的界限？语言本身就是文化的组成部分，是表现文化的重要载体和工具。每一种语言都是民族文化智慧的结晶，浓缩和蕴含着文化的内涵，离开了背后的文化支撑，语言的表现形式难免是空洞而苍白的。反之，语言形式的发展和创新也在推动和促进着底层的文化构建，引进外来的语言形式就是对本民族文化的补充、发展和创造。在此前提下，我们可以从形式与内涵、表层与底层的关系视角，观察归化与异化在翻译实践中的应用，并将二者的基本划分标准定位于翻译过程中是否按照译语的思维逻辑和表达习惯，并依托译语社会既有的语言和文化元素去涵化[1]和表现源语信息，甚至将译语社会本土的语言文化元素注入译文，用以解读和呈现原文的意旨和意趣。在翻译中，凡用本土的语言元素和文化意识解读甚至替换原作特有的文化因子（相对本土元素而言，这被视为原作中的异质成分），并用符合本土语言规则和习惯的方式表达出来，以期适应译语社会的普遍接受能力和主流审美标准，消除译语读者对原作内容的理解障碍或阅读不适的翻译方法就是归化译法。反之，刻意保有原作中的外域（外族）语言和文化异质成分，拒绝使用本土思维和本土元素作为替代，着力表现源语的表达逻辑、风格和范式，以期帮助译语读者认知原作风貌，体会源语文化特性的翻译方法就是异化译法。

第二，法律翻译的特殊性进一步增加了这两种译法在应用上的复杂性和多维性，它将制度元素引入二者之间的划分标准，以是否使用译入法系（域）的法律制度元素诠释外域法律概念、用其制度范式去表现源文本的内容作为理论界限——凡用本域法律制度语言去诠解、表达、替代或涵化异域法律概念，并用译语读者熟悉的本域法律制度范式加以呈现就是归化译法，而致力在译语中维持源文本在源法系（域）中的制度本意和文化内涵，拒绝使用不完全或不准确契合本意的译入法系（域）法律制度予以诠释和表达则是异化译法。

第三，归化译法与异化译法是一个对立统一体，这就要求我们认清二者各自的优势，并将之统一服务于翻译目的的有效实现上。在方法论中，我们可以采取对比的方法在法律翻译的具体情境中分析二者各自的

---

[1] 冯天瑜教授将本国语与外来语彼此浸润、包含，终于化为统一体的过程称为"语文涵化（acculturation）"过程。（参见冯天瑜《近代国人对外来新语汇的"迎"与"拒"》，《河北学刊》2009 年第 5 期，第 72 页）笔者将"涵化"拓展为包含、承载、蕴化、同化的意思。

实用性、适用性、应用效果以及利弊，以求在对比中展现差异化效果，在比较中确立应用规律、规范和规则。

第四，任何一种翻译方法在实践中的应用和利弊优劣都不是绝对的，而是取决和受制于多种因素的共同影响，比如翻译对象（语言性质、文本类型、文本效力等）、翻译要求、翻译目的、目标读者等，因此我们对于归化与异化这两种译法的适用性分析也必须置于具体情境和系统论证之中。

第五，虽然在翻译理念上，译者可以将归化或异化之一作为基本的指导思想和翻译风格，针对特定的对象也可以有倾向性地选择一种翻译策略，但在具体的翻译实践中，在方法运用上，归化与异化不是非此即彼的关系，没有必要对每一句话的翻译都用归化或异化的标尺去衡量。

基于上述理论原则，笔者在法律翻译方法论的构建中，将先从语言、文化和制度三个技术层面分析归化与异化这两种译法的应用表征、规则和规范，并从相对于其他翻译领域的共性和特性角度加以评价，然后再统合到法律作品的具体语境和整体结构中进行综合协调，尤其是关注二者的协同作用，增强论证的科学性、系统性和针对性。据此，论之如下：

（一）语言层面

任何法律作品都有一套话语体系，其中既有法律语言形成的思维、逻辑、术语和特有的表达方式，也有日常或通俗语言形成的表达，共同构成作品的思想内容、篇章结构和表现方式。这要求我们在研究归化与异化在法律翻译中的应用时，既要尊重专业语言的个性特征，又要照顾通俗语言的共性传统。但不论对于专业语言还是通俗语言的翻译，最根本的一点是译文必须遵循译入语言的规则体系，这也是在语言层面应用任何翻译方法的基本准则。语言的规则体系大致包括傅雷所说的文字词类、句法构造、文法与习惯、修辞格律、俗语等等[1]，它为使用该种语言进行表达（表达方）和理解（接收方）提供了共同的依据和基础。在此前提下，归化译法与异化译法在具体运用中对于译语规则体系的依从程度有所不同，归化译法更强调用译语特有的语言元素、语言习惯、语言思维去调整和转换源语表达，使之符合译语读者的语言亲切感、熟悉度和舒适度，而异化译法则注重在译文中保留源语的语言元素、范式、思维和特有的表达方式，这往往带给译语读者语言上的陌生感和新奇感。如果进行一些细化分析，我们可以从如下几个方面加以体会：

1. 两种方法的应用区别体现在对不同语言习惯的关照上

例如，在汉译中将西方国家通用的日月在前、年份在后的日期格式转变为中文习惯的"年、月、日"结构，并将文件的制作日期从英文书写习惯的文首移至中文阅读习惯的落款处就是语言层面典型的归化译法；而翻译中如果涉及外国人名、地名时，无论其如何复杂拗口，除非本人自愿自决（如 Young John Allen 自取中文名"林乐知"）或约定俗成（如将美国的 San Francisco 译为"旧金山"）或者采用文学翻译手法（比如傅雷将巴尔扎克笔下的人物 Père Goriot 译为"高老头"），否则必须使用音译名并保留西方人士名在前、姓在后的姓名习惯，这是语言层面异化译法的典型表现。在法律翻译的有些场合，在不影响读者理解文意的情况下，为了避免刻意音译带来的无谓烦扰，提高翻译效率，在译文中保留源语不译也属于异化译法的一种表现形式。在香港法院的大量双语判词中，中文本对于普通法判例和外国人名大都采取这种保留原词的方法，如"在较近期的 R v Gilmour [2011] EWCA Crim 2458，英国上诉法院 Hughes 法官说……"。这种异化译法也符合前面译名方法论中提出的"不译原则"和后面将要讨论的制度层面的翻译规则，尤其适

---

[1] 参见傅雷的《高老头》重译本序。

用于双语环境的法律翻译。

2. 两种方法的应用区别体现在对源语语言元素的处理上

以香港特区法院一份双语判决中的一句话为例。英文判词为：

The claim by the three respondents ...was nothing but empty talk, something to which they paid lip service and a slogan by which they deluded themselves and others.[1]

这句话既可以被译为："三名答辩人声称……只不过是空话、口头宣传以及欺骗自己和其他人的口号而已。"也可以译为："三名答辩人的辩解不过都是空口说白话、口惠而实不至且自欺欺人的口号而已。"两种译文虽然都含义清楚、表达通顺，但很明显，前一译文按照原文的字面文意直接转换，并未利用汉语固有的语言元素，而后一译文则充分采用了包括中文俗语（口惠而实不至）、俚语（空口说白话）、成语（自欺欺人）在内的汉语特有元素。两相比较，后者更显生动传神，体现出更多的中国文化特色，也增加了中文阅读者的亲切感和舒适度，让人感受不到这是译文。通俗点说，后一译文通过使用汉语习语元素消灭了译文的"洋味儿"，使本土读者读起来感觉更加"地道"，体现出语言层面归化翻译的效果。前一译文则没有这种效果，是语言层面的异化译法。与此类似的例子还有很多，例如：

原文：The government enforces the law strictly.

异化译法：政府严格地执行法律。

归化译法：政府执法如山。

---

[1] 香港特别行政区高等法院上诉法庭于2017年8月17日作出的2016年第4号复核申请案件的《判案书》第12条。

3. 两种方法在语言层面的区别体现在对源语语言范式的保留或改造上

语言范式是一种语言形成、发展和应用的规则和规范，包括字词结构、语句结构、语法规则、表达习惯和方式、标点符号等等，是一种语言的外在形象。不同语种语言的外在形象差异非常明显。译文采用源语范式亦或译语范式构成了异化译法和归化译法的明显区分标志。比如，翻译美国最高法院的如下判词："Changes, such as the decline of arranged marriages and the abandonment of the law of coverture, have worked deep transformations in the structure of marriage, affecting aspects of marriage once viewed as essential."[1] 若采异化译法保留原句的语序格式，应译之为"很多改变，比如拒绝包办婚姻以及废除妇女对丈夫的人身依附关系等等，都已经深刻地改造了婚姻结构，影响了那些曾经一度被视为必要的婚姻要件"；若依汉语表达习惯采归化译法，则可能更倾向于在译文中调整原句的语序为："诸如拒绝包办婚姻和废除妇女对丈夫的人身依附关系等很多改变都已经深刻地改造了婚姻结构，影响了那些曾经一度被视为必要的婚姻要件"。两种译文语义相同，但作为语言外在形式的语序结构有异，体现出两种译法的区别。

4. 两种方法在语言层面的区别体现在对不同语言思维、逻辑和意识的选择上

上面说的语言范式是语言的外在形式和表层结构，受到深层的语言思维、逻辑和意识的支配和影响。不同的语言有着不同的思维、逻辑和意识系统（类似傅雷说的"民族思想方式"），一旦这一支配系统发生了改变，语言的外在形式必然受到影响。翻译中，归化与异化译法在处理底层思维结构和表层语言形式之间的匹配和对应上有着不同的体现。

---

[1] 引自美国最高法院 *Obergefell v. Hodges* 一案的判词。

举例来说，英文法律文件中常见 including but not limited to、unless and until、if and only if、when and only when 等句式，体现了法律英语特有的思维和逻辑，凸显严谨性和专业性。实践中，很多中文译者不加辨析地将之按英文字面结构译为"包括但不限于"、"除非且直到"、"如果且仅如果"、"当（在）且仅当（在）……时"，希图通过异化译法保有源语范式，但从汉语思维来辨析就会发现，这样的译法并不符合中文逻辑或语法规则。具体来说，从中文逻辑来看，"包括"一词本身就是列举表达，并非穷尽概念，增加"但不限于"，导致语义重叠，纯属画蛇添足。"除非且直到"的翻译更显滑稽，因为"除非"引导的是条件状语，而"直到"引导的是时间状语，在中文里往往通过不同的词语搭配表达不同的逻辑关系，例如"The payment won't be made unless and until all the conditions are satisfied"一句或者应译为"除非全部条件满足，否则无须付款"或者可译为"直到条件全部满足（时）才须付款"，但若译为"除非且直到全部条件满足为止，否则无须付款"就明显存在语病了。至于"如果且仅如果"、"当（在）且仅当（在）……时"这样的译法，语义似乎严谨，但译文实在生硬、拗口。按照这样的分析，翻译时根据汉语思维和逻辑并因应具体的语义环境将之分别归化译为"包括"、"除非……，否则……"、"直到……（为止）"、"如果"、"当（在）……时"足以准确表达源语概念，也更符合译语思维和语法规则。中国大陆的正式立法中从未采用过前述源语范式也充分说明了这一点。

需要指出的是，专业语言与通俗语言对归化和异化译法的接受度有所不同，不同性质和类型的法律作品对二者的倾向性亦不相同。相对而言，通俗语言对归化方法的接受度明显高于专业语言，而在各种类型的法律语言和法律文本中，规范性法律语言和立法文本对异化翻译的倾向性最强，这当然也与法律语言在文化和制度层面的翻译要求密切相关（后面还要进一步讨论）。尤为重要的是，译文的应用法域、用途、效力特征等要素,对于翻译方法的选择更是起到了决定性的作用。为便于说明,我们不妨再从这个角度体会一下前面使用过的一个香港英文立法译例。

原文:

(3) A court shall not make a community service order against an offender unless—

(a) the offender consents to the making of such an order; and

(b) the court is satisfied—

(i) after considering a report by a probation officer about the offender and his circumstances and, if the court thinks it necessary, hearing a probation officer, that the offender is a suitable person to perform work under such an order; and

(ii) that provision can be made for the offender to perform work under such an order.

香港律政司为该立法条文提供的官方译文是:

(3)法庭不得针对罪犯作出社会服务令,除非——

(a)该罪犯同意该命令的作出;及

(b)法庭——

(i)在考虑感化主任就该罪犯及其情况所提交的报告后,及在认为有需要时,聆听感化主任所述后,信纳该罪犯是适合根据该命令进行工作的人;及

（ii）信纳可作出规定，使罪犯根据该命令进行
工作。

正如前面评价的，这一官方译文没有按照中文立法的编排体例，没有使用标准的汉语语词（比如内地并不使用"信纳"这样的词语），也没有遵循现代标准汉语的条款编号和标点符号使用规则，在表达范式上坚持源语的字句结构和词语搭配，仍然遵循英语的表达逻辑和习惯，如将"除非（unless）"引导的条件状语从句后置，并且采用源法系司法制度的惯常表达（如将"法庭"而非"法院"作为司法权力的主体），这都符合异化译法的特征。虽然这样的异化译文并不符合内地的翻译标准，但从整体效果上却更适合其在香港法域作为等效立法的用途。

如果上述内因发生了改变，中译文不再作为原文的等效立法，而是仅供参考使用，并且以内地读者为目标对象，那么异化译文的适用性将大为降低，归化译法将成为优选。此时，译者就可以按照内地的立法规范，遵循汉语的思维逻辑和语言规范对译文作出归化处理如下：

3. 除非同时满足如下条件，否则法院不得针对罪犯签发社会服务令：
（1）罪犯同意法院签发社会服务令；且
（2）法院在审查感化主任就该罪犯的具体情况提交的报告后，并在必要时听取感化主任的陈述后，认定该罪犯适合依社会服务令提供社会服务，并且认为可以要求罪犯依社会服务令提供社会服务。

这个译例再次说明，归化和异化在语言层面的应用绝非任意选择，

而是必须符合语言的专业性特征和法律文本的整体性要求。不过，仍须强调的是，尽管与归化译文相比，异化译文在对译语习惯的贴合度上受到一定程度的抑制，但这绝不意味着异化译文可以悖离译语的基本语言规范——那种违背译语规则和逻辑的僵化字句对应和语式模仿的翻译不等同于异化译法，只是死译和硬译的代名词，不仅会导致歧义和语法错误，而且会影响读者对译文的理解和阅读感受。前面例举过的，港澳地区汉译外语法律文本时存在的大量违背现代汉语规范的翻译就是死译、硬译和误译，既不能归咎于异化策略，也不能混同于异化译法。

（二）文化层面

如果说在语言层面讨论归化与异化译法是为了解决语言表达的外在形式问题（语言逻辑、规则和习惯），那么文化层面关注的则是哪一种译法更有利于展现语言表达的文化内涵。文化是一个宏观和广义的概念，具体到法律文化，它构成一个法域特有的法治环境以及社会人文环境——从思想理念、意识形态、价值观念到审美取向，从宗教信仰、历史传统到民族习惯等概在其中。它们为特定法域的法律语言提供了宏观意义上的"语义参考系统"，孕育、滋养和决定了该法域的法律制度体系。这也说明法律文化具有鲜明的法域特征，它从宏观上决定了法律语言的法域属性和应用环境。作为一门专业翻译，从宗旨和目的上讲，法律翻译应该注重保有原作中源语法律文化的属性和特性，体现源法域法律文化相对于译入法域文化存在的异质性，这有助于发挥法律翻译在促进法律文化交往与相互取鉴中的积极作用。因此，从理论上讲，异化译法应在法律文化翻译中发挥主导作用。但另一方面，既然法律文化具有强烈的法域性，当源法域的法律文化信息进入另一个法域时，法律文化环境的殊异可能使其遭遇障碍甚或引发冲突。这除了语言差异以外，归根结底是文化理解上的障碍和文化理念上的冲突，此时就需要从翻译策略和方法上应对和化解这种障碍和冲突，而归化译法在这一过程中往往发挥着重要和不可替代的作用——它利用译语社会的本土法律文化去涵化或改造异域文化，能够满足译语读者的文化认知、心理预期和价值取向，因此更易于他们理解和接受。这使得归化译法在文化翻译实践中获得了广泛的应用空间，这当然也得益于人类法治文明在很多方面的共通性。譬如古希腊悲剧作家索福克勒斯（Sophocles）曾说过："Law can never be enforced unless fear supports it."按照字面意义可以译为"除非让人产生恐惧感，否则法律永远不会得到执行"。苏辙也曾说过："立法设禁而无刑以待之，则令而不行。"二者遥相呼应，义理相通。恰是不同法域法律思想、文化之间存在的这种相通性使得归化译法在法律翻译中的文化层面上有了用武之地，使得译者可以借助译语法律文化中的元素表现源语文化的喻旨。

具体来说，归化译法的优势首先体现在其应对文化差异和化解文明冲突的作用上。例如裨治文1838年在汉译美国《独立宣言》时，将宣言的发表日期"July 4, 1776"归化译为"乾隆四十一年间，于番七月初四日"[1]，有效应对了当时两国之间的历法差异。又如，对于"Act of God"这样宗教文化色彩浓重的语言，若异化译为"上帝的行为"或"神的行为"都会显得不伦不类，实践中大多归化译为"天灾"就不会产生文化隔阂。再如，在基督教文化国家，证人在法庭之上作证之前或者决认员（juror）在履职之前，会被要求向上帝起誓其证言为实或公正无私，但将该誓言译给非基督教信徒时若完整保留源语信息，可能会因

---

[1] 参见李淑敏《翻译的历史观——〈独立宣言〉中译本的历时与共时比较实证研究》，上海外国语大学博士论文，2010年，第63—64页。

宗教信仰冲突遭致抵拒，也无法达到起誓的信仰约束效果。[1]若采归化译法，将其译为向神灵或上天起誓，也许可降低这种宗教冲突，避免引起译语接收者的文化不适。

归化译法还在弥补译语读者对于源语文化的信息缺失，适应读者的文化理解方面发挥着积极作用。比如，翻译"meet one's Waterloo"一语时当然可以按字面译为"遭遇滑铁卢"，但对于那些并不知道所向披靡的拿破仑一世1815年在比利时小城滑铁卢与反法联军决战时遭遇惨败这一史实的中国读者而言，可能难以领会原文的喻指。假如依同样的寓意，借用中国三国时期的常胜将军关羽在东汉建安二十四年失守荆州败退麦城的典故，利用归化译法将之译为"败走麦城"，就会消除这层文化隔阂，让中国读者凭借其熟识的本国历史文化知识清晰体认原文语义。

归化译法有时还能消除语言和文化理解上的双重障碍。例如，英文谚语"One boy is a boy, two boys are half a boy, and three boys are no boy at all"若按字面理解，应译为"一个男孩是男孩，两个男孩只是一半男孩，三个男孩就完全没有男孩"。这种译法貌似保存了外国谚语的本来面目，但不仅语言逻辑不通，读之拗口，在文化上也难以理解。假如借助归化译法的会通功能，按相同寓意借用中国典故将之译为"一个和尚挑水吃，两个和尚抬水吃，三个和尚没水吃"，就易于破解文化理解上的障碍。这也说明，在文化层面，归化翻译不是通过单纯的字、词、句

---

[1] 有些法域已经立法区分不同宗教信仰人士的起誓规则。如香港《陪审团条例》（第3章）[Jury Ordinance (Cap. 3)]即规定了非基督教徒陪审员以声明代替宗教式宣誓的誓词：凡非基督教徒的人被传召在任何案件中出任陪审员，均可作出下述声明，以代替宗教式宣誓："本人A.B.，谨郑重至诚据实声明，本人当以不惧、不偏、无私的精神，尽本人所知所能，聆听证供，并作出真实的裁决。" https://www.elegislation.gov.hk/hk/cap3!en-zh-Hant-HK?xpid=ID_1438402956696_001&INDEX_CS=N。（其中对于jury和juror均采该立法中的译名。）

对应转换进行信息传递，而是利用不同文化之间的共通性，通过减弱源语社会特有文化元素过于强烈的异质特征，来化解译语社会的抵制和排斥。严复当年借用儒家经典翻译西方启蒙思想并采用文言文表达，就是这种文化归化翻译策略的体现。这种翻译策略适应了不同社会之间在历史传统、思维理念、价值观念、制度体系和发展阶段的悬殊差异，在神似、达旨和会通的基础上，向译语社会传播了外域文化，发挥了文化启迪、教化，甚至启蒙本土民众的作用，无疑是更高一重的翻译境界。

最后，如果运用得当，归化译法还能够通过文化因素的转换提升语言表达的效果。比如翻译"That by punishing a few, the fear of punishment may affect all"这句话，当然可以通过异化译法将之译为"通过惩罚少数人来震慑所有人"，但若利用文化喻意的相通性和文化意象的可比性将之归化译为"杀一儆百"，则在语言效果上更显简洁有力。不仅如此，异化译文由于忠实保留了原文的字面元素和表达逻辑，体现的也是源语文化凝结的智慧，在译语表达效果上难免带有"洋腔洋味"，而文化层面的归化译文往往与原文没有字面对应，也不是通过语言层面的操作（如置换语言元素或者改变语言结构）完成的，而是通过一种语际文化理念上的会通和文化意象上的置换，达到对原文意旨的揭示，使其在效果上更贴近译语文化的理解，体现出了纯粹和地道的"本土风"。在这一层面上的翻译，也不会再以语言元素或事实逻辑是否存在忠实的对应关系来判断翻译的正误好坏。

尽管归化译法在消除翻译中的文化障碍上具有显著优势，但不可否认，它的弊端亦很明显——归化形成的译文无法还原源语事物的本相，在迎合译语社会接受能力的同时也在抹杀外来文化的异质性，继而削弱译语读者认知外界事物真实面貌和本质特征的机会，甚至会让读者产生文化幻觉（误以为外界事物与本土相同）。而且，使用译语文化中的事物对源语异质事物的硬性匹配和映射，也往往会导致对其原义的曲解和损益。相反，异化译法却往往在保持法律文化的异质化本源上发挥着重要的作用。这种情况不论在中国文化进入英语社会或反之时都存在。前面提及的《大清律》英译者钟威廉在触及法律文化层面的翻译时，就充分权衡过归化和异化翻译的利弊，并采取大量异化翻译的策略，贴近中国古代法律文化的本真。譬如，他意识到"翻译中国人际关系之困难在于以男性为主与以女性为主的人际关系存在显著不同"[1]，因此遇到亲属称谓用语时必须采取异化译法而不能用归化替代。例如，"姑"、"舅"若按英语文化归化，自然应该译为 aunt 和 uncle，但这种译法却无法显示出父系亲族与母系亲族之间的区别，而二者在中国古代法律文化中却有着远近尊卑的显著差异，不同亲属之间的法律关系以及适用的法律规范也完全不同。因此，只有分别异化译为 father's sisters 和 mother's brothers 才能体现出这种差异，并对应原文含义。为此，译者在翻译中不厌其烦地异化出 paternal grandparents（祖父母）、maternal grandparents（外祖父母）、parents of one's husband（公婆）、father's brothers or their wives（伯、伯母、叔、婶）[2] 等等来达到准确对应原文，从而让译文读者理解中国古代法律体系中的宗亲文化。显然，也只有通过运用异化译法，译者才有效达到了"以'中国人的视角'翻译人际关系(来)还原文意，借助构成伦理纲常基础的人际关系来展现中国法的'他者'形象。"[3]

正因为归化译法与异化译法在法律文化层面的翻译中各具不可替代的价值和作用，同时又都具有明显的局限性，所以，我们有必要对它们

---

[1] 屈文生、万立：《中国封建法典的英译与英译动机研究》，《中国翻译》2019 年第 1 期，第 55 页。

[2] William Jones, *The Great Qing Code*, Oxford: Clarendon Press, 1994, p. 35.

[3] 屈文生、万立：《中国封建法典的英译与英译动机研究》，《中国翻译》2019 年第 1 期，第 55 页。

在法律文化信息翻译中的应用设定一些基本规则，达到取长避短、相得益彰的效果。

首先，在文化层面的翻译中仍应以异化译法为原则，归化译法为例外。对于异化译法经常遭遇的文化障碍，可以辅以深度翻译、语用充实、注释等翻译方法加以解决，也可以采取归化和异化相结合的方式处理，比如将归化译文作为对异化译文的解释，使读者既能够利用归化译文获得本土便利，又能够见识异域法律文化的特质。

其次，归化译法必须慎用，只有在归化译法能够明显产生优于异化译法的效果，且确实有利于避免不同法域之间的法律文化冲突，减少和消除译语读者对外域法律文化的抵拒时才适宜采用。例如对于前面提到的英文谚语"One boy is a boy, two boys are half a boy, and three boys are no boy at all"，纯粹按字面异化翻译会导致逻辑不通、难以理解。即便发挥翻译的语用充实功能，将其寓意揭示为"一个人能做成的事，两个人在一起做反而事倍功半，要是三个人在一起就彻底做不成了"，既与字面信息距离甚远，还很啰唆，明显不如归化翻译的效果。此时，归化译法便成为优选。

再次，从规则角度讲，不论在语言层面还是文化层面，归化在法律翻译中的运用都要有一个"度"的限制。这一限度就是不要把语言和文化的适应性转换，变成意旨和属性的实质性改变，或者发生不必要、不恰当的添附而有损原文的本义和风格。譬如，"That by punishing a few, the fear of punishment may affect all"这句法律谚语，当然可以采用归化译法，译为"杀一儆百，以儆效尤"，达到简洁地道的表现力，但译为"杀鸡儆猴"就极不恰当——虽然寓意相同，但却违背了法谚的严肃性。再如，翻译"All men are equal before the law"时，如按源域文化意旨译为"法律面前人人平等"，即已达到文义清晰且语言通俗简练的标准，若非要用中国意象加以替换，将之译为"王子犯法与庶民同罪"，就颇有不当添附之虞了。

最后，归化译法虽与异化译法有例外与原则之分，但二者并不对立，在有些情形下归化和异化译文不仅各具特色，而且有异曲同工之妙。例如，将英谚"Rome was not built in a day"或采异化译法直接译为"罗马不是一天建成的"，或借中国文化元素将之归化译为"冰冻三尺非一日之寒"，均能反映相同寓意，足堪类比。又如，对于"kill two birds with one stone"一语当然可以按异化方式译为"一石二鸟"，但也不妨采用归化译法将其译为中国成语"一箭双雕"或"一举两得"。后者借用汉语文化元素"箭、雕"，"举、得"替换了源语字面中的"石、鸟"，虽用语不同，但寓意并无二致，实为不同语言文化的共鸣之处，亦是归化与异化翻译在表达效果上殊途同归的表现。

（三）制度层面

如果说归化与异化这两种方法在语言和文化层面上的应用在各种翻译领域存在很多共性的话，那么它们在法律制度层面上的应用，则体现出法律翻译极为鲜明的个性特征——它们超越了语言文字的外在形式而渗透到法律的制度内核，并从法律文化的宏观意旨步入微观的制度细节。

如果说在语言和文化层面，归化与异化译法都有各自合理的应用空间，那么在制度层面，归化译法的使用将受到更为严格的限制。也就是说，译者不能轻易使用译入法系（域）的法律规则去替换或涵化源法域的制度元素。这是因为任何一项法律制度都不是孤立存在的，都是存在和存活于一个特定的法域，并根植和依托于该法域的整个法律体系和制度环境，而不同法域的法律体系和制度环境又因其自身的历史传统、地缘环境、意识形态、社会政治经济制度、发展阶段、民族种族特性、宗教信仰等因素存在差异。这种差异在分处于不同法律体系和法治传统、不同政治经济制度，以及不同经济社会发展阶段的法域之间尤为明显。正因为如此，按照各个法域的自有逻辑形成的法律制度往往存在特定性和独有性，比如中国现行的纪检监察制度、人民代表大会制度、司法管辖和审级制度、英美法系的 jury 制度、美国诉讼法中的 discovery、deposition、privilege 等一系列特有的法律制度都很难在其他法域寻找到匹配制度。不仅如此，在一个法域中适用的具体制度往往只在本法域中具有法理渊源和效力基础。如此一来，法律制度性元素一旦脱离其源生的制度环境，在另一个语言和制度环境中寻找对应概念是极其困难甚至是根本不可能的，也无法产生其法律效力和效果。很多人主张跨法系法律概念不可翻译的观点概源于此。

为了说明这种困难，我们且看一个例子。屈文生教授曾在《mortgage 和 hypothecate 二法律术语的汉译》一文中提出[1]，长期以来法律翻译界一直将我国法律体系中的"抵押"作为英美法系中 mortgage 一词的中译名，但事实上这两个概念在各自的源生法律体系中各有一套相应的法律制度来规制和界定，其制度内涵并不完全相同。英美法系的 mortgage 制度虽然也是一种担保方式，但在英国普通法和早期的美国法项下，mortgage 这种债务的担保方式需要向债权人转让担保物的所有权。从词源上看，mortgage 一词源于诺曼征服后引入英国的法语法律词汇（Norman-English name），由法语词"mort"和"gage"两部分构成，分别对应英语中的"dead"和"pledge"，大致意为对担保财产的原产权人（大多是债务人）而言"已死的质物"[2]。这意味着对于债务人而言，在其清偿债务之前不再拥有用于担保的财产（主要是不动产）的产权，就连现行的《布莱克法律字典》对 mortgage 的解释仍然是"A conveyance of title to property that is given as security for payment of a

---

[1] 屈文生：《mortgage 和 hypothecate 二法律术语的汉译》，《中国科技翻译》2003 年第 16 卷第 3 期，第 29—30 页。
[2] 见 https://dictionary.law.com/Default.aspx?typed=mortgage&type=1。

debt or the performance of a duty and that will become void upon payment or performance according to the stipulated terms"[1]，即（债务人向债权人）转移财产所有权，以此作为清偿债务的担保方式。后来，这个术语的法律含义也随着法律制度的发展不断转变，在英美国家很多法域（如美国的很多州）的法律中，mortgage 这种债务的担保方式已经不再要求债务人或担保人向债权人转让担保物的所有权，而是通过设立权利负担的方式（各地方式不同，多为抵押登记）保护债权人的利益。只有在这种现代意义上，mortgage 这一英文法律术语的严格法律内涵才与中国现行法律项下的"抵押"同义。而中文"抵押"一词作为源于大陆法系传统的法律术语，其对应的外国法律术语原本是法国民法中的 hypothèque，德国民法中则用德语 hypothek 表示，衍生到英语则成为 hypothecate[2]。在这一制度项下，用于抵押的财产只是被设置了担保物权，既不转移抵押财产的产权，也不转移其占有，抵押人对抵押物仍可不受限制的占有、使用和收益，只是通过设立权利负担限制抵押人在担保期间对抵押物的处分（如转让）。如此看来，对于 mortgage 的原始含义而言，将其译为"抵押"是错误的。既然中国法律体系中的"抵押"与普通法中 mortgage 的原始含义在法源和制度要件上都存在差异，翻译时就不能作为完全对等的法律概念来泛用，因此目前国内在不做任何限定的情况下一概将 mortgage 译为"抵押"即便不是完全的误译，也称不上严谨准确。至于 mortgage，按照我们在前面确定的译名规则，可以据其源法系（英美法系）中的制度本意释译为"须转移所有权的财产担保"，或缩略为"移权担保"，还可以索性借用香港译名"按揭"然后释义，用以体现其准

---

[1] *Black's Law Dictionary (7th ed.)*, West Publishing Co., 1999，转引自屈文生《mortgage 和 hypothecate 二法律术语的汉译》，《中国科技翻译》2003 年第 16 卷第 3 期，第 29 页。
[2] 《布莱克法律词典》对 hypothecate 的定义是"The pledging of something as security without delivery of title or possession"（提供担保物时无须转让产权或转移占有）。

确的制度内涵。这也说明，在跨法系的翻译中，不论在英译中时将英美法系的 mortgage 译为中国的抵押，还是反之在中译英时将中国的抵押制度译为 mortgage 都属于不当的归化，混淆了二者之间的制度差异。

这个例子很好地说明，对法律制度语言的翻译容不得半点似是而非和神似类比。如果制度内涵不符，不论译文语言如何畅达或者文化喻旨如何会通都不符合法律翻译的准确性要求。法律翻译在制度层面上的关注重点已经不再是语言规则和文化意旨，而是每一个具体法律术语的制度内涵和适用效力。法律制度语言经过学理抽象、立法确立和司法践行，都是具体而精确的，具有严格的内涵界定（通常由相应的立法确定）、法定的构成要件以及明确的适用条件。任何使用缺乏体系依托和本质要素对等的本土法律语言去翻译外域的法律术语和制度概念都存在着误译的风险，这在法律传统不同的跨法系翻译中体现得尤为突出。

那么在制度层面的法律翻译中究竟应该如何理解和应用归化和异化译法呢？我们在法律译名的义译法一节中曾经提到过，有学者针对将英美法系的法律术语译入本质上属于大陆法系的中国内地时总结过两派翻译主张：一派观点主张将英美法律术语纳入中国既有的法律体系，使之与中国现行法律概念用语契合，即统一用译入法系的相应概念来表示功能相同或相近的源法系概念及其所代表的制度，这其实就是制度层面的归化翻译；另一派观点主张翻译时不能仅凭部分相同的内涵就把一个法律体系中的术语与另一制度体系中的术语画上等号，对于不完全等同的概念必须新创本土译名，这是对制度层面异化译法的生动诠释。从译名推及译文，其原理是一致的，只是译文涉及的因素更为复杂。

由此，我们可以在制度层面对两种译法作出理论抽象：制度层面法律翻译中的归化译法是以译入法域的法律制度为依托，用译入法系的法律制度概念对应解读和表达源法域的制度信息，并用本域制度的表现方式同化和涵化外域制度。与之相对，制度层面的异化译法则强调在翻译中保有和体现一项外来法律制度在其源生法域中的本质属性、特征、内涵以及特有的表现方式,让译文读者切实认知到不同法域法律制度的差异,并借以认知外法域法律制度的本质特征。很明显,与归化译法相比,异化译法有助于尽可能忠实、客观、完整地反映源法系法律语言的制度内涵,防止归化译法带来的概念和制度畸变问题,也能够为译语社会提供更多寻找外法系概念法源的线索。同时,异化译法往往承担着对外来法律术语及其代表的法律制度进行解释的功能。通过这种解释途径,更易呈现源生制度原貌,把特定概念的内涵及其法律特征还原到源生状态,最大限度地保证翻译的准确性和严谨性,防止穿凿附会。更为重要的是,异化译法对于法律制度移植发挥着至关重要的作用,只有通过完整、准确、全面地揭示源生制度的本质内涵和功能,才能为制度的借鉴和移植提供条件。

除了对于异化译法与归化译法在法律制度层面的应用进行理论界定,我们还需要确立相应的规则对二者的应用进行规范。

规则之一是要避免极端的异化与归化翻译。这两种情况在中国近代法律制度翻译史上都曾发生过。异化方法的极端就是不译或基本不译,由此产生了诸如原词保留(比如采取"拿来主义"借用日语术语)和音译泛滥现象。究其原因,首先是因为汉语早期的法律语言库存缺乏对应源语信息的语言资源,在与其他法律体系发生接触的初期,由于迥异的体制导致汉语法律语库面对外来的法律制度完全空乏、无以应对。既然空乏和无措,当然也无以归化,仓皇中只能产生被动的应激反应。极端的异化译法就是这种应激反应的表现。然而,极端异化并无助于维持源语制度的异质特征,只能成为译语中的异端,无法有效融入译语。除了译名,译文方法也曾出现过极端的异化翻译,《法国民法典》在中国最初的中译本(同文馆译本)就是如此,"整个译文不但文字晦涩,诘屈聱牙，而且译意不明，使人很难了解，甚至无法知道律文的含意"[1]。这就是整个文本的表达方式都悖离译语传统和规则导致的结果。

值得注意的是，不同的译语社会在吸收不同的源语时，对于极端异化译法的容忍度是不同的。对此起决定性作用的首先是源语与译语之间的语言亲缘关系。譬如，同为拉丁化语言的英语在自身发展并不成熟的阶段原词吸纳拉丁语与法语法律词汇并不显得违和，但拉丁化的语言进入表意化的汉语则不现实。同理，近代热衷于学习和引进西方法律制度的日本也从未在其语言中保留拉丁化的文字，转而借用"同洲同文"的汉字表达西方的法律概念。中国在清末修法时又从日本大量借回这些用汉字表达的法律术语充实其最初的汉语法律语库资源。

其次，由于法律翻译往往伴随着和服务于域际法律制度的移植，法律移植的方式也决定着译语社会对于异化译法的宽容程度。在译语社会全盘接受和整体移植外来法律制度的过程中，异化翻译遭遇的阻力就会明显降低，异化翻译所形成的新创法律语言在译语语言中存活的概率明显增大。比如在香港受英国殖民统治时期，英国将其法律制度全面移植于香港。为了适应当地中国居民的理解能力和语言使用，大量英国法律概念以僵化机械的语言形式转换进入当地语库（书面用语和方言口语），成为英国法律语言在当地汉语中的对应符号。至于这种新创的语言符号本身是否恰当并不重要，无非是一个约定俗成的过程，比如将mortgage音译成"按揭"就无所谓对错，不过是给不懂英文的当地居民提供用其母语表达外国概念的符号而已。只要这些中文符号对应的事物在香港本地发挥着与它们在英国源生法律体系中同样的制度性功能，"翻译"的目的就达到了。由于英国的源生法律体系已被整体移植到了香港，也就是照搬了一个语义参考体系，当地的中国人说"按揭"与英国人说

---

[1] 李贵连:《〈法国民法典〉的三个中文译本》,《比较法研究》1993年第7卷第1期,第90页。

"mortgage"所指向的是完全相同的制度概念，产生同样的法律效果，并受同样的法律制度规制。这样一来，经过一个逐渐教化和沉淀的过程，这些新创的语言符号，无论翻译得正误好坏，都逐步转化成当地中文法律语言的组成部分并自成体系。这就是当制度土壤被整体移植后译语社会对于异化翻译宽容度的体现。但在并不具备全面制度移植条件的社会，缺乏词义和制度支撑的极端异化译法（如纯粹的音译）在译语社会的接受程度是极其有限的，如此产生的译文往往很难在译语中存活，而理念的差异和制度应用的欠缺，又无法形成对译语社会民众的教化和熏染，这也使得外来语言极难通过极端异化的翻译进入译语社会，尤其是进入乡土和草根社会。正因为如此，早期译者转而依赖归化译法，以当时本土既有的语言库存为涵体去表达外法域的法律思想、文化和制度概念。但在迥异的社会体系中寻找完全对应的事物只是一种理想，事实上很难实现，硬性类比只会滑向极端的归化翻译，其结果往往是曲解本意或者损益源语信息，导致大量比附、误译、讹译现象的出现。显然，极端的异化与归化都会在法律翻译的演进发展中遭到淘汰，时代的发展必然要求二者都从两边的极端向中间的理性区域聚拢。

规则之二，作为制度层面的翻译方法论原则，只有当译入法域的法律制度概念与源法域的制度概念存在实质性的对应关系，其内涵和外延在本质上具有一致性时，方可使用译入法域既有的制度概念对应表达源法域信息。否则，如果一项外来法律制度不能在译入法域找到与其在源生法域中的本质属性、特征和内涵均实质相同的制度语言，就不能牵强附会地使用译入法域的制度去标识外域制度，而应该在尊重源法域制度本意的前提下，通过译语元素重新构建外域制度的本土表达，力求保有和体现外法域法律制度的本质特征。我们再借前面的例子加以说明。

美国《统一商法典》第 2-302 条规定如下：

If the court as a matter of law finds the contract or any clause of the contract to have been unconscionable at the time it was made the court may refuse to enforce the contract, or it may enforce the remainder of the contract without the unconscionable clause, or it may so limit the application of any unconscionable clause as to avoid any unconscionable result.[1]

作为条款核心的"unconscionable"一词（用通俗语言可译为"不合情理"或"很不合理"）在源法域（美国）的制度本意可综述为：

这是合同法中的一种理论，本是衡平法的产物[2]，针对的是那些违背良知、极不公平或者单方面有利于具有较高议价能力的缔约方的合同条款。通常，这种不公平的合同条款往往是缺乏对价或对价显然不充分，以至于执行合同会使合同的一方不当受益，而使另一方遭受损失，因此任何具有理性和完全知情的人都不会同意这种不公平的条款。判定合同的公平性应依据合同订立时双方的情况，例如双方的议价能力、年龄和精神能力、合同方是否缺乏选择权、掌握的信息是否充分和对称，以及谈判过程中的其他情况。这种不合理性必须在合同订立时就存在，而不能事后发生。法院对于纠正这种情况具有很大的自由裁量权。如果断定受害一方是在被误导、被胁迫、缺乏信息或存在误解的情况下签署的合同，从而遭受损害结果，法庭可以裁定不公平的条款无效（不可执行），或采取其他必要措施予以救济。[3]

根据上述法律释义，我们发现，美国合同法律中的"unconscionable"

---

[1] 参见 https://www.law.cornell.edu/ucc/2/2-302。
[2] 参见王军《美国合同法》，中国政法大学出版社，1996年。
[3] 参见维基百科资料，https://en.wikipedia.org/wiki/Unconscionability，译文经过笔者加工处理。

（名词形式为 unconscionability）与我国现行《民法典》[1]中规定的源于罗马法传统的"显失公平"概念，在制度本意、立法目的、构成要件、司法界定、适用情形、救济方式等方面均具有实质性的契合。二者的制度内核都是：如果在订立合同时，订约双方的权利义务明显不对等，利益严重失衡；合同一方具有明显优势，或另一方处于急迫、草率、无经验、不知情、缺乏判断力或迫于压力等危困状态；获利一方故意利用了自己的优势或他方的劣势诱使其订立合同，以相对小的代价获得超额利益，而另一方却因此蒙受巨大损失，此时，受损方可以请求法院变更或撤销合同。鉴此，我们就可以在制度内涵实质对等的前提下，采用中国法律中的"显失公平"制度翻译"unconscionable"或"unconscionability"，实现制度层面的归化翻译。

需要指出的是，正如我们的历史观所揭示的，法律翻译中归化和异化译法之间的界限是动态发展的，法域（系）之间语际交流早期应用的异化翻译，随着制度移植和文化互通也在不断向归化方向转化。译语社会在新建法律语库和表达体系的阶段接收外域法律信息时，采用异化翻译移植引入的法律制度性语言，通过在译语社会的不断教化和推行，得以生根、存活直至消化，逐渐融入译语法律体系，又为后续涵化外来法律概念提供归化用语，为接下来的归化翻译提供条件——这样的过程循环往复地进行，今天的归化用词往往就是昨日异化翻译的成果。比如上例中，中国法律中的"显失公平"制度也并非本土概念，而是最早见于古罗马法中的规则，后被大陆法系国家民法沿用。[2]最初引入中国时必然也经历过按照异化译法新创译名的过程，但经过国内立法的实施融入

---

[1] 见《民法典》第 151 条，此前的《民法通则》《合同法》《民法总则》均采用这一概念。
[2] 参见佟柔《中国民法学·民法总则》，人民法院出版社，2008 年。

了中国法律制度语言，最终又成为翻译美国法律术语的本土资源。[1] 与此同时，随着本土教育程度的提高、国际法律交往的不断深化以及法律全球化的发展，本土民众对于外来法律语言的理解能力和接受意愿都在不断提高，译语读者无须再过多借助本土参照去理解外域概念，以至于异化译法的应用空间不断拓展。

规则之三，翻译时必须保有源法域法律制度特有的外化（形式）特征。除了内涵差异，每个法域的法律制度还都存在特有的外化形式，这往往是受各个法域的立法规范、学术传统、思维习惯、民俗信仰、语言特性和写作要求等因素影响的，并直接或间接决定着法律制度的实施和适用。对此，笔者曾在前面多个场合有所提及，比如英语法律制度表达中常见的赘词现象（即并列使用意思相近或相同的"二联词"、"三联词"或"配对词"，见下文详述）、特殊的称谓传统（如在英美法系必须对法官称呼 Your Honor）、特有的写作范式、特有的编纂体例等。这些特有的表达方式和外在表现形式特征在翻译时也都应尽量予以保留和呈现，而不能被译语传统改变和抹杀，这是制度层面异化译法的又一个重要体现。我们试举几例加以说明：

香港《陪审团条例》（Jury Ordinance）[2] 中有如下条款：

Provided that if any such summons be not served personally it

---

[1] 根据民法学者的研究，中国法律中的"显失公平"制度最初受到沿用德国民法传统的我国台湾地区"民法"的影响，最初的译名也应源于此，而非对美国法律中"unconscionability"的翻译。换言之，我们使用中国法律中的"显失公平"制度归化翻译美国法律中的"unconscionability"并非译名回转。不过，按学界共识，美国的"显失公平"制度确由美国《统一商法典》第 2-302 条最初确立。参见张初霞《我国显失公平的立法瑕疵及重构》，《中国社会科学院研究生院学报》2017 年第 2 期，第 117—124 页。

[2] 香港《陪审团条例》第 3 章，https://www.elegislation.gov.hk/hk/cap3!en-zh-Hant-HK?xpid=ID_1438402956696_001&INDEX_CS=N。

shall be served 4 *clear days* before the day appointed for the sitting of the court and in addition in the case of service by post 2 clear days shall be allowed for delivery.

其中出现"clear day"的表达，意为完整的一天，可译为"整天"，是香港法例中严谨规范的表达方式，但在内地立法语言中从未出现过。翻译时，这种源语特有的表达方式必须在译文中保留和呈现，不能按照内地立法语言传统简单译为"天、日或工作日"。

再如，在同一条例中还有如下条款，明确规定了非基督教徒陪审员以声明代替宗教式宣誓的誓词：

I, A.B., do solemnly, sincerely, and truly declare that I will hearken to the evidence, and a true verdict give, to the best of my skill and knowledge, without fear, favour, or affection.

其中按照英美法系法律语言的表达习惯连续使用了"solemnly"、"sincerely"、"truly"三个含义相近、语意相关、功能相似的词语，似显繁冗，但在翻译时必须尊重源语制度的这种形式特征和语言传统，将其中每一个词语的内涵呈现出来（译为"郑重、至诚、据实"），不能简单地将其视为赘词而在翻译中按照中国惯常的宣誓用语只使用"庄严"一词概括。事实上，这些词看似含义相近、语意相关，其实每个词语发挥的功能和在源法域法律制度上的效力都不尽相同，既不能相互替代，也无法用"庄严"一词充分涵盖。

至此，笔者在方法论的高度上，分别从语言、文化、制度层面深入剖析了法律翻译实践中归化与异化译法的应用规则与规范。必须再次强调的是，在法律翻译实践中，语言、文化、制度元素之间并不存在严格的界限，而是有机融合、统一在翻译对象之中，这就要求译者统筹兼顾各个层面的方法应用。同时，在应用异化译法与归化译法时，既不能将二者对立起来，采取肯定一种而否定另一种的片面态度，也要避免任何一种译法的极端应用，而应综合考虑各项影响因素，权衡利弊，辩证施策，在认清两种翻译方法各自的合理性和局限性的前提下充分发挥二者各自的优势，趋利避害，实现最佳的翻译效果。

五、语用充实译法

人类的语言交际实践非常复杂，接收者有时无法通过表达者语言的外在形式确定或理解其希图表达的真实、全部或准确含义。这常常发生在如下几种情形中：

（一）在交际过程中，表达者往往以自身及自身所处的语言、文化、时空、思维状态为参照系（也就是一种语境）进行相应概念的表达。一旦参照系发生改变，这种表达的含义往往也会变得不确定或随之改变，比如，当事人表达"去年"这个时间概念就是以其作出表达的时点作为坐标，一旦该坐标改变，时间概念也会随之改变。再如，表达"我国法院的判决"这一概念时就是以"我"的身份作为参照才能确定法院的国别。这些都需要接收者根据自身的认知能力，结合语境、背景知识、常识和逻辑对信息进行解读、辨析和推理，而译者作为翻译过程中源语信息的第一层次接收者，往往须先于译文读者承担这种职能，并将解析后的信息传递给译文读者，以便读者理解。

（二）在很多情况下，交际主体传递的字面信息存在大量的信息缺省或简略，这在互动性即时言语交际中尤为明显。一旦脱离了当时的交际环境，"外人"对于缺省信息的理解就可能存在障碍或歧义，比如"I went to Columbia to study law"这句话如果脱离对话场景，究竟应该理解为"去哥伦比亚（国家或城市）学习法律"还是"去哥伦比亚大学学习法律"就存在不确定性。

（三）由于不同语种语言和法律语言之间的天然差异，语言的含义在跨域理解时存在多种解读，比如 grandmother 究竟是指"奶奶"还是"姥姥"，you 在特定文本中应被译为"你"还是"您"，抑或"你们"都是无法单纯从字面判断的，而是需要结合语境通过"语用推断"来确定。

（四）更重要的是，在某些场合和情境下，表达者不愿直陈其事，而是用委婉含蓄的方式传达其真正的意旨，达到暗指、隐喻、暗讽、点拨、幽默等目的，算是一种言语表达的艺术。接收者在接收到表达者的书面或口头信息后，需要结合各方面的因素揣摩和领会表达者的言外之意和弦外之音，也就是俗语所说的"锣鼓听声，说话听音"。如果捉摸不到表达者言语的用意所在，这种交流的目的就没有达到。作为中介，译者在翻译时如果不能揭示出这层隐义，也就无法实现源语表达者与译语接收者之间有效交际的效果。译者如果将这种隐义推断的责任交给译语读者，甚至在翻译过程中抹杀或曲解这层隐义，就达不到有效翻译的目的，也无法满足读者的期待。我们的译者观始终认为，译者的责任就在于通过其富有创造性和阐释性的翻译努力使得译文读者"阅读时不必付出很多的认知推理努力就能达到很好的认知效果"[1]。为了在法律翻译实践中应对以上这些情形，笔者提出语用充实翻译法，作为一条有效的解决途径。

所谓"语用"是"语用学"（pragmatics，即语言实用学）的研究对象，是语言学的一个新领域。它"研究在特定情景中的特定话语，特别是研究在不同的语言交际环境下如何理解和运用语言"[2]。也就是说，语用学把话语放在语言使用者和语言使用环境（语境）对它的制约中进行

---

[1] 张彭杰：《语用维度下的法律翻译》，《唐山学院学报》2014 年第 1 期，第 101 页。
[2] 何自然：《什么是语用学》，《外语教学与研究》1987 年第 4 期，第 20 页。

分析，把语言本身的意义与它的使用者联系起来，并认为语言的语用含义随着语境的改变是动态多变的。语用充实翻译法的核心功能就是要把原作语言的"语用含义"在译文中揭示和表现出来。这里所说的"语用含义"就是特定的语言使用者的特定话语在特定的语言使用环境和特定情景中的含义。在特定的语言交际环境下，将原作的语用含义揭示出来正是译者的重要职能之一。

在语用充实译法中，语境是一个关键概念。所谓"语境"就是"使用语言的环境，(是)影响语言使用和理解的一切因素"[1]，"包括交际的场合(时间、地点等)，交际的性质(话题)，交际的参与者(相互间的关系、对客观世界的认识和信念、过去的经验、当时的情绪等)以及上下文"[2]等。人们的正常语言交流总是离不开特定的语境，语境直接影响着人们对话语的理解和使用。在这个意义上，语用充实译法是译者在理解源语信息时以语境参照为基础的"语境补偿"（contextual compensation），以及在用译语表达时以交际用意和读者对象为基础的"语用充实"这两个相互衔接过程的体现[3]。语境可分为语篇语境(本文的上下文信息)和非语篇语境(本文以外的信息)，也有人将此称为小语境和大语境。还有外国学者提出认知语境观，即将语境视为一个在交际互动过程中为了正确理解话语而形成的心理建构体，是一系列存在于人们头脑中的假设。翻译过程就是认知语境假设的参与过程，其中话语理解等信息处理必然涉及接收者(在翻译中指译者)对语境假设的选择、扩充、调整与顺应，表达者和接收者之间在认知语境上越是趋同，交际就越容易成功。[4] 语

---

[1] 彭方针:《跨文化语用对等与语用认同》,《社科纵横》2010 年第 25 卷第 12 期, 第 170 页。
[2] 金定元:《语用学——研究语境的学科》, 北京语言学院出版社, 1992 年, 第 171 页。
[3] 参见冉永平《翻译中的信息空缺、语境补缺及语用充实》,《外国语》2006 年第 6 期, 第 59 页。
[4] 同上, 第 60 页。

用翻译观的基础就是把翻译看作跨文化的交际活动,要求译者充分考虑交际者所处的不同的文化语境,对源语的交际意图作出正确的理解和传递。[1] 这些理论都对于我们理解语境在翻译中的重要作用具有积极意义。笔者前面提出的深度译法同样注重语境对于文本内涵的影响,这是语用充实译法与深度译法的共性,只不过深度译法作为主要适用于学术理论作品的翻译方法,其涉及的语境更多的是学术语境——深度翻译就是对于理论著作的学术语境进行深入理解、研究和揭示的过程。恰如有学者指出的:"必须把握原文的语境,并尽量使翻译能够传递出这种语境,而语境又是以文本在学术传统或学术脉络上的位置来界定的。"[2] 相对而言,语用充实译法中涉及的语境范围更加广泛。

语用充实译法适合那些需要填补语境信息和揭示隐含信息才能完成的翻译任务。我们可以将这种翻译方法归纳为三种基本类型,分别为语用调整、隐义揭示,以及二者的结合。

语用调整是指译者依据原文所处的语境调整原文的字面表达(就是将缺省的信息充实填补出来或根据语境信息变更字面表达),使译文更加准确、完整或更符合原作本意。例如,翻译"去年最高法院作出过一份判决,对于前年修订的《合同法》第××条给出了司法解释"。在特定的语境下或者基于上下文的原因,这句话中的信息或许不言自明,但一旦脱离了原有的时境、语境来翻译,如果不对相关信息加以补充和限定,就可能影响读者的认知——比如这里的最高法院、合同法是哪个国家的?去年、前年究竟是指哪一年?因此,译者在翻译时应该先确定原作的语境信息(法域、写作年份等),并将这些信息充实到译文中,将原文的字面表达调整为"(××国)最高法院去年(××××年)作出

---

[1] 彭方针:《跨文化语用对等与语用认同》,《社科纵横》2010年第25卷第12期,第171页。
[2] 郑戈:《法律学术翻译的规范》,《北大法律评论》1999年第1期,第301页。

过一份判决，对于前年（××××年）修订的《（××国）公司法》第××条给出了司法解释"。这样一来，对于不掌握语境信息的译文读者而言，原文的含义就清晰完整了。这是语用充实译法第一种类型的典型体现。

语用充实翻译法的另一个主要类型是隐义揭示，是指译者通过语用推断将原作者意欲表达却又不直接、充分明示的内容，或者采用暗讽、隐喻、正话反说等修辞方法表达的真实目的揭示出来。表达者的这些真实目的隐藏在其语言的外化形式之下，需要读者结合语境信息才能理解。译者作为原作者和译文读者的中介需要承担两项任务：其一是在源语项下体察和推断原作（表达者）的话语参照系和未予明说的"言外之意"，此时语境仍将起到至关重要的作用；其二则是将这种体察和推断出来的语境概念和话外音传递给译语读者，也就是将原作者叙述语言中的隐含意图体现在译文中。[1] 有时译者即便不愿意如此"越俎代庖"或担心自己对隐义的主观理解会误导读者，也应该将原文中没有呈现的语境信息补充出来，供译文读者自己揣摩和领会原文表达的言外之意或语用内涵。这就是语用充实译法的另一项重要功能——在语言学中，研究语句的字面含义是语义学（semantics）的功能，而研究话语的言外之意则是语用学（pragmatics）的范畴。也就是说，语义学研究"what is said"，而语用学研究"what is implicated"。一旦语义学不能解释文本的真实含义，就要交给语用学来解读。将语用学引入翻译领域就意味着译者不仅要译出语言表达的字面含义，还要译出其推理意义和"言外之意"。

前面提及的华人学者姜永琳在对《大明律》的翻译中就采用了很多语用翻译手法。当然，这也可以被视为在中国古代法律典籍的翻译中语

---

[1] 观点出自钱冠连《汉语文化语用学》，清华大学出版社，1997年，参见曾文雄《中国语用翻译研究》，《解放军外国语学院学报》2005年第28卷第2期，第63页。

用翻译法和深度翻译法竞合的表现。例如,《大明律》中使用的"乘舆"一词,原指皇帝坐的车子,但在此处则用作皇帝的代称。此前有的译者只是按照词语本义将其译为 the carriage of emperor,忽视了其背后的隐义,自然也悖离了立法原意。在姜永琳的译本中,他不仅将之按字面译为 carriage,同时注明其指代含义为 emperor。这就使得西方读者既直观了解了"乘舆"一词的字面显义,也得以理解其在法典中的真实意指,以及古代汉语法律术语负载的文化内涵和喻旨。此前也有译者采取直接蕴化的方法,在译文中越过本义而直接译出其语用含义 sovereign 或 emperor,同样也是语用翻译法的一种体现。

我们再来看一个如何在译文中表现原作者反讽隐义的例子。二战时的英国首相丘吉尔在德国进攻苏联后发表的讲话中有这样一句针对希特勒的话:

> He hopes that he may once again repeat, upon a greater scale than ever before, that process of destroy in his enemies one by one by which he has so long thrived and prospered,…

在这句话里,"process"本是个感情色彩中性的词,而"thrive"和"prosper"对应的汉语含义则往往具有褒义,常译为"繁荣昌盛",但细品这段话发表的情境以及说话人的政治立场,就能体会到丘吉尔使用这些词语所隐含的抨击和谴责。此时如果不进行语用调整,将这些通过正话反说表达的感情色彩"化隐为显",而是按原文词语的字面常用意义翻译,就有可能让译文读者对于丘吉尔这段话的表达意图产生误解,并导致这篇讲话内容的逻辑冲突。一位译者采用语用充实译法将这句话译为:

他（希特勒）希望在更大规模上再次使出将对手各个击败的伎俩。正是凭借了这种伎俩，他才得以猖狂了这么久。……[1]

如此翻译就较好地达到了翻译目的，让译文读者准确理解了丘吉尔讲话的本义。

除了在译文中直接化隐为显以外，译者还可以通过补充相关语境信息来揭示隐义，这是前两种类型的组合，算作语用充实译法的第三种类型。例如，邓小平在1982年会见英国时任首相撒切尔夫人时，曾就中国将如期恢复对香港行使主权的问题坚定表达了如下原则立场："如果中国在一九九七年，也就是中华人民共和国成立四十八年后还不把香港收回，任何一个中国领导人和政府都不能向中国人民交代，甚至也不能向世界人民交代。如果不收回，就意味着中国政府是晚清政府，中国领导人是李鸿章！"[2] 很明显，这段话里面存在着一个特定的中国历史语境——通俗而言就是晚清政府是丧权辱国的，而李鸿章则是"卖国贼"（姑且不论专业的历史评价）。这在当代中国人的历史观念里是清晰的，因此中国读者不会误解邓公这种表述的含义和意图。但如果仅按字面译成英文提供给不具备中国近代史常识的外国读者，就有可能会引发疑问——为何要拿晚清政府做比较？李鸿章又是谁？为此，翻译时只有补充相关的语境信息才能让外国读者理解邓公的隐喻，从而达到翻译目的和交际效果。

同样，撒切尔夫人访华前不久，英国刚刚在与阿根廷就争夺马尔维纳斯群岛（英国称"福克兰群岛"）主权爆发的战争中取得胜利，气焰正嚣张，因此她来华谈判时也是气势汹汹。据说在会谈开始前，邓公还

---

[1] 译例参见于岚《翻译方法与翻译艺术》，《北京第二外国语学院学报》1994年第3期，第52—53页。
[2] 邓小平：《我们对香港问题的基本立场》，《邓小平文选》（第三卷），1993年，第12页。

专门对身边的工作人员说过:"香港不是马尔维纳斯,中国不是阿根廷。"[1]对于缺乏当时的历史和对话语境的读者而言,他们恐难理解邓公此言中把两对毫无关联的地区和国家放在一起对比的喻意。翻译时,译者只有提供必要的语境补偿,方能将言者当时的心理状态及其霸气外露的"言外之意"生动地展现出来。

采用语用充实翻译法揭示隐义和填补缺省语境信息的方式是多种多样的。究竟采取什么样的补偿、调整和揭示方法取决于译者对读者的认知和推理能力的判断、语境补偿的难易程度,以及翻译和交际的目的,但其宗旨都是力图"再现原作的语用作用力"[2]。此时,译者应充分考虑源语和译语表达方式上的不同,不拘泥于原文的形式,而力图保存原文的实质内容,以求语用等效,体现源语表达的"言外之力"(illocutionary force)[3]。笔者就以上面邓公对撒切尔夫人讲的这段话为例分析如下:

这里首先可以采取不改变原作字面表达,而通过增加译者注释的方式来补充缺省的语境信息,比如在李鸿章的名字之后注明其为"曾代表晚清政府对外签订多项不平等条约的重臣,以致很多中国民众视之为卖国贼"。这在形式上与注释译法竞合,好处在于译者仅提供一些客观的语境信息,而将对于原作语用含义的理解交给读者自己,避免译者用自身的主观判断引导读者。这尤其适用于译者认为读者能够根据补充的语境自行体会出话语隐义的情形。

译者也可以在译文的字面表述中补充相关信息,如将之译为:"……如果不收回,就意味着(现在的)中国政府(仍像丧权辱国的)晚清政府,(现在的)中国领导人是(像)李鸿章(一样的卖国贼)!"这种方法

---

[1] 参见《邓小平曾与"铁娘子"微妙寒暄:中国不是阿根廷》,《新京报》2013 年 4 月 9 日。
[2] 彭方针:《跨文化语用对等与语用认同》,《社科纵横》2010 年第 25 卷第 12 期,第 171 页。
[3] 同上。

适用于译者可以通过简明扼要的方式直接在译文中填补缺省信息，而无须补充过多或过于复杂信息量的情形，但应确保其对于原作者隐义的主观理解具有准确的认知基础。

译者还可以在译文中直接改变原句的表达方式，将之译为："如果不收回，就意味着中国政府是丧权辱国的，中国领导人是卖国贼！"这样就将隐义直接变为显义，译文简洁有力，便于达到交际效果。但这种翻译方式由于改变了原作的表达形式和内容，既存在曲解原作的风险，也有可能削弱了原作刻意营造的修辞效果，因此译者须慎重把握。

需要指出的是，后两种语用充实的方式所引发的顾虑涉及理论界常说的"生成过度"问题：采用语用充实译法会导致译者介入对原作真实含义的构造，但原作的字面信息仅为译者获取原作者真实意旨提供了线索，译者在诉诸其认知推理对字面信息进行内容充实和推导的过程中如果缺乏约束，就可能使译者"充实"出无限多的隐含成分而导致生成过度，甚至悖离原作的真实意图和含义。相对于其他类型的作品（如文学作品），法律作品的译者面对的情形更加复杂。这是因为法律语篇中涉及很多法律文化语境、法律历史语境和大量现实语境（即语篇生成时的现实环境和特定情景）以及语言伴生的复合形式，因此在法律翻译实践中进行语用充实时应受到更为严格的制约以避免生成过度，防止"充实"后的译文悖离原作的真实含义。

近年来，关联理论强调的"关联期待"在避免生成过度中起到了重要的制约作用。[1] 按照通俗的理解，翻译中的所谓"关联期待"可以理解为译者对原作者传递某种信息意图的期待、对于其意图传递的信息与某主题相关性的期待，以及对信息具体内容的期待。如果译者对原作所

---

[1] 参见郭淑婉《关联理论视角下法律翻译情态意义的语用充实》，《天津外国语大学学报》2015年第22卷第2期，第37页。

讨论的主题，以及对其讨论的具体方向都有了预先期待，那么，这种期待除了对其意识中的"语境可及度"产生影响，又能使其在思维中预设认知语境的搜索范围，从而有效实现指称分配、歧义消解、命题充实等显义目的，还能进一步为隐义推理设定具体方向，使推理效果进一步加强，从而达到制约生成过度的效果。[1] 笔者认为，剥离所谓"关联期待"的理论化色彩，其核心在于，译者应加深对于翻译所及的法律文化语境、历史语境、法律制度信息和案情信息的研究，以避免其在应用语用充实翻译法时对原作隐言内容和隐含意义的片面或过度解读，甚至曲解和误读，最大程度上保证译文对原作内容阐述的正确性和唯一性。这也是笔者极力强调应由专业译者承担法律翻译（甚至具体到某一细分法律领域的专业译者承担本专业法律内容的翻译）的重要性，其目的就是为了避免由于专业背景知识的欠缺限制译者对特定作品语境的认知和推理能力，进而引发误读和误译。

杨玉圣教授在《术语规范与学术翻译——从查尔斯河桥译成"查尔斯·里维尔·布里奇"谈起》一文中提到，2004 年国内出版的一部法学译著的译者由于缺乏原著源生法域的法律文化和历史背景知识，又缺乏对源法域法律制度的认真考察，错译了原著中的大量人名、书名和法律概念，比如在翻译 Charles River Bridge v. Warren Bridge 这一美国著名宪法案例的案名时，错将波士顿查尔斯河（Charles River）上两座桥的名字——查尔斯河桥（Charles River Bridge）和沃伦桥（Warren Bridge）译成"查尔斯·里维尔·布里奇"和"沃伦·布里奇"这样无中生有的人名。假如有效应用语用充实翻译法，预先查证该案的应用语境和案件背景信息就会知道，当初投资建造查尔斯河桥的业主公司认为，马萨诸

---

[1] 参见熊学亮、杨子《关联期待的动态性及其对语用推理的启示》，《重庆大学学报（社会科学版）》2007 年第 13 卷第 1 期，第 118—122 页。

塞州议会在其过桥费收费期尚未届满前又许可另一家公司在该桥附近建造沃伦桥（免费通行），导致该公司无法继续获得过桥费收入，侵犯了其先前签订的建桥许可合同中默示赋予该公司（一定时间内）在查尔斯河上建桥的专有权利，违反了合同约定，继而成诉。一旦补充了这些缺省的语境信息，案名自然也就可以补充完善为 *The Proprietors of Charles River Bridge v. The Proprietors of Warren Bridge*，进而正确地译为"查尔斯河桥业主（或产权人）诉沃伦桥业主（或产权人）案"。

六、注释译法

注释译法既可应用于译名，也可应用于译文，我们在此一并讨论。注释译法广泛运用在各种翻译实践中，是一种常见而重要的辅助性翻译方法，是将释义（interpretation）、解释（explanation）与翻译（translation）有机结合的一种翻译方法。在法律翻译中，作为一种技术性方法，注释译法往往辅助其他翻译方法或者与其他翻译方法结合使用以解决具体的翻译问题。比如，深度译法中就大量使用注释，辅助读者理解学术著作中的理论难点和学术语境。在规范性法律语言翻译法的适用场景中，对于那些高度抽象概括的法律术语和法学概念使用注释译法，可以有效辅助普通读者对立法条文的理解。当年王宠惠先生在英译"法典语言和编纂技术都深受学说汇纂法学派影响"[1]的《德国民法典》时就曾运用注释方法弥补译文需要阐释的地方。如他所说："法典中的概括性结论即使对德国人自己来说也需要阐释……因此附加必要注释和互相参考能引导

---

[1] Helmut Khöler, *Bürgerliches Gesetzbuch* (64. Auflage), Deutscher Taschenbuch Verlag, 2009, p. 13，转引自赵亘等《论〈德国民法典〉法律术语的特征》,《兰州教育学院学报》2011年第27卷第5期，第138页。

读者恰当欣赏该法典。"[1] 再如，对于特定的文本类型需要采用异化译法时，归化译文也可以作为异化译文的注释加以辅助说明，形成优势互补的效果。又如，在修正译法中，对于原文中的技术性错误，如果译者不便于直接在译文中修正的话，也可以通过注释指出这种错误并提供正确的信息。

注释译法在各类实务性法律文本的翻译实践中有着广泛的应用。譬如我们翻译"The lawyer may also seek admission to practice by pro hac vice"一句时会遇到"pro hac vice"这个拉丁文法律术语，其含义是美国律师在其不具有执业资格的州代理诉讼案件时，如果得到该案件主审法官的特别许可，可以在与当地律师合作的情况下在该起特定案件中跨州执业。翻译时，我们不可能将对于这一术语的完整解释全部纳入译文主体的表述，但如果不加详解，中国读者又很难充分理解这个关键术语的内涵。此时，译者就可以在译文主体部分提供一个精炼译名（比如"本案特许执业律师"），同时通过增加译注的方式详解其法律内涵，以助读者理解。

译者添加的注释并非原作的内容，因此注释本身不是翻译，但注释对于译文读者理解原作，具有重要的辅助作用和参考价值，因此它又是译文不可或缺的组成部分，所以我们将译者提供注释辅助理解的手段也作为一种翻译方法来对待。它既是译者主观能动性的体现，也是发挥翻译的解释功能的重要方式。

从内容上看，注释大致可以分为如下几类：

释义。对于原作中的关键术语，在译名之外通过注释加以释义，以助读者理解和领会。

---

[1] 王宠惠、李载谦译《〈德国民法典〉翻译前言及历史评价》，《中德法学论坛》2008年第1期，第159—166页。

背景信息。提供原作的写作背景或为其他特定内容提供背景信息，为读者理解原作营造一个背景知识氛围。

语境信息。有些语境信息不适合通过语用充实译法直接体现在译文之中，就可以通过注释的方式予以补偿。

译者说明。对于译文中的特定内容作出说明和提示，比如在提供异化译文后将归化译文作为译者说明提供给读者，指出其"相当于……"、"类似于……"等；又如发现原文中的明显错误时采用译者说明的方式提示读者，说明其"原文如此"或"应系笔误，实应为……"等。

译者声明和评论。注释的一个重要功能是给译者在译文中提供一个表达观点的机会。它不会进入译文本身，不影响原作的内容和结构，但译者可以借此就其自身的立场、对原作（者）的评价、对原作的具体内容和观点作出评论和声明。

其他译者希望传递给译文读者的信息。

提供这些信息的目的，都是帮助译文读者体会和理解原作，体现译者对读者的关怀，增强翻译的交际功能。作为上述各种类型注释综合运用的一个经典实践，钟威廉在翻译《大清律例》时就运用了大量的注释译法。对于中国古代法典中的那些复杂、古老的法律术语和概念，他随时随处通过注释提供释解、阐评和语意补偿，为读者提供理解和阅读帮助。这些阐释和注评当然都是深度译法的工具，但同样可以被视为注释译法的一种表现，尤其是当这些注释明显独立于对正文的翻译时。这些注释不拘形式，有的以释义的形式直接跟在需要解释的术语或概念之后（以斜体字或括注表示），比如他将"八议"之一译为"The first is called consideration [of cases involving] relatives"，随后以斜体字括注解释为："This means relatives of the Emperor of the degree of mourning called tan wen, and above, the relatives of the fifth degree or above of the grandmother and mother of the Emperor; as well as relatives of the fourth degree or above of the Empress, and relatives of the third degree and above of the wife of the heir apparent."以示与正文的区别。又如，他在将刑律名"以理去官"（指因为正常原因而免去官职）义译为"leaving government service for good cause"的同时，又随即对 good cause 本身作出"文外解释"："By 'good cause' it means to leave on the basis of a proper reason, and not for some other reason (such as escaping onerous tasks)."有的注释则是以批注（commentary）的形式添加在正文的相应段落之前，为读者作出阐释性导读。比如，他在将法典第 3 条"八议"译为"The Eight [Categories of Persons Whose Cases are to be Especially] Considered"之后，增加了很长的一段评注，用以介绍八议产生的历史背景、立法目的和功能：

(General Commentary: The Eight [Categories of Persons Whose Cases are to be Especially] Considered is a provision whereby the nation treats with special favour relatives [of the Emperor], the virtuous, the industrious, and those of long service, who must be treated outside the law, with forgiveness. Therefore, when they have committed offences, the decision will be prepared and considered outside the normal provisions of the law. Thus the [persons entitled to have their cases especially] considered will be made to be conscious of their dignity and not lightly to commit offences....

The Tang Code Commentary [Tang Lü Shu-yi] says: The Zhou Li [the Rites of Zhou] provides: "The [rule of the] eight avoidances is in accordance with the law of the state." The eight [categories of persons whose cases are to be especially] considered is the same as the eight avoidances of the Zhou [Li]. The [Zhou] Li says: "Punishments are not applied to high officials." When the commission of the offence is by someone who is in one of the eight [categories of persons entitled to] consideration, the seriousness of the punishment is not in accordance with the provisions of [the Law] as to punishments....[1]

此外，译文还通过脚注提供的注释。有鉴于这种古代法律典籍本身的复杂性和难解性，译者注释内容的体量甚至远远大于译文正文本身。

从性质上讲，在应用注释译法时，译者提供的注释可分为主观性、客观性和主客观结合性三种，以译者在其中掺杂的主观性因素（即译者自己的判断和对于原文的主观解读、评价、评论）的程度为划分标准。其中，主观性注释往往是一些评论性信息，通常表达译者个人的观点或对于原作内容的评价，客观性注释多为提示性和通用性信息，通常不夹杂译者的主观评价，而主客观结合性注释则多为提供和补充原作缺乏的语境信息，虽然意在补充背景信息，但难免带有一定的译者理解成分，这有时也会使其与语用充实译法发生竞合。举例来说，我们在前面引用过詹姆斯·麦迪逊的著作内容。为了便于读者了解原作者，译者可以在其译名之后增加注释来提供背景信息，如：

詹姆斯·麦迪逊（1751—1836），美国第四任总统（1809—1817）。

这是典型的客观性注释，提供的完全是客观真实的人物生平信息，不含有任何主观成分。

---

[1] William Jones, *The Great Qing Code*, Clarendon Press, 1994, pp. 36–37.

麦迪逊是一位思想敏锐、高瞻远瞩的政治哲学家，在创建美国民主制度的历程中功不可没，在为缔造美利坚合众国所做的贡献上无人可及。

这显然是一种主观性注释，提供的是评论性信息，往往表达译者个人或个人倾向的观点。

詹姆斯·麦迪逊（1751—1836），美国第四任总统。他是一位联邦主义者。美国宪法公布后，为了克服反对势力，使部分反对州批准宪法，他与约翰·杰伊及亚历山大·汉密尔顿等联邦主义者以"普布利乌斯"为笔名，撰写了一系列文章并将其结集为《联邦党人文集》，提出人权主张和三权分立学说，其中充满了洛克、孟德斯鸠的自由学说，体现并深刻影响了美国的政治思想和宪政思想。

这就是一种主客观结合型的注释，不仅包括客观的背景信息，也带有一些主观性评价和学术理解成分。

不论哪一种内容和性质的注释，其技术性特征都非常明显，其表现形式都是直接以注释（译者注）的方式将注释信息添加在译文正文之外，读者可以清楚地辨认出这是译者提供的注释，而非原作的内容。这与应用深度译法、达旨译法、归化译法，以及在部分场景中应用语用充实译法时，译者将其对于原作的理解、修正、解读、阐释甚至编辑直接融入译文表达的方式存在明显区别。这种处理方法的好处是：一方面，既然译者注释属于译者原创，因此注释的内容、形式和必要性也由译者决定而不受原文和原作者的约束和限制；另一方面，即便译者的解释或理解过于主观甚至存在误解，也是译者"文责自负"，不会影响原作的形象。

总之，注释译法是译者对于原作积极干预的一种方式，有助于更好地实现翻译目的、提升翻译功能、体现译者对读者的关怀，是译者主动性的生动体现。通过注释的应用，翻译行为超越了单纯的语言转换功能，弥补了原文的语境缺省，增加了译文的信息含量和参考价值，因此在法律翻译实践中具有积极的意义。

七、修正译法

所谓修正译法，是译者在翻译过程中发现原文的明显错误时，直接在译文中作出必要的修改和更正，或者因应翻译目的、翻译对象的特性、源语与译语的天然差异等主客观因素而采取的在译文中人为修正原作内容或者增删特定信息的翻译方法，是翻译过程中译者主观能动性和纠错功能的重要体现。

在法律翻译实践中应用修正译法的情形主要有如下几种，兹分别讨论如下：

（一）在原文中发现明显的笔误、口误、打印或编辑错误，如果不加以修正，就会将这种错误带入译文。此时，最好的处理方式当然是与原作者核实并修正原文，这样可以保持原作与译文的一致。但在很多场合下，特别是在那些非即时性、非现场交际中，译者往往无法与原作者取得联系，或者缺乏核实和澄清原文的渠道，此时就要求译者发挥其能动性和翻译的纠错功能，通过法律逻辑、事实逻辑和常识进行辨识，对于发现的错误在译文中予以提示或者直接加以修改，以防这些错误被照搬进译文而引发读者误解和交流障碍。

举例来说，在一份英文收购合同中，笔者曾经遇到这样一个条款：

> If the conditions in clause 4 are satisfied by the date falling on the 360th day from Initial Closing but Closing does not occur

due to any reason attributable to X (where such reason arises solely due to the act or omission of Y), then Y shall be entitled to invoke the bank guarantee given at Initial Closing.

我们可将该条款按原文现状译为：

如果第 4 条规定的各项条件在初始交割后的第 360 天得以满足，但由于可归咎于 X 的原因（当该等原因完全因 Y 的作为或不作为所致时）导致无法实现交割，则 Y 有权执行（X 在）初始交割时提供的银行保函。

但是，对于这样的译文，译者会明显察觉到其中的逻辑错误：如果"可归咎于 X 的原因完全因 Y 的作为或不作为所致"，又为何赋予自身存在过错的 Y 执行 X 提供的银行保函的权利呢？这在法律逻辑上明显存在不合理性。据此，我们可以判断这句话的原文存在错误，很可能因为笔误或疏漏所致，而且问题就应该发生在"where such reason arises solely due to the act or omission of Y"这一句。经过分析发现，如果将括号内的文字改为"*except* where such reason arises solely due to the act or omission of Y"，则文意就会变为"由于可归咎于 X 的原因导致无法实现交割（除非该等原因完全系因 Y 的作为或不作为所致），则……"。这样更正后，译者不仅理顺了源语句的逻辑，而且澄清了文意。假如不作出这种修正，译文读者接收到的信息就将是错误的和混乱的，直接影响到交易的安全和合同双方法律责任的承担，而这明显违背了原作者的本意和翻译的目的。至于那些原文中明显的笔误、打印错误、排版错误就更不应该被译者照搬进译文了。修正译法恰恰就是发挥法律翻译者的主观能动作用，使其成为避免错误的技术性信息语际传播的重要屏障。

这也再次说明，法律翻译的功能绝非单纯的语言转换。

（二）不同法域和语域之间语言和文化存在的天然差异使得原文本在跨语域转换时遭遇技术性障碍，需要在翻译中进行人为修正，否则影响翻译效果。举例而言：

Please pay attention to all the terms or sentences written in capital letters, which are emphasized by us.

若按英文原意，这句话理应译为：

请注意所有使用大写字母书写的条款或语句，它们都是我们重点强调的。

从字面含义讲，这句译文没有任何错误。但我们知道，通过大写字母达到强调目的的做法只适用于英语原文，在语言转换后的中译文中是不会保留这些英文大写字母的。在这种情况下，这句译文虽然既无语言错误，也无法律错误，但并未达到翻译目的——不会产生原作者希望通过区分英文大小写而引起读者注意特定内容的效果。此时，译者就应该善于变通，对译文内容进行技术性调整，比如可对英语原文中使用大写字母加以强调的内容在中文译本中使用粗体或者斜体文字加以表现，并将这句提示语相应译为"请注意所有使用粗体（或斜体）文字书写的条款或语句，它们都是我们要重点强调的"。表面上看，这种翻译对原文作出了些许改变，却有效达到了翻译目的，这也是应用修正译法的必要性表现。

（三）由于不同法域和语域之间语言表达习惯的差异，或者原作者个性化的表达方式，原作若被按照字面信息直接转换至译语，可能会导致译文出现歧义、语病、逻辑错误、语素缺失、信息遗漏或繁冗累赘，此时就应在译文中对原作表达加以修改、补正或调整，使之符合译语规则和习惯。修正的手段包括语法修正、信息补偿、语义弥补等。例如，由于法律制度文化、法律语言传统和表达习惯等原因，英文法律文件中经常会同时使用两个或数个含义相当、相近，甚至相同的词语并列表达同一法律概念，达到强化的表达效果。这常被称为英文法律表达中的"赘词现象"，比如 authorize and empower、deem and consider、each and all、each and every、false and untrue、forgive and pardon、full and complete、null and void 等。也有人将这种并列使用的意思相同或相近的词语称为"二联词"（doublets）、"配对词"（legal pairs）或"三联词"（triplets）[1]。这些并列使用的词语与前面提到过的那种联合在一起使用的，语意相关但每个词语发挥的功能和在法律上的效力都不相同，也不可相互替代的词语组合是不一样的。它们彼此之间在语义上既无互补也无本质差别，确属同义赘词。王道庚曾经转述过产生这种同义赘词的历史缘由：英格兰的法律语言曾经历过两次重大的翻译过程，前一次是在 13 世纪时由拉丁语翻译为法语。此前欧洲的法律多以拉丁语起草，但当时的商人却对其知之甚少，他们迫切需要将重要的法律文件翻译为他们熟悉的语言，用以规范他们的交易，而法语则是北欧中世纪初使用的国际贸易语言，因此需要将拉丁语法律译为法语（此后的国际贸易语言是一种由拉丁语、法语和英语组成的奇特的混合语言）。在随后的几个世纪里，随着各种新兴法律原则的确立和法律术语的出现，法语逐渐发展成为一门非常专业化的法律语言。到了 16 世纪，英语日益成为国际贸易语言，商人们于是再次要求将法律从法语翻译成英语，但此时法语专业词汇与英语大众语言非常不同，因此有人担心将已成为法律语言的法语译成英语后可

---

[1] 王媛：《浅析法律英语的词汇特点》，《海外英语》2017 年第 23 期，第 216 页。

能会失去法律语言长期建立起来的专业特征。为了避免因此产生混乱，人们索性将有些法语法律术语与它们的英语译文连用在一起，用两（多）个同义词组合表达原来仅用一个单词即可表达的意思，这就形成了今天的联词赘词现象，比如 null and void、will and testament、rest, residue and remainder、give, devise and bequeath 等。[1] 遇到这种英文赘词时，译者完全没有必要刻意找出同样的中文赘词来"对等"翻译，而是使用一个足以充分表达这些配对词共同含义的中文词语即可，避免无益的赘述和重复。比如笔者最初列举的那些词组只需分别使用一个中文词汇就可以被准确地译为"授权"、"认为"、"所有的"、"每一个"、"虚假的"、"宽恕"、"完整的"、"无效的"，而不必将诸如 authorize and empower、each and all、false and untrue 以及 full and complete 这些两联词刻板地翻译成"授权和赋权"、"每一个和所有的"、"虚假的和不实的"、"完全的和完整的"等赘语。这是修正译法在处理语言习惯差异时的典型应用。

此外，由于不同语言的表达逻辑和语法规则存在差异，在一种语境或话语体系中恰当、适宜、充分、完善的表达，一旦跨语域、跨法域、跨文化，进入另一种语言体系就可能变得不恰当、不充分、不完整、不完善了，这就需要在翻译过程中对信息和语言元素进行修正补充。譬如，中国《刑事诉讼法》（2013年修正）第110条规定："人民法院、人民检察院或者公安机关对于报案、控告、举报和自首的材料，应当按照管辖范围，迅速进行审查，认为有犯罪事实需要追究刑事责任的时候，应当立案……"这句话在中文中的表述是清晰的，逻辑是正确的，中国读者阅读起来也不会产生误解，但若转换成英文表达就必须先将其中缺省的语素（定语）补充出来，使之形成完整的表达："对于（群众的）报案、（对于涉嫌犯罪行为或犯罪嫌疑人的）控告、举报和（犯罪嫌疑人）

---

[1] 参见王道庚《法律翻译——理论与实践》，香港城市大学出版社，2006年，第17页。

自首的材料……"然后才能对应译为"The People's Courts, the People's Procuratorates or the Public Security Bureaus shall, as per their respective jurisdictions, promptly examine the reporting and accusation materials of (the suspected crimes) and (the criminal suspects') voluntary surrender...",否则将会造成英语译文的语义缺失和逻辑错误。这是修正译法弥合不同语言表达规则和逻辑差异的体现,也是其与还原译法异曲同工的表现。

(四)由于意识形态、法律制度、文化信仰等方面的差异或禁忌,原文中的部分内容不能无保留地进入译语世界,必须通过翻译化解其中的障碍,过滤不当信息,否则可能引发制度性或社会性矛盾和风险。这与我们在法律译名中提出的译者修正功能是一致的,都体现了译者对原文错误采取的主动干预,凸显了修正译法的意义。

需要指出的是,作为一项技术性翻译方法,修正译法的具体应用必须遵循一些基本准则。首先,译者所要修正、弥补和消除的是原文中存在的技术性错误、瑕疵和障碍,而不是原文的实质性内容(包括立场、观点、主张等)。这些实质性内容不论在译者看来是否存在错误,或是否符合译者自身的立场,都不属于译者修正的范畴,也不是修正译法的应用对象。译者在应用修正译法时同样必须严守职能疆界,不可逾越翻译伦理的界限。换言之,修正译法是一种技术性修饰和弥补方法,而不是实质性的改写方法,其应用必须保持在必要的限度内,不能违背基本的忠实性原则。其次,在具体应用中,修正译法还要同时与下面讲到的维持原状译法辩证结合,相互制约。最后,修正译法也是对于僵化忠实论的修正。僵化忠实论者反对译者在译文中增减任何信息或改变原文的任何内容,但在一些特定情况下,如果不在适当限度内采取技术性处理措施,人为修正原文中的某些错误信息或语言障碍,或将导致读者误解或误读,或将影响翻译效果,或将引发制度性障碍或社会性风险,此时翻译修正就成为一种恰当且必要的翻译手段了。

八、维持原状译法

顾名思义,维持原状译法就是指翻译时不改变原文中的任何信息,包括其中的错误和瑕疵,使译文完全呈现原作的客观状态。这种翻译方法与修正译法并非矛盾的存在,也不是要求译者放弃主观能动性和纠错功能,而是在特定情形下为实现特定的翻译目的而刻意采用的一种翻译方法,在法律翻译中同样具有特殊的意义和必要性。

笔者在翻译观一节中探讨译者职能边界时曾经说过,在法律翻译的各种对象中,原文本身可能存在各种错误和瑕疵,包括逻辑错误、语言错误、语法错误、信息错误,也可能存在明显的虚假信息及违背社会主流价值观和意识形态的表达,但这些信息本身恰恰透露了原始表达人的思想意识、主观意图、思维和表达能力、精神状态、行为动机、身份特征以及事实线索,成为判断和确定其陈述的真伪、行为和言论的合法性,以及其法律责任的证据和依据。因此,对这些信息进行语际转换时,就有必要尽可能呈现客观真实的原始状态。此时,译者就应避免对原始信息采取任何主动的干预行为,而应维持其原状。譬如,诉讼案件的当事人或证人在法庭上的陈述或证言都将涉及法庭对案件事实的查明,其中如果存在错误,恰能反映出陈述者的意图、意识和主观心理状态,并为查清案件事实提供线索,此时译者如果进行人为干预,反而会导致客观真实的状况被改变而无法被有效传递给法庭。为此,美国很多法律和职业规范都规定,法庭口译人员提供法庭口译服务时必须宣誓保证其翻译的真实性。比如,《联邦证据规则》第 604 条规定:"口译员必须具备资质并且必须宣誓提供真实的翻译。"[1]1978 年颁布的美国《法庭口译员法》

---

[1] Federal Rules of Evidence (2019 Edition) Rule 604. Interpreter: "An interpreter must be qualified and must give an oath or affirmation to make a true translation."

(Court Interpreters Act)更是规定:"法律翻译人员必须完整准确、一字不差地翻译源语信息,完整保留源语信息和话语语体。"[1] 全美司法口译员与译者协会颁布的《专业责任与道德规范》第一条也明确规定:"源语的口语表达应忠实地译成目标语,保留原话语讯息中的所有语素,同时符合目标语的句法和语义模式。目标语的译文应该听起来自然,不应增、删、解释或改述,以致扭曲原讯息。所有模糊措辞(hedges)、虚假起句(false starts)和重复(repetitions)都应译出。同时,另一种语言中混用的英语单词应保留其原貌,对于具有特定文化意涵又无英文同义字或有多个语义的词汇亦然。源语的语级、格式和语气都应保留。法院口译员应避免猜测,在没有听到或无法理解说话者的言语时,应寻求澄清。"我们甚至认为在更极端的情况下,在翻译当事人或证人在法庭上的身体语言(如点头或摇头)时,译者只能使用语言描述其动作的客观状态,而不能解释其动作的含义(是或否),因为其含义只有法庭有权核实和认定,译者无权代为评价,也无权将其个人对于原始陈述的理解夹杂到翻译中。这都是维持原状译法的生动体现,也是我们提出维持原状译法的意义所在及其典型的应用场景。

维持原状译法与上面提出的修正译法看似矛盾,其实并不冲突,二者各有自己的适用范围和应用场景,都是法律翻译中不可或缺且具有重要作用和意义的翻译方法。在翻译实践中,译者应根据实际情况和具体需要灵活把握,特别是对于原作(原始文本和表达)中存在的瑕疵和错误,译者应根据原作的性质和用途、瑕疵和错误的性质、对原作者意愿的判断、原作错误对读者理解原作的影响、译文的应用目的和场景等多方面因素加以判断,并选择正确的翻译方法。

---

[1] 引自熊德米、熊姝丹《法律翻译的特殊原则》,《西南政法大学学报》2011年第13卷第2期,第128页,原文出自 Susan Berk-Seligson, *The Bilingual Courtroom*, University of Chicago Press, 1990, p. 235, 但笔者未查到原始出处。

最后需要说明的是，维持原状译法与前面提到过的直译法、硬译法或逐字译法都不是同一概念。维持原状译法强调的是对原文内容和客观状况的真实再现和忠实反映，而不是翻译方式和手段上的机械僵化。

九、还原译法

所谓"还原译法"，是指在翻译过程中将原文中没有充分、完整体现出来的信息恢复到完整状态并使之体现在译文中的翻译方法。还原译法首先是一种思维方法，还原过程是译者对于被还原对象的一个辨析理解和推理的过程。经过归纳，法律翻译实践中应用还原译法的情形大致有如下几种：

（一）原始文本还原

在翻译中经常遇到一种情形，就是作为翻译对象的原文本身就是从其他语种转译过来的，处于一种"衍生状态"，而非原始作者创造的最初文本。这些经过一次甚至多次转译的内容与原始文本之间很可能已经存在一定距离，因此以非原始文本为参照制作译文往往难以展现原始文本的本来面目，甚至讹化原作或者发生以讹传讹的错误。比如，一些外国作品引用了中国的人名和典籍，但当这些作品被翻译成中文时，有些不负责任的译者却根本不去核实和还原这些中文人名和典籍原文，而是根据外文叙述转译，闹出了很多令人啼笑皆非的笑话。令人遗憾的是，近些年这种笑话屡见不鲜：英国著名社会学家安东尼·吉登斯（Anthony Giddens）在其著作《民族—国家与暴力》（The Nation-State and Violence）一书中引述了孟子的格言"天无二日，民无二王"（In the sky there is only one sun and above the people there is only one emperor）。某些中国译者在翻译该著作时不仅将这句话循义译为"普天之下只有一个太阳，居于民众之上的也只有一个帝王"，甚至将孟子的英译名

Mencius 循音回译为"门修斯"。此事广遭学界指斥，贻笑大方。还有人将外国人使用的蒋介石的韦式拼音名 Chiang Kai-shek 回译为"常凯申"，将古代军事家孙子的英译名 Sun Tzu 回译成"桑卒"。诸如此类，不一而足。严格来说，这些翻译不论是否反映出原始文本的文义都属于误译，因为这不符合翻译"回转"的要求，译文读者也无法通过译文溯源确定其原始出处。这说明，对于翻译对象中本身就是译自其他语言的内容，最好查阅核对原始文本。在中英互译的翻译操作中，如果原文中包含对译语信息的引述，则必须在译文中还原被引述内容的原状。这也是翻译回转规则在译文实践中的体现。

（二）缩略语还原

原文中如果存在缩略语，译者应该首先将缩略的部分还原出来，继而才能完整准确地翻译。前面曾经举过一个香港法院的判例，中文判词中有一句："三名答辩人声称是以'和理非，完全不使用暴力的原则……"这段语句中使用了"和理非"这样的语汇，令人不解。通过上下文辨识方知是"和平、理性、非暴力"的缩略语，此时译者只有先还原出完整信息才能将之准确译为"peace, rationality and non-violence"。

（三）缩写还原

我们在各种语言的法律文件中都经常会遇到缩写。除了按照前面的译名规则可以不予翻译的那些众所周知的缩写以外，对于非通用缩写，译者都需要先将其还原为全称状态，然后根据还原信息形成完整的译语表达。

在法律领域的书面写作中，缩写的形式应遵循严格的规范，这样的规范当然也应被用来指导缩写的还原。比如在美国，法律专业写作（包括学术和法律实务写作）中凡使用单词缩写，都要遵循《法律蓝皮书：

统一引证体系》(*The Bluebook: A Uniform System of Citation*) 提供的缩写格式规则。以笔者早年在美国发表的一篇学术论文为例，该文被引用时，刊载的学术期刊名称被缩写如下：

Ruixue Quan, Establishing China's Environmental Justice Study Models, 14 GEO. INT'L ENVTL. L. REV. (2002).

翻译刊名时，首先应该根据缩写规则将"GEO. INT'L ENVTL. L. REV."还原为"Georgetown International Environmental Law Review"，然后方能准确译出期刊名称——《乔治城（大学）国际环境法评论》。

（四）简称还原

为了提高交流效率，追求精炼的表达效果，法律交流实践中不仅常用到缩略语和缩写，也常用简称，尤其是长篇法律文件起始部分已经做过释义的名称更是如此。翻译时若对简称不加还原或沿用不当，可能引发误解或误译，翻译缺乏上下文语境的引述或摘录内容时尤其如此，因此简称的还原往往也是法律翻译中的一个必经步骤。我们在语用充实翻译法一节中曾提到的案例 *Charles River Bridge v. Warren Bridge* 所使用的案名其实就是简称，其全称是 *The Proprietors of Charles River Bridge, Plaintiffs in Error v. The Proprietors of Warren Bridge, and others*。假如译者一开始就还原案名全称，也就不会闹出贻笑大方的翻译错误。再如，笔者试从 2019 年 3 月华为公司在美国法院起诉美国政府（及七个政府部门首脑）的诉状中摘录一句进行翻译：

One of the Framers' particular concerns was that the legislature would use its power to target specific individuals for adverse treatment.[1]

脱离美国宪法文化来看其中的"Framers"一词是很难理解和翻译的，它其实是"The Framers of the Constitution of the United States of America"的简称，翻译时有必要将其还原为全称"美国宪法的制定者"方可有效避免误解。这既是与语用充实翻译法从不同角度解决同样的翻译问题，也是笔者在摘译法中还要专门强调的规则。

（五）指代还原

有时，原文中使用的代词、代称、代指在原文和上下文逻辑中或许是清晰明确的，但若照搬入译文，尤其是摘选译文，却可能会在译语逻辑中产生歧义或引发混乱。此时就需要在译文中还原原文中的指代本意，以确保译文中的指代关系清晰明确，具体的手段和方法包括将代词还原为名词或增加语法元素，用以澄清语意，厘清指代关系。

若摘取华为公司诉美国政府的诉状中的如下语句加以翻译，其中的代词"it"有可能所指不明，需要在译文中予以还原：

Moreover, it is overbroad, because it bars use [...] or purchase [...] of Huawei equipment and services even where Huawei equipment or services are not being used to support a government related

---

[1] 诉状第2条。参考译文：美国宪法制定者的一项特别担心就是立法机关会利用其权力针对特定的个体采取不利的措施。

function.[1]

再看同一份诉状中的另一句：

Section 889 also violates the Due Process Clause by selectively depriving Huawei of its liberty—severely curtailing its freedom to do business, stigmatizing it by effectively branding it a tool of the Chinese government and a risk to U.S. security, and denying it any pre-deprivation legal process to confront the congressional charges against it.[2]

这句话中也使用了大量代词"it"，在原文中含义清晰、表达简练，符合英语句式的表达特点，但若悉数照搬入译文就不太符合中文的表达习惯了。

不经代词还原的译文：

第889节还因其选择性地剥夺了华为的自由而违反了正当程序条款——严重妨碍了它的商业自由，刻意污蔑其是中国政府的工具和美国安全的风险，并拒绝给予其任何反驳这些国会指控的事前法律程序。

代词还原后的译文：

---

[1] 引自诉状第5条。这里的"it"是指诉状前文提到的不当限制华为权利的美国2019财年《国防授权法案》第889节（the Section 889 of the John S. McCain National Defense Authorization Act for Fiscal Year 2019）。

[2] 诉状第5条。

第 889 节还因其选择性地剥夺了华为的自由而违反了正当程序条款——严重妨碍了（华为）的商业自由，刻意污蔑（华为）是中国政府的工具和美国安全的风险，并拒绝给予（华为）任何反驳这些国会指控的事前法律程序。

两相比较可见，指代还原后的中译文含义更加清楚、明确。

（六）语素还原

这主要是将原文本中缺省的语言元素（主、谓、宾、定、状、补语等），甚至标点符号在译文中予以补充还原，以保证语意完整，表达通畅。这也是语用充实翻译法另一个维度的应用。同样是上面这个例句，为了达到更符合中文逻辑和语法规则的表达效果，在译文中可以补充还原括号内的语言元素：

（2019 财年《国防授权法案》）第 889 节（的规定）还因其选择性地剥夺了华为的自由而违反了（美国宪法中的）正当程序条款（。）（该等规定）严重妨碍了华为的商业自由，刻意污蔑华为是中国政府的工具和美国安全的风险，并拒绝给予华为任何反驳这些国会指控的事前法律程序。

（七）语意还原

由于中英语言之间存在着思维方式、语法规则、语言文字结构以及表达习惯的诸多差异，英文汉译时，我们往往需要将原文通过源语的时态、语态、单复数形式等语法和修辞手段表达的语意在译文中还原体现出来。这常常需要在译文中补充、增加一些必要的语言成分或文字，达到还原本意、填补语意空缺、体现修辞效果、揭示原文隐含语言成分的目的。这在某些方面与语用充实翻译法形成竞合。例如，在翻译 separation of powers 一词时，我们往往译为"三权分立"。其实原文中并没有出现"三"这个数量词，但通过 power 一词的复数形式并凭借我们对美国法律的背景知识，可在译文中还原出其立法、司法、行政权"三权分立"的语意。再如，翻译"they said..."一句时应在译文中增加必要的时间状语以表现出原文的时态，将之译为"他们过去说过……"或"他们曾经说过……"。

（八）情境还原

原作者在写作或叙述过程中，往往有意无意地为写作内容设定一些基本前提和场景，比如时间、地点、国别、人物范围、事件背景等，这些情景信息本身并不通过文字体现在作品之中，但作品内容又都是建基于这些情境之上的，翻译时如果不还原出这种情境信息，很可能会令读者无法把握原文内容的适用场景，甚至会造成时空错乱。例如，在一份法律文件中遇到"President Bush launched the Comprehensive National Cybersecurity Initiative"一句时，如果仅遵原文字面意思，或应译为"布什总统发起过全面的国家网络安全倡议"，但如果站在今天的时点上去理解文意，就需要通过还原一些情境信息才能使译文内容更加明晰、准确。据此，我们应将其译为："（时任美国）总统（小）布什发起过全面的国家网络安全倡议"或者"（美国总统）（小）布什（在其任内）曾发起过全面的国家网络安全倡议"。这实际上也是语用充实译法另一种形式的体现。

从本质上讲，还原译法的应用是译者的一个思维过程——译者须先将原文中被压缩、省略和隐化的信息通过自己的理解挖掘、还原出来，再通过在译语中改变表达形式将其显化。这种还原既不能无中生有，也必须保持必要限度，其原则是变形不变意。同时，译者还要注重平衡翻译的效果和效率，不能在还原之后给人以繁冗累赘或画蛇添足之感。

十、摘译法

相对于全文翻译而言，根据特定的翻译目的或读者需要，或者为了提高翻译效率，有时译者只需摘选原文中的部分内容进行翻译，这常常被人称为"摘译"、"选译"或"节译"，笔者认为大同小异，遂以"摘译"统称之。

摘译是法律翻译实践中常见的翻译形式。近代西方法学著作最早的汉译文本，就是鸦片战争前，在林则徐主持下，由袁德辉和美国传教士伯驾二人摘译的瑞士国际法学家瓦特尔所著《国际法》的片段（当时的中译名为《各国律例》）。我们在日常的法学研究和法律实践中也经常需要摘取某个作品的部分内容，并将其翻译为其他语言。这种对摘选和节录内容的翻译不同于对内容完整连贯的全文进行翻译，也不等同于从整体译文中抽取字句和片段，因为它脱离了全文整体的语境和结构。如果在翻译时不加以处理，就可能会出现信息碎片化、逻辑断裂、语素缺失和语义缺损等状况，严重影响翻译效果。因此，我们有必要针对摘译的特殊性确立相应的翻译规则和方法。兹先概述几点说明如下：

首先，对摘译方法产生决定性影响的是摘译的单位——摘（字）词、摘句或摘段翻译，因为不同的语言单位自带语境和逻辑结构的能力不同，翻译中需要作出的处理方式也不同。其中，摘词翻译在很大程度上就是译名方法的重要应用，而摘句、摘段甚至摘选部分语篇进行翻译都会具体应用到我们此前总结出的各种译文方法，包括对于语用充实、修正、还原、注释等译法的综合运用，这也体现出法律翻译方法论的内在协调和统一。

其次，不论摘译单位的大小，摘译的本质都是翻译行为，而非编辑行为。这与有些著作将编译、缩译等编辑行为和翻译行为混淆，或者将二者的结合体纳入翻译方法的讨论是不同的。在笔者看来，编译、缩译首先是编辑行为，是在源语层面对原文编辑整理后再对编辑文本进行翻译，其翻译对象已经从原文本变为编辑文本（不论编辑文本对原文本的改造程度大小），考察和评价翻译效果和准确性的基础也从原文本变为编辑文本，在编辑过程中发生的对原文的变造或曲解当然也不能归咎于翻译的失误。相反，摘译的对象仍是原文的内容，除了根据特定情况需要增加或调整个别发挥剥离或衔接作用的语素外，翻译的对象都是原始内容而非编辑内容，翻译对象的创作者也是原文作者而非编辑者，不论用词用语还是写作风格都源于原文作者，这也使得摘译并未脱离翻译本位。顺便指出的是，缩译法、编译法在实践中常有应用，笔者指出它们与摘译法的区别并非否定其应用价值，只是强调它们所具有的编辑功能（先缩后译或先编后译）。不将它们作为单独的翻译方法专门列举出来，并不影响它们在翻译实践中的应用，笔者在后面的实例中就有所应用。

第三，尽管如此，摘译的对象毕竟不是原文的全部，而只是其部分，也就是说摘译仍然是先摘后译，那么，摘选什么内容、摘选的目的和用途是什么，则取决于译者（或摘选者）的主观意志。从这个意义上讲，摘译受到摘选者主观因素的影响很大。对于未见原文全部内容的译文读者而言，其对原文的理解和判断基础局限于摘选内容，因此也就不可避免地受到摘选者主观性选择倾向的引导。一旦这种摘译违背了翻译伦理和客观性准则，原作的面貌和本意就可能被篡改，译文读者被误导的可能性也就更大。正因为如此，摘译行为应该受到更多的规范，这也使得我们就此提出方法论的指导更具有现实意义。鉴此，笔者总结提炼出几项摘译原则和方法：

（一）语境依托原则

这里所说的"语境依托"，是指对于摘选的字词句段的翻译应该依托于其在原文整体语境中的本意。笔者早已说过,对于无法形成自身语境的字词句段而言,孤立地理解与将其置于整体语篇环境中探寻出的意义往往是不一样的。既然翻译对象是被从特定语境中"摘"取出来的,那么对其含义的解读就不能脱离甚至悖离其所处的特定语境,否则就会有断章取义或误读误译的风险。这意味着,即便只是选取原作中的个别字词进行翻译,也必须对于字词所处的语篇环境进行整体考察,以确定其在特定语境中的真实含义。换言之,就是要让被摘选的字词句段在被翻译时"自带语境",这在摘译字词时体现得尤为明显。对此笔者已经在前面的译名方法和译文方法(特别是语用充实翻译法)中进行过深入解析,现再举一个例子。

在下一章的实例分析中,例文原文引用了美国《联邦民事诉讼法》中的如下条文:

> (i) the name and, if known, the address and telephone number of each individual likely to have discoverable information-along with the subjects of that information-that the disclosing party may use to support its claims or defenses, unless the use would be solely for impeachment;...

假如只摘选最后一句中的"impeachment"一词来翻译,可能大多数人都会将其译为"弹劾"(例文提供的参考译文也是如此),因为这是"impeachment"一词的通常含义。但若将该词置于这一条款的上下文语境之中,就会发现将其译为"弹劾"与其所处的语句、语段的整体含义不符。通过语境分析可见,"impeachment"在这里是指庭审中用于质疑和攻击证人证言的真实性和准确性的一种程序和手段。比如,证人出庭作证时提供的证言,与其之前的宣誓证言或陈述不符或相矛盾,诉讼方可以用其之前的宣誓证言来质疑其当庭证言的效力。可见，应用场景改变后语汇的内涵常常会随之改变，没有特定的语境作为依托，翻译的准确性也就失去了判断的基础和依据。这就要求译者在翻译摘选内容时都应该尽量回归到其源出语境中加以检视，以防在与全文割裂的情况下误判文义。显然，本例中的"impeachment"在诉讼法和证据法中的含义与其在行政法或宪法中的含义是不同的。国内目前普遍将此译为"弹劾证据"[1]，就是僵化翻译"impeachment"一词造成的错误。既然其举证目的在于质疑证人的诚信度和其证言的真实性，笔者认为，应译作"质信证据"为宜。

（二）客观性原则

这里所说的"客观性"，主要是强调摘译应该避免人为篡改原文本意和主旨。如前所述，摘译是对摘选的内容进行翻译，摘选难免带有目的性和一定的主观倾向性，这不是翻译行为本身所能够左右的，但假如委托人或译者在摘选内容时带有强烈的主观动机，意欲引导译文读者按照他们的倾向理解原文，将势必影响到翻译的客观性效果。影响摘译客观性最主要的表现是译者脱离语境和上下文关系，有意识地摘取偏离整体文义的部分观点或者语段中的部分内容，造成断章取义、以偏概全，或者人为割裂上下文之间的逻辑联系，达到篡改原文主旨和误导读者的目的。这种情形从微观上看或许并不存在对于摘选内容的字面翻译错误，但却从本质上悖离了原文本意。这就有违翻译伦理，也是笔者在翻译观一节中极力反对的。例如，对于"At the time, Huawei stated that it 'ha[d] faith in the fairness and justness of the United States.'"[2] 这句话，如

---

[1] 参见朱立恒《传闻证据规则研究》，中国政法大学出版社，2006年，第7页。
[2] 摘自2019年3月华为公司在美国法院起诉美国政府的诉状第42条。

果置于上下文语境中，全句应译为"当时，华为曾经表示过它相信美国（制度）的公平和公正"，其本意旨在表达过去曾经存在过的一种态度，但（这种态度）现在已经发生了改变。假如故意回避时间状语，仅摘选这句话的后半部分"Huawei stated that it 'ha[d] faith in the fairness and justness of the United States.'"，将之译为"华为表示过它相信美国（制度）的公平和公正"，就悖离了原作者的初衷和本意。从译者伦理的角度讲，译者自身应该避免在主动摘译时悖离原作本意。对于被动接收的摘选内容，为了防止这种主观性干扰，译者也有必要采取一些技术性方法予以对冲，比如回归整体语境探究话语目的和语义、补充必要的衔接词和语素等，尽可能维持翻译行为本身的中立和客观。

（三）内在完整性原则

语境依托原则解决的是摘选内容与外部语境之间的关系，使其不因脱离语境而丧失含义坐标，而内在完整性原则维护的则是摘选内容（句段和语篇）的内部关系，也就是为摘选内容创造一个独立的"生存形式"，使其不因为脱离原文环境而显得支离破碎、言不成语，或文意畸变，或发生语法错误。这往往需要译者在翻译时为摘选内容补充一些用于衔接的文字或标点符号，或调整原文字词的语法形式（时态、单复数、大小写等），在不改变语义的前提下保证表达内容和形式的连贯性和正确性。

上述三项原则彼此协调和互补，作为一个有机整体指导着摘译实践。为予落实，我们可以再细化为几项技术性方法：

（一）摘译说明

摘译说明有几种作用和表现形式：其一是向读者明确说明摘译性质，即说明提供的译文只是原文的部分内容或章节摘选而非全部，用于澄清翻译的定位及其局限性，也有助于满足读者客观实际的期待。这可以通过加注"摘译"标识或使用引号等形式体现在译文中。

其二是提供原作背景和原文语境说明。这可以帮助译文读者了解摘译内容的原始文本、源出语境、适用场景、应用条件、产生时间等多种信息。这种背景说明既可以通过注释提供，也可以有机融入译文，譬如在摘译内容之前注明摘选来源：

本案一审法院在 × 年 × 月 × 日的一审判决中指出："……"；

著名法学家 ×× 曾经说过："……"；

美国《联邦民事诉讼法》第 × 条规定："……"；

律师在尽职调查中发现："……"。

其三是通过适当方式表明译者摘译的意图、目的和动机。法律翻译中，摘译的目的多是在学术研究和法律实务中，摘选原文中的部分内容用于译者自身或委托人的活动，比如引用参考文献、引用学术观点、引用对方论点等。此时，摘译的动机取决于研究目的和实务需要，比如用于引述、支持或反驳某种观点或陈述，或者作为提供法律意见的依据等。如此摘译的主观性明显，因此更应该让读者明白摘译的意图。

其四是提供摘译索引。摘译时应该将摘选信息的详细出处和索引信息，包括原文的出版信息、文献编码、章节条款的编号、页码、网址等，标注在译文中，这既是对于原作者著作权的尊重，也便于读者查询核验原作。

（二）语境铺垫和语义衔接

译者在摘选原文的部分内容后，常常会因为内容断裂和其他信息缺失，导致原文的整体语境和逻辑关系被打破，极易引发读者误解或给其造成阅读障碍。此时译者可以合理利用语用充实译法或注释译法，在译文中合理补充摘选内容中缺省的背景信息或增加必要的说明，为摘选内容创造一个自带语境，从而获得语境依托。

（三）补充语言元素，调整语法形式

除了语境铺垫和语意衔接以外，脱离原文结构的摘选内容还可能因为缺省语言元素而出现指向不明、语意不连贯、语法结构不完整等问题。此时，译者需要应用包括还原译法、修正译法、注释译法在内的各种翻译方法予以补救，不仅要在不改变文意的前提下在内容上有所串接，而且还要根据实际情况对于语法应用进行调整，比如人称、时态、主被动语态、单复数形式的调整等等。例如美国《联邦民事诉讼程序规则》第4条关于法院传票的规定如下：

> A summons must:
> (A) name the court and the parties;
> (B) be directed to the defendant;
> (C) state the name and address of the plaintiff's attorney or—if unrepresented—of the plaintiff;
> (D) state the time within which the defendant must appear and defend;
> (E) notify the defendant that a failure to appear and defend will result in a default judgment against the defendant for the relief demanded in the complaint;
> (F) be signed by the clerk; and
> (G) bear the court's seal.

如果仅摘译其中的一款就会缺乏主语，就应该在摘译文中加以补充，如将（G）款译为"（传票必须）加盖法院的印章"，使摘译条款的内容完整，这既是内在完整性的要求，也是还原译法在摘译中的应用体现。

第四节 各种翻译方法的性质及相互之间的关系

上面归纳和总结出的各种翻译方法的性质有所不同：规范性法律语言翻译法依翻译对象的特质命名，适应规范性法律文本的典型特征，体现了立法翻译有别于其他专业领域翻译方法的鲜明表征。深度译法、达旨译法、归化和异化译法具有很强的策略性和理念性，注重思想文化层面的语际与域际交流与交际。它们拓展了法律翻译的思维领域，使人们对翻译的理解更加多元化，也提升了人们对于法律翻译的认知层次，但又都有着非常明确的适用范围和针对性。语用充实、注释、修正、维持原状、还原等译法及摘译法则更多属于技术性翻译方法，可以普遍应用于各种法律翻译实践之中。

各种翻译方法的总结和提出旨在因应不同的翻译需求和目的，适应不同的翻译对象和读者期待，通过综合发挥各种方法的独特优势有针对性地解决复杂多元的法律翻译问题。同时，各种方法之间也存在复杂的关系，应该协同使用，达到相互补充完善、相辅相成、相得益彰的效果。具体来说，各种方法之间首先存在着协同互补的关系，比如在达旨翻译理念之下，归化译法得以大量使用，充分发挥了翻译在适应译语文化的前提下传播域外信息，满足译语读者审美期待的功能。其次，在适用于不同的翻译场合、对象和目的时，不同的翻译方法之间也存在原则与例外、主辅、主次之分，比如在异化与归化译法的应用中，通常以异化为原则，以归化为例外；而对立法文件在主要应用规范性法律语言翻译法时辅以注释译法可以达到更好的翻译效果。再次，各种方法之间也存在相互影响、相互制约的关系，比如修正译法与维持原状译法之间就存在相反相成、相互制约的关系。最后，不同方法之间还常常会产生竞合关系，也就是对同一翻译对象采用不同的翻译方法时达到的效果相同或相近，比如达旨译法与归化译法、深度译法与注释译法、语用充实译法与还原译法和修正译法在某些场合的应用中发生的效果竞合现象。

翻译策略和方法的选择是一个需要译者应用思维方法论分析对比、辩证施策的过程。译者必须清楚每种方法的优势和局限，辨明其适用对象和条件，根据各种影响因素在特定语篇、语境中发挥的作用综合评估、灵活应用，避免机械僵化、牵强附会、生搬硬套。比如，翻译英国法院体系中承担第二审级功能的 High Court 时，若采用规范性法律语言翻译法或异化译法，应按字面对应关系译为"高等法院（庭）"或者"高级法院（庭）"，但这种译名有可能会让中国读者不恰当地类比中国法院体系中的高级法院（处于基层法院、中级法院之上，最高法院之下的第三层级审判机构），进而对其审判功能和级别产生误解。但假如直接采取归化译法，将其按照中国的法院级别序列译为"中级法院"，虽然在审级特征上更便于中国读者理解，却悖离了源法系司法制度的自有逻辑和传统，同样违反了法律翻译的基本要求。经过综合分析，这里采用规范性法律语言翻译法或异化译法，辅之以注释译法最宜满足翻译目的。

最后，需要再次重申的是，任何翻译方法的应用都是以正确的翻译观为前提和基础的。正是在翻译观的指导之下，各种方法辩证有机，灵活多变地共同服务于有自觉意识的法律翻译实践，共同构成法律翻译方法论的体系。

第五节　影响翻译方法运用的主要因素

在法律翻译实践中，翻译方法的运用往往受到各种因素的影响。这些影响因素不仅共同决定着翻译策略的选择和方法的运用，而且在不同的翻译场景之下，它们对于翻译方法的影响也存在着主次之分，它们相互之间也存在着冲突和协调的问题。这些影响因素主要包括：

一、翻译的基本单位

译界对于翻译究竟应该以何种语言元素为基本操作单位向来有所争议。不同的论者分别将字词、词组、句子、语段或语篇作为翻译单位，也有人笼统地提出翻译单位应是在目的语有对应物的源语文本的最小单位。但无论如何，大多数人都反对以字（单词）作为翻译单位，有人甚至主张逐字译"根本不是翻译"[1]。思果先生说得更直接：切不可译字，要译意、译情，要"'去字梏'，就是摆脱字的牢笼桎梏。中译英、英译中完全一样"[2]。这似已成译界共识。但是，关于翻译究竟应该以句子、语段还是语篇作为翻译单位，仍然存在颇多争议。应该说，对于翻译单位的认识不同，在翻译方法的选择倾向上也会出现明显的分歧。以字词、词组和句子作为翻译单位的译者，通常缺乏语篇意识、整体意识和全局高度，习惯将微观语言元素进行语际转换后作为模块机械组合成译文，这是导致硬译、逐字译方法的主要原因。笔者从译名和译文两个不同的视角，分别设计法律翻译方法论体系，就是针对和适应不同翻译单位的特点，增加其科学性、合理性和适用性。

二、翻译对象

翻译方法的选择与运用当然应该根据翻译对象来确定。翻译对象的特点对于翻译方法的选择有着最直接的影响。法律翻译的对象丰富多元、形式多样、异彩纷呈，用于翻译这些多元对象的方法当然也应该灵活多样、兼容并蓄、因文制宜。比如规范性法律语言翻译法主要适用于立法性、司法性（及准司法性）和公文性法律文本的翻译，适应其严谨规范、简洁精练、庄重严肃、通俗易懂以及标准化、程式化等特点；对于深奥

---

[1] 冯世则：《意译、直译、逐字译》，《中国翻译》1981年第2期，第7页。
[2] 思果：《翻译研究》，中国对外翻译出版公司，2001年，第 vi 页。

的学术和理论性作品，深度译法、注释译法、语用充实译法都会产生更利于普通读者理解的效果。相对而言，实务性法律文本则在用语、形式、编纂体例和表达方式上更加自由灵活，选用的翻译方法也更加多样。对于广义的法律文化和法律文学作品，制度性语言的使用比例较小，译者的创作性空间则较大，此时达旨、归化以求会通和神似的译法就有了更多的用武之地，也突显其在适应本土通俗读者阅读需求上的优势。

三、译文的读者

确定译文的读者对于翻译方法的选择同样至关重要，因为翻译方法必须要适应译文读者的专业背景、知识基础、阅读目的，甚至审美期待。当年，面对梁启超对其译文提出的"文章太务渊雅，刻意模仿先秦文体，非多读古书之人，一翻殆难索解"的质疑，严复就曾明确回应称"学理邃赜之书页，非以饷学僮而望企受益也，吾译正以待多读中国古书之人"。可见，严复在翻译文辞上追求"雅"是针对明确的读者群体并有着与之相适应的审美意识定位的——那就是当时社会上的精英阶层，而不是只通"近俗之辞"的"市井乡僻之不学"和"学僮"。[1]

作为一种专业语言，法律语言不论表述得如何清晰，也不可能让每一位源语读者完全理解原文，既然如此，又如何奢望译文能够被所有译语读者理解和接受呢？对法律作品而言，不仅原文读者接受和理解程度各异，译文读者也会因各自不同的文化背景、语言背景、专业背景、阅读目的、兴趣和偏好等因素，对译文内容存在着不同的接受程度和理解能力。采取什么样的翻译方法，首先取决于译文主要面对什么样的读者群体以及（连带相关的）他们的阅读目的。虽然很多人追求的理想翻译

---

[1] 引文皆出自梁启超在《新民丛报》创刊号上发表的书评《绍介新著〈原富〉》，以及严复《与〈新民丛报〉论所译〈原富〉书》（又名《与梁任公论所译〈原富〉书》）。

效果是译文读者阅读译文时获得的感受与原文读者阅读原文时的感受相当，但其实这里面还是有"适当读者"和"可比性读者"这两个前提的。

首先，在选择翻译方法时，译者头脑中应该始终有一个"适当读者"的考虑因素。比如，同样是翻译一份外国仲裁裁决，如果拟将译文提供给中国法院用于申请执行，译者必须忠实翻译全文，不能有任何信息遗漏，译文的表述方式和格式都要尽可能地贴近原文，否则可能会受到对方当事人的质疑和挑战。此时，规范性法律语言翻译法就是比较适合的翻译方法，而中国法院也就是这种译文的"适当读者"。如果拟将译文提供给中国当事人作为信息参考，那么译者就不必过于拘泥于形式，可以灵活采用多种译法使译文更加通俗浅明，以满足普通读者理解专业文本的需求。而如果拟将译文提供给中国律师，则没有必要对于专业术语做过多的解读，甚至可以采用摘选译法或缩译法提炼原文的核心内容，提高翻译效率。总之，运用每一种翻译方法制作的译文都有它们各自的"适当读者"群体。相应地，选择翻译方法时，译者也必须充分考虑其"适当读者"的需求和期待。

其次，对翻译方法和译文效果的评价也必须在具有可比性的读者之间进行。对一项特定的法律内容，只有当译文读者与原文读者在文化和知识背景、时代背景、通识或常识、阅读需求和目的等方面皆具可比性时，才可以判断一种翻译方法是否能够让他们对于原文和译文分别获得大致相当的感受。一个涉外案件的中外代理律师、一份跨境合约的中外签约方、一份司法文书的中外当事方、一篇法学论文的各国研究者等等，都可以成为这种具有可比性的读者。中国历史上曾经出现过的一些翻译方法之所以明显欠缺忠实性但仍有其存在的合理性和价值，就是因为采用这些方法的译者当时所面对的译文读者与原文读者完全不具有可比性。比如早期外国传教士译介西方法律知识时采用比附译法、清末民初林纾翻译外国文学时使用演绎译法，以及严复开创达旨译法，都是因为原著与译作面对的读者完全不同，他们必须降低所谓的忠实性程度才能适应译作读者的需求。正因为如此，我们不应脱离历史现实去质疑或批判这些翻译方法。同样，脱离了可比性读者的前提条件，也无从奢谈翻译方法是否能够达到使译作读者获得与原著读者相当的阅读感受。前面提到的纽马克质疑奈达提出的功能对等理论缺乏可操作性应该也是出于这种考虑。

四、翻译目的和译文用途

据说，在古希腊语境下方法有"通向正确的道路"之义，其哲学意义在于方法是人们为了达到某种目的而采取的手段。这说明目的和手段是不可分割的，[1]因此翻译目的和译文用途对于翻译方法的选择具有重要影响。如果译文旨在提供与原文具有等效性的官方译本，比如一份国际公约的各语言文本，则要格外注重译本在形式和内容上的忠实性和贴合度，此时规范性法律语言翻译法往往是不二之选。反之，如果不强调译文的等效性而是仅将其作为参考使用时，那么译者就可以结合译文读者的需求采用更加灵活的翻译方法，比如可以按照译语习惯合理改变编排结构、删除原文中的冗言赘语、补充必要信息或添加必要的注释，以达到最适宜"适当读者"阅读和理解的效果。同理，出于高效获取原文部分讯息的目的，摘译法就成为适合的翻译方法。与上面提到的译文读者因素一样，翻译目的和译文用途对翻译策略和方法的影响在法律翻译界早有共识。香港律师和资深的法律翻译工作者陆文慧指出："翻译工作者都会了解清楚译文的用途及读者对象……以确保措辞行文能针对读者的需要，让译文更有效发挥沟通的作用。"[2]

---

[1] 王利明：《法学方法论》，《法制资讯》2012年第8期，第55页。
[2] 陆文慧：《中译法律文件须注意的地方》，载陆文慧主编《法律翻译——从实践出发》，法律出版社，2004年，第51页。

笔者提出翻译目的对于确定翻译方法具有决定性作用的观点也借鉴了德国功能派翻译学者提出的翻译目的论（Skopostheorie）的合理内核。该理论的核心原则就是任何翻译行为都是由翻译目的决定的——"翻译的目的决定翻译的手段"[1]。也就是说，只要能达到翻译的目的，译者可以采用各种可行的方法和策略，而评价译文的优劣标准也主要是看它对于翻译目的的满足程度，看它是否有助于"在译语情境中实现译文的预期功能"[2]。在笔者看来，翻译的目的既包括译者的主观目的，也就是译者自己希望翻译达到的目的，也包括译文客观上实际达到的交际目的和效果。如果主、客观目的契合，也就是翻译结果既符合译语读者的期待，又实现了译者主观预期的目的，不仅充分发挥出翻译的交际功能，还能协调译语文化和源语文化，并在原文作者、译者和译文读者的多边关系中达致平衡与协调，那么翻译的目的也就真正实现了，此时译者所选择和使用的翻译方法就是适当的和正确的。应该说，翻译目的决定论为译者的法律翻译行为指明了方向，也为法律翻译方法论的研究提供了新的视角。

五、法律文化

如前所述，法律翻译不仅要翻译法律语言，也要翻译法律文化，不仅是语际转换过程，也是不同法律文化之间的适应性转换过程。法律文化具有明显的法域特征，不同法域的法律文化因其文化因子（法律体系和制度、法治传统、意识形态、语言、宗教、历史、民俗、审美观念等等）

---

[1] 源出 Christiane Nord, *Translation as a Purposeful Activity—Functionalist Approaches Explained*, Shanghai Foreign Language Education Press, 2001，引自尹延安《目的论在法学著述翻译中的运用》，《郑州航空工业管理学院学报（社会科学版）》2007 年第 26 卷第 2 期，第 103 页。

[2] 同上。

的不同而呈现明显差异，导致不同法律文化之间往往存在信息不兼容、不对等或无对应的现象，这对域际法律翻译提出了文化适应和转换的挑战。人们往往认为同属一个法系（如普通法系、大陆法系、伊斯兰法系等）或继受相同法律传统的法域在法律文化上更接近，在法律翻译中的文化转换上也会相对于跨法系翻译容易一些，因此理论界有人将法律翻译的语际转换划分为同一法系内的翻译（intra-legal-system translation）和跨法系翻译（cross-legal-system translation）[1]来体现二者的难易程度，但这只是看到了法律制度文化传承的一面，其他文化因子仍然对于跨法域法律翻译的文化转换产生着重要影响，比如同样继受罗马法传统的法国、德国、意大利和日本以及受此影响的中国，由于社会制度、法治传统和观念、意识形态、语言、宗教、历史、民族审美观念等诸多方面的显著差异，仍然在相互传递法律信息时存在明显的文化阻隔，以致译者必须面对语言差异、制度差异和法域文化差异等多重叠加的挑战。正是为了应对这种挑战，笔者才提出了诸如达旨、深度、归化、语用充实、注释等多种翻译方法，试图为译语读者理解和接受源法域法律制度和文化概念提供可行的便利。

六、语境与翻译生态环境

在翻译中，"no context, no text"已成定律。对于法律翻译而言，法律内容所处的上下文关系和语境对于翻译方法的选择有着极为重要的影响，这在笔者提出语用充实翻译法时已经有过充分的论述，在此不多赘言。需要指出的是，语境也有广泛的含义，包括历史语境、文化语境、学术语境，以及具体的文章语境和案件语境等。它们对于翻译方法选择的影响是多层次、多方面的。

---

[1] 参见李克兴、张新红《法律文本与法律翻译》，中国对外翻译出版公司，2006年。

近年来，理论界将翻译影响因素的范围拓展到一个"翻译生态环境"的层面，并且对其内涵进行不断地充实，从语言、交际、文化、社会以及作者、读者、委托者等互联互动的整体拓展至由所涉文本、文化语境与翻译群落以及由精神和物质组成的集合体，构成了"译者和译文生存状态的总体环境"[1]。这种理念值得借鉴，也促使我们对于制约译法选择和优化的各种因素进行更多维度的思考。

在法律翻译实践中，上述各种因素对于翻译方法的选择和运用既共同发挥着影响和作用，也有主次、轻重和先后关系，并且相互之间还存在着联动与制约。显然，针对同一个翻译对象但面对不同的译文读者，或者针对不同的翻译对象但面对相同的读者，或者虽然翻译对象和译文读者相同但翻译目的不同时，译者在翻译方法的选择上都要作出因应的调整。比如，在为一个中国法官提供一份国际条约的中文译本时，如果翻译目的是为法官提供一个可以直接适用于案件裁判的官方译本，其采用的翻译方法必然与只是为其提供一份参考性知识介绍的翻译方法不同。同样，即便针对的是同一个翻译对象，出于同样的目的，面对同样的读者，但翻译对象包含的法律语言的属性不同，那么对于不同属性的语言采用的翻译方法也应该有所区别。比如在一份法院判决中既有对于案件事实的描述和当事人的陈述，也有法官对于事实和法律的分析，还有对立法条款的直接引用或者对法学理论的借鉴引申，并有法官的最终判词。对于这些不同性质的法律语言和各具特征的表达方式，译者在翻译方法的选择和运用上也应该具体分析，因言制宜，灵活把握。

---

[1] 参见胡庚申《生态翻译学的研究焦点与理论视角》，《中国翻译》2011年第2期，第8页。

第八章
法律翻译方法论在翻译实践中的具体应用
——实例分析

为了说明方法论在翻译实践中发挥的指导作用,我们不妨通过一些实例来具体分析。在此,笔者选取时任美国司法部常驻中国法律顾问胡倚婷(Ye Ting Woo)女士撰写的一篇介绍美国证据调查制度"discovery"的英文文章[1]作为例文来分析法律翻译方法论框架下各种方法在实践中的应用。笔者之所以选取这篇文章作为例文,是因为它不仅介绍了中国法律制度中没有直接对应关系的一项美国法律制度,存在诸多需要确定中文译名的美国法律术语和需要对应转换的制度文化概念,而且文章中使用的法律语言类别丰富多元,既有理论说明,也有对立法条文的直接

---

[1] 胡倚婷:《美国法庭上的信息透明和诉讼策略:民事证据开示的作用》,2017年7月6日,http://mp.weixin.qq.com/s/XMTzeHgdo2amSqbEwKGWEw。网站同时提供英文原文和中文译文(中文译文由美国司法部法律专员栾姗提供,穿插在每段英文原文之后)。本书选用时对内容略有删节和调整。本书选取该文章仅作翻译例文使用,对其内容的准确性和完整性不持观点和评价。

引用，还有法律专业人士对于法律的解读，同时包括他们对当事人的实用建议（法律意见）。不仅如此，在有限的篇幅中，该文既包含了完整的上下文内容，逻辑结构也很清晰，同时还提供了参考译文，非常适合我们结合参考译文中存在的问题，讨论如何在法律翻译实践中综合、有效运用各种翻译方法。

第一节 例文

Discovery is the judicial and legal process by which evidence is exchanged between the litigants, both in civil and criminal cases, in the United States. Strict rules and guidelines must be adhered to for compliance. Violations or failure to comply can result in adverse and severe consequences to the case, including dismissal of the action, financial sanctions to the violating party, prohibition to proceed with the litigation, and in rare instances, judicial sanctions of detention.

证据开示（又译为"披露"）是美国的民事和刑事案件中诉讼双方交换证据的司法过程，有着严格的规则和指导方针。违反或不履行可能对案件导致不良的严重后果，包括驳回起诉，对违反方的罚款，禁止继续诉讼，在罕见的情况下甚至有拘留这一司法制裁。

Civil actions in federal courts are guided by the Federal Rules of Civil Procedure, the Federal Rules of Evidence, and local federal district court rules. It is imperative that litigants through their lawyers follow these procedures and rules strictly; courts are generally unforgiving of claims of ignorance of the law or other excuses for noncompliance.

在联邦法院提起的民事诉讼应遵循联邦民事诉讼规则、联邦证据规则和当地的联邦区法院规则。当事人的代理律师应在联邦民事诉讼中严格遵守这些规定，法院不允许无视法律或其他不遵守的借口。

What can a lawyer in China do to ensure compliance with U.S. civil discovery procedures and rules? First, associate with a U.S. law firm. The lawyer may also seek admission to practice by pro hac vice if the Chinese lawyer is also licensed in the U.S.[1] Second, become thoroughly familiar with the Federal Civil Rules of Procedure pertaining to discovery and discovery exchange. Third, develop calendaring methods for tracking discovery deadlines in each case. Fourth, ensure accountability methods for documenting the sending and receiving of discovery items. Fifth, preserve the integrity and authenticity of discovery materials.

中国律师如何确保遵守美国民事证据开示程序和规则呢？第一，与一家美国律师事务所合作。如果中国律师有美国律师资质还可以申请作为本案律师（pro hac vice，见注1）出庭。第二，熟知联邦民事规则中有关证据开示和证据交换的规定。第三，建立日历记录每个案件证据开示的截止日期。第四，对发送和接收的证据开示项目保证记录和问责。第五，保持证据开示材料的完整性和真实性。

Rule 26 of the Federal Rules of Civil Procedure governs the rules and timelines that must be followed during initial disclosure of discovery materials. The initial disclosure of discovery must occur "at or within 14 days after the parties' [discovery conference]." Fed.R.Civ.Pro.26(a)(1)(C). The initial discovery must include:

联邦民事诉讼规则第 26 条规定了初步披露证据材料时必须遵守的规则和时间表。证据的初始开示必须在"各方［证据披露会议］后 14 天时或之内发生"。 联邦民事诉讼规则 26（a）(1)（C）初始证据开示必须包括：

"(i) the name and, if known, the address and telephone number of each individual likely to have discoverable information – along with the subjects of that information – that the disclosing party may use to support its claims or defenses, unless the use would be solely for impeachment; (ii) a copy – or a description by category and location – of all documents, electronically stored information, and tangible things that the disclosing party has in its possession, custody, or control and may use to support its claims or defenses, unless the use would be solely for impeachment; (iii) a computation of each category of damages claimed by the disclosing party – who must also make available for inspection and copying as under Rule 34 the documents or other evidentiary material, unless privileged or protected from disclosure, on which each computation is based, including materials bearing on the nature and extent of injuries suffered; and (iv) for inspection and copying as under Rule 34, any insurance agreement under which an insurance business may be liable to satisfy all or part of a possible judgment in the action or to indemnify or reimburse for payments made to satisfy the judgment."

"（i）所知的可能有可开示信息的个人的地址和电话号码以及开示

方可以用来支持其观点或抗辩的信息,除非此信息仅能被用于弹劾;(ii)所有文件,电子存储信息和披露方拥有,保管或控制并可用于支持其观点或抗辩的有形物品的类别和位置的副本或描述,除非此信息仅能被用于弹劾;(iii)对开示方主张的每一类损害赔偿的计算,根据第34条的规定,除非保密或被保护的证据材料,披露方必须提供计算的依据,包括关于遭受损伤的性质和程度;和(iv)任何保险协议,根据该保险协议,保险公司可能会对该诉讼中的全部或部分可能的判决负责,或赔付或偿还为满足判决而作出的付款。这些协议根据第34条规定,进行检阅和复制"。联邦民事诉讼规则26(a)(1)(A)(i)—(iii)

Parties are required to make such initial disclosures "based on the information then reasonably available to it," and cannot claim, as an excuse, that it had not sufficiently investigated the case or to "[challenge] the sufficiency of another party's disclosures or because another party has not made its disclosures." Fed. R.Civ.Pro. 26(a)(1)(E)

双方必须"根据其合理可用的信息"进行初步证据开示,并且不得以没有对案件进行充分调查,或"[质疑]另一方开示的充分性或因为另一方还没有进行开示"作为借口。联邦民事诉讼规则26(a)(1)(E)

The applicable rules that govern the manner, taking, and exchange of discovery are found in Rules 30 through 36 of the Federal Rules of Civil Procedure. Although the process and timeline of discovery exchange and compliance is strict, the categories of discovery to be exchanged and produced are broad. These categories fall within three major types of evidentiary materials: written or printed form; oral form; and digital and electronic form. As to written or printed form, this consists of interrogatories, requests for admissions, and production of documents and things. Within oral form of discovery, each party can seek the taking of a deposition under oath of the opposing party and witnesses. Interrogatories is the formal set of written questions submitted by one party to the opposing party. Requests for admissions is a formal set of written factual and/or legal statements wherein the submitting party is seeking the opposing party's admission or denial of the factual or legal statements. In some instances, the response may be that the answering party advises that it cannot "admit or deny" the statement due to lack of information.

联邦民事诉讼规则第 30 至 36 条规定了证据开示的方式、采集和交换。虽然证据交换和合规的过程和时间限制有严格规定，但被交换、提交的证据的类别是广泛的。分为三种主要类型的证据材料：书面或印刷形式；口头形式和数字电子形式。书面或印刷形式，包括书面质询，请求承认和被提交的文件、物品。口头形式的证据方面，诉讼各方都可以寻求另一方和证人起誓并提供书面证词。书面质询是一方提交给另一方的正式书面问题。请求承认是诉讼一方向对方提交的寻求承认或否认的正式书面事实问题和 / 或法律陈述。在某些情况下，答复可能是答复方由于缺乏信息而无法"承认或否认"。

The request for production of documents and things is a formal written request to the opposing party to provide the original or copy, in electronic or digital format or in hard copy, of certain items and things that is asserted to be material and relevant to the litigation. This request for production of documents and things is a detailed list of the types of evidence items that the requesting party is seeking from the opposing party.

提供文件和物品的要求是诉讼一方提出的正式书面要求，要求对方提供某些被认定重要并与诉讼相关的物证，可以是电子格式或纸面的原件或副本。提供文件和物品的要求会详细列出申请方从对方寻求的证据项目类型。

A deposition is the formal out-of-court oral testimony of a witness, generally with a court reporter transcribing the testimony, along with audio and video recording of the testimony. The testimony is considered as evidence and can be used in court as allowed by the Federal Rules of Evidence as a prior recorded statement, or to impeach a witness's prior statement, if and when the witness testifies in court. Although the out-of-court statement is made under oath, it cannot be independently introduced as evidence in a court proceeding. The testifying witness must appear in person and testify in a court proceeding for their prior deposed testimony to be used in a capacity consistent with the Federal Rules of Evidence.

书面证词是证人的正式的庭外口头证词，一般是由法庭记录员誊写证词，同时对证词录音录像。证词被视为证据，可以在联邦证据规则允许的情况下作为先前记录的陈述，或者作为先前陈述用于弹劾证人在法庭上的证言。虽然庭外陈述是证人宣誓作出的，这种陈述不能在法庭程序中独立地列为证据。作证证人必须亲自出庭并作证，这样先前记录的证词才能在联邦证据规则规定下起作用。

The scope of discovery is broad:
"Unless otherwise limited by court order, the scope of discovery is as follows: Parties may obtain discovery regarding any non-privileged matter that

is relevant to any party's claim or defense and proportional to the needs of the case, considering the importance of issues at stake in the action, the amount in controversy, the parties' relative access to relevant information, the parties' resources, the importance of the discovery in resolving the issues, and whether the burden or expense of the proposed discovery outweighs its likely benefit. Information within this scope of discovery need not be admissible in evidence to be discoverable." Fed.R.Civ.Pro. 26(b)(1).

证据开示的范围广泛：

"除非法院命令另有规定，否则证据开示的范围如下：诉讼双方可以获得关于与任何一方的诉由或辩护相关的任何非豁免的事物的证据开示，证据开示与案件的需要成比例，考虑因素有所涉问题的重要性、涉案金额、各方获取相关信息的难易比较，双方的资源，证据开示对解决问题的重要性，并考虑证据开示的负担或费用是否超过其可能的效益。在证据开示范围内的资料不一定可以被呈为证据。"联邦民事诉讼规则26（b）（1）

Relevance, materiality and transparency is at the core of the discovery process. A party that fails to act in good faith, does not exercise due diligence, conceals or destroys evidence, intentionally disobeys court rules or orders, uses tactics of harassment or unnecessary delay, or otherwise fails to follow the law will be sanctioned by the court. Fed.R.Civ.Pro. 26(g). These sanctions may be as severe as excluding evidence, dismissal of the case, a finding in favor of the other party, and payment of legal fees and expenses. Fed.R.Civ.Pro. 37.

相关性、重要性和透明度是证据开示的核心。没有以善意行事的，不尽职的，隐瞒或者破坏证据的，故意违反法院规则或者命令的，使用骚扰手段或不必要的延误，或者其他不遵守法律的，将由法院予以制裁。联邦民事诉讼规则26（g）严格的制裁可能导致证据的排除，案件不予受理，或法庭作出支持对方的裁定或代缴法律费用。联邦民事诉讼规则37

Some special considerations

In the U.S., evidence is only exchanged with the litigating parties. It is not provided to the court. The presiding judge assigned to handled the case in court will not have access to the evidence in the same manner as the plaintiff and defendant parties. The judge will be shown the evidence during specific proceedings, for example, proceedings where the parties are litigating a legal or factual issue, summary judgment proceedings, or trial. In some situations, the judge will rule on exclusion of evidence and that evidence will be disregarded for purposes of final fact finding and legal determinations.

一些特殊的考虑

在美国，证据只是诉讼双方交换，并不提供给法庭。主审法官无法像原告和被告当事人一样查阅证据。证据将在特定的程序中提交给法官，例如诉讼双方争论某个法律或事实问题的程序，简易判决程序或审判程序。在某些情况下，法官将裁定排除证据，那么在最终的事实认定和法律裁定中，这些证据将被忽略。

The use of a discovery coordinator is increasing in popularity among civil litigators in the U.S. A discovery coordinator can be a law firm, lawyers, and/or paralegals who will be either retained by the parties or appointed by the court to act as the intermediary between the parties regarding the distribution, production and exchange of discovery. The role of a discovery coordinator is especially important in large and complex litigation matters. It also assists with ensuring the integrity and ethical application of compliance with discovery rules and procedures, and in many instances, can decrease the costs of litigating disputed discovery issues that in the past were brought before the presiding judge for decision-making. Discovery coordinators are also useful for those lawyers or law firms who do not have the independent capacity to manage complex discovery. Especially in the present digital era where more and more evidence is retained in digital devices. The preservation, imaging, and reproduction of data contained in digital devices must be devoid of potential tampering, even if unintentional.

证据开示协调员的使用在美国的民事诉讼中越来越受欢迎。证据开示协调员可以是律师事务所，律师和/或法律助理人员，他们被双方委托或由法院任命，担任各方分发、产生和交换开示内容的中间方。证据开示协调员在大型复杂的诉讼事务中尤为重要。这有助于确保遵守证据开示规则和程序，保证完整性和道德合规性，并且可以减少处理诉讼披露纠纷的费用。证据开示协调员对于没有能力独立管理复杂证据开示业务的律师或律所十分有价值。在数字化时代，越来越多的证据被保留在电子设备中。电子设备中的证据的保存，成像和复制必然要避免故意或无意的篡改。

Evidence of tampering, even if through mistake, negligence, or recklessness with respect to the integrity of the original data can be instrumental in the outcome of a case. A discovery coordinator may have, as part of its discovery coordination team, an experienced and well-trained digital forensic examiner who is skilled at utilizing specialized software to preserve the integrity of digital data, image the data, analyze the data, and prepare the necessary reports of its analysis of the data. For discovery exchange purposes, the forensic examiner may need to create several imaged copies of the digital device so that the opposing party's forensic examiner has equal opportunity to perform its own analysis of the forensic evidence. Again, any indication that the original data was tampered, altered, or deleted, could be considered a violation of the discovery rules and may result in sanctions to the responsible party.

篡改证据，即使是出于错误或疏忽，也会决定性地影响案件的结果。证据开示协调员可能雇用训练有素的电子法证调查员熟练运用专门的软件来保护电子证据的完整性，数据成像，分析数据，并准备分析报告。为了交叉进行证据开示，法证调查员可能需要创建电子设备的几个成像副本，以供对方的法证调查员有平等的机会对证据进行独立分析。原始数据被篡改，更改或删除的任何迹象都可能被认为违反证据开示规则，并可能导致对责任方的制裁。

Finally, the obtaining of a Protective Order, as authorized by Rule 26(c) of the Federal Rules of Civil Procedure, provides a mechanism upon a showing of good cause to protect sensitive information, including confidential and privileged matters. Of interest to Chinese companies may be that Rule 26(c) allows a court to issue an order that "[requires] a trade secret or other confidential research, development, or commercial information not be revealed or be revealed only in a specific way." Fed.R.Civ.Pro. 26(c)(1)(G).

最后，根据联邦民事诉讼规则第26（c）条，获得保护令是对敏感信息，包括机密和特权信息，进行保护的机制。中国公司感兴趣的可能是，根据第26（c）条要求法院签发"［要求］商业秘密或其他机密的研究、开发或商业信息不被开示或仅以具体方式开示的命令"。联邦民事诉讼规则26（c）（1）（G）

第二节 对参考译文的分析和评价

一、决定翻译方法的因素

在确定翻译方法时必须综合考量影响翻译方法选择的各项因素，对于该文而言，翻译目的、译文用途和译文读者无疑是最为重要的几项。根据作者明示的写作目的，该文旨在帮助中国律师和中国企业更多地了解美国民事证据制度和实践。这就意味着例文以中国读者为目标群体，且既包括专业读者（中国律师）也包括非专业群体（中国企业），而其内容则涉及对美国法律制度的通俗性介绍，具有法律知识普及性质。据此，对于例文的翻译应提出几点要求：首先，既然以中国内地读者为目标对象，译文就必须符合现代汉语的语言规则，符合中国内地读者的阅读习惯，甚至可以适当采用归化译法使译文更加贴合中国法律文化；其次，同时面对专业和非专业读者群体时，译文既要符合法律语言的规范性要求，又要通俗易懂，必要时可以通过释义等方式辅助读者理解；再次，既然内容涉及外域的法律制度，译文必须遵守制度性语言的翻译规范，译名时要注意揭示外国法律术语的准确内涵，不可轻易混同于本土概念，也不可望文生义或满足于表面文义。最后，译文语言应该精炼简明，符合其知识普及性质。

二、法律术语的译名

我们不妨先从例文中的核心法律术语的译名谈起。例文第一句对文章的核心法律术语"discovery"进行了概要性的定义——"Discovery is the judicial and legal process by which evidence is exchanged between the litigants, both in civil and criminal cases, in the United States."参考译文将其译为:"证据开示(又译为'披露')是美国的民事和刑事案件中诉讼双方交换证据的司法过程,……。"

从定义可以看出,这一术语反映的是美国诉讼法律中规定的一项重要的证据制度,但由于中国法律体系中并没有直接对应的制度,因此不能利用现有的本土法律制度概念对应翻译。同时,国内目前也没有对该制度成熟准确的既有译名,这就意味着翻译本文时首先涉及一项外域法律制度的译名问题。很明显,原词保留和音译法在此处都不适用,而应采用义译法。既然如此,完整、准确地挖掘该制度的核心内涵就成为准确译名的前提和关键。参考译文将其译为"证据开示",又注明可以译为"披露",这些译名是否恰当、准确呢?我们不妨依循本书提出的译名方法论的思维过程来进行分析和判断。

对于一项外域法律术语,其中文译名必须充分揭示其核心内涵。既然该文就是专门介绍美国这一法律制度的,我们可以首先纵览全文,根据整篇文章对于该制度的介绍来认知其含义。事实上,在法律翻译实践中(其实也适用于所有翻译实践),译者在动笔之前应该先对翻译对象有一个整体把握,大致了解其主旨、整体语境、逻辑结构、上下文关系等,而不应"走一步看一步"。这样不仅可以做到对于文章的全局心中有数,而且易于处理上下文语义的衔接。这无疑是法律翻译的一项基本原则和方法。

通读全文后,为了能够尽快梳理出文章的核心内容,达到正确译名的目的,我们完全可以先采取摘译法、缩译法或编译法,用最精练的语言提炼和总结出全文的核心意旨,此时无须受原文字句结构的严格拘束,而应以抓住文章主旨为核心诉求。从这个意义上讲,缩译法或编译法中的编辑功能得以发挥,既达到了特定的翻译目的,又提高了翻译效率,是根据翻译目的的选择翻译方法的直接体现。据此,我们可以将整篇文章的核心意旨译为:

这项证据制度规定的是在美国民事和刑事案件中诉讼双(各)方进行证据交换的法定程序。整个过程应遵循严格的法定规则,所有诉讼参加人都必须严格遵守这些规则,不得以其不知法律规定为由或其他借口违反规定,任何对规则的违反都可能导致严重后果。

根据规则,在诉讼程序开始之初,各方应主动向对方披露初步证据材料,其中包括披露方可能用以支持其诉讼主张或抗辩的证人信息;披露方持有、保管或控制并可能用于支持其诉讼主张或抗辩的所有文件、电子信息、有形物品的说明;披露方主张的损害赔偿的金额和计算依据;以及任何与可能对判决结果承担责任的保险公司签订的保险协议。

联邦民事诉讼规则对披露和交换证据的方式、程序和期限都有严格规定,应该交换和披露的证据类别也很广泛,包括书面、口头和电子形式。书面形式包括书面质询、要求对方承认案件事实或适用法律,以及要求对方出具文件和证物。

作为口头形式的证据,任何一方都可以要求对方和证人经宣誓(诚实作证)后提供庭外证言。这种庭外宣誓证言被记录后将被作为证据在庭审中使用,也可用于质疑出庭证人当庭所作证言的真实性和准确性。这种证言不能在审判程序中作为独立证据使用,证人必须亲自出庭作证,这样他们的庭外证言才能作为符合规定的证据使用。

除非法庭另有限定，否则应予披露的证据应包括所有与任何一方的诉讼主张或抗辩有关且不属于法定可以不予披露的证据。证据披露的范围和程度因案件需要而定，取决于所涉问题的重要性、争讼金额、各方获取相关信息的难易程度、双方的资源、证据披露对于解决问题的重要性，以及为披露证据所需承担的成本或费用是否超过其可能的效益等。应予披露的信息无须都是可被采信的证据。

相关性、重要性和透明度是证据披露制度的核心要素。法院将会惩戒那些违背诚信、疏于谨慎、隐匿或销毁证据、故意违反法院规则或命令、玩弄手段或蓄意拖延等违法行为。惩戒方式包括排除证据、驳回起诉、作出有利于对方的裁决或责令违规方承担对方的律师费和实际开支。

证据只在诉讼双方之间交换，并不提供给法庭。证据只会在特定的庭审程序中呈交给法官。法官有时会排除某项证据，那么该等证据就不能用于最终的事实认定和法律裁决。

篡改证据，哪怕是由于失误、过失或草率致使原始数据的完整性受到损害也会严重影响案件的结果。任何对于原始数据的篡改、变更或删除都属于违反证据披露规则的行为，责任方将为此受到惩戒。

当事方可以申请法院签发（信息）保护令，批准其不予披露商业秘密或其他保密信息，或仅以特定方式披露这些敏感信息。

通过摘译和编译提炼，我们抽取出了原文的核心要旨，摘取和保留了其中所有的必要成分和重要信息，有机调整了文章的结构，简化了无关宏旨的细节，省略了繁冗套话和索引信息，使得内容更加紧凑，重点更加突出，语言更加简明，同时增加了提纲挈领式的译者总结，凸显了原文主旨。这种译法不旨在向读者提供一份完整的译文，而是利于译者迅速归纳出文章的扼要内容，是摘译法、编译法或缩译法综合运用的突出优势。

根据精要译文，这一制度的核心内容可以被概括为：在民事和刑事诉讼中，根据一系列法定规则，诉讼一方应根据对方的要求向其提供和披露己方掌握的各种形式的信息，包括书证、物证和证人证言，作为调查案件事实并在庭审中使用的证据。这种提供和披露是相互的，双方都有权要求对方披露证据，也都有义务向对方提供本方掌握的证据，除非是法定或法庭批准可以不予披露的敏感信息。隐匿、销毁和篡改证据均系严重的违法行为，责任方不仅要承担诉讼上的不利后果，还会受到法院的惩戒。

除了依据例文内容本身，为了确保信息完整准确，我们还应该根据例文提供的线索进一步查证规定这一制度的立法——《联邦民事诉讼程序规则》（Federal Rules of Civil Procedure）第五章。结合立法资料，我们可以总结出这一制度的本质特征和含义：它是美国当事人主义诉讼模式下调查取证的制度保障，既强化了诉讼双方平等的对抗机制，又保障了有效发现证据的功能。这一制度的核心包含着两个对立统一的行为和三个依次或交互进行的程序。两个行为一曰"予"，即一方向对方披露己方掌握的证据信息（disclose）；一曰"索"，即一方要求对方承认或索要对方掌握的证据信息（requests for admissions and production of documents and things），从而发现己方不掌握的信息（discover）。至于三个依次或交互进行的程序，先是双方主动相互披露初步证据信息，再是一方通过书面质询、要求对方承认，以及提出证据清单向对方索取证据，三是一方根据对方的要求提供和披露证据。后两项程序在开庭前交互进行，使这个"予"与"索"相互作用的过程最终达到一个双方审前在庭外相互交换证据信息的效果（exchange）。不仅如此，这个discover的过程还包括庭外制作证人的宣誓证言笔录（deposition）等方式，这显然是disclose的概念所不能涵盖的，而这也是《美国联邦民事诉讼程序规则》将这一制度完整命名为"Disclosures and Discovery"的原因。

从这些核心特征可见，"discover(y)"一词被翻译为"证据开示"或"披露"都不全面和准确。"证据开示"可以被理解为证据公开、出示，与"披露"同义，应是disclose一词的译名，只体现了这一证据制度中"予"的一面，却无法体现"索"的一面，因此将"discover(y)"译为"证据开示"并未体现出诉讼方收集、索取和调查证据的全部含义。此外，《布莱克法律词典》（第2版）对"discover(y)"的定义是："In a general sense, the ascertainment of that which was previously unknown; the disclosure or coming to light of what was previously hidden; the acquisition of notice or knowledge of given acts or facts;..."即在通常意义上，这项制度的目的在于确定原先并不知道的（情况）、披露和揭示原先隐藏的信息、获知特定行为或事实的信息等。这说明该项制度确实包含了证据披露、证据揭示、证据获取、证据发现等几个方面的内容，同时也符合"discover(y)"这个单词"探索、发现"的通用本义。由此可见，"证据开示"（或"披露"）尽管现在在国内似乎已成"discover(y)"的通译而被广泛使用，但并非其准确译名。国内还有人将其直白地译为"证据发现"[1]或者"证据展示"、"证据交换"等也都不准确，因为这些翻译都只是体现出了其含义中的部分要件，并没有揭示其全部必备核心特征。我们认为，"discover"一词还是应被译为"证据调查"为宜，其名词形式"discovery"既指整个证据调查过程，也指调查获得的证据信息，而其形容词形式的"discoverable"则意为"可以纳入证据调查范围的"。

---

[1] 例如李浩《民事证据法的目的》，《法学研究》2004年第05期，第111页。

以上就是法律翻译中一个标准而典型的法律术语译名过程。在确定外域法律概念和术语的译名之前，必须完整准确地分析和掌握其本质内涵，既不能望文生义，也不能以偏概全，还应避免陷入既有译名的窠臼，同时还要符合译语规则和习惯。

参考译文中类似这样的译名错误还有几处，我们再举一个例子。
原文：

A deposition is the formal out-of-court oral testimony of a witness, generally with a court reporter transcribing the testimony, along with audio and video recording of the testimony.

参考译文将其译为：

书面证词是证人的正式的庭外口头证词，一般是由法庭记录员誊写证词，同时对证词录音录像。

这里又遇到一个中国诉讼程序法律制度中没有的概念"deposition"，也就是说，又涉及一个外法域法律制度和术语的译名问题，而且很明显，这个译名仍然必须采用义译的方法。既然如此，我们仍须按照译名方法论的规则和步骤先对其完整内涵和本质特征作出深度的解析。

我们先来看看例文本身对这个术语的解释："the formal out-of-court oral testimony of a witness, generally with a court reporter transcribing the testimony, along with audio and video recording of the testimony."

再来看看法律词典对它的解释：

据《韦氏法律词典》(*Merriam-Webster's Dictionary of Law*, 1996)，"deposition"被释为："a statement that is made under oath by a party or witness (as an expert) in response to oral examination or written questions and that is recorded by an authorized officer (as a court reporter)."［当事人或证人为回应口头质询或书面问题所做的宣誓证言，该等证言由获授权的人员（如法庭记录员）记录。］

据维基百科（笔者选取时进行了简化处理）：

在美国法律中，deposition 是证人的庭外口头证词，录为书面文字后，供其后在法庭上使用或用于证据调查（discovery）。它通常用于诉讼目的，是证据调查过程的一部分，用于当事人收集诉讼中使用的信息，并且几乎总是由律师们在庭外自行采集（即法官并不在场监督）。Deposition 在美国的联邦法院和大多数州法院均被采用。在美国联邦法院审理的几乎所有案件中，deposition 都是按照《联邦民事诉讼规则》第 30 条操作的。为了确保能够准确记录证人的口头陈述，采集过程中通常会有法庭的记录员到场。他们通过数码记录（digital recording）或速记的方式记录证人的陈述内容，有时也会录音或录像。通常情况下，采集过程应由证人（口头陈述人）、其律师、法庭记录员，以及本案的其他当事方亲自或委托代理律师参加。案件的任何当事方及其律师均有权出席并提出问题。

而最简明的法律词典（*Nolo's Plain-English Law Dictionary*）则将"deposition"释为"testimony under oath taken outside of the courtroom before trial"（在庭审开始之前在庭外所做的宣誓证词）[1]。

最后，我们还须从详细规定这一制度的美国《联邦民事诉讼程序规则》第 30、31 条中考察其立法定义。根据这些解释和规定，我们可以提取出"deposition"所具有的如下核心内涵：是由当事人（或其代表）或证人（通常在庭审之前）在法庭之外经过宣誓（其所言真实完整）后，

---

[1] 参见 https://www.law.cornell.edu/wex/depose。

口头回答询问人提出的问题并由法庭指定的记录人如实记录下来的证言。这样的证言可被用于作为案件的证据或在开庭时质疑当事人或证人当庭证言的效力。在此基础上，如果再进一步浓缩出能够反映其本质特征的必备核心要素的话，则可以提炼出几个关键词：庭外、宣誓、口头回答、如实记录。根据这些核心要件，我们可以将这一法律术语义译为"庭外宣誓证言笔录"。

如此看来，参考译文将其翻译为"书面证词"是错误的。它既没有体现出此种证言系在"庭外"作出的这一核心特征，也没有反映出证人须在宣誓后提供证言这一法定要件（否则无法使证言成为 formal testimony）。相反，"书面"并非其必备要件，还容易致人误解为证人是以书面形式提供的证言。事实上，这种证言往往是作证人口头回答询问人当面或通过书面形式提出的问题，并由法庭指派的记录人员如实记录，经作证人签署后形成的笔录（transcription），也可能辅以录音录像记录作证过程。更有甚者，参考译文将其译为"书面证词"并解释为"证人的正式的庭外口头证词"，极易给读者造成"书面证词"等于"口头证词"的逻辑混乱。

不仅参考译文翻译得不准确，很多英汉法律词典提供的译名也不准确，比如法律英语翻译网站提供的"美国法庭词汇翻译"中将 deposition 译为"宣誓证言、宣誓证词"[1]，虽然体现出了此类证言必须经过宣誓（由法庭指定官员监誓）这层含义，但却没有体现出这种作证过程（回答询问）是在庭外由当事方自行主导进行的这一核心特征。法律英语翻译网站上发表的一篇题为《翻译法律专业术语的四大原则》的文章中将其译为"庭外采证，庭外证词笔录"[2]，比较好地体现了"庭外、

---

[1] 参见 http://www.legaltranz.com/archives/1836。
[2] 参见 http://www.legaltranz.com/archives/723。

证词、笔录"这些要件,但又没有反映出"宣誓"这一法定必备要件。至于一些通用英汉词典提供的译文则大多都是错误的,比如金山词霸网页版将其译为"(在法庭上的)宣誓作证,证词"或者"(未到庭证人提供的)作证书、书面证词"[1],都明显悖离了这一术语的法律内涵。

这个译名例证也再次警示我们,在确定外域法律概念和术语的中文译名之前必须要对于法律概念的核心特征和必备要件进行全面解析,并在此基础上抽取其最为核心的含义内核作为确定译名的依据,必要时可辅以释义和注解的方式,还可以在译名旁边同时提供原文作为参考。

三、立法翻译

接下来,我们再结合例文的参考译文分析和体会一下立法条文的翻译方法。例文引用了《联邦民事诉讼程序规则》第 26(a)(1)(A)条的原文:

> "(i) the name and, if known, the address and telephone number of each individual likely to have discoverable information – along with the subjects of that information – that the disclosing party may use to support its claims or defenses, unless the use would be solely for impeachment; (ii) a copy – or a description by category and location – of all documents, electronically stored information, and tangible things that the disclosing party has in its possession, custody, or control and may use to support its claims or defenses, unless the use would be solely for impeachment; (iii) a computation of each category of damages claimed by the disclosing party – who

---

[1] 参见 http://www.iciba.com/deposition。

must also make available for inspection and copying as under Rule 34 the documents or other evidentiary material, unless privileged or protected from disclosure, on which each computation is based, including materials bearing on the nature and extent of injuries suffered; and (iv) for inspection and copying as under Rule 34, any insurance agreement under which an insurance business may be liable to satisfy all or part of a possible judgment in the action or to indemnify or reimburse for payments made to satisfy the judgment."

例文同时提供了该立法条文的参考译文：

"(i)所知的可能有可开示信息的个人的地址和电话号码以及开示方可以用来支持其观点或抗辩的信息，除非此信息仅能被用于弹劾；(ii)所有文件，电子存储信息和披露方拥有，保管或控制并可用于支持其观点或抗辩的有形物品的类别和位置的副本或描述，除非此信息仅能被用于弹劾；(iii)对开示方主张的每一类损害赔偿的计算，根据第34条的规定，除非保密或被保护的证据材料，披露方必须提供计算的依据，包括关于遭受损伤的性质和程度；和(iv)任何保险协议，根据该保险协议，保险公司可能会对该诉讼中的全部或部分可能的判决负责，或赔付或偿还为满足判决而作出的付款。这些协议根据第34条规定，进行检阅和复制"。联邦民事诉讼规则26（a）(1)(A)(i)—(iii)

应该说，涉及法律条文的翻译通常应该采用规范性法律语言翻译法，并要求尽量尊重原文的内容和格式，尽可能保留原文中的全部信息，但必须符合译语的语法规则和语言习惯，确保译文通顺可读。基于这样的原则，我们来评价一下参考译文。

首先，根据此前的分析，例文中"discovery"的译名应该作出修正，改为"证据调查"。其次，参考译文虽然按照中文习惯调整了部分语序，但整体上还是采取了按字面逐字逐句翻译的方法，不仅没有完全遵守中文的语法规则，也没有实现译语通顺和正确表达文义的效果。我们以第（ii）款的译文为例具体说明：

第一，根据中文规范的《标点符号用法》[1]，并列词语之间应使用顿号，而不是像英文那样处处使用逗号，而且英文中常用的拉丁文序号"(ii)"在中文中很少使用，因此参考译文中"（ii）所有文件，电子存储信息和披露方"及"拥有，保管或控制"等表述方式应该通过修正译法合理修正为"（2）所有文件、电子存储信息和披露方"及"拥有、保管或控制"。

第二，虽然"a copy – or a description by category and location –"置于"all documents, electronically stored information, and tangible things"之前，但根据生活逻辑和常识，文件、电子存储的信息和有形物这三种不同形式的证据材料的提供方式必然是不同的，其中对于书面文件可以提供复印件，对于电子信息可以提供打印件或备份数据的电子介质，而对于有形物，由于无法复制也不便移动移交，应该提供其种类和存放地点的说明，以备核查。原文之所以将"a copy"和"a description"作为并列的备选项，就是适应不同种类证据的差异，而参考译文笼而统之地译为"所有文件、电子存储信息和……有形物品的类别和位置的副本

---

[1] 中华人民共和国国家质量监督检验检疫总局、中国国家标准化管理委员会 2011 年 12 月 30 日发布，2012 年 6 月 1 日实施。

或描述",不仅混淆了各种证据的提供方式,也错误地对应了名词的定语——"副本或描述"的定语是"所有文件、电子存储信息和有形物品的",而非"类别和位置的"。"类别和位置"怎么会有"副本"?

第三,将"copy"一词译为"副本"也不准确,且不说不同证据形式不可能都有副本,而且"副本"和复印件、备份、复制品也是完全不同的法律概念。根据原文的含义,这里的"copy"应译为"复制品"为宜。

第四,定语从句"that the disclosing party has in its possession, custody, or control"修饰和界定的是"all documents, electronically stored information, and tangible things",而非仅指"tangible things",因此参考译文将其译为"所有文件、电子存储信息和披露方拥有、保管或控制……的有形物品",明显有误。

第五,"possession"一词的法律含义是强调事实上的占有状态,而非所有权上的权属,因此将其译为"拥有"不当,而应译为"占有"或"持有"。这种理解也与立法本义相符——一方只要占有和控制证据就应该承担披露责任,无论其是否拥有其权属。

第六,"claim"一词是指一方(原告)提出的"诉讼主张"而非仅仅是其"观点",这已是中国立法中的制度性语言,应遵照使用。参考译文对这个法律术语的翻译不准确。

第七,最后一句中的"impeachment"一词,参考译文将其译为"弹劾",明显不当,本书前面已有说明,兹不赘述。根据美国法律词典对该词的释义[1],"impeach"是庭审中用于质疑和攻击证人证言的真实性和准确性的一种程序和手段,在这里应译为"质疑证人当庭证言(的真实性和准

---

[1] At trial, impeachment is the process of attacking the accuracy of witnesses' testimony. For example, if a witness's testimony at trial contradicts her earlier sworn statements, one or both parties might bring up the sworn statement to impeach her testimony. 详见网页: https://www.law.cornell.edu/wex/impeachment。

确性）"。相应地，名词形式"impeachment"可译为"对证人当庭证言（的真实性和准确性）的质疑"。

上面短短一句话的翻译中居然存在如此多的问题。这充分说明，脱离语境和逻辑，悖离语法规则和译语习惯，按字面逐字逐句翻译的方法并不会在立法翻译中产生好的效果。笔者主张的规范性法律语言翻译法绝非不顾译语规则和逻辑，机械照搬原文格式和源语规则的逐字硬译，而是忠实性和准确性并重、一致性与适应性兼容。通过这样的分析，我们可以将这一立法条文的翻译修正为：

（2）披露方持有、保管或控制并可被用于支持其诉讼主张或抗辩理由的所有文件、电子存储信息和有形物品的复制品或者对于其类别和存放地点的说明，除非它们仅被用于质疑证人当庭证言的真实性……

四、译语规则

在笔者提出的法律翻译方法论中，打破逐字对应的硬译痼疾，尊重译语规则和习惯是一以贯之的强调重点。我们再选取例文中的一段话来深入体会一下这一原则的应用。

原文：

Relevance, materiality and transparency is at the core of the discovery process. A party that fails to act in good faith, does not exercise due diligence, conceals or destroys evidence, intentionally disobeys court rules or orders, uses tactics of harassment or unnecessary delay, or otherwise fails to follow the law will be sanctioned by the court. Fed. R.Civ.Pro. 26(g). These sanctions may be as severe as excluding evidence, dismissal of the case, a finding in favor of the other party, and payment of legal fees and expenses. Fed.R.Civ.Pro. 37.

参考译文：

　　相关性，重要性和透明度是证据开示的核心。没有以善意行事的，不尽职的，隐瞒或者破坏证据的，故意违反法院规则或者命令的，使用骚扰手段或不必要的延误，或者其他不遵守法律的，将由法院予以制裁。联邦民事诉讼规则26（g）严格的制裁可能导致证据的排除，案件不予受理，或法庭作出支持对方的裁定或代缴法律费用。联邦民事诉讼规则37

很明显，参考译文采用逐词对应的机械译法，按照源语词句的排列顺序机械组合每个孤立单词的含义，忽视了整句话和整段话的整体语义，也缺乏上下文的语义和语法衔接。不仅如此，有些译名翻译不当，有些法律用语使用不规范，有些译文的表述违反了中文语法规则和语言习惯，还有部分译文的表述违背了中文逻辑或法律逻辑，这都导致译文不仅语言晦涩不畅，而且存在很多语病和法律错误。具体而言：

"Discovery"的译名已讨论，不赘述；

标点符号不符合中文规范，不赘述；

"相关性、重要性和透明度"是证据调查程序的"核心要求"，而非"核心"；

"没有以善意行事的，不尽职的，……或者其他不遵守法律的，将由法院予以制裁。"所有以"的"结尾的形容词都是并列的定语，整句话缺少主语。事实上，"法院予以制裁"的是这一系列定语修饰和限定的"行为"和"行为人"；

将"dismissal of the case"译为"案件不予受理"有误。原文意指案件被法院受理之后，却因法定原因被法院驳回起诉或撤销案件的情形，这与案件根本未被法院受理是完全不同的概念，译文存在明显的法律错误；

参考译文最后一句"法庭作出支持对方的裁定或代缴法律费用"更是存在明显的常识和逻辑错误。这句话的主语是法庭，后接两个并列的动宾结构"作出……裁定"和"代缴……费用"，但法庭怎么会"代缴法律费用"呢？其本意应是法庭"责令违规方承担（或偿付对方的）……费用"；

"Legal fees and expenses"笼统译为"法律费用"并不准确。在美国，"legal fees"通常是指律师费，"expenses"则是办案过程中的实际开支；

"联邦民事诉讼规则 26（g）、联邦民事诉讼规则 37"都是原文引用的法律条款序号，应该规范引用并使用括号注明。

如果我们打破机械对应的硬译模式，按照汉语和中国法律语言的规则和习惯梳理译文，并运用修正译法对于原文本身的一些语病或表达瑕疵进行弥补，这段话可以更准确地译为：

相关性、重要性和透明度是证据调查程序的核心要求。法院将会惩戒那些违背诚信、疏于谨慎、隐匿或销毁证据、故意违反法院规则或命令、玩弄手段或蓄意拖延的违法行为。[参见《联邦民事诉讼规则》第 26（g）条] 惩戒方式包括排除证据、驳回起诉、作出有利于对方的裁决或责令违规方承担对方的律师费和实际开支。（参见《联邦民事诉讼规则》第 37 条）

五、修订译文

最后，根据例文中各种法律语言的特点，笔者综合运用各种翻译方法，重新修订了整篇例文的中文译文，分段提供如下，并通过注释的方式加以详细说明，供读者参考、体会：

> Discovery is the judicial and legal process by which evidence is exchanged between the litigants, both in civil and criminal cases, in the United States. Strict rules and guidelines must be adhered to for compliance. Violations or failure to comply can result in adverse and severe consequences to the case, including dismissal of the action, financial sanctions to the violating party, prohibition to proceed with the litigation, and in rare instances, judicial sanctions of detention.

> 证据调查制度规定了美国民事和刑事案件的诉讼参加方进行证据交换的法定程序。(译注：译文按照中文的表达规则和习惯合理调整语序，而不是机械照搬原文语序，这是我们在译文方法论中主张和坚持的一项基本原则。)证据调查应遵循严格的法定规则。(译注：本句将原文表述所使用的被动语态转变为汉语的主动语态，并添加适当的主语，是修正译法和还原译法的应用。)任何对规则的违反都可能导致严重后果(译注：此处的 adverse 无须翻译，因为在汉语中"严重后果"肯定是负面的，这就是适应译语规则和语言习惯的典型体现。)，不仅起诉可能会被驳回，而且(违规方)还可能遭受罚款或被禁止继续参与诉讼。情节严重时，(责任人)甚至会被拘留。(译注：译文按照中文的语言逻辑、语法规则和表达习惯组织语句结构，合理使用汉语中的连词，并且根据法律逻辑，采用还原译法，补充还原出原文中没有出现的主语"违规方"、"责任人"等，使得文意更加清晰准确。)

Civil actions in federal courts are guided by the Federal Rules of Civil Procedure, the Federal Rules of Evidence, and local federal district court rules. It is imperative that litigants through their lawyers follow these procedures and rules strictly; courts are generally unforgiving of claims of ignorance of the law or other excuses for noncompliance.

在联邦法院进行的民事诉讼程序应遵循联邦民事诉讼规则、联邦证据规则和负责审理案件的联邦地区法院的规则。诉讼参加人（通过他们的律师）必须严格遵守这些规则，法庭不会允许他们以不知法律规定为由或者其他借口违反规定。(译注：在文义不变的前提下，可以根据中文逻辑调整语句结构，而没有必要偏执地追求译文对原文的字句对应，这是翻译灵活性的体现。)

What can a lawyer in China do to ensure compliance with U.S. civil discovery procedures and rules? First, associate with a U.S. law firm. The lawyer may also seek admission to practice by pro hac vice if the Chinese lawyer is also licensed in the U.S. Second, become thoroughly familiar with the Federal Civil Rules of Procedure pertaining to discovery and discovery exchange. Third, develop calendaring methods for tracking discovery deadlines in each case. Fourth, ensure accountability methods for documenting the sending and receiving of discovery items. Fifth, preserve the integrity and authenticity of discovery materials.

中国律师如何确保遵守美国民事证据调查的程序和规则

呢？首先，（他们）应与一家美国律师事务所合作。**（译注：通过修正译法增补原文省略的句子主语。）** 如果中国律师拥有美国律师资格也可以申请作为"本案特许执业律师"参与案件；**（译注：如前所述，这里可以通过注释译法在译文主文之外对此术语予以详解，将其注释为"美国律师在其不具有执业资格的州代理诉讼案件时，如果得到该案件主审法官的特别许可，可以在与当地律师合作的情况下在该起特定案件中跨州执业。"）** 其次，（他们）应熟知联邦民事规则中有关证据调查和交换的规定；再次，（他们）应建立工作日历，记录每个案件中证据调查的期限；然后采用可靠的手段记录证据的收发情况；最后，（他们）还应保持调查程序中获得的证据材料的完整性和真实性。**（译注：翻译本段时完全没有必要机械照搬原文使用的"第一"、"第二"等序次表达，可以灵活采用中文常用的"首先"、"其次"、"再次"等表述逻辑。这就是归化译法的体现。）**

Rule 26 of the Federal Rules of Civil Procedure governs the rules and timelines that must be followed during initial disclosure of discovery materials. The initial disclosure of discovery must occur "at or within 14 days after the parties' [discovery conference]." Fed. R.Civ.Pro.26(a)(1)(C). The initial discovery must include:

根据《联邦民事诉讼规则》第 26（a）(1)(C) 条，各方应在证据调查会议后 14 天内初步披露证据材料，其中包括：

"(i) the name and, if known, the address and telephone number of each individual likely to have discoverable information – along with the subjects of that information – that the disclosing party may use to support its claims or defenses, unless the use would be solely for impeachment; (ii) a copy – or a description by category and location – of all documents, electronically stored information, and tangible things that the disclosing party has in its possession, custody, or control and may use to support its claims or defenses, unless the use would be solely for impeachment; (iii) a computation of each category of damages claimed by the disclosing party-who must also make available for inspection and copying as under Rule 34 the documents or other evidentiary material, unless privileged or protected from disclosure, on which each computation is based, including materials bearing on the nature and extent of injuries suffered; and (iv) for inspection and copying as under Rule 34, any insurance agreement under which an insurance business may be liable to satisfy all or part of a possible judgment in the action or to indemnify or reimburse for payments made to satisfy the judgment."

"（1）可能掌握应予披露的证据信息的人的姓名、地址和电话，以及这些信息的主题。这些信息都是披露方可能用以支持其诉讼主张或抗辩的，但那些仅用于质疑证人当庭证言真实性和准确性的（信息）除外；（2）披露方持有、保管或控制并可被用于支持其诉讼主张或抗辩理由的所有文件、电子存储信息和有形物品的复制件，或者对于其类别和存放地点的说明，但那些仅用于质疑证人当庭证言真实性和准确性的（信息和物品）除外；（译注：此处虽然引用了法律条文，应该采用规范性法律语言翻译法，但为了使译文表述更完整和准确，仍须辅助使用还原译法和语用充实译法,按照汉语逻辑重组语句,并补充还原缺省的语言元素。)(3)对其主张的每一类损害赔偿的计算,披露方都应根据(《联邦民事诉讼规则》或"本规则")第34条的规定提供计算所依据的文件和证据材料,包括证明其遭受损害的性质和程度的证据材料,以供核查和复制,但受法定特权保护可以不予披露的证据材料除外;(译注:同样,对于法律条文不应仅限于采用规范性法律语言翻译法,还可辅助采用其他译法适当调整译文的语句结构,补充缺省的语言元素。不仅如此,这里又涉及一个美国法律体系中特殊且复杂的法律概念"privileged",翻译时可以采用深度译法加以解析和阐释:"此处的'受法定特权保护'是指依据美国法律,当事方在诉讼程序中可以不予披露并且不能作为呈堂证据的信息,比如律师和其客户之间符合法定条件的沟通信息等。"以便普通读者理解。)以及(4)根据本规则第34条的规定,(披露)任何与可能要为全部或部分判决结果承担责任或对于履行判决承担赔偿付责任的保险公司签订的保险协议,以供核查和复制。"(译注:按照中文语言规则和表达逻辑合理调整语句结构,理顺文义。)

Parties are required to make such initial disclosures "based on the information then reasonably available to it," and cannot claim, as an excuse, that it had not sufficiently investigated the case or to "[challenge] the sufficiency of another party's disclosures or because another party has not made its disclosures." Fed.R.Civ.Pro. 26(a)(1)(E)

双方必须根据其"已经合理掌握的信息"披露初步证据,(译注:原文采用被动语态,翻译时可以根据中文表达习惯调整为主

动语态，这也是一种语法修正的体现。）不得以其尚未对案件进行充分调查或以对方披露不充分或者对方尚未披露为由拒绝己方的披露。〔参见《联邦民事诉讼规则》第 26（a）(1)（E）条〕（译注：采用还原译法先将本段中出现的缩写 Fed.R.Civ.Pro. 还原为全称 Federal Rules of Civil Procedures，进而译为《联邦民事诉讼规则》。）

The applicable rules that govern the manner, taking, and exchange of discovery are found in Rules 30 through 36 of the Federal Rules of Civil Procedure. Although the process and timeline of discovery exchange and compliance is strict, the categories of discovery to be exchanged and produced are broad. These categories fall within three major types of evidentiary materials: written or printed form; oral form; and digital and electronic form. As to written or printed form, this consists of interrogatories, requests for admissions, and production of documents and things. Within oral form of discovery, each party can seek the taking of a deposition under oath of the opposing party and witnesses. Interrogatories is the formal set of written questions submitted by one party to the opposing party. Requests for admissions is a formal set of written factual and/or legal statements wherein the submitting party is seeking the opposing party's admission or denial of the factual or legal statements. In some instances, the response may be that the answering party advises that it cannot "admit or deny" the statement due to lack of information. The request for production of documents and things is a formal written request to the opposing party to provide the original or copy,

第八章　法律翻译方法论在翻译实践中的具体应用——实例分析　509

in electronic or digital format or in hard copy, of certain items and things that is asserted to be material and relevant to the litigation. This request for production of documents and things is a detailed list of the types of evidence items that the requesting party is seeking from the opposing party.

《联邦民事诉讼规则》第30—36条规定了证据调查的方式、采集和交换。（法律对于）证据交换的程序和期限都有严格规定，应该交换和披露的证据类别也很广泛。（**译注：原文虽然采取了"Although..., ..."的句式，但从文义逻辑看并没有表达转折意味，因此应该采用修正译法合理调整译文的表达逻辑。**）这些类别主要包括三种形式的证据，即书写和打印形式、口头形式和电子形式。（**译注：本句也可以与前一句有机结合，调整为："应该交换和披露的证据类别也很广泛，主要包括三种形式的证据……。"这样可以使译文更精炼紧凑。**）书写和打印形式包括书面质询、要求（对方）承认（案件事实或法律）（**译注：采用还原译法，有效还原缺省的语素。**）和要求出具文件和证物。在口头形式的证据中，任何一方都可以要求对方和证人经宣誓（诚实作证）后提供庭外证言。"书面质询"（**译注：又涉及一个外域法律术语的译名，其译名应该遵循我们在译名方法论中提出的原则。**）是指一方以书面形式向对方提出一系列问题，要求对方答复；"要求承认"是指诉讼一方以书面形式向对方提出的，要求对方对相关事实及/或法律作出承认或否认的声明。接到请求的一方有时可以以其缺乏必要信息而无法给予承认或否认为由答复对方；"要求出具文件和证物"则是指诉讼一方以书面形式正式提出的，要求对方通过电子或纸面形式提供某些被其认为重要并与诉讼有关的书证和物证的原件或复制品。申请方应详细列明要求对方提供的文件和物品的清单。(**译注：可以按照中文语言规则和表达逻辑合理调整语句结构，理顺文义。**)

A deposition is the formal out-of-court oral testimony of a witness, generally with a court reporter transcribing the testimony, along with audio and video recording of the testimony. The testimony is considered as evidence and can be used in court as allowed by the Federal Rules of Evidence as a prior recorded statement, or to impeach a witness's prior statement, if and when the witness testifies in court. Although the out-of-court statement is made under oath, it cannot be independently introduced as evidence in a court proceeding. The testifying witness must appear in person and testify in a court proceeding for their prior deposed testimony to be used in a capacity consistent with the Federal Rules of Evidence.

"庭外宣誓证言笔录（deposition）"(**译注：提供译名的同时标注原文，以供读者参考。**)是由法庭记录员记录的、证人在法庭之外所做的口头证词，同时可以对作证过程进行录音录像。庭外宣誓证言笔录将被作为证据并可在联邦证据规则允许的情况下作为审前陈述在庭审中使用，也可以用于质疑出庭的证人当庭所作证言的真实性和准确性。虽然这种庭外证言是证人经过宣誓以后作出的，但它仍然不能在审判程序中被作为独立证据使用。(**译注：采用修正译法，合理使用代词替换重复的名词，凝练语言。**)在庭外提供证言的证人必须亲自出庭作证，这样他们的庭外证言才能被作为符合联邦证据规则的证据使用。(**译

第八章　法律翻译方法论在翻译实践中的具体应用——实例分析　511

注：在保证含义不变的前提下，合理调整上述两段内容的语序排列，更好地符合中文表达逻辑。)

The scope of discovery is broad:

"Unless otherwise limited by court order, the scope of discovery is as follows: Parties may obtain discovery regarding any non-privileged matter that is relevant to any party's claim or defense and proportional to the needs of the case, considering the importance of issues at stake in the action, the amount in controversy, the parties' relative access to relevant information, the parties' resources, the importance of the discovery in resolving the issues, and whether the burden or expense of the proposed discovery outweighs its likely benefit. Information within this scope of discovery need not be admissible in evidence to be discoverable." Fed.R.Civ.Pro. 26(b)(1).

证据调查的范围非常广泛：

除非法庭另有限定，否则应予披露的证据应包括所有与任何一方的诉讼主张或抗辩有关并符合案件需要，且不属于法定可以不予披露的证据。证据披露的范围和程度因案件需要而定，取决于所涉问题的重要性、争讼金额、各方获取相关信息的难易程度、双方的资源、证据披露对于解决问题的重要性，以及为披露证据所需承担的成本或费用是否超过其可能的效益等。**(译注：在保证含义不变的前提下，可以按照中文表达习惯合理调整和重组上述内容的语句结构。)** 应予披露的信息无需都是可被采信的证据。[详见《联邦民事诉讼规则》第 26（b）(1）条]

Relevance, materiality and transparency is at the core of the discovery process. A party that fails to act in good faith, does not exercise due diligence, conceals or destroys evidence, intentionally disobeys court rules or orders, uses tactics of harassment or unnecessary delay, or otherwise fails to follow the law will be sanctioned by the court. Fed.R.Civ.Pro. 26(g). These sanctions may be as severe as excluding evidence, dismissal of the case, a finding in favor of the other party, and payment of legal fees and expenses. Fed.R.Civ.Pro. 37.

相关性、重要性和透明度是证据披露制度的核心要素。法院将会惩戒违背诚信、疏于谨慎、隐匿或销毁证据、故意违反法院规则或命令、玩弄手段或蓄意拖延等违法行为。惩戒方式包括排除证据、驳回起诉、作出有利于对方的事实认定，或（责令违规方）承担（对方的）律师费和实际开支。[详见《联邦民事诉讼规则》第26（g）条、第37条]**（译注：在保证含义不变的前提下，使用符合汉语习惯的词语和中国法律术语组织译文，摆脱原文的字面限制，同时采取还原译法弥补原文中的缺省语素，使之符合译语的语言逻辑。）**

Some special considerations

In the U.S., evidence is only exchanged with the litigating parties. It is not provided to the court. The presiding judge assigned to handled the case in court will not have access to the evidence in the same manner as the plaintiff and defendant parties. The judge will be shown the evidence during specific proceedings, for example, proceedings where the parties are litigating a legal or factual issue, summary judgment proceedings, or trial. In some situations, the judge will rule on exclusion of evidence and that evidence will be disregarded for purposes of final fact finding and legal determinations.

值得注意的是,在美国,证据只在诉讼双方之间交换,并不提供给法庭。案件的主审法官不会像原被告双方那样接触证据。证据会在特定的庭审程序中呈交给法官,比如针对某个双方争议的法律或事实问题进行的诉讼程序、"法律审"判决程序（summary judgment proceedings）（见注 1）或正式的"事实审"程序（trial）。在某些情况下,法官会裁定排除某项证据,那么该等证据就不能被用于最终的事实认定和法律适用。(**译注：本段中又涉及一些中国诉讼法律制度中不存在的美国司法制度,最典型的是 summary judgment,因此又涉及法律译名问题。对此当然又要寻根溯源,在查清其在源法域制度本义的前提下确定准确恰当的译名,并且辅以注释译法予以详解[如下],同时提供英语原词作为参考。此外,在保证含义不变的前提下,可以合理调整和重组语句结构,比如将被动语态改为主动语态。**)

注 1：summary judgment proceedings 是由美国《联邦民事诉讼规则》第 56 条规定的一种法院审理和判决程序。对于一方当事人可以证明案件的主要事实不存在真正的争议（事实清楚）,并经其（在全部证据调查程序完成后 30 天之内的任何时间）申请,法庭可以在不经过对于全部案件证据和事实进行庭审（"事实审"）的情况下对于其全部或部分主张根据法律作出判决,因此称为"法律审"判决（judgment as a matter of law）。这是相对于完整的事实审程序更节省时间和成本的一种审判程序，所以国内很多人将之译为"简易判决程序"，但这种译名仅反映了表层的形式特征，并未揭示出其制度上的核心本质，也容易将其混同于中国民事诉讼法规定的简易审理程序。也有国内学者将其译为"即决判决程序"（如傅郁林《繁简分流与程序保障》，《法学研究》2003 年第 1 期，第 55 页），相较"简易判决程序"而言更为科学。

Evidence of tampering, even if through mistake, negligence, or recklessness with respect to the integrity of the original data can be instrumental in the outcome of a case. A discovery coordinator may have, as part of its discovery coordination team, an experienced and well-trained digital forensic examiner who is skilled at utilizing specialized software to preserve the integrity of digital data, image the data, analyze the data, and prepare the necessary reports of its analysis of the data. For discovery exchange purposes, the forensic examiner may need to create several imaged copies of the digital device so that the opposing party's forensic examiner has equal opportunity to perform its own analysis of the forensic evidence. Again, any indication that the original data was tampered, altered, or deleted, could be considered a violation of the discovery rules and may result in sanctions to the responsible party.

篡改证据，哪怕是由于失误、过失或草率致使原始数据的完整性受到损害，也会严重影响案件的结果。证据调查协调员可以聘请一位训练有素的电子数据司法鉴定人员担任其调查团队的成员,负责运用专门的软件来保护电子证据的完整性,以及复制和分析证据,并提供必要的证据分析报告。**(译注:在保证文意不变的前提下,灵活拆解英文的复句结构,在中译文里重新组织表达,更符合汉语逻辑和阅读习惯。)** 为了交换证据,鉴定人员可能需要创建电子存储装置的几个备份,以供对方的司法鉴定人员有平等的机会对相关证据进行独立分析。需要再次强调的是,任何对于原始数据的篡改、更改或删除都属于违反证据调查规则的行为,责任方将为此受到惩戒。

Finally, the obtaining of a Protective Order, as authorized by Rule 26(c) of the Federal Rules of Civil Procedure, provides a mechanism upon a showing of good cause to protect sensitive information, including confidential and privileged matters. Of interest to Chinese companies may be that Rule 26(c) allows a court to issue an order that "[requires] a trade secret or other confidential research, development, or commercial information not be revealed or be revealed only in a specific way." Fed.R.Civ.Pro. 26(c)(1)(G).

最后,(申请)获得(信息)保护令是《联邦民事诉讼规则》规定的对于敏感信息(包括保密和受法定特权保护的信息)提供保护的一种机制。中国公司(在美参加民事诉讼时)可以依据(《联邦民事诉讼规则》)第26(c)条申请法院签发命令,批准其不予披露商业秘密或其他保密的研究、开发或商业信息,或仅以特定方式进行披露。[详见《联邦民事诉讼规则》第26(c)(1)(G)条]**(译注:在保证含义不变的前提下,合理调整表达方式和语句结构,并采用语用充实译法和还原译法补充缺省信息。)**

此外，作为面向普通读者使用的参考译文，原文引述的法律条款的出处、章节索引号并无实际意义，可以在译文中省略。）

作为上述修订译文的总结，笔者希望再次强调，法律翻译方法的选择和适用不是机械和僵化的，而是一个综合应用、辩证施法的过程。就在上面这篇法律文章中，我们就根据其中的法律语言属性、类别、翻译目的、读者需求等各方面因素综合施策，灵活采取多种翻译方法，共同服务于翻译目的，同时打破原文格式和字句结构的羁绊，在符合中文语言规范的前提下准确、顺畅地表达文意，达到最佳的翻译效果。

结　语

　　以上,笔者本着从现象探寻本质,从译例总结规则,从规则萃取规律,从规律上溯理念,及至在思维方法和价值追求上实现从经验论升华到方法论的思路,对于法律翻译方法论的理论建构进行了深入的论述。之所以建构方法论,即旨在从理论高度创立一套符合中国法律翻译实际,适合指导实践的翻译方法体系,从而实现翻译理论的突破。当然,笔者不是翻译方法论万能论者,并不认为法律翻译有了方法论的指导,就能够解决一切因为文化、时代、法域、语言、法律制度的差异等客观因素形成的翻译困难,或者就能克服因翻译理念、翻译目的、读者期待等主观因素导致的翻译障碍。法律翻译方法论更不可能用来弥补译者自身语言能力和法律知识素养上的欠缺。但是,方法论有助于帮助法律翻译工作者从自发的混沌状态中解脱出来,促使其建立自觉的翻译意识和正确的翻译理念,从而将翻译实践带入有章可循、有规可据、有标准可依的理性轨道,进而推进法律翻译的良性发展并使之逐渐成长为一门专业的翻译学科,更好地促进各个法域的互联互通、协调合作和交流借鉴。

后 记

  本书的问世承蒙广西师大出版社的厚爱，尤蒙编辑曾威智先生鼎力支持，皆是对我多年写作的慰籍和继续前行的鼓舞。

  一本书的出版并非易事，照例需要说些感谢的话。首先要感谢时代赋予的契机——它既为我深度参与法律翻译提供了机遇和舞台，也赋予了我作为当代译者的历史责任。此外，感谢霁舒在我写作全程中的心灵陪伴和娅冰对我写作灵感的激发，更要感谢我早年的授业恩师西北政法大学外语学院范晓玲教授的专业启迪。还要特别感谢北京联合大学的刘继萍老师。一直以来，她都对本书的写作和出版给予着热情的关注、鼓励和帮助。

  值得一提的是，书中很大一部分是我利用假期在美国犹他州迁徙峡谷（Emigration Canyon）脚下静谧的栖所中完成的。那是一段陶冶心性的安宁时光，让我得以慢慢打磨书稿，使之获得了鲜活的生命。此外，本书脱稿于全球新冠疫情肆虐期间，长达一年的禁足却也给了我专心完善书稿的最佳时机。不由感慨，欲做成一件事，天时、地利、人和，缺一不可。

2021 年 9 月 28 日 于北京涵墨斋